Der Ruf der Phönixflöte

Herausgegeben und aus dem Chinesischen übertragen von Ernst Schwarz

2

Der Ruf der Phönixflöte

Klassische chinesische Prosa

Rütten & Loening
Berlin

Mit 78 zeitgenössischen Illustrationen
und je einer Karte
auf der Innenseite der Schutzumschläge

4. Auflage 1988

Gesamtgestaltung Detlef Ringer
Kartenzeichnungen Gerhard Kruschel
Lichtsatz
INTERDRUCK Graphischer Großbetrieb, Leipzig – III/18/97
Druck und Binden
Karl-Marx-Werk, Graphischer Großbetrieb, Pößneck V 15/30
Printed in the German Democratic Republic
Lizenznummer 220. 415/32/88
Bestellnummer 617 954 4
I/II 03300

Phönixflöte 1–2
ISBN 3-352-00209-6

Li Dschih

Einleitung zu den Abhandlungen über Herrscherhäuser und den Biographien berühmter Männer meines „Buchs zum Hausgebrauch“

Ich behaupte: Werturteile haben im Grunde genommen keinen feststehenden Anhaltspunkt. Ebenso haben Urteile über Menschen keinen Anspruch auf Endgültigkeit. Da es keinen feststehenden Anhaltspunkt gibt, mag dies recht und jenes unrecht sein; beide Ansichten können sich entfalten, ohne einander auszuschließen. Da es keinen Anspruch auf Endgültigkeit in der Beurteilung von Menschen gibt, mag man diesem recht geben und jenem unrecht; beide Meinungen mögen nebeneinander bestehen, ohne sich in die Quere zu kommen. So könnte man also sagen, daß die Werturteile, die ich fälle, nur Werturteile des Li Dschih sind. Man könnte aber ebensogut sagen, daß sie allgemeingültige Werturteile vieler ausgezeichneter Männer aus unzähligen Generationen sind. Auch könnte man behaupten, daß ich die Werturteile unzähliger Generationen umstoße, und aus diesem Grund wiederum ablehnen, was ich ablehne. Doch das beweist nur, daß auch meine Werturteile zweifellos berechtigt sind.

Über die Drei Großen Dynastien des Altertums möchte ich hier nicht sprechen. Die Drei Großen Dynastien späterer Zeiten – die Han-, Tang- und Sung-Dynastie – umfassen insgesamt einen Zeitraum von mehr als tausend Jahren. Daß es über ein Jahrtausend an selbständigen Werturteilen fehlte, war das etwa auf die Urteilslosigkeit der Menschen jener Zeiten zurückzuführen? Sie beschränkten sich in ihrer Urteilsfähigkeit ausschließlich auf die Werturteile des Kung Fu-Dse. Darum konnten sie natürlich keine selbständigen Werturteile haben. Wenn dem so ist, wie dürfte ich da meine Ansichten über historische Persönlichkeiten unausgesprochen lassen!

Im Streit um die Richtigkeit von Urteilen gibt es Veränderungen wie in der Zeit, die Tag und Nacht nicht stillesteht und niemals die gleiche bleibt. Was gestern noch recht war, mag heute unrecht sein. Was heute unrecht ist, mag in späteren Tagen als recht beurteilt werden. Und selbst wenn Kung Fu-Dse in unseren Tagen wiedergeboren würde, so wüßte ich nicht, wie er diese Behauptung anfechten wollte, wie er plötzlich wieder nach festgefahrenen Verhaltensnormen belobigen und verdammen wollte?

Ich nutzte die Muße meines fortgeschrittenen Alters, um meine früheren Aufzeichnungen durchzustudieren. Von der Periode der „Frühling-und-Herbst-Annalen" bis zur Sung- und Yüen-Dynastie habe ich die Geschichte der Herrscher und anderer berühmter Persönlichkeiten in Abhandlungen und Biographien nach bestimmten Gesichtspunkten zusammengefaßt. Ich tat dies nur zu meinem eigenen Vergnügen und gab daher meinem Werk den Titel: „Buch zum Hausgebrauch". „Hausgebrauch" bedeutet hier, daß ich es zu meiner eigenen Erbauung geschrieben habe, nicht aber, um es anderen zu zeigen. Doch quälte mich die Neugier meiner Freunde so lange, daß ich schließlich ihrer Bitte, ihnen Einblick in das Buch zu gewähren, nicht mehr länger Widerstand leisten konnte. Immerhin warnte ich sie vorher: Ihr tätet gut daran, wenn ihr es immer nur mit den eigenen Augen lest und euch nicht an jene festgefahrenen Regeln des Kung Fu-Dse haltet, die schon im voraus bestimmen, was zu lobpreisen und was zu verdammen ist!

Vorwort zu den Abhandlungen über Herrscherhäuser

Ich behaupte: Ordnung und Wirrnis lösen einander mit einer bestimmten Regelmäßigkeit ab. Wie oft schon seit den Zeiten der Kämpfenden Staaten folgten einander Ordnung und Wirrnis! Ist eben wieder eine Zeit der Wirrnis angebrochen, so kann man von Glück reden, wenn man mit dem Leben davonkommt. Und beginnen dann zum Glück die wirren Verhältnisse sich wieder zu ordnen, so ist man schon zufrieden, sich einmal satt zu essen, und sättigte man sich auch nur an minderwertigem Getreide, man bemerkte es nicht; man ist schon beglückt, einmal in Frieden schlafen zu können, und sei es in der prächtigsten Halle, auch das würde man nicht bemerken. Solche überaus schlichten, bäurischen und schmucklosen Zeiten sind nicht etwa einer besonderen Vorliebe für bäuerliche Einfachheit zuzuschreiben, sondern vielmehr dem Zwang der Umstände. Selbst wenn die ärmliche Schlichtheit bereits das Höchstmaß der Armseligkeit erreicht hätte, würde man nichts mehr davon bemerken.

In der nächsten und übernächsten Generation hingegen sind die Verhältnisse schon wieder anders geworden. Die Söhne und Enkel haben die Klänge der Kriegstrommeln nicht mehr im Ohr, die Gefahren einer Schlacht niemals miterlebt. Und da Frieden und Sattheit für sie bereits selbstverständliche Annehmlichkeiten sind, so zwingen sie die Umstände dazu, nicht eher Ruhe zu geben, bis sie das Höchstmaß an Verzierung und Verfeinerung des Lebens erreicht haben.

So ist es wohl richtig zu sagen, daß zu Anfang die Einfachheit steht, gegen Ende jedoch das Gewaltige sich zwangsläufig breitmacht. Und stünden dann selbst die weisesten Männer an der Spitze, sie wären nicht imstande, eine Umkehr zu bäuerlicher Einfachheit zu erwirken.

Hat aber die Verfeinerung des Lebens ihren Höhepunkt erreicht, beginnt die Wirrnis sich wieder zu regen. Kühne Männer erheben sich allerorten und kämpfen unablässig um Macht und Vorherrschaft im Reich. Selbst die Weisen müssen sich ihnen fügen.

Die Anhänger des Kung Fu-Dse aber nennen Ehrlichkeit, Schlichtheit und Verfeinerung in einem Atemzug, was kaum zu begreifen ist. Ferner behaupten sie, daß Ehrlichkeit sich in Schlichtheit umwandle und Schlichtheit der Überfeinerung abhelfen kann. Das ist eine Annahme, die sich schwerlich begründen läßt.

Das menschliche Leben kennt entweder Schlichtheit oder Verfeinerung. Diese beiden Erscheinungen nehmen ihren Ursprung in dem Geordnetsein beziehungsweise in der Verwirrung der Verhältnisse. Schlichtheit findet man zu Ende einer Periode der Wirrnis, womit der Anfang einer Wiederherstellung der Ordnung verbunden ist. Diese Schlichtheit entspringt zwangsläufig aus einem tiefen Bedürfnis und ist somit in keiner Weise etwas Erkünsteltes. Allmählich bilden sich aber Verfeinerungen des Lebens heraus, die, wenn die Ordnung ihren Höhepunkt erreicht hat, bereits wieder den Keim der Verwirrung in sich tragen. Doch auch diese Verfeinerungen entspringen zwangsläufig einem tiefen Bedürfnis und sind somit ihrem Wesen nach etwas Ehrliches.

Zur Zeit der Tschin-Dynastie hatte die Verfeinerung am Hof und in der Gesetzgebung einen Höhepunkt erreicht. Darum brachen ungeheure Wirren im ganzen Reich aus, und die Han-Dynastie begann ihren Aufstieg zu nehmen. Zu Beginn der Han-Dynastie lebte der Sohn des Himmels noch in so bescheidenen Verhältnissen, daß er nicht einmal ein seinem Stand gemäßes Vierergespann besaß. Wäre es vielleicht damals möglich gewesen, nicht bescheiden zu sein? Als dann später die Staatsspeicher so übervoll an Getreide waren, daß man es nicht mehr verbrauchen konnte, als die Schnüre, mit denen man die durchlochten Münzen zusammenhielt, in den übervollen Staatskassen verfaulten, da war freilich die Zeit gekommen, da ein Kaiser Wu sich auf gewaltige Unternehmungen einlassen konnte. Darum kann man den Begründer der Han-Dynastie mit dem weisen Herrscher des Altertums Yau vergleichen, den milden Kaiser Wen mit dem König Wen von Dschou, dem Begründer der Dschou-Dynastie. Diese und andere Herrscher haben zur Wiederherstellung der Ordnung und der Erweiterung des Reichs beigetragen. Mit Recht gelten sie für alle Zeiten als große Weise, über die man nicht leichtfertig urteilen soll.

Solange die kühnen Abenteurer nicht den Tod gefunden haben, werden Unheil und Wirrnis nicht aufhören. Solange Wirrnis und Elend noch nicht weit genug fortgeschritten sind, wird es keine Weisen und Heiligen geben. So wird ersichtlich, wie sich Verfeinerung und Schlichtheit, Ordnung und Wirrnis ablösen und aufeinanderfolgen.

Yüen Hung-dau

Antwort an einen besorgten Freund

Ein Mann in einem Dorf besaß ein paar Goldstücke, die er im Hause versteckt hatte. Aus lauter Angst, daß Einbrecher sie entdecken könnten, hütete er sie aufs sorgsamste, dachte immerfort an sie, und selbst im Traum zitterte und bangte er noch um seine Goldstücke. Er konnte nicht mehr in Ruhe schlafen und essen. Mit vor Erregung flackernden Augen lief er immer wieder zu dem Versteck und sah nach, ob sie noch dort wären.

Eines Tages hatte er in einiger Entfernung von seinem Haus etwas zu besorgen. Frohgemut tat er seine Goldstücke in einen Sack und machte sich auf den Weg. Als er abends zurückkam, schaute er vergeblich im Sack nach; er hatte seine Goldstücke irgendwo unterwegs verloren und wußte nicht einmal, wo.

So verhält es sich mit vielen Dingen, die in der Welt geschehen.

Jede Krankheit kann den Menschen umbringen. Warum sollte man sich da gerade eines kleinen Blutsturzes wegen besonders aufregen!

Ich denke nicht, daß ich Einbrechern in die Hände fallen werde; eher könnte es so ein Verlust am Wege sein.

Lacht über diese Zeilen, mein Freund, wie es sich gehört, und nehmt alle Sorgen leicht!

Brief an Wang Ying-tschjau

Kranksein ist bitter. Doch einer Krankheit wegen seinen Beamtenposten aufgeben zu dürfen ist im höchsten Maße erfreulich. Die Ursache der Krankheit ist der Beamtenposten, der Mittler zum Erfreulichen die Bitterkeit der Krankheit.

Meine Wenigkeit ist äußerst zufrieden mit dieser Krankheit und bedauert nur, nicht schon früher erkrankt zu sein.

Ich hoffe, der Scherz macht Euch Spaß.

Einleitung zu meinen Notizen über Vasenblumen

Zurückhaltende Menschen mit Sinn für Takt und Geschmack verabscheuen Lärm und Pracht. In ihren Neigungen fühlen sie sich hingezogen zu Bergen und Flüssen, zu Blumen und Bambus. In den Schönheiten der Natur liegt nichts, das der Ruhmgier dient, nichts, das zu eiferndem Strebertum führt. Die Menschen klammern sich im allgemeinen an die Klippen brandender Geschäftigkeit, versinken im Morast der Einträglichkeit und des Vorteils. Der Staub der Welt stumpft ihren Blick ab bis zur Blindheit. Und selbst wenn ihr Herz sich müde fühlt von den Mühen ihres berechnenden Lebens und will sie wieder haben, die Schönheiten der Natur, es findet nicht mehr Zeit und Muße für sie. Darum bietet sich jenen zurückhaltenden Menschen mit Sinn für Takt und Geschmack die Gelegenheit, sich ihrer zu bemächtigen, sie zu besitzen für den flüchtigen Tag des Daseins. Denn sie leben nicht in der Welt des Streits und überlassen freiwillig das Vorteilhafte den Vorteilsuchenden. Und selbst wenn sie Berge und Flüsse, Blumen und Bambus diesen überlassen wollten, sie würden kaum Menschen finden, die daran Freude hätten. Darum dürfen sie in Frieden die Schönheiten der Natur genießen und sich ihres Besitzes erfreuen, ohne Unheil zu befürchten.

Ach, solche Freuden sind Eremiten vorbehalten und jenen entschlossenen Männern, die sich aus freien Stücken von der Welt zurückziehen. Ich habe sie mein Leben lang bewundert und beneidet, aber niemals konnte ich es ihnen wirklich gleichtun.

Zum Glück lebe ich gewissermaßen zwischen stiller Zurückgezogenheit und tätigem Treiben. Wonach alle Welt strebt und worum sie sich zu streiten beliebt, berührt mich nicht mehr. So könnte auch ich mich im Bambushut des Eremiten lässig an Felsen lehnen oder in den klaren Gewässern des Gebirges den Staub und Schmutz der Vergangenheit abwaschen. Doch der winzige Beamtenposten, den ich innehabe, hält mich wie mit Stricken gefangen. So bleibt mir nichts, an dem ich mich erfreuen könnte, als Blumen zu pflanzen und Bambus zu ziehen. Aber selbst das gestattet mir meine Amtswohnung in ihrer Enge und Beschränktheit nicht. Und oft genug muß ich ja auch meinen Wohnort wechseln! So bietet sich mir als letzte Möglichkeit nur die langhalsige und dickbauchige Vase als Unterkunft für meine Blumen, die ich allerdings nun nach Belieben auswechseln kann. Was es an berühmten Blumen in der Hauptstadt gibt, findet sich auch auf meinem Schreibtisch ein. Die Gärtnermühen des Veredelns, Pfropfens und Gießens bleiben mir also erspart, die Freude des schönen Anblicks jedoch ungeteilt erhalten. Und keiner neidet sie mir, keiner macht sie mir streitig. Das ist doch wohl des Erwähnens wert!

Ja, dergleichen mag das Herz für eine Weile erfreuen, nicht für immer. Wer sich an solche kleinen Freuden klammert, vergißt bald die viel größeren, die Berge und Flüsse dem Herzen bieten.

Ich habe in meinen Aufzeichnungen alle Arten von Blumen beschrieben, die meine Vasen zieren. Denn ich möchte meine Freuden mit allen teilen, die ihrerseits ihre Freude daran haben mögen und arm sind wie ich.

Feng Meng-lung

Der Ölträger
und die schöne Kurtisane

Die Jugend eifert keck im Liebesspiel.
Im Taumeltanz zerschellt oft das Gefühl.
Wird Geld ganz ohne Schönheit kaum geliebt,
ganz ohne Geld kommt Schönheit nie zum Ziel.

Und selbst wenn Schönheit sich zu Geld gesellt,
zählt doch das Herz, das sorgsam sucht und wählt.
An sanfter Zärtlichkeit und Feingefühl
gleicht niemand unserm Freund in dieser Welt.

Wir wollen am Anfang unserer Geschichte erwähnen, daß der Gründer der Sung-Dynastie, Tai-Dsu, nach dessen Ableben sein Bruder Tai-Dsung den Thron bestieg, und die danach folgenden fünf Kaiser Dschen-Dsung, Ren-Dsung, Yin-Dsung, Schen-Dsung und Dsche-Dsung allesamt dem Kriegslärm abhold waren und sich viel lieber friedlichen Geschäften widmeten. So kam es, daß das Volk ruhige Zeiten erlebte und das Reich wieder aufblühte. Als aber Hue-Dsung Kaiser wurde, schenkte er sein Vertrauen dem Tsai Dsching und anderen unwürdigen Männern, ließ ausgedehnte Lustgärten anlegen und gab sich nur noch den Freuden und Genüssen eines müßigen Lebens hin. Die Regierungsgeschäfte vernachlässigte er aufs gröblichste. Das Volk ächzte unter den Lasten und begann zu murren. Die Dschurdschen-Barbaren erhoben sich gegen das Reich und zerfetzten Stück um Stück das einst blühende Land, das man in seinem Reichtum und Glanz mit dem schönsten Brokat hätte vergleichen können. Hue-Dsung und sein Sohn, Kaiser Tschin-Dsung, wurden schließlich von den Dschurdschen gefangengenommen und endeten im Elend. Gau-Dsung, einem Bruder Tschin-Dsungs, gelang es nur durch ein Wunder vor den ihm nachhetzenden Barbaren auf einem Geisterroß über den Yang-Dse zu entfliehen und einen Winkel des ehemaligen Großreichs für die Dynastie zu retten. So wurde das Land in Süd und Nord gespalten, und der Kriegslärm verstummte allmählich wieder. Aber in diesen Jahrzehnten erduldete das Volk unsägliche Qualen. Fürwahr:

Nur hoch zu Roß noch kam man zu Macht
im Tanze der Schwerter, Getümmel der Schlacht.
Zum Spiel ward das Töten. Mit Raub und mit Mord
haben es Schurken zu fetten Pfründen gebracht.

Wir wollen aber hier bloß vom Schicksal einer Familie berichten, die damals unweit der Hauptstadt Bjän-Ljang in dem Ort An-Lo wohnte. Der Familienvater hieß Schen Schan, seine Frau war eine geborene Ruan. Die beiden hatten einen Getreideladen, wo sie außer Reis und Korn auch Bohnen, Tee, Wein, Öl, Salz und dergleichen mehr feilboten. Das Geschäft ging gut, und sie brachten es zu ansehnlichem Wohlstand. Sie hatten schon die Vierzig überschritten und besaßen nur ein Kind – eine Tochter namens Yau-tschin, die von klein an durch ihr zierlich anmutiges Aussehen und ihr kluges Köpfchen alle Herzen für sich gewann. Mit sieben Jahren wurde sie in die Schule geschickt. Ihr Gedächtnis war erstaunlich gut: an einem Tag konnte sie Texte von tausend Wörtern auswendig lernen. Schon mit zehn Jahren schrieb sie lyrische Essays und Gedichte, von welchen eines bald weit und breit in aller Munde war.

Vom goldnen Haken in die Stille fällt
der rote Bettvorhang. Dem Weihrauchbecken

entströmt ein kühler Dufthauch. Zärtlich hält
ein Bild den Blick fest: Auf den Seidendecken
schlummert ein Entenpaar im Liebestraum.
Still ruht sie auf dem Kissen, rührt sich kaum:
Sie wagt es nicht, die Träumenden zu wecken.
Als sie die Lampe schneuzt, sieht sie mit Schrecken,
als Ornament auf ihrem Deckensaum
in Paaren Blumen zart die Köpfchen recken.

Mit zwölf Jahren war Yau-tschin bereits eine kleine Künstlerin im Schach- und im Lautenspiel, in der Kalligraphie und der Malerei. Aber auch in den weiblichen Künsten wie im Nähen und Sticken übertraf sie alle ihre Gespielinnen. Diese Gaben waren ihr gleichsam schon in die Wiege gelegt worden, denn was immer sie lernte, erlernte sie spielend. Da ihr Vater selbst keinen Sohn hatte, wollte er gerne einen Jungen ins Haus nehmen, als künftigen Schwiegersohn und Stütze fürs Alter. Seine Tochter war jedoch ein so ungewöhnlich begabtes Mädchen, daß er trotz aller Bemühungen keinen geeigneten Partner für sie finden konnte.

Unglücklicherweise waren die Dschurdschen-Barbaren bereits so in der Übermacht, daß sie selbst die Hauptstadt Bjän-Ljang bedrängten. Von allen Teilen des Reiches wurden eilends Truppen zum Entsatz des belagerten Kaiserhofs zusammengezogen. Aber anstatt das gewaltige Aufgebot an Streitkräften im Kampf einzusetzen, befürwortete der Kanzler des Reiches einen friedlichen Ausgleich mit dem Feind, was die Barbaren nur noch übermütiger stimmte. So fiel schließlich Bjän-Ljang. Kaiser Hue-Dsung und sein Sohn und Nachfolger Tschin-Dsung wurden von den Dschurdschen gefangengenommen und weggeführt. Die Bevölkerung rings um die Hauptstadt ließ in panischem Schrecken Haus und Hof im Stich und entfloh mit ein paar Habseligkeiten, Kinder und Greise mit sich schleppend. Auch Schen Schan schloß sich mit

seiner Frau und der zwölfjährigen Tochter den Flüchtenden an. Wer aber hätte gedacht, daß sie auf der Flucht nicht durch die Barbaren, sondern durch einen versprengten Haufen marodierender kaiserlicher Soldaten ins Unglück geraten sollten. Die Bündel auf dem Rücken der Flüchtenden reizten die beutelüsterne Horde. Mit dem Ruf „Die Barbaren kommen!" versetzten sie die Leute in Schrecken und steckten obendrein als Täuschungsmanöver die ganze Straße lang alles in Brand. Das hereinbrechende Abenddunkel machte die Verwirrung nur noch größer. Die Flüchtlinge stoben auseinander, und jeder suchte blindlings seine Haut zu retten. Das kam den Schurken gerade gelegen: alles raubten sie weg; und wer seine Habe nicht freiwillig hergab, den erschlugen sie erbarmungslos. Schen Schans Tochter Yau-tschin wurde von den Marodeuren niedergestoßen, und als sie sich wieder aufrappelte, da waren ihre Eltern verschwunden. Nach ihnen zu rufen, wagte sie nicht, und so verkroch sie sich zwischen zwei alten Gräbern am Wegrand, wo sie angstzitternd die ganze Nacht verharrte. Als sie sich im Morgendämmer wieder hervorwagte, war von den Flüchtlingen keiner mehr zu sehen. Nur noch die Leichen der Hingemordeten lagen stumm im Straßenstaub. Yau-tschin weinte bitterlich, von Angst und Sorgen um ihre Eltern gequält. Aber sie wußte nicht, wo sie sie suchen sollte. Den Weg kannte sie nicht, und so trottete sie weinend und schluchzend ziellos südwärts. Sie mochte etwa zwei Li gewandert sein, als sie von ferne ein Haus erblickte. Von Verzweiflung und Hunger getrieben, ging sie darauf zu, um sich etwas zu trinken und zu essen zu erbetteln. Doch als sie näher kam, sah sie, daß das Haus leer und verfallen war. Todmüde ließ sie sich an der Lehmmauer nieder. Dort saß sie, trostlos vor sich hin jammernd, als sie einen Mann vorbeigehen sah, den sie kannte: einen gewissen Bu Tschjau, der unweit ihres Elternhauses wohnte und keinen allzu guten Ruf besaß. Die Leute nannten ihn mit dem Spitznamen „Schlendrian Bu“, da er im ganzen Ort als Müßiggänger und Schmarotzer bekannt war. Auch ihn hatten die Marodeure ausgeplündert, und als er nun als Nachzügler allein dahergewandert kam und das Jammergeschrei hörte, eilte er herbei, um zu sehen, wer das sein könnte. Yau-tschin kannte ihn natürlich von Kindheit an. Und jetzt in ihrer Bedrängnis und von ihren Eltern getrennt, erschien ihr der ehemalige Nachbar so herzlich willkommen und vertraut wie ein naher Verwandter. Jäh versiegte ihr Tränenstrom. Sie sprang auf und eilte ihm entgegen. „Seid Ihr meinen Eltern irgendwo begegnet, Onkel Bu?“ fragte sie ihn ungestüm.

Bu Tschjau überlegte im stillen: Gestern haben mir die Soldaten mein Bündel geraubt. Mein Säckel ist beinahe leer. Da schickt mir nun der Himmel ein Juwelchen, aus dem sich Kapital schlagen läßt. Und unverfroren log er der Kleinen vor: „Deine Eltern haben dich überall gesucht. Die machen sich bittere Sorgen um dich. Jetzt sind sie weitergezogen und haben mir aufgetragen: ‚Wenn Ihr unsre Tochter seht, so nehmt sie bitte mit Euch und bringt sie uns zurück!‘ Dafür haben sie mir auch noch reichlich Dank versprochen.“ So klug auch Yau-tschin war, in ihrer Hilflosigkeit schöpfte sie nicht den leisesten Verdacht und folgte ihm bereitwillig. Bu Tschjau gab ihr ein bißchen von dem Mundvorrat zu essen, den er unter dem Gewand versteckt hatte. Dann sagte er mit ernster Miene: „Deine Eltern sind die ganze Nacht durch gewandert. Wenn wir ihnen nicht auf der Straße begegnen sollten, müssen wir wohl über den Yang-Dse setzen und bis nach Dschjän-Kang laufen, ehe du sie wiedersiehst. Solange wir zwei zusammen wandern, betrachte ich dich als meine eigene Tochter. Und du nennst mich einfach Papa. Sonst könnten die Leute meinen, ich hätte irgendein verlorengegangenes Mädchen auf der Straße aufgelesen. Das wäre doch recht peinlich für uns beide!"

Auch darauf ging Yau-tschin ohne Bedenken ein; und ob sie nun zu Fuß reisten oder im Boot fuhren, überall gaben sie sich als Vater und Tochter aus.

Unterwegs hörten sie, daß der berüchtigte Feldherr der Dschurdschen, Prinz Wuschu, mit seinen Armeen über den Yang-Dse gesetzt sei und die Stadt Dschjän-Kang ernstlich bedrohe. Zugleich ging das Gerücht um, der Bruder des entführten Kaisers Tschin-Dsung, Prinz Kang, habe in Hang-Dschou die Dynastie wiedererrichtet und die Stadt als neue kaiserliche Residenz in Lin-An, was Befriedung heißt, umbenannt. So reisten sie also nach Lin-An weiter, teils zu Fuß, teils im Boot, über Flüsse, Kanäle und Seen, bis sie schließlich die neue Hauptstadt erreichten, wo sie sich in einem Gasthof einmieteten. Bu Tschjau hatte es also tatsächlich fertiggebracht, mit Yau-tschin den Weg von mehr als dreitausend Li von Bjän-Ljang bis Lin-An ungehindert zurückzulegen. Doch die paar Silbertaels, die er vor den plündernden Soldaten gerettet hatte, waren längst ausgegeben, ja selbst sein Obergewand mußte er nun dem Gastwirt als Pfand für die unbezahlte Miete überlassen. Geblieben war ihm lediglich noch ein lebendes Verkaufsobjekt – die kleine Yau-tschin, die er nun schleunigst zu verschachern gedachte. Auf der Suche nach einem Käufer erfuhr er, daß die Bordellbesitzerin Wang, die ihr Gewerbe am Ufer des malerischen Westsees betrieb, kleine Mädchen als sogenannte Pflegetöchter ankaufe. Flugs holte er sie zu einem Besuch in seinem Quartier ab, um ihr seine „Ware" zu zeigen und sich mit ihr über den Preis zu einigen. Mama Wang bemerkte mit Wohlgefallen, daß die Kleine recht hübsch aussah, und so wurden sie schnell handelseinig: fünfzig Silbertaels als „Morgengabe". Bu Tschjau kassierte die Silbertaels ein und lieferte prompt Yau-tschin bei Mama Wang ab. Auch ihr hatte der gerissene

Gauner den Bären aufgebunden, Yau-tschin sei seine leibliche Tochter. Mit gespieltem Bedauern sagte er zu ihr noch: „Zu meinem Unglück muß ich sie nun Euch überlassen. Täuscht dem Mädchen zunächst etwas anderes vor, dann wird sie Euch sicher gefügig sein. Übereilen dürft Ihr die Sache nicht, sonst wird sie bockig." Der kleinen Yau-tschin log er wieder vor: „Mama Wang ist eine nahe Verwandte von mir. Ich bringe dich vorerst bei ihr unter. Sobald ich herausgefunden habe, wo sich deine Eltern aufhalten, komme ich wieder und hole dich ab." Auf diese Lumperei fiel selbst ein so kluges Mädchen wie Yau-tschin herein, und frohen Herzens übersiedelte sie in die Lasterhöhle.

Die gute Mama Wang stattete ihre neue „Pflegetochter" gleich von Kopf bis Fuß mit neuen Sachen aus. Untergebracht wurde sie in einem Kämmerchen im entlegensten Winkel des weitverzweigten Gebäudes. Um ihr ein warmes Nestchen vorzutäuschen, bekam sie das beste Essen vorgesetzt und nur freundliche Worte zu hören. Das alles behagte der kleinen Yau-tschin natürlich. Doch als sie nach ein paar Tagen immer noch keine Nachricht von Bu Tschjau erhalten hatte, brach sie vor Kummer um ihre Eltern in Tränen aus und fragte Mama Wang: „Warum kommt denn Onkel Bu Tschjau mich nicht besuchen?"

„Welcher Onkel Bu Tschjau?" fragte Mama Wang.

„Nun, der Onkel, der mich in Euer Haus gebracht hat."

„Aber er hat mir doch gesagt, daß er dein eigener Vater ist!" warf Mama Wang ein.

Darauf erklärte Yau-tschin, daß ihr Familienname gar nicht Bu, sondern Schen sei. Und mit allen Einzelheiten erzählte sie nun, wie sie auf der Flucht von Bjän-Ljang ihre Eltern verloren habe, dann zufällig jenem Bu Tschjau begegnet sei und von ihm als angebliche Tochter nach Lin-An mitgenommen worden sei.

„So also steht es mit dir!“ sagte darauf Mama Wang. „Du bist ein Waisenkind, um das sich niemand kümmert. Nun, da will ich dir gleich reinen Wein einschenken. Jener Bu hat dich mir für fünfzig Silbertaels verkauft. Und hier bei uns lebt man davon, daß man sich fein schminkt und nett aussieht. Ich habe zwar noch ein paar andere Pflegetöchter, aber so besonders hübsch sind sie nicht. Du hast mir gleich sehr gut gefallen, und darum werde ich dich wie meine eigene Tochter behandeln. Wenn du einmal erwachsen bist, wirst du garantiert immer feine Kleider und das beste Essen haben, und dein ganzes Leben lang wird es dir an nichts fehlen.“ Als Yau-tschin das hörte, begriff sie erst, daß Bu Tschjau sie hereingelegt hatte. Sie weinte und schrie, und erst nach langer Zeit konnte Mama Wang sie einigermaßen beruhigen.

An diesem Tage erhielt sie einen neuen Familiennamen, nämlich den ihrer „Pflegemutter“ Wang, und statt Yau-tschin wurde sie fortan Me, „die Schöne“, genannt. Sie lernte nun Flöte und Gitarre spielen und Tanzen, und auch in diesen Künsten brachte sie es bald zur Meisterschaft. Mit vierzehn Jahren war sie zu einer so berückend schönen Jungfer herangewachsen, daß sich die reichen und vornehmen jungen Herren von Lin-An, von diesem feenhaften Geschöpf angelockt, mit ansehnlichen Geschenken um ihre Gunst bewarben. Die Kultivierteren unter ihnen zog auch noch das Gerücht an, die Schöne verstünde sich auf die literarischen Künste, und so kamen täglich etliche Herren und baten sie um ein Gedicht oder eine Probe ihrer Kalligraphie. Bald hatte sie eine solche Berühmtheit erlangt, daß man sie in der Stadt nicht mehr einfach die Schöne, sondern „Königin der Blumen“ nannte. Der Ruf ihrer außerordentlichen Schönheit lockte seit ihrem vierzehnten Lebensjahr immer wieder Männer herbei, die sich darum bewarben, diese Knospe zu pflücken. Doch nicht nur Wang Me – die Schöne – wollte nichts davon hören, auch Mama Wang, die ihr

Pflegetöchterchen als ein Kleinod von unschätzbarem Wert betrachtete, hatte eine heilige Scheu davor, etwas gegen ihren Willen zu unternehmen. Als sie eben fünfzehn geworden war und immer noch die Haartracht der Jungfrauen trug, verfaßten die jungen Burschen am Ufer des Westsees ein Spottgedicht auf die Schöne. Denn in einem Freudenhaus wird ein fünfzehnjähriges Mädchen nicht als zu jung für die Liebe, sondern vielmehr als überreif angesehen. Die Spottverse kamen auch Mama Wang zu Ohren, die sich gewissermaßen eines Keuschheitsfimmels überführt sah und ernstlich für das Ansehen ihres Etablissements zu fürchten begann. Doch all ihr Zureden fruchtete nichts bei der Schönen. Immer gab sie die gleiche Antwort: „Wenn Ihr wollt, daß ich Gäste empfange, dann muß ich zuerst meine Eltern sehen. Nur wenn sie einwilligen, dann ja – sonst auf keinen Fall!" Trotz ihres Mißvergnügens über diese Starrsinnigkeit hütete sich Mama Wang, den Unmut des Mädchens herauszufordern. So blieb die heikle Frage längere Zeit in der Schwebe, bis eines Tages ein steinreicher Mann namens Dschin Er, der sich für schweres Geld einen Beamtentitel erkauft hatte, den unwahrscheinlich hohen Preis von dreihundert Silbertaels anbot, um die Schöne ihrer Jungfernschaft entledigen zu dürfen. Diesem Angebot konnte Mama Wang nicht widerstehen. Das gute Silber schärfte ihren Verstand, und so klügelte sie für den reichen Herrn einen Plan aus.

Am fünfzehnten des achten Monats lud Dschin Er die Schöne zu einer Bootsfahrt ein, um mit ihr die berühmte Flutwelle auf dem Tschjän-Tang-Fluß zu betrachten. Ein paar Eingeweihte, die mitfuhren, verstanden es großartig, die Schöne mit Fingerraten und anderen Gesellschaftsspielen so oft zum Trinken zu verleiten, bis sie schließlich sinnlos betrunken wieder daheim ankam und, von den Händen der Mitwisser gestützt, die Treppen zu ihrem Schlafgemach emporwankte. Als die Schöne um die

Stunde des fünften Trommelschlags aus ihrem Rausch erwachte, sah sie sogleich, was mit ihr geschehen war. Ein tiefer Schmerz packte sie über die Grausamkeit ihres Schicksals. Sie ging hinaus, um Wasser zu lassen, und zog sich an. Dann kauerte sie sich auf einen Bambussessel neben ihrem Bett, das Gesichtchen zur Wand gekehrt, und weinte still vor sich hin. Einen Versuch des reichen Herrn Dschin, sich ihr zärtlich zu nähern, beantwortete sie mit so verbissener Gegenwehr, daß er nichts als ein paar blutende Kratzer einheimste. In seinem männlichen Stolz gekränkt, verließ er auch im ersten Morgengrauen mit einem lässigen „Ich gehe nun!" das Etablissement. Mama Wang gelang es nicht, ihn zurückzuhalten. Das war recht peinlich für sie, denn in ihrem Gewerbe mußte nach alter Gepflogenheit die Bordellmama nach der Morgentoilette dem Entjungferer persönlich gratulieren. Danach stellten sich auch ihre Berufskollegen zu einer Gratulationscour ein, die mit einem „Hochzeits"-Bankett beschlossen wurde, das sich oft über mehrere Tage hinzog. Der „Bräutigam" blieb meist ein, zwei Monate, zumindest aber vierzehn Tage bei seiner „Braut". Der plötzliche Abgang des Herrn Dschin zu so früher Stunde war ein Ereignis ohne Beispiel.

Hastig warf sich Mama Wang ihr Gewand über und eilte höchst besorgt die Treppe zum „Brautgemach" hinauf. Dort fand sie die Schöne in Tränen aufgelöst auf dem Bambussessel hockend. Alle ihre Beteuerungen, Beschwörungen und Selbstanklagen halfen nichts. Die Schöne verharrte in eisigem Schweigen. So blieb ihr nichts übrig, als sich verlegen wieder davonzuschleichen.

Die Schöne weinte den ganzen Tag und nahm keinen Bissen zu sich. Von nun an schützte sie Krankheit vor, um auf ihrem Zimmer bleiben und sich die Unterhaltung mit den Gästen ersparen zu können. Mama Wang bekam allmählich Angst. Mit Gewalt ließ sich bei der Festigkeit ihres Charakters nichts ausrichten; und ihr nachgeben konnte sie ebenfalls nicht. Denn eine Kurtisane war ja zum Gelderwerb da, und ohne Gäste zu empfangen, kam auch nichts herein. Ein paar Tage überlegte Mama Wang hin und her, ohne einen Ausweg zu finden. Plötzlich fiel ihr in der Not ihre Wahlschwester und langjährige Freundin Lju ein, die über eine erstaunliche Zungenfertigkeit verfügte und überdies mit der Schönen auf bestem Fuße stand. Vielleicht sollte sie doch Mama Lju herbeiholen, damit sie der Schönen den Kopf wieder zurechtrücke? Und mit welch reichen Opfergaben wollte sie den Göttern danken, wenn es tatsächlich gelänge, die Widerspenstige zur Vernunft zu bringen!

Sogleich sandte sie den Bordelldiener zu Mama Lju, die auch unverzüglich der Einladung folgte. Die beiden Damen setzten sich in den vorderen Salon, und nachdem Mama Wang ganz aufgeregt ihr Herz ausgeschüttet hatte, sagte Mama Lju ruhig, aber bestimmt: „Im Reden kann ich alte Vettel mich mit den größten Redekünstlern der Geschichte messen. Glaub mir, ich brächte es fertig, einem Heiligen unzüchtige Gedanken einzureden. Die Sache erledige ich für dich. Nur keine Sorge!“ Erleichtert rief Mama Wang: „Wenn dir das gelingt, mache ich Kotau vor dir. Trink doch noch ein paar Schalen Tee, damit dir beim Reden die Kehle nicht trocken wird.“ Darauf erwiderte Mama Lju schmunzelnd: „Mein Maul ist von Natur aus so saftig, daß ich bis morgen weiterreden könnte, ohne daß es austrocknet.“ Dann leerte sie aber doch aus Höflichkeit noch ein paar Schalen Tee, ehe sie sich zur Kammer der Schönen begab. Die Tür war verriegelt. Leise klopfte sie an und rief: „Nichte! Ich bin's.“ Die Schöne erkannte sie an der Stimme und öffnete ihr die Tür. Die beiden begrüßten sich und setzten sich dann an den Tisch, auf dem ein Stück Seide mit dem angefangenen Porträt einer schönen Dame lag. Nur die Umrisse des Gesichts waren zu sehen, die Farben waren noch nicht aufgetragen.

„Das hast du hübsch gemalt!“ bemerkte Mama Lju. „Du hast wirklich Talent! Mama Wang kann ihrem Schicksal danken, daß sie so ein Prachtmädchen wie dich gefunden hat! Nicht nur hübsch bist du, sondern auch in allen Künsten geschickt. Selbst für ein paar tausend Goldtaels würde man in ganz Lin-An keine finden, die dir das Wasser reichen könnte!“

„Macht doch keine Scherze mit mir!“ erwiderte die Schöne unsicher. „Aber welcher Wind hat denn meine Tante heute zu mir geblasen?“

„Ich wollte dich schon längst besuchen“, sagte Mama Lju. „Nur habe ich zu Hause so viel zu tun, daß ich einfach nicht wegkomme. Nun habe ich gehört, daß man dir zu deinem Brauttag gratulieren muß. Da habe ich mir doch ein Stündchen gestohlen, um auch Mama Wang meinen Glückwunsch darzubringen.“

Die Erwähnung jenes unglückseligen Brauttages hatte der Schönen das Blut in die Wangen getrieben. Sie hielt das Köpfchen gesenkt und schwieg. Mama Lju, die recht wohl verstand, was in ihrem Herzen vorging, rückte mit dem Stuhl näher heran und ergriff ihre Hand. „Hör mal, mein Kind!“ sprach sie sanft. „Ein Mädchen von deinem Schlag darf nicht wie ein dünnschaliges Ei sein. Das geht einfach nicht. Wie willst du denn jemals zu einer vernünftigen Summe Silber kommen, wenn du dich wegen solcher Sachen zu Tode schämst?“

„Geld! Wozu brauch ich denn das?“ entgegnete die Schöne heftig.

„Mein Kind“, sprach Mama Lju ruhig, „wenn du selbst auch kein Geld brauchst, denkst du vielleicht, daß deine Pflegemutter nicht etwas aus dir herausschlagen möchte, nachdem du mannbar geworden bist? Seit alters heißt es: Der Bergbewohner lebt vom Berg, und wer am Fluß lebt, lebt vom Fluß. Mama Wang hat zwar noch ein paar andere hübsch herausgeputzte Töchterchen, aber keine davon reicht nur annähernd an dich heran. Darum behandelt sie dich auch ganz besonders freundlich. Du bist doch ein kluges Kind. Den Unterschied wirst du wohl gemerkt haben. Nun heißt es, daß du seit deiner Entjungferung keinen Gast mehr empfangen willst. Was soll denn das! Wenn das alle täten, dann wärt ihr hier übel dran – verhungernde Seidenraupen, denen keiner mehr Maulbeerblätter zu fressen gibt! Du solltest eher deiner Mama Ehre machen für all ihre Freundlichkeit, anstatt dir das Geklatsch und Gespött der anderen Mädchen auf den Hals zu laden!"

„Sollen sie nur klatschen und spotten! Was geht das mich an!" rief die Schöne aufgebracht.

„Ach, du meine Güte!" fuhr Mama Lju unbeirrt fort. „Ein Einfaltspinsel bist du! Klatsch und Gespött wären Nebensache. Was in unserem Beruf zählt, sind gewisse Lebensregeln."

„Und die wären?" fragte die Schöne mit einem Anflug von Interesse.

„In unseren Häusern lebt man, wie du weißt, von den Mädchen. Hat einem das Glück einmal ein nettes Ding in die Hand gespielt, dann ist das für uns wie der Erwerb eines fruchtbaren Ackers für den Gutsbesitzer. Solange die Dingerchen noch klein sind, wünscht man nichts sehnlicher, als daß sie schnell mannbar werden. Nach der Entjungferung beginnt der Acker Früchte zu tragen, und davon erhofft man sich einen gehörigen Gewinn. Wenn schon der neue Gast vorne eintritt, ehe der alte zur Hintertür hinaus ist, wenn man sich förmlich um das Mädchen reißt und die Männer ihr alles bringen, was gut und teuer ist, dann erst zählt sie in unserer Branche als ein achtbares Geschöpf."

„Eine feine Achtbarkeit! Nein! So etwas tue ich nie und nimmer!"

Mama Lju dämpfte diesen Zornesausbruch mit einem sanften Kichern. „Und wenn du so etwas nicht tun willst, denkst du, das hängt einfach und allein von dir ab?" fuhr sie unbekümmert fort und hielt sich die Hand vor den Mund, um ein Grinsen zu verbergen. „Der Herr im Freudenhaus ist und bleibt die Mama! Und wenn sich ein Mädchen nicht ihrem Willen beugt, dann regnet es Peitschenhiebe, bis es halbtot zusammenbricht. Die möchte ich sehen, die dann noch aufzumucken wagt! Die Mama Wang hat dich bisher nie gequält, weil sie deine Klugheit und Schönheit zu schätzen weiß. Sie hat dir auch immer nachgegeben, um dein Ehrgefühl nicht anzutasten und dich nicht zu verletzen. Aber eben hat sie mir gesagt, daß sie über deine Undankbarkeit recht erbost ist. Darum schickt sie mich, daß ich dir ins Gewissen rede. Mit deiner Halsstarrigkeit kommst du bei Mama Wang nicht weit. Und hast du sie erst einmal gegen dich aufgebracht, hat das Gefluche und Geprügel erst einmal begonnen, was dann, frage ich dich? Davonfliegen kannst du nicht! Nach einiger Zeit macht dich dein Elend doch weich, und du empfängst schön brav wieder Gäste. Aber dein Renommee, das Gold wert ist, ist inzwischen flötengegangen, und die andern Mädchen machen sich nur lustig über dich. Wenn du mich fragst, ich sehe die Sache so: Wenn der Eimer einmal in den Brunnen gefallen ist, hat es wenig Sinn, ihn wieder raufzuholen. Ich an deiner Stelle würde anstandslos der Mama entgegenkommen und mir all den unnützen Kummer ersparen."

„Aber ich komme doch aus einem anständigen Haus!" rief die Schöne entrüstet. „Daß ich hier gelandet bin, ist nur ein unglücklicher Zufall. Wenn meine Pflegemutter mich mit einem anständigen Mann vermählen würde, brächte sie sich mehr Verdienste im Himmel herein, als wenn sie dem Buddha eine neunstöckige Pagoda baute. Mein Lächeln und meinen Leib verkaufen, einem Gast nach dem anderen schöntun – nein! Dann lieber den Tod!"

„Aber, mein Kind!" unterbrach sie Mama Lju. „Wer sagt denn, daß du nicht heiraten sollst! Das ist ein durchaus löblicher Wunsch. Nur wie man ihn erfüllt – tja! Da gibt's verschiedene Wege."

„Was für Wege?" fragte die Schöne mit wachsendem Interesse.

„Nun, da gibt es die wahre Vermählung", fuhr Mama Lju gelassen fort, „die unwahre, die unerquickliche, die erquickliche, die rechtzeitige, die unvermeidbare, die endgültige und die befristete. Hör mir nur geduldig zu, mein Kind, ich werde dir das genau erklären.

Also, ein talentierter junger Mann braucht eine schöne und kluge Frau, und eine schöne, kluge Frau braucht einen talentierten Mann. Aber daß zwei wirklich zueinander passen und sich finden, kommt selten vor. Wenn sie sich aber gefunden haben und eins am anderen festhängt wie die Seidenraupen während der Paarung, die sich eher töten als auseinanderreißen lassen, dann wird das eine wahre Vermählung, und die glückliche Schöne ist vom Leben im Bordell erlöst.

Es kommt aber auch vor, daß sich ein junger Mann in ein Freudenmädchen verliebt, das nichts für ihn übrig hat. Sie denkt gar nicht daran, ihn zu heiraten, und benutzt das Versprechen nur als Köder, um aus dem verliebten Esel Geld herauszulocken. Kommt es dann zum Heiraten, findet sie plötzlich einen Vorwand und gibt ihm einen Korb. Das wäre ein Fall einer sogenannten unwahren Vermählung. Es gibt aber auch noch andere Fälle dieser Art, wie zum Beispiel, wenn so ein rasend verliebter Jüngling zwar genau weiß, daß ihn seine Angebetete nicht ausstehen kann, sie aber doch herausholt und heiratet, indem er der Mama mit einem Haufen Geld für die Sache Appetit macht. Da hilft dann auch kein Sträuben mehr. Wird das Mädchen in ihr neues Heim gebracht, begeht sie aus lauter Abneigung geflissentlich einen Fauxpas nach dem anderen, benimmt sich wie eine Halbwilde und geht sogar so weit, sich offen mit anderen Männern abzugeben. Das kann keine Familie auf die Dauer dulden.

Nach spätestens einem Jahr wird sie ins Bordell zurückgeschickt und empfängt wieder ihre Kunden, wie es ihr beliebt. Die unwahre Vermählung ist also nur ein Schwindel, um den Bräutigam tüchtig zu melken.

Ganz anders verhält es sich bei der unerquicklichen Vermählung. Wenn ein Bursche, der Macht besitzt, sich in ein Mädchen verliebt, das ihn gar nicht leiden kann, gebraucht er oft seinen Einfluß, um sie mit Gewalt an sich zu reißen. Die Mama gibt aus lauter Angst vor einem Racheakt ihre Zustimmung. Dem Mädchen bleibt keine Wahl. Unter Tränen nimmt sie Abschied. Und ist sie erst einmal in das Haus des vornehmen Herrn eingezogen, sinkt sie ins Elend hinab wie in ein grundloses Meer. Die Familienregeln sind streng, sie wagt sich nicht zu mucksen. Halb als Konkubine, halb als Magd verbringt sie ihre Tage in Angst und Kummer.

Nur ein glücklicher Zufall kann zu einer erquicklichen Vermählung führen. Stell dir vor, wenn ein Mädchen, gerade als sie selbst Ausschau nach einem geeigneten Partner hält, einen netten jungen Mann kennenlernt, freundlich und gesittet und dazu auch noch wohlhabend. Seine erste Frau ist gutherzig und wohltätig. Sie kann selbst keine Kinder gebären und möchte nun, daß eine andere ins Haus kommt und ihr und ihrem Mann ein Söhnchen beschert, auf das dann auch sie als Hauptfrau Mutteransprüche hat. So kommt die Heirat zustande, und alles ist eitel Wohlgefallen.

Von einer rechtzeitigen Vermählung wiederum spricht man, wenn ein Mädchen den Höhepunkt ihrer Karriere auch zu einem Wendepunkt zu machen versteht. Wenn sie bereits genug angeschwärmt und angebetet worden ist und sich alles um sie bewirbt, kann sie sich, ehe ihr Ruhm verblaßt, einen Mann aussuchen, der ihr wirklich zusagt. Nur darf man dabei den richtigen Zeitpunkt nicht verpassen.

Bei einer unvermeidbaren Vermählung will das Mädchen meistens gar nicht das Freudenhaus gegen ein häusliches Dasein mit einem freudlosen Mann vertauschen. Aber entweder wurde ein Prozeß verloren, oder sie wurde auf andere Weise unter Druck gesetzt, manchmal auch, weil der Mama die Schulden über den Kopf wuchsen – kurzum, es bleibt ihr nichts anderes übrig, als die Zähne zusammenzubeißen und recht oder schlecht eine Ehe einzugehen, um sich ein bißchen Ruhe und Sicherheit zu erkaufen.

Endgültige Vermählungen gehen meist Freudenmädchen ein, die bereits längst aus der ersten Blüte heraus sind und schon allerlei durchgemacht haben. Trifft ein Mädchen in dieser Situation einen soliden Witwer älteren Jahrgangs, mit dem sie sich gut versteht, dann wird eben geheiratet, und die beiden halten sich die Treue, bis sie steinalt und schlohweiß geworden sind.

Befristete Vermählungen sind meist das Resultat einer leidenschaftlichen Liebe, der feurigen Hingabe des Mädchens an ihren Verehrer, ein heftiges und vorübergehendes Verlangen, ohne jeden Gedanken an die Zukunft. Da kann es dann geschehen, daß die Sippenältesten das Mädchen nicht im Hause dulden oder daß die Hauptfrau eifersüchtig wird, und nach ein paar Familienszenen bekommt sie den Laufpaß, wird ins Bordell zurückgeschickt, und die Mama muß außerdem noch den Kaufpreis zurückzahlen. Manchmal verarmt auch aus irgendeinem Grund die Familie, in die sie eingeheiratet hat. Man kann sie nicht mehr ernähren, und so muß sie wie ehedem die Zecher in den Gasthäusern unterhalten."

„Und wenn ich mich mit einem anständigen Mann vermählen wollte", fragte die Schöne schüchtern, „wie müßte ich es denn anstellen?"

„Mein Kind", entgegnete Mama Lju sanft, „ich werde dir den besten und sichersten Weg zeigen."

„Ach, wenn Ihr das tätet", rief die Schöne ungestüm,

„bis zu meinem Lebensende würde ich Euch dafür dankbar sein!"

„Wenn man sich sittsam vermählen möchte", hub Mama Lju bedeutungsvoll an, „müßte man freilich unberührt in die Familie eintreten. Mit deinem Körper aber hat man schon herumgespielt. Selbst wenn du noch heute abend heiraten solltest, als Jungfrau kannst du dich wohl kaum ausgeben. Das ist eben dein Pech. Du hättest nicht in so ein Haus geraten dürfen. Aber das war dir halt vom Himmel vorbestimmt. Deine Mama Wang hat sich mit dir redliche Mühe gegeben. Wenn du ihr nicht ein paar Jahre dienst und eine schöne Summe hereinbringst, denkst du, daß sie dich laufenlassen wird? Und dann mußt du dir ja auch den Richtigen aussuchen, wenn du wirklich heiraten möchtest. Man kann ja nicht jede beliebige Visage heiraten. Du aber empfängst keine Gäste mehr, wie willst du denn dann wissen, wer zu dir passen könnte? Und wenn du wirklich darauf bestehst, keine Gäste mehr zu empfangen, wird deine Mama wohl nicht umhinkönnen, dich an einen gutzahlenden Käufer als Konkubine abzugeben. Das wäre zwar auch eine Vermählung an einen anständigen Mann. Aber wer weiß, ob der Kerl nicht schon ein alter Knacker, ob er nicht abstoßend häßlich oder dumm wie ein Dorfochse ist? Und dann bist du ruiniert fürs Leben. Das wäre für dich schlimmer, als wenn man dich ins Wasser hineinschmisse. Wenn du dann mit einem Plumps untergehst, würden die Leute wenigstens noch sagen: ‚Schade um das Mädchen!' Wenn du mich fragst: Ich an deiner Stelle würde lieber der Mama gehorchen und wieder Gäste empfangen. An ein so hochgebildetes und hübsches Mädchen wie dich wagt sich ja doch kein gewöhnlicher Sterblicher heran. Sicher wirst du es nur mit Prinzen und Adligen, mit vornehmen und reichen Herren zu tun haben, und die verpatzen dir dein Leben nicht. An romantischen Vergnügungen soll man sich in seiner

Jugend ergötzen. Das kannst du jetzt tun. Und zugleich tust du etwas für das Unternehmen deiner Mama und kratzt auch für dich ein kleines Vermögen zusammen. So brauchst du später nicht andere um Geld anzubetteln. In zehn, fünfzehn Jahren ist es dann soweit. Findest du einen, der dich versteht und zu dir paßt, so will ich gerne deine Vermittlerin sein, und glaub mir, du wirst noch eine fabelhafte Hochzeit erleben. Dann wird sich auch deine Mama zufriedengeben, und du hast alles erreicht, was du willst."

Die Schöne hatte Mama Ljus Monolog mit einem Anflug von Lächeln gelauscht, was dieser zu verraten schien, daß sich der Krampf der Verbitterung in ihrem Herzen zu lösen begann. Und gewichtig schloß sie ihre Rede: „Was ich alte Mama dir sage, ist doch nur gut gemeint. Vertrau nur meinen Worten, und du wirst mir sicher noch eines Tages dankbar dafür sein." Damit erhob sie sich, völlig davon überzeugt, daß sie nicht tauben Ohren gepredigt hatte.

Mama Wang hatte vor der Zimmertür alles mit angehört. Als die Schöne nun ihren Gast hinausbegleitete, stieß sie vor der Tür mit Mama Wang zusammen. Die Schamröte stieg ihr in die Wangen, und schnell zog sie sich ins Zimmer zurück.

Mama Wang begleitete Mama Lju in das Untergeschoß, wo die beiden Damen wieder im vorderen Salon Platz nahmen.

„Halsstarrig ist ja die Kleine, daß man verzweifeln könnte", bemerkte Mama Lju. „Aber ich habe ihr von allen Seiten zugesetzt, und es scheint mir fast, daß auch dieses starre Stückchen Eisen zu schmelzen beginnt. Such ihr so bald wie möglich ein zweites Mannsbild zur Nachdeflorierung. Sie wird sich kaum sträuben. Und dann komme ich wieder, um dir erst richtig zu gratulieren."

Mama Wang konnte sich gar nicht genugtun mit Dankesbezeigungen. Sogleich wurde ein Mahl gerichtet und tüchtig getrunken, bis beide ordentlich angeheitert waren. Alsdann schieden sie in fröhlichster Laune voneinander.

Auf die Schöne hatte die redegewandte Mama Lju mit der Darstellung ihrer Lage einen tiefen Eindruck gemacht. Sie fand, daß die Alte gar nicht so unrecht hatte. Bald empfing sie auch tatsächlich wieder Gäste. Nachdem sie den zweiten Mann hinter sich hatte, ging erst der Rummel richtig los; die Männer liefen ihr geradezu die Tür ein. Nicht einen Augenblick hatte sie mehr Ruhe. Und ihr Ruf begann wie ein Komet am Himmel der Lebewelt aufzusteigen.

Jeden Abend kassierte sie gut zehn Silbertaels ein, und sie hätte noch mehr bekommen können, so sehr riß man sich um sie. Mama Wang, die nun das Geld nur so hereinscheffelte, war außer sich vor Glück. Die Schöne hielt ihre Augen offen auf der Suche nach einem verständnisvollen und zu ihr passenden jungen Mann. Aber leider ist es so, wie es im Sprichwort heißt: Ein großer Schatz ist leicht zu finden, viel leichter als ein junger Mann mit Herz.

Wir wollen aber jetzt von etwas ganz anderem berichten. Damals wohnte außerhalb des Tsching-Bo-Tores von Lin-An ein alter Herr namens Dschu, der einen Ölladen besaß. Vor drei Jahren hatte er einen Jungen adoptiert, der gleichfalls vor den Dschurdschen von Bjän-Ljang südwärts geflohen war. Mit dem Familiennamen hieß er Tschin, mit dem Vornamen Dschung. Seine Mutter hatte er bereits früh verloren. Sein Vater, Tschin Ljang, der ihn mit dreizehn Jahren an den Ölhändler verkauft hatte, war gleichsam gnadenhalber als Diener für das Anzünden der Weihrauchkerzen im Oberen Tjän-Dschu-Tempel aufgenommen worden. Der alte Dschu hatte selbst keine Kinder. So nahm er den kleinen Tschin Dschung an Kindes Statt an und gab ihm seinen eigenen Familiennamen; fortan wurde er Dschu

Dschung gerufen. Er lernte im Laden seines Adoptivvaters die Bräuche und Regeln des Ölhandels. Anfangs kamen die beiden gut mit ihren Geschäften zurecht. Dann wurde der Alte von der Gicht befallen und litt an so heftigen Hüftschmerzen, daß er kaum noch schlafen konnte. Die Arbeit fiel ihm immer schwerer. Schließlich mußte er doch noch einen Gehilfen, der im Laden mithalf, einstellen, einen gewissen Hsing Tschüen.

Die Zeit schießt dahin wie ein Pfeil. Im Handumdrehen waren mehr als vier Jahre vorübergegangen, und der kleine Dschu Dschung war bereits siebzehn Jahre alt geworden – ein schmucker Bursche, der schon die Jünglingskappe trug, aber noch nicht verlobt war. Im Haushalt seines Adoptivvaters gab es eine Dienerin namens Lan-hua, die schon etwas über zwanzig war. Sie hatte ein Auge auf den jungen Dschu geworfen und suchte ihn mit aller Gewalt in ihre Netze zu ziehen. Doch offensichtlich war sie hier an den Unrechten gekommen: der junge Mann war viel zu ernst und züchtig und sie wiederum viel zu schmuddelig und häßlich, so daß sie bei ihm durchaus kein Glück hatte. Als sich die Dienerin so schnöde abgewiesen sah, suchte sie sich ein anderes Opfer, und dieses fand sie in dem Gehilfen Hsing Tschüen, der ihr nur zu bereitwillig ins Garn ging. Die beiden fingen ein heimliches Verhältnis an, das sich immer hitziger fortspann. Der junge Dschu stand ihnen daher im Wege. Das feine Pärchen kam schließlich überein, ihn durch ein abgekartetes Spiel aus dem Hause zu vertreiben. Lan-hua berichtete dem Alten mit der keuschesten aller Mienen, der junge Dschu sei ein wahrer Schwerenöter und habe sie schon mehrmals zu verführen versucht. Der alte Dschu verspürte darüber so etwas wie Eifersucht, denn auch er hatte bisher ihre Liebesdienste in Anspruch genommen. Zugleich brachte Hsing Tschüen einen Teil der Einnahmen des Geschäfts auf die Seite und berichtete dem Alten: „Der junge Herr verlottert zusehends. Der

Spielteufel hat ihn gepackt. Schon ein paarmal habe ich zuwenig Geld in der Ladenkasse vorgefunden. Sicher hat er es gestohlen."

Anfangs schenkte der alte Dschu diesen Einflüsterungen nicht allzuviel Glauben, aber mit der Zeit kam dem einfältigen senilen Alten die Sache doch nicht so ganz geheuer vor. Er ließ Dschu Dschung zu sich rufen und schimpfte ihn gehörig aus. Der junge Dschu war viel zu klug, um nicht gleich zu merken, daß hier Hsing Tschüen und die Magd Lan-hua ihre Hand im Spiel hatten. Sich gegen solche hinterhältigen Anschuldigungen zur Wehr zu setzen erschien ihm angesichts der Borniertheit des Alten ein sinnloses Unterfangen. Darum begegnete er dem Zornesausbruch mit einem vorsichtigen Ablenkungsmanöver. „Die Geschäfte gehen nicht so gut in letzter Zeit", sagte er bescheiden, „da reicht es nicht mehr für zwei. Laßt doch Hsing Tschüen allein den Laden betreuen. Ich bin gerne bereit, mit der Tragstange Öl auf den Straßen zu verkaufen. Was ich dabei einnehme, liefere ich Euch ab. Damit könnten wir unseren Handel vergrößern."

Der alte Dschu hätte nichts dagegen einzuwenden gehabt, wenn ihm nicht Hsing Tschüen wieder einen Floh ins Ohr gesetzt hätte. „Dem liegt ja gar nichts daran, den Ölträger zu spielen. Seit Jahren stiehlt er Euch Geld und hat sich schon ein nettes Sümmchen zurückgelegt. Und weil Ihr ihm noch keine Braut ausgesucht habt, hat er eine Wut auf Euch. Jetzt will er einfach seine eigenen Wege gehen, sich ein Weib suchen und sich selbständig machen."

„Das hat man davon!" sagte der alte Dschu mit einem Seufzer. „Wie meinen eigenen Sohn habe ich ihn behandelt, und so benimmt er sich nun. Na ja, das fremde Blut rührt sich eben in ihm. Soll er denn, wenn's der Himmel so will, seine eigenen Wege gehen." Er gab dem jungen Dschu drei Silbertaels und hieß ihn das Haus verlassen.

Seine Kleidung für Sommer und Winter sowie sein Bettzeug durfte er mitnehmen. Mit einer Sinnesänderung des Alten war nicht mehr zu rechnen. Mit vier tiefen Verbeugungen, wie es der Anstand vorschrieb, nahm der junge Mann unter Tränen von seinem Adoptivvater Abschied. Sein leiblicher Vater, Tschin Ljang, hatte dem Kind, als er es dem alten Dschu überließ, nichts davon gesagt, daß er im Tjän-Dschu-Tempel eine Stelle als Diener annehmen werde. So mietete sich Dschu Dschung, nachdem er das Haus des alten Dschu verlassen hatte, ein winziges Kämmerchen unweit der Dschung-An-Brücke, brachte dort seine Siebensachen unter und durchstreifte alle Straßen, Gassen und Gäßchen der Stadt auf der Suche nach seinem Vater. Aber nach ein paar Tagen vergeblicher Nachforschungen mußte er es schließlich doch aufgeben.

In den vier Jahren, die er im Hause des alten Dschu zugebracht hatte, war Dschu Dschung so grundehrlich und anständig gewesen, daß er auch nicht ein Stäubchen Silber für sich behalten hatte. Nichts besaß er nun als die drei Taels, die er als Abschiedsgabe bekommen hatte. Aber was ließ sich schon mit einer so kleinen Summe anfangen? Er überlegte hin und her, und schließlich schien es ihm doch das einzig Vernünftige, bei dem Geschäft zu bleiben, das er wirklich verstand: dem Ölhandel. Die meisten Ölhändler kannten ihn schon. Wenn er sich eine Tragstange mit Ölbehältern kaufte und auf den Straßen Öl feilbot, so würde er sich schon einen sicheren Kundenkreis schaffen. Auf der Stelle besorgte er sich das nötige Handwerkszeug und kaufte für den Rest seines Geldes in einem Ölladen einen kleinen Vorrat Öl ein. Die Leute im Laden kannten ihn als einen ehrlichen und zuverlässigen Burschen. Auch empfand man Mitleid, daß er, selbst noch ein halbes Kind, den bösen Verleumdungen des Gehilfen Hsing Tschüen zum Opfer gefallen war. Denn man wußte nur zu gut, wer ihn aus dem Geschäft

seines Adoptivvaters hinausgedrängt hatte. So kamen sie ihm gerne entgegen, gaben ihm nur vom reinsten und feinsten Öl und ließen auch etwas vom Preis nach. Der junge Dschu wußte diese kleinen Vergünstigungen wohl zu schätzen und verkaufte seinerseits das feine Öl zu etwas billigeren Preisen. Kein Wunder daher, daß er seine Ware leichter umsetzte als andere Ölhändler. Mit dem kleinen Gewinn, den ihm sein Gewerbe täglich einbrachte, ging er sehr sparsam um, aß bescheiden und kaufte sich von seinen Ersparnissen nur ein paar Dinge für den Haushalt und was er an Kleidung brauchte.

In allem verlief sein Leben recht zufriedenstellend, hätte ihn nicht fortwährend der Gedanke an seinen Vater gequält. Nun fiel ihm auch ein, daß er mit dem angenommenen Namen seines Adoptivvaters von seinem richtigen Vater schwerlich gefunden werden konnte, selbst wenn dieser ihn suchen sollte. Man kannte ihn ja nur als Dschu Dschung; und wer wußte schon, daß er mit seinem richtigen Familiennamen Tschin hieß. So nahm er auf eigene Faust seinen alten Familiennamen wieder an – was bei einem armen Ölträger kein weiteres Aufsehen erregte; bei einem Mann aus angesehener oder vornehmer Familie wäre eine Namensänderung ohne entsprechende Eingaben, Gesuche und Registraturen bei den höheren und höchsten Ämtern überhaupt nicht möglich gewesen. Der junge Mann schrieb nun auf seine Ölbehälter ganz groß das Zeichen Tschin und dazu noch Bjän-Ljang, so daß jeder auf den ersten Blick erkennen konnte, wie er mit dem Familiennamen hieß und daß er aus der ehemaligen Hauptstadt des Reiches stammte. Fortan wurde er in Lin-An auch nur noch Ölträger Tschin gerufen.

Es war im Monat März an einem Tag, der schon die erste Frühlingswärme ahnen ließ, als Tschin Dschung, wie er sich nun nannte, erfuhr, daß im Dschau-Tsching-Tempel eine neun Tage und Nächte währende Seelenmesse zelebriert werden sollte; und da bei solchen Gelegenheiten bekanntlich viel Öl gebraucht wird, machte er sich sogleich auf den Weg zum Tempel, um seine Dienste anzubieten. Der gute Ruf des jungen Ölträgers war auch bis zu den Mönchen gedrungen, die ihm gerne sein im Vergleich zur üblichen Ware besseres und billigeres Öl abkauften. So war Tschin Dschung während dieser neun Tage ausschließlich mit Lieferungen für den Tempel beschäftigt.

Der Himmel war strahlend klar, als Tschin Dschung am neunten und letzten Tag der Seelenmesse mit den leeren Ölbehältern auf der Tragstange den Tempel verließ. Scharen von Spaziergängern lustwandelten an den Ufern des Westsees. Er schlenderte ein Bächlein entlang und blickte hinaus auf den Schi-Dsching-Damm, den auf beiden Seiten Pfirsichbäume mit ihren zartrosa Blüten und Weiden mit schlanken hellgrünen Zweigen säumten. Auf dem See glitten buntbemalte Barken dahin, aus denen Flöten- und Trommelklänge herüberschallten. Tschin Dschung konnte sich gar nicht satt sehen an den Herrlichkeiten der Frühlingslandschaft und dem frohen Treiben ringsum. Eine Weile wanderte er ziellos hin und her, bis er sich schließlich, ein wenig müde von den anstrengenden Tagen, auf einem Stein in der Nähe des Dschau-Tsching-Tempels niederließ. Da fiel sein Blick auf einen prächtigen Garten, dicht am See gelegen, mit einer vergoldeten Pforte. Hinter dem zinnoberroten Zaun standen zierliche Bambusstauden, zwischen denen die Fassade eines ansehnlichen Gebäudes hindurchschimmerte. Eben traten ein paar vornehm gekleidete Herren mit Beamtenkappen aus dem Tor. Ein junges Mädchen begleitete sie bis zur Gartenpforte, wo sich die kleine Gesellschaft mit höflichen Verbeugungen verabschiedete. Das Mädchen ging sodann allein ins Haus zurück. Tschin Dschung war wie gebannt von ihrer ungewöhnlichen Schönheit und konnte seinen Blick nicht von ihr losreißen. Eine so feenhafte anmutige Erscheinung hatte er noch nie gesehen. Geraume Zeit verharrte er in einer Art Betäubung; sein ganzer Körper war wie gelähmt, und zugleich durchströmte ihn ein prickelndes Gefühl. In seiner Jugend und Unerfahrenheit wußte er natürlich so gut wie nichts von Freudenhäusern. So fragte er sich verwundert, welche Familie wohl in diesem Haus wohnen mochte.

Er war noch ganz in Gedanken versunken, als mit einemmal eine Frau mittleren Alters mit einer noch sehr jungen Dienerin aus dem Haus trat. Die beiden blieben vor der Pforte stehen und blickten auf die Vorübergehenden. Und kaum hatte die Frau die Tragstange mit den Ölbehältern, die Tschin Dschung neben sich niedergestellt hatte, bemerkt, so rief sie: „Ah, das trifft sich ja gut! Wir brauchen gerade Öl im Haus, und da haben wir einen Ölträger gleich vor dem Tor. Von dem wollen wir etwas kaufen!" Und sie und ihre Dienerin kamen auf Tschin Dschung zu und verlangten Öl. „Leider habe ich keins mehr", gab Tschin Dschung zur Antwort. „Aber wenn es Euch beliebt, so bringe ich Euch morgen Öl ins Haus." Die Dienerin, die ein bißchen lesen konnte, sah das Schriftzeichen Tschin auf den Ölbehältern, und sich zu ihrer Herrin wendend, sagte sie: „Seht, das ist doch jener Tschin, der stadtbekannte Ölträger!" Der Name war auch der Frau, die natürlich keine andere als Mama Wang war, zu Ohren gekommen, und da man den jungen Mann überall wegen seiner Ehrlichkeit und der guten Qualität seines Öls pries, sagte sie zu ihm kurz entschlossen: „Wenn du willst, kannst du uns immer Öl bringen. Wir brauchen jeden Tag etwas im Haus. Dann hast du auch uns als Kundschaft."

„Wenn Ihr mir die Ehre erweist, werde ich Euch mit Freuden zu Diensten sein", erwiderte Tschin Dschung. Worauf Mama Wang und die Dienerin wieder ins Haus zurückkehrten.

Tschin Dschung überlegte indessen, in welchem Verhältnis die Frau zu jenem schönen Mädchen stehen könnte. Und die Gelegenheit, von nun an jeden Tag Öl in das Haus dieses liebreizenden Wesens bringen zu dürfen, erschien ihm wie eine Belohnung des Himmels für gute Taten in einem früheren Leben. Denn abgesehen von der Zunahme seiner regelmäßigen Einkünfte, würde er sich nun satt sehen können an diesem lieblichsten aller Geschöpfe.

Eben wollte er nach der Tragstange greifen, um den Heimweg anzutreten, als eine Sänfte mit dunkelgrünem Seidendach an ihm vorbeihastete. Die beiden Sänftenträger schienen es eilig zu haben: sie und zwei Diener, die der Sänfte folgten, näherten sich im Laufschritt der golden lackierten Gartenpforte. Dort machten sie halt, und die Diener verschwanden im Haus. Das ist doch merkwürdig, dachte Tschin Dschung im stillen. Wen die wohl abholen kommen?

Einen Augenblick später traten zwei junge Mädchen aus dem Haus, von denen eine eine rote Filztasche und die andere ein reichverziertes Bambuskästchen trug. Die Sänftenträger verstauten die Sachen im Kasten unter dem Sitz. Danach erschienen auch die beiden Diener wieder mit einer Laute im Futteral, mit Bilderrollen und einer Flöte aus grünem Jade, die an einer Schnur vom Handgelenk des einen herabbaumelte. Und gleich hinter ihnen kam sie wieder, die Schöne, die er eben so bewundert hatte, und stieg in die Sänfte. Die Sänftenträger setzten sich augenblicklich in Trab und eilten den Weg zurück, auf dem sie gekommen waren. Die beiden Mädchen und die Diener folgten zu Fuß.

Tschin Dschung durchlief es heiß, und seine Gedanken gerieten noch mehr in Verwirrung. Mit einem beklemmenden Gefühl im Herzen machte er sich wieder auf den Weg. Er war noch nicht weit gegangen, als er zu einem Wirtshaus kam; und er, der sonst kaum je einen Tropfen Wein trank, spürte plötzlich, überwältigt von der freudetrunkenen Erinnerung an jenes wunderschöne Mädchen und zugleich von einem ungewissen Kummer bedrückt, das Verlangen hineinzugehen. Er nahm die Tragstange von der Schulter und suchte sich ein stilles Plätzchen in der Ecke. „Wartet der Herr noch auf einen Gast, oder wollt Ihr allein trinken?" fragte ihn der Wirt. „Bringt mir von Eurem besten Wein", erwiderte Tschin Dschung. „Ich möchte ein paar Schälchen trinken. Und auch ein, zwei Tellerchen mit frischem Obst und Gemüse könnt Ihr mir bringen. Aber bitte kein Fleisch!"

Als ihm der Wirt Wein in die Schale einschenkte, fragte Tschin Dschung beiläufig: „Wem gehört denn das Haus dort mit der vergoldeten Gartenpforte?"

„Der Park und das Haus gehören dem Marschall Tschi", sagte der Wirt. „Jetzt hat sich die Mama Wang dort niedergelassen."

„Ich habe da eben eine junge Dame in die Sänfte steigen sehen", bohrte Tschin Dschung weiter. „Wer könnte denn das gewesen sein?"

„Ah, das ist die berühmte Kurtisane Wang Me, die Schöne", erwiderte der Wirt. „Man nennt sie überall Königin der Blumen. Sie stammt aus Bjän-Ljang und ist durch irgendeinen Zufall in jenem Haus gelandet. Das Mädchen kann einfach alles – Flöte blasen, Laute spielen, Singen, Tanzen, Schach, Kalligraphie, Malerei und was es sonst noch gibt. Bei ihr verkehren nur die ganz vornehmen Herren. Unter zehn Silbertaels darf keiner bei ihr über Nacht bleiben. Mit kleinen Leuten gibt sich so eine erst gar nicht ab. Früher haben sie vor dem Yung-Dschin-Tor gewohnt. Dort wurde es zu eng, und nun sind sie vor einem halben Jahr hierher übergesiedelt. Der Marschall Tschi ist mit der Schönen dick befreundet. Darum hat er ihr und der Mama Wang das feine Haus mit dem Park überlassen."

Kaum hatte Tschin Dschung vernommen, daß auch sie aus Bjän-Ljang stammte, so beschlich ihn eine wehmutsvolle Erinnerung an seine Heimat, die sein Gefühl für das schöne Mädchen nur noch vertiefte. Er trank seinen Wein aus, zahlte und ging. Den ganzen Weg lang sann er vor sich hin: Jammerschade um ein so wunderbares Mädchen, daß sie in einem Bordell landen mußte, klagte er im stillen. Dann wieder sagte er sich mit einem heimlichen Schmunzeln: Aber wäre sie nicht ein Freudenmädchen geworden, wie hätte ich, ein armseliger Ölträger, sie jemals zu sehen bekommen! Und je länger er nachsann, desto närrischer und verstiegener wurden seine Gedanken. Der Mensch lebt nur einmal, und so soll er denn auch sein Leben auskosten. Wenn ich sie nur eine einzige Nacht lang in meinen Armen halten dürfte, so gäbe ich gerne mein Leben dafür hin! Aber gleich wieder verfiel er in Trübsinn. Ach, was verdiene ich schon mit meiner Ölschlepperei! Ein lumpiges Stückchen Silber am Tag, das ist alles. Wie darf ich da überhaupt nur an so etwas denken! Im Sprichwort heißt es zu Recht: Die warzige Kröte im Graben möchte Fleisch vom Himmelsschwan fressen – keinen Bissen davon kriegt sie ins Maul. Und verkehrt die Schöne nicht nur mit den vornehmsten Herren? Selbst wenn ein Ölträger genug Silber hätte, sie würde ihn doch nicht empfangen. Dann dämmerten wieder tröstliche Gedanken in ihm auf: Heißt es nicht, daß Kupplerinnen einzig und allein ans Geld denken? Da weisen sie auch einen Bettler nicht ab, wenn er nur genügend Geld hat. Sollten sie da mich abweisen, einen ehrlichen Handelsmann mit gutem Leumund? Nein, ich muß nur das Geld aufbringen, dann wird sie mich sicher empfangen. Aber wo soll ich denn nur so eine Summe hernehmen? Den ganzen Weg lang wirbelten ihm die Gedanken im Kopf herum, und in seiner Aufregung murmelte er einzelne Wörter oder ganze Sätze vor sich hin. Was er da vorhatte, war ja auch wirklich ungewöhnlich, wenn nicht gar närrisch. Man bedenke: Ein kleiner Ölträger mit einem Kapital von drei Silbertaels, der zehn Silbertaels ausgeben will, um mit einer berühmten Kurtisane zu schlafen – der reinste Wahnsinn! Aber seit alters heißt es: Wenn einer nur den Willen hat, vollbringt er auch die schwerste Tat. Und nach langem Grübeln gelang es ihm tatsächlich, einen immerhin nicht ganz aussichtslosen Plan auszuklügeln. Wenn ich täglich nach Abzug meiner Ausgaben ein Fen Silber zurücklege, sagte er sich, so kann ich in einem Jahr etwas über drei Silbertaels sparen. Dann habe ich in drei Jahren die Summe beisammen. Bei zwei Fen täglich schaffe ich es in eineinhalb Jahren. Mit einem bißchen Glück könnte ich sogar noch mehr zurücklegen. In ungefähr einem Jahr wäre es dann soweit.

So kam er, noch ganz in seine Pläne vertieft, zu Hause an, schloß die Türe auf und trat in seine Stube. Der Anblick seines einsamen Lagers stimmte ihn nach so vielen hitzigen Überlegungen noch trauriger. Er konnte keinen Bissen hinterwürgen, warf sich auf sein Bett, und die ganze Nacht wälzte er sich unruhig hin und her, ohne Schlaf zu finden. Denn sein Herz hüpfte und sprang so toll wie ein Affe, seine Gedanken jagten dahin wie ein ungestümes Füllen; und all das nur, weil er ein Antlitz erblickt hatte, strahlend schön wie der Mond und so lieblich zart wie Frühlingsblüten. Nach dieser ruhelosen Nacht erhob er sich schon im ersten Morgengrauen von seinem Lager, füllte seine Ölbehälter, bereitete sich in aller Hast ein Frühstück, verschloß die Türe seiner Stube, und schnurstracks eilte er zu jenem Haus am See. Beklommen trat er ein und spähte nach allen Seiten. Da hörte er die Stimme der Mama Wang, die eben erst aufgestanden war und dem Bordelldiener Anweisungen gab, was er auf dem Markt einkaufen sollte. Schüchtern rief er: „Hier bin ich, Mama Wang!"

„Ah, ein zuverlässiger Bursche!" rief diese lächelnd, als sie hinausblickte und den jungen Ölträger sah. „Da hat er tatsächlich Wort gehalten!"

Sie bat ihn, mit seinen Ölbehältern hereinzukommen,

und ließ sich von ihm eine große Ölflasche füllen, die wohl mehr als fünf Kätti faßte. Den Preis, den sie ihm dafür bot und der übrigens auch recht angemessen war, nahm er, ohne zu feilschen, an. Mama Wang gefiel seine Art, und freundlich sagte sie: „Die Flasche Öl genügt uns für zwei Tage. Komm übermorgen wieder. In Zukunft kaufe ich mein Öl nur noch bei dir."

Tschin Dschung versprach wiederzukommen und verließ bitter enttäuscht mit seiner Tragstange das Haus; denn die Schöne hatte sich nicht blicken lassen. Immerhin erfreulich, daß ich die Alte nun als Stammkundin habe, tröstete er sich. Und wenn ich die Schöne diesmal nicht sehen konnte, dann wird es eben beim zweiten Mal sein, und wenn nicht beim zweiten, dann eben beim dritten Mal. Daß ich bloß dieser Mama Wang wegen mein Öl den weiten Weg bis hierher schleppe, ist das reinste Verlustgeschäft. Der Dschau-Tsching-Tempel liegt auf dem Weg. Wenn man heute auch dort keine große Messe zelebriert, Öl wird doch wohl immer gebraucht. Da müßte ich einmal nachfragen. Falls ich die Mönche als Stammkundschaft bekomme, könnte ich hier in der Gegend des Tschjän-Tang-Tors eine Trage Öl schon loswerden. Und nach diesen Überlegungen ging er in den Tempel hinein und bot sein Öl an, das ihm die Mönche, die ihn ja bereits kannten, manche mehr und andere weniger, aber auch gerne abkauften. Allen kam der wandelnde Ölladen sehr gelegen; und so beschloß man, daß der Ölträger von nun an auch hier jeden zweiten Tag Öl liefern sollte. Den einen Tag belieferte Tschin Dschung nun seine alte Kundschaft in den Straßen der Stadt, den anderen kam er mit seiner Trage in die Gegend des Tschjän-Tang-Tors, wobei er immer zuerst Mama Wang besuchte – allerdings weniger des Geschäftes wegen als vielmehr, um die Königin der Blumen zu bestaunen. Manchmal sah er sie auch, und glühendes Verlangen oder sehnsuchtsvolle Bitterkeit erfüllten sein Herz. Denn fürwahr, wie es im Gedicht heißt:

So hoch auch der Himmel, so groß und gewaltig,
so alt auch die Erde und vielgestaltig,
einmal muß alles zerfallen, vergehn:
Doch diese Liebe wird ewig bestehn.

Schnell fliegt die Zeit dahin. Ehe er sich's versehen hatte, war ein Jahr vergangen. Von seinem täglichen Verdienst konnte er manchmal zwei oder drei, zumindest aber ein Fen Silber zurücklegen – alles in kleinen Stücken, die er sorgsam in einem Beutel verwahrte, dessen Inhalt mit den Wochen und Monaten beträchtlich anschwoll. Er wußte selbst nicht, wieviel er da schon beisammen hatte. Eines Tages, als ihn ein heftiger Regenschauer zwang, zu Hause zu bleiben, und er mit frohem Herzen den Silberbeutel betrachtete, sagte er sich: Ich könnte doch diesen verregneten Tag benutzen, um einmal nachwiegen zu lassen, welches Sümmchen ich mir schon erspart habe. Gleich spannte er seinen Regenschirm aus Ölpapier auf und ging hinüber in das Silbergeschäft auf der anderen Straßenseite. Als er den Silberschmied um eine Waage bat, gab ihm dieser mit einem geringschätzigen Blick die allerkleinste. Was konnte so ein schäbiger Ölträger schon viel Silber haben! Tschin Dschung öffnete den Beutel, und wenn nun auch nur wenige größere Silberstücke zum Vorschein kamen, so hatte er doch eine ganz erhebliche Menge Bruchsilber darin. Der Anblick dieses kleinen Schatzes wirkte Wunder in der Krämerseele des Silberschmieds. Geradezu unterwürfig bediente er nun die Waage selbst und legte betulich Gewichte auf, und dabei dachte er im stillen: Nach des Menschen Äußerem soll man nicht schließen; eher läßt sich das Meer mit Scheffeln ausgießen!

Nachdem alles ausgewogen war, ergab sich, daß Tschin Dschung genau sechzehn Silbertaels zusammengespart hatte. Er entschloß sich, drei davon als Kapital zurückzulegen. Der Rest ist immer noch mehr als genug, um mir eine Nacht der süßesten Freuden zu bringen, dachte er sich. Mit dem Haufen Bruchsilber im Beutel hätte er allerdings im Bordell den Eindruck eines Bettlers erweckt. Deshalb übergab er das Silber dem Silberschmied mit der Bitte, einen großen Silberbarren von zehn Taels und einen kleinen von einem Tael und achtzig Tschjän daraus zu gießen. Die restlichen vier Taels und zwanzig Tschjän behielt Tschin Dschung in kleinen Stücken und zahlte davon dem Silberschmied die Schmelzgebühr. Dann kaufte er sich noch für ein paar Tschjän gestickte Seidenschuhe und feine Socken sowie eine Kopfbinde mit einem Meandermuster. Zu Hause angekommen, wusch und stärkte er sein Feiertagsgewand und beräucherte es mit persischem Weihrauch, wie es die vornehmen Herren taten. An einem wunderschönen Frühlingsmorgen putzte er sich schließlich fein heraus und ging mit seinen Silbertaels in der Ärmeltasche den gewohnten Weg zu Mama Wangs Haus. Aber die Freude, die ihm anfangs das Herz schwellen ließ, wich einem beklemmenden Gefühl der Schüchternheit, als er zum Tor kam; und heimlich gestand er sich, daß es ihm, der hier immer nur Öl verkauft hatte, doch schwerfallen würde, plötzlich als Kunde aufzutreten. Wie sollte er nur sein Anliegen vorbringen? Unschlüssig zögerte er einzutreten, als mit einemmal das Tor knarrend aufging und Mama Wang heraustrat. „Ah, der Herr Tschin!“ rief sie erstaunt. „Wieso geht Ihr denn heute nicht Eurer Arbeit nach? Und so fein herausgeputzt! Habt Ihr etwas Besonderes vor?“

Da die Sache nun einmal soweit gekommen war, mußte der junge Tschin sich wohl oder übel doch ein Herz nehmen. Mit einer höflichen Verbeugung begrüßte er Mama Wang, die heute in Anbetracht seiner vornehmen Kleidung ebenso höflich seinen Gruß erwiderte. „Meine Wenigkeit hat nichts anderes vor, als Euch, verehrte Frau, aufzusuchen“, hub Tschin Dschung an. Und die mit allen Wassern gewaschene Kupplerin, die sehr gut über die

Männer Bescheid wußte, verstand sofort, daß der junge Tschin ein Auge auf eines ihrer Mädchen geworfen hatte und mit ihr eine Nacht oder zumindest ein Schäferstündchen verbringen wollte. Wenn er auch kein steinreicher Bonze oder allmächtiger Buddha war, etwas ließ sich schon noch aus ihm herausschröpfen. „Nun, wenn Ihr mich aufsuchen wollt, so habt Ihr doch sicher etwas auf dem Herzen", fragte sie mit süßlichem Lächeln.

„Meine Wenigkeit hätte eine unverschämte Frage zu stellen, wagt aber nicht, sie über die Lippen zu bringen."

„Aber was sollte Euch denn hindern, Euer Herz auszuschütten!" entgegnete Mama Wang ermutigend. „Tretet doch ein und erzählt mir in aller Ruhe, was Ihr wollt."

Tschin Dschung war zwar als Ölträger oft schon in diesem Hause gewesen, aber mit den komfortablen Lehnsesseln im Salon der Kupplerin hatte sein Hintern bisher noch keine Bekanntschaft gemacht. Diesmal wurde ihm nun die Ehre zuteil, so ein Sesselchen mit beiden Backen drücken zu dürfen. Die Alte bat ihn sogar, den Ehrenplatz für Gäste einzunehmen, und ließ Tee kommen.

Als die Dienerin den Tee servierte und sah, daß Mama Wang den Ölträger Tschin aus unbegreiflichen Gründen plötzlich mit so ausgesuchter Höflichkeit behandelte, konnte sie sich ein Kichern nicht verbeißen und senkte schnell das Köpfchen. „Was gibt's denn da zu lachen!" herrschte sie Mama Wang an. „So eine Ungezogenheit einem Gast gegenüber!"

Die Dienerin verstummte sofort und zog sich schleunigst zurück.

„Nun, Herr Tschin, womit kann ich Euch dienen?" fragte die Kupplerin zutraulich.

„Ich möchte nichts anderes", begann Tschin Dschung erneut, „als in Eurem werten Hause eine der Damen zu einem Schälchen Wein einladen."

„Nur zu einem Schälchen Wein?“ fragte Mama Wang ungläubig. „Ihr werdet doch wohl noch ein bißchen mehr tun wollen! Ihr seid ein anständiger junger Mann. Wie habt Ihr denn nur so plötzlich Spaß an galanten Abenteuern gefunden?“

„Meine Wenigkeit trägt diesen Wunsch schon seit langem im Herzen“, entgegnete Tschin Dschung ernst.

„Ihr kennt ja alle Mädchen in meinem Haus. Dürfte ich wissen, welche es Euch angetan hat?“

„Alle anderen sind mir gleichgültig“, sagte Tschin Dschung feierlich. „Nur mit der Königin der Blumen würde ich herzlich gerne eine Nacht verbringen.“

Mama Wang dachte zuerst, er wolle sich einen Spaß mit ihr erlauben, und setzte eine strenge Miene auf: „Wollt Ihr mich hänseln? So dürft Ihr nicht mit mir sprechen!“

„Ihr wißt doch, daß meine Wenigkeit nicht zu den Leichtfertigen gehört“, entgegnete der Ölträger würdevoll. „Wie sollte ich mir da einen Scherz erlauben!“

„Ein Scheißkübel hat auch zwei Henkelohren, aber versteht doch nur einen Dreck!“ entgegnete Mama Wang barsch. „Wißt Ihr denn überhaupt, was unsere Schöne wert ist? Wenn Ihr Euren ganzen Ölkram und was Ihr sonst noch habt bis aufs Letzte draufgebt, genügt es noch immer nicht für eine halbe Nacht. Sucht Euch lieber eine aus, die zu Euch paßt.“

Tschin Dschung stutzte für einen Augenblick. „Ihr denkt doch wohl nicht, daß ich Euch zum besten halte!“ warf er schnippisch ein. „Und wenn ich mir die Frage gestatten darf: Wie viele tausend Silbertaels kostet denn eigentlich eine Nacht bei Eurer Königin der Blumen?“

Der spöttische Ton zerstreute Mama Wangs böse Laune. „Na, so viel kostet es nun auch wieder nicht“, lenkte sie lächelnd ein. „Bloß zehn Silbertaels, aber von der besten Qualität – die übrigen Spesen nicht eingerechnet.“

„Na, wenn es weiter nichts ist!“ bemerkte Tschin

Dschung lässig. „Das wäre ja keine unerschwingliche Summe.“ Mit diesen Worten holte er einen großen glänzenden Silberbarren aus dem Ärmel und drückte ihn der Kupplerin in die Hand. „Das sind zehn Taels. Das Gewicht stimmt haargenau; garantiert erstklassiges Silber.“ Dann holte er noch einen kleinen Silberbarren hervor, den er ihr ebenfalls überreichte. „Und das sind zwei Taels. Dürfte ich Euch ersuchen, dafür ein kleines Mahl vorzubereiten. Verehrte Frau, wenn Ihr mir zu meinem Glück verhelfen wollt, so werde ich Eure Güte nie vergessen. Und später werde ich sicher auch noch Gelegenheit haben, mich Euch erkenntlich zu zeigen.“

Der schöne große Silberbarren verfehlte nicht seine Wirkung. Die Kupplerin brachte es nicht übers Herz, ihn wieder aus der Hand zu geben. Aber irgendwie beschlich sie doch das ungute Gefühl, der junge Mann könnte sich, von einer augenblicklichen Gefühlsaufwallung getrieben, völlig ruinieren und später seinen Leichtsinn bereuen, und darum redete sie ihm noch einmal gut zu: „Zehn Taels erspart sich ein kleiner Händler wie Ihr doch sicher nicht so leicht. Ich würde Euch also raten, die Sache noch einmal ganz genau zu überlegen.“

„Meine Wenigkeit hat sich alles aufs genaueste überlegt“, erwiderte Tschin Dschung entschlossen. „Macht Euch nur keine Sorgen um mich, verehrte Frau.“

Die Silbertaels verschwanden in der Ärmeltasche der Kupplerin. „Na, die Sache wird sich schon irgendwie machen lassen“, sagte sie dienstbeflissen. „Immerhin, einige Schwierigkeiten wird es dabei noch geben.“

„Verehrte Frau, Ihr seid doch die Herrin in Eurem Haus. Was für Schwierigkeiten könnten da noch auftauchen?“

„Wie Ihr wißt, verkehrt unsere Schöne nur mit hochnoblen und eleganten Herren, mit der Elite sozusagen. Ein begnadetes Geschöpf fürwahr, mit dem, wie es heißt, ‚nur Edle diskutieren und Gelehrte und niemals ein Gemeiner noch verkehrte‘. Denkt Ihr, daß sie nicht gleich wüßte, wer Ihr seid – der junge Herr Tschin, der mit Öl handelt –, und daß sie Euch da empfangen würde?“

„Ich lege alles vertrauensvoll in Eure Hände, verehrte Frau. Wenn Ihr sie mit sanften Worten gewinnt und mir zu meinem Glück verhelfen könnt, so werde ich Euch für diese Wohltat immer und ewig dankbar sein.“

Die Kupplerin sah nun, daß der Entschluß des jungen Mannes unverrückbar feststand. Mit gerunzelten Brauen dachte sie einen Augenblick angestrengt nach, und schon hatte das durchtriebene Weibsbild einen Plan ausgeheckt. „Ich wüßte schon, wie man es anstellen könnte“, sagte sie schmunzelnd. „Die Frage ist nur, ob Ihr darauf eingehen werdet. Sollte es gelingen, freut Euch nicht zu sehr; und klappt es nicht, nehmt es mir bitte nicht übel. Die Schöne ist gestern zu einem Gelage des Doktor Li von der Kaiserlichen Akademie abgeholt worden. Sie ist noch gar nicht zurückgekommen. Heute ist sie mit dem Herrn Huang von der Kaiserlichen Garde zu einer Spazierfahrt auf dem See verabredet. Und morgen soll sie an einem Poetenwettbewerb des Herrn Dschang und seiner Dichterfreunde teilnehmen. Für übermorgen hat schon der Sohn des Kanzlers Han ein Festmahl in unserem Haus bestellt. Übrigens möchte ich Euch noch raten, daß Ihr in den nächsten Tagen kein Öl mehr bringt. Man muß da schon vorbeugen. Und in einem Baumwollgewand dürft Ihr nächstes Mal auch nicht mehr bei uns erscheinen. Das sieht nicht weltmännisch genug aus. Schafft Euch lieber ein feines Seidengewand an, damit Euch meine Mädchen nicht gleich auf den ersten Blick als den Ölträger Tschin erkennen. Ich werde schon ein nettes Geschichtchen erfinden, das Euch weiterhelfen wird.“

„Einverstanden“, entgegnete Tschin Dschung überglücklich. „Ich werde mich ganz nach Euch richten.“ Nach diesen Worten verabschiedete er sich und ging.

Für die nächsten drei Tage ließ Tschin Dschung seine

Geschäfte ruhen. In einer Pfandleihe erstand er ein sehr gut erhaltenes Seidengewand, mit dem er auf den Straßen auf und ab paradierte, um sich im Gang und in der Haltung eines Mannes der gebildeten Klassen zu üben. Fürwahr:

> Eh er noch weiß, wie ein Galan
> sich im Bordell benehmen muß,
> nimmt er schon das Gehabe an
> der Schüler des Konfuzius.

So vergingen drei Tage, über die nichts Besonderes zu berichten wäre. Am vierten Tag aber stand er schon sehr früh auf und begab sich sogleich zu Mama Wang. Offensichtlich war er viel zu früh erschienen, denn das Tor war noch verschlossen. So ging er ein wenig in der Nähe spazieren. Den Dschau-Tsching-Tempel mied er jedoch geflissentlich, da er in diesem vornehmen Aufzug bei den Mönchen zweifellos Aufsehen erregt hätte. Eine gute Stunde wanderte er den Schi-Dsching-Damm entlang, ehe er sich wieder an das Haus der Mama Wang heranwagte. Aber diesmal war das Tor bereits weit geöffnet. Eine Sänfte und Pferde standen davor, und drinnen sah er eine Menge von Dienstleuten, die müßig herumhockten. So unerfahren Tschin Dschung auch war, an Mutterwitz mangelte es ihm beileibe nicht. Anstatt einfach einzutreten, machte er sich wie zufällig an einen der Pferdeknechte heran und fragte ihn, wem wohl die Sänfte und die schönen Pferde gehörten.

„Die hat man vom Palais des Kanzlers Han gesandt, um den jungen Herrn abzuholen", erwiderte der Pferdeknecht. Tschin Dschung entnahm daraus, daß der von Mama Wang erwähnte hohe Besuch also noch im Hause weilte. Vorsichtshalber zog er sich wieder zurück und verbrachte eine Weile in einem Teehaus, wo er ein kleines Frühstück zu sich nahm. Als er dann wieder zum Tor kam, waren Sänfte und Pferde verschwunden. Pochenden Herzens trat er ein und wurde sogleich von

Mama Wang abgefangen, die ihm schnell zuflüsterte: „Ihr müßt mir schon noch einmal verzeihen, aber eben hat sie der junge Herr Han wieder davongeschleppt – auf eines seiner Güter im Osten der Stadt, wo er in ihrer Gesellschaft den Anblick der ersten Pflaumenblüten genießen möchte. Er ist ein Stammkunde unseres Hauses, dem ich die Bitte einfach nicht abschlagen kann. Und morgen soll sie wieder mit irgendeinem Schachmeister im Ling-Yin-Tempel ein paar Spielchen machen. Auch der Marschall Tschi hat sich schon ein paarmal bei ihr angemeldet. Das ist nämlich unser Hausherr. Dem dürfen wir freilich keinen Korb geben. Das versteht Ihr wohl. Und wenn der erst einmal hier ist, dann bleibt er meistens drei, vier Tage – wie lange, kann selbst ich nicht im voraus sagen. Lieber Herr Tschin, wenn Euch wirklich daran liegt, mit ihr zu schlafen, dann müßt Ihr Euch noch ein paar Tage gedulden. Andernfalls erstatte ich Euch ohne den geringsten Abzug den Betrag zurück, den Ihr mir freundlicherweise anvertraut habt."

„Meine einzige Sorge wäre, daß Ihr mir nicht helfen wollt, verehrte Frau", erwiderte Tschin Dschung heftig. „Lieber später als nie! Und wenn ich tausend Jahre warten müßte, meine Wenigkeit wäre auch dazu bereit!"

„Na schön", sagte Mama Wang. „Dann laßt mich nur machen. Ich schaffe es schon."

Tschin Dschung wollte schon aufbrechen, als ihn die Kupplerin noch einmal zurückhielt. „Ich möchte Euch darum bitten, daß Ihr nächstes Mal nicht zu früh da seid, um Euch Bescheid zu holen. Kommt lieber möglichst spät. Seid mir nicht böse deswegen, aber ich habe da auch so meine Erfahrungen."

„Natürlich bin ich Euch nicht böse!" beeilte sich Tschin Dschung ihr zu versichern.

Auch an diesem Tag ging Tschin Dschung nicht seinen Geschäften nach. Erst am nächsten Morgen hängte er wieder die Ölbehälter an seine Tragstange. Aber wohl-

weislich vermied er die Gegend des Tschjän-Tang-Tors und verkaufte sein Öl in ganz anderen Stadtteilen. Abends erschien er dann fein angezogen regelmäßig bei Mama Wang, um sich nach dem Stand der Dinge zu erkundigen. Doch die Schöne war immerzu vollauf beschäftigt. Über einen Monat machte Tschin Dschung den Weg umsonst.

Es war am fünfzehnten des zwölften Monats. Nach einem heftigen Schneefall hatte sich der Himmel aufgeklärt. Der Schnee war im Eishauch des Westwinds verharscht. Zum Glück war die Luft trocken, so daß man die bittere Kälte nicht so arg spürte. Tschin Dschung hatte schon sein Tagewerk beendet und sich wie immer in sein feines Seidengewand geworfen und seinen Erkundungsgang angetreten. Diesmal empfing ihn Mama Wang mit einem strahlenden Lächeln.

„Heute winkt Euch endlich einmal das Glück. Aber ein winzig kleines Häkchen gibt's doch noch!"

„Und das wäre?" fragte Tschin Dschung.

„Der Marschall Yü gibt heute ein Festgelage auf einer Barke, um die Schneelandschaft vom See aus zu bewundern. Der würdige Herr hat bereits seine siebzig Jährchen auf dem Buckel. Für Späßchen jener Art reicht es bei ihm natürlich nicht mehr. Wie er mir versprochen hat, wird er sie noch vor Einbruch der Dunkelheit heimsenden. Macht es Euch inzwischen im Kämmerchen unserer Schönen gemütlich und trinkt ein Schälchen Wein, um Euch aufzuwärmen. Sie wird ja bald kommen."

„Darf ich Euch bitten, mich hinzuführen?" bat Tschin Dschung.

Es war der reinste Irrgarten mit vielen Zickzackgängen, durch den ihn die Kupplerin nun geleitete, ehe sie bei dem hübschen Gebäude ankamen, das die Schöne bewohnte. In der Kammer auf der linken Seite war ihre Dienerin untergebracht. Rechts davon lag das Schlafgemach der

Schönen, das versperrt war. Daran schlossen sich zwei Nebengemächer an. Das Empfangszimmer war aufs reichlichste mit antiken Räuchergefäßen, aus denen der teuerste „Drachenspeichel-Weihrauch“ duftete, und vielen anderen Kostbarkeiten ausgestattet. Ein Landschaftsbild eines berühmten Malers hing in der Mitte über dem Ehrensitz für Gäste. Die Wände schmückten in feinster Kalligraphie geschriebene Gedichte. Tschin Dschung, der leider nichts von diesen Dingen verstand, wagte nicht, sie näher zu betrachten. Wenn schon die äußeren Gemächer so prunkvoll sind, dachte er insgeheim, wie müssen dann erst die inneren aussehen! Heute werde ich einmal mein Leben in vollen Zügen genießen. Da sind zehn Silbertaels wahrlich nicht zuviel für eine Nacht!

Mama Wang bat den jungen Tschin, sich auf den Platz des Ehrengastes zu setzen. Sie selbst spielte vorläufig die Gastgeberin. Es dauerte nicht lange, da kam die Dienerin mit einer Lampe, und gleich danach wurde ein großer Tisch hereingetragen, auf dem sechs Schalen mit Früchten und Leckereien und ein Plattengestell mit auserlesenen Gerichten standen. Solche Dinge hatte Tschin Dschung noch nie gekostet. Mit Wohlbehagen sog er den Duft ein.

„Alle meine Mädchen haben heute Gäste“, sagte Mama Wang, während sie ihm Wein eingoß. „Da müßt Ihr halt ein Weilchen mit mir vorliebnehmen. Trinkt nur, soviel Euch beliebt!“

Tschin Dschung war nicht an Alkohol gewöhnt, und heute hatte er ja auch ganz andere Dinge im Sinn. Er nippte nur an dem Schälchen und trank kaum die Hälfte; mehr zu trinken lehnte er höflich ab.

„Ihr werdet hungrig sein, Herr Tschin“, meinte die Kupplerin. „Eßt erst einmal ein paar Bissen, ehe Ihr weitertrinkt.“

Die Dienerin erschien jetzt mit einer Schüssel, aus der sie ihm allerfeinsten schneeweißen Reis in die Eßschale füllte. Dann wurde eine Terrine mit einer köstlichen

Suppe aufgetragen. Mama Wang konnte eine Unmenge Wein vertragen. Den Reis rührte sie nicht an, dafür trank sie ihm mit um so mehr Appetit in einem fort zu. Nach der ersten Schale Reis legte Tschin Dschung seine Eßstäbchen nieder. „Die Nacht ist noch lang", ermunterte ihn Mama Wang. „Ein bißchen müßt Ihr schon noch essen." Anstandshalber ließ er sich eine halbe Schale nachfüllen. Wieder erschien eine Dienerin mit einer Lampe und meldete: „Das Badewasser ist bereits gewärmt. Würde der verehrte Gast geruhen, ein Bad zu nehmen?" Tschin Dschung hatte zwar schon zu Hause gebadet, doch wagte er nicht, sich dieser Aufforderung zu widersetzen. Er folgte der Dienerin in die Badestube und wusch sich noch einmal mit Seife in dem parfümierten Wasser. Als er sich wieder angezogen hatte und in das Empfangszimmer zurückkehrte, befahl Mama Wang, die Schalen und Platten wegzuräumen. Ein Holzkohleöfchen mit einem wannenartigen Kupferkessel, in dem ein Gericht brodelte, wurde hereingebracht, dazu noch Wein, um die heißen Bissen hinterzuspülen.

Inzwischen war es bereits dunkel geworden, und die Glocke des Dschau-Tsching-Tempels kündigte dröhnend die Abendstunde an. Aber die Schöne ließ immer noch auf sich warten. Tschin Dschung war es nun so zumute, wie es im Gedicht heißt:

> Wo mag nur jetzt die Schöne sein?
> Was ist es, das sie so entzückt,
> daß sie nicht kommt und er allein
> voll Sehnsucht in die Ferne blickt?

Das Sprichwort sagt: Dem Wartenden schwillt das Herz vor Ungeduld. Tschin Dschung war nicht nur ungeduldig und betrübt über ihr langes Ausbleiben, sondern begann sich nun auch allmählich zu ärgern. Die Kupplerin erfand allerlei Ausflüchte und wollte ihn unbedingt dazu bringen, noch mehr Wein zu trinken. So gingen weitere zwei Stunden dahin, als man plötzlich vom Tor her ein Gewirr von Stimmen vernahm. Die Königin der Blumen war also endlich doch zurückgekommen. Gleich danach erschien die Dienerin, um ihre Ankunft zu melden. Mama Wang stand sofort auf und eilte ihr entgegen. Auch Tschin Dschung hatte sich von seinem Sitz erhoben und erwartete sie stehend. Und da kam sie auch schon, von zwei Dienerinnen gestützt, völlig betrunken hereingewankt, blinzelte mit benebeltem Blick in den hell erleuchteten Raum, bemerkte die Reste eines Trinkgelages auf dem Tisch, blieb plötzlich stehen und fragte scharf: „Wer hat hier Wein getrunken?"

„Aber, mein Kind", beschwichtigte sie Mama Wang, „das ist doch der junge Herr Tschin, von dem ich dir schon so viel erzählt habe! Der hat dich in sein Herz geschlossen und uns ein schönes Geschenk gesandt. Nur weil du immer so beschäftigt bist, hat der Arme über einen Monat lang auf dich warten müssen. Nun hast du heute glücklicherweise endlich einmal Zeit, da möchte er dir gerne Gesellschaft leisten."

„Ich habe noch nie von einem jungen Edelmann namens Tschin in Lin-An etwas gehört", entgegnete die Schöne, drehte sich brüsk um und wankte hinaus.

Mama Wang breitete beschwörend die Arme aus und verstellte ihr den Weg. „Aber das ist der ehrlichste und beste Mensch, den du dir denken kannst", rief sie flehend. „Deine Mama wird dir doch kein Ungemach bereiten!"

Die Schöne mußte also doch wieder umkehren. Von der Tür aus warf sie einen Blick auf den jungen Mann, der ihr irgendwie bekannt vorkam, nur daß sie sich in ihrem Rausch nicht sogleich erinnern konnte. „Mama, den kenne ich doch!" rief sie frech. „Einer von den edlen jungen Herren ist das sicher nicht! Wenn ich so einen empfange, mache ich mich ja zum Gespött der Leute!"

„Natürlich kennst du ihn, mein Kind", besänftigte sie

Mama Wang. „Das ist der junge Herr Tschin von dem Seidengeschäft beim Yung-Dschin-Tor, wo wir früher gewohnt haben. Dort wirst du ihm begegnet sein. Weißt du, weil er es so ehrlich meint, habe ich ihm zugesagt, und jetzt dürfen wir doch unser Wort nicht brechen! Behalte ihn hier für den einen Abend. Irgendwie wird es schon gehen. Ich verstehe ja, es war mein Fehler. Aber morgen mache ich alles wieder gut!" Dabei schob sie die Schöne, die sich ihrer nicht erwehren konnte, vor sich her ins Zimmer zurück.

Tschin Dschung hatte natürlich jedes Wort verstanden, tat aber so, als hätte er gar nicht zugehört. Die Schöne begrüßte den jungen Mann also notgedrungen, setzte sich neben ihn und maß ihn von der Seite her. Irgend etwas an dem jungen Mann machte sie argwöhnisch, und mißmutig hüllte sie sich in Schweigen. Plötzlich schrie sie nach der Dienerin und verlangte heißen Wein, den sie sich in eine große Schale gießen ließ. Die Kupplerin dachte zuerst, daß sie dem Gast den Trunk darreichen wollte, aber die Schöne leerte die Schale selbst auf einen Zug.

„Aber Kind, du hast doch schon einen Schwips!" flüsterte Mama Wang besorgt. „Du solltest nicht mehr trinken."

„Ich und betrunken!" lallte die Schöne. Den sanften Vorwürfen der Kupplerin schenkte sie überhaupt keine Beachtung und stürzte hintereinander wohl an die zehn Schalen Wein hinunter. Das war nun doch etwas zuviel. Sie konnte kaum noch ohne Hilfe aufstehen und rief schnell eine Dienerin herbei, die das Schlafgemach öffnete und sie hineingeleitete. Nachdem sie die silberne Ampel angezündet hatte, entfernte sich die Dienerin, und die Schöne ließ sich einfach aufs Bett fallen, ohne den Haarschmuck abzunehmen, so wie sie war, in ihren Kleidern, mit den Seidenschuhen noch an den Füßen.

Der Kupplerin gefiel ihr Benehmen ganz und gar nicht. „Sie ist eben ein verwöhntes Kind", sagte sie beschwichtigend zu Tschin Dschung. „Immer läßt sie ihren Launen freien Lauf. Weiß der Himmel, welche Laus ihr heute wieder über die Leber gelaufen ist! Mit Euch hat das sicher nichts zu tun. Seid ihr bitte nicht böse deswegen."

„Aber wie würde ich es wagen!" beteuerte Tschin Dschung.

Die Kupplerin wollte ihn wieder dazu bewegen, doch noch etwas Wein zu trinken, was Tschin Dschung höflich, aber entschieden ablehnte. Darauf führte ihn Mama Wang ins Schlafgemach. „Sie ist ein bißchen beschwipst", flüsterte sie ihm ins Ohr. „Da müßt ihr besonders zärtlich zu ihr sein." Und zur Schönen sagte sie laut: „Zieh dich doch aus, mein Kind. So schläft man doch nicht!"

Die Schöne war bereits ins Reich der Träume entrückt. Da sie nicht antwortete, zog sich die Kupplerin etwas betreten zurück. Die Dienerin räumte das Geschirr weg und säuberte den Tisch mit einem Tuch. „Macht es Euch gemütlich, junger Herr", sagte sie im Hinausgehen zu Tschin Dschung. „Könnte ich noch eine Kanne heißen Tee haben?" bat er sie.

Die Dienerin brühte schnell eine Kanne starken Tee auf und stellte sie ins Zimmer. Dann schloß sie die Tür hinter sich und begab sich in ihr Kämmerchen.

Tschin Dschung betrachtete die Schöne, die, mit dem Gesicht zur Wand gekehrt, fest schlief. Da sie nur mit einer Baumwolldecke zugedeckt war, befürchtete er, daß sie in ihrer Trunkenheit sich erkälten könnte, wagte aber doch nicht, sie aufzuwecken. Da sah er eine große, mit roter Seide überzogene Bettdecke, die über dem Geländer an der Fußseite des Bettes hing. Leise zog er sie herunter und breitete sie behutsam über die Schöne. Dann stellte er die Schuhe neben dem Bett ab, nahm die Teekanne in die linke Hand und schmiegte sich, mit der rechten Hand zärtlich ihren Körper berührend, eng an das Mädchen. Fürwahr:

Zärtlich geschmiegt an ihren Leib,
umhülln ihn Wolken von Parfüm –
ihn, der noch nie gewiegt ein Weib
im Liebestaumel ungestüm.

Und so lag er lange mit offenen Augen, ihre Schönheit bewundernd, still neben ihr.

Um Mitternacht begann sich die Schöne unruhig hin und her zu wälzen. Der Wein, den sie im Übermaß genossen hatte, rührte sich übel in ihrem Magen. Sie setzte sich auf und würgte heftig, das Köpfchen schmerzhaft zuckend herabgebeugt. Auch Tschin Dschung schrak auf, stellte schnell die Teekanne nieder, und als er sah, daß sie sich übergeben wollte, massierte er ihr vorsichtig den Rücken. Nach einer Weile schluckte sie krampfhaft, und gleich danach erbrach sie sich. Schnell breitete Tschin Dschung den Ärmel seines Seidengewands aus und hielt ihn ihr vor den Mund, ängstlich besorgt, daß sie die feine Decke beschmutzen könnte. Von alledem begriff die Schöne in ihrer Benommenheit gar nichts. Sie erbrach sich in einem fort, und als sie sich erleichtert fühlte, schloß sie die Augen, lehnte sich zurück und verlangte nach Tee. Tschin Dschung sprang sofort aus dem Bett, streifte sich sein Seidengewand ab und ließ es auf den Boden fallen. Der Tee in der Kanne war noch warm. Er goß von dem stark duftenden Gebräu eine Schale voll und reichte sie ihr. Die Schöne trank sie aus und verlangte noch eine zweite. Das Getränk wärmte ihr den Magen. Sie fühlte sich schon nicht mehr ganz so elend, dafür aber schrecklich müde. Kraftlos sank sie auf ihr Kissen nieder, drehte sich wieder zur Wand, und im Nu war sie eingeschlafen. Tschin Dschung wickelte den beschmutzten Ärmel in sein Gewand ein, legte es auf alle Fälle neben das Bett und schlüpfte wieder zu ihr unter die Decke, sich fest an sie schmiegend wie zuvor.

Die Schöne schlief wie eine Tote die ganze Nacht durch

bis zum Morgen. Als sie erwachte und plötzlich den jungen Mann neben sich gewahrte, fragte sie erstaunt: „Wer seid Ihr denn?"

„Meine Wenigkeit heißt mit dem Familiennamen Tschin", erwiderte er bescheiden.

Der Schönen dämmerte in ihrem Weinnebel dunkel eine Erinnerung an die vergangene Nacht. „War ich sehr betrunken?" fragte sie Tschin Dschung.

„Nein, so arg war es nicht", sagte er schüchtern.

„Habe ich mich vielleicht übergeben?"

„Aber nein!" log Tschin Dschung rücksichtsvoll.

„Na, das ist gut!" sagte sie beruhigt. Eine Weile sann sie nach. „Aber ich muß mich doch übergeben haben", sagte sie plötzlich. „Ich erinnere mich auch, daß ich Tee getrunken habe. Das kann doch wohl kein Traum gewesen sein!"

„Ja, Ihr habt Euch wirklich übergeben", gestand nun Tschin Dschung verlegen. „Ich sah, daß Ihr ein bißchen zuviel getrunken hattet, und da habe ich eine Kanne Tee für Euch im Bett warm gehalten. Und Ihr habt tatsächlich nach Tee verlangt, nachdem die Übelkeit vorüber war. Ja, Ihr wart so freundlich, den Tee nicht zu verschmähen, den ich Euch eingoß, und habt sogar zwei Schalen getrunken."

„Aber der Schmutz!" rief die Schöne erschrocken. „Wo sind denn die Flecken von dem ekligen Zeug?"

„Ich habe mir gedacht", erwiderte Tschin Dschung verschämt, „Ihr könntet vielleicht die Decke beflecken, und da habe ich, was aus Eurem Munde kam, mit dem Ärmel aufgefangen."

„Und wo ist der?" rief die Schöne ungläubig.

„Der Ärmel? Nun, den habe ich in mein Gewand eingerollt. Dort liegt es."

„Das tut mir aber leid", sagte sie, „daß ich Euer Gewand schmutzig gemacht habe."

„Im Gegenteil!" beruhigte sie Tschin Dschung. „Ihr

habt meinem Gewand eine große Ehre erwiesen. Nun hat es ein Andenken von Euch.“

Diese Worte blieben nicht ohne Eindruck auf die Schöne. Daß es noch so rücksichtsvolle Leute gibt! dachte sie gerührt, und in diesem Augenblick empfand sie beinahe etwas wie Zuneigung für ihn.

Mittlerweile war es taghell geworden. Die Schöne stand auf, um auf die Toilette zu gehen. Da sah sie ihn nun deutlich und mit wachem Blick. Und jetzt wurde ihr mit einemmal auch klar, woher sie diesen jungen Mann kannte – das war ja der Ölträger Tschin!

„Nun sagt mir einmal ehrlich, wer Ihr seid“, fragte sie ihn geradeheraus. „Wie kommt es, daß Ihr seit gestern abend bei mir seid?“

„Wie dürfte ich es wagen, Euch etwas vorzutäuschen, da sich eine Königin der Blumen herabläßt, mich zu fragen! Meine Wenigkeit ist jener Tschin Dschung, der immer Öl in Euer wertes Haus bringt.“ Darauf erzählte er ihr ausführlich von dem tiefen Eindruck, den sie auf ihn gemacht hatte, als er sie zum ersten Mal zufällig erblickte, wie er sie damals in die Sänfte steigen sah, wie sehr sich sein Herz nach ihr sehnte und er sich vornahm, das Geld für diesen Besuch zusammenzusparen. „Und nun durfte ich eine ganze Nacht in Eurer Nähe verbringen“, schloß er sein Geständnis. „So wurde mir eine Freude zuteil, die für drei Leben reicht. Ich bin überglücklich.“

Die Schöne hatte ihm mit wachsender Rührung zugehört. „Ich war gestern so betrunken“, sagte sie kleinlaut. „Ich konnte Euch nicht einmal richtig bewirten. Nun habt Ihr so viel Geld ausgegeben. Tut es Euch nicht leid?“

„Aber für mich seid Ihr doch wie eine himmlische Fee! Ich bedaure nur, daß ich Euch nicht besser dienen konnte. Wenn Ihr mir deswegen nicht böse seid, so ist das schon ein großes Glück. Wie sollte ich es da wagen, Ungebührliches von Euch zu erhoffen?“

„Ihr seid doch kein allzu reicher Handelsmann“, erwiderte die Schöne. „Warum habt Ihr das Geld, das Ihr Euch erspart habt, nicht lieber für den Unterhalt Eurer Familie aufgehoben?“

„Ich bin mutterseelenallein auf der Welt“, sagte Tschin Dschung ernst. „Ich habe keine Familie.“

Die Schöne sann eine Weile schweigend nach. „Nun werdet Ihr gehen“, sagte sie plötzlich. „Gedenkt Ihr ein anderes Mal wiederzukommen?“

„Diese eine Nacht in Eurer Nähe genügt, um mich für mein ganzes Leben glücklich zu machen. Wie darf ich da noch mehr Glück erhoffen und erträumen?“

Die Schöne hing inzwischen ihren eigenen Gedanken nach: Wie kann nur ein Mensch so gut sein! Wie aufrichtig und ernst er ist! Und wie innig und rücksichtsvoll! Er sieht nur Gutes in anderen und läßt nichts Schlechtes über einen kommen. So einen Menschen findet man unter Millionen nur einmal. Schade, daß er ein gewöhnlicher kleiner Händler ist! Käme er aus einem vornehmen Hause, würde ich ihm gerne mit Leib und Seele dienen.

Sie war noch ganz in ihre Gedanken versunken, als die Dienerin mit der Waschschüssel hereinkam und dann noch zwei Schalen mit Ingwersuppe brachte. Tschin Dschung wusch sich das Gesicht. Sein Haar brauchte er sich nicht zu kämmen, da er in der Nacht sein Kopftuch nicht abgenommen hatte. Er trank noch schnell einen Schluck von der Ingwersuppe und verabschiedete sich.

„Bleibt doch noch ein Weilchen“, bat ihn die Schöne. „Ich möchte Euch noch etwas sagen.“

„Ich verehre die Königin der Blumen, wie Ihr wißt, aus tiefster Seele. Darum würde ich auch gerne ein bißchen länger bei Euch bleiben. Aber ich weiß recht wohl, daß ich Euer nicht würdig bin. Es war schon eine Unverschämtheit von mir, des Nachts bei Euch zu weilen. Sollten andere Leute davon erfahren, würde der Blumenduft Eures Namens darunter leiden. So denke ich, es wäre für Euch besser, wenn ich möglichst früh gehe.“

Die Schöne nickte bedächtig mit dem Kopf. Sie schickte die Dienerin hinaus, öffnete dann in aller Hast ihr Frisiertischchen und kramte zwanzig Silbertaels heraus, die sie Tschin Dschung überreichte. „Ich habe Euch in der Nacht so viel Ärger bereitet", sagte sie sanft. „Nehmt das Silber bitte und verwendet es für Euer Geschäft. Aber sagt niemandem ein Sterbenswörtchen davon."

Tschin Dschung weigerte sich natürlich, das Silber anzunehmen. Die Schöne aber ließ nicht locker: „Für mich ist das wirklich nur eine Kleinigkeit, so spielend leicht fließt mir das Silber zu. Ich möchte Euch damit ja nur meinen Dank für Eure Freundlichkeit in der Nacht bezeigen. Ihr solltet das wirklich nicht so eigensinnig ablehnen. Und wenn Ihr Geld für Euren Handel braucht, so werde ich Euch auch in Zukunft gerne aushelfen. Das beschmutzte Gewand wird meine Dienerin für Euch waschen. Ihr bekommt es sauber zurück."

„Um mein schäbiges Gewand braucht Ihr Euch wirklich nicht zu kümmern. Das kann ich mir doch selbst waschen. Aber verzeiht mir bitte, wenn ich Eure huldvolle Gabe nicht annehme."

Doch die Schöne blieb dabei. Mit einem „Nicht der Rede wert!" steckte sie ihm das Silber einfach in die Ärmeltasche und schob ihn sanft zur Tür hinaus. Und Tschin Dschung blieb nichts anderes übrig, als sich ihr zu fügen. Mit einer tiefen Verbeugung nahm er Abschied von ihr, rollte sein beschmutztes Obergewand zusammen und ging zur Tür hinaus. Als er an der Kammer der Kupplerin vorbeikam, sah ihn deren Dienerin und rief: „Mama, der junge Herr Tschin geht schon!" Mama Wang, die gerade auf dem Nachttopf saß, rief heraus: „Warum geht Ihr denn schon so früh, Herr Tschin?"

„Ich habe noch ein paar Kleinigkeiten zu erledigen", antwortete Tschin Dschung ausweichend. „Ich komme ein andermal, um Euch für Eure Gefälligkeit meinen ganz besonderen Dank auszusprechen."

So ging also Tschin Dschung, und wir wollen vorläufig auch nicht von ihm, sondern vielmehr von der Schönen berichten. Wenn sie Tschin Dschung im Grunde genommen auch gar nichts anging, so hatte sie doch die Aufrichtigkeit seines Herzens irgendwie bewegt. Ihr war auch nicht recht wohl zumute, nachdem er fort war. Der Rausch der letzten Nacht gab ihr eine gute Ausrede, an diesem Tag keine Gäste zu empfangen. Und den ganzen Tag lang beschäftigten sie eigentlich nur Gedanken, die immer wieder um Tschin Dschung kreisten.

Aber nun zu einer ganz anderen Sache. Hsing Tschüen, jener Gehilfe im Laden von Tschin Dschungs Adoptivvater, hatte inzwischen in liebevollem Einverständnis mit der Magd Lan-hua die Krankheit des bettlägerigen alten Dschu, die sich immer mehr verschlimmerte, benutzt, um in der Stille der Nacht mit dem gesamten Bargeld des Geschäfts sang-, klang- und spurlos zu verschwinden. Als der alte Dschu am nächsten Morgen von dem Diebstahl erfuhr, bat er die Nachbarn, Anzeige zu erstatten. Aber etliche Tage vergingen, ohne daß die Nachforschungen irgendwelche Ergebnisse gebracht hätten. Nun bereute der Alte schmerzlich, daß er damals Hsing Tschüen auf den Leim gegangen war und Dschu Dschung aus dem Hause gejagt hatte. Ihm war zu Ohren gekommen, daß sein ehemaliger Adoptivsohn sich in der Nähe der Dschung-An-Brücke eingemietet habe und sich als Ölträger seinen Lebensunterhalt verdiene. Am liebsten hätte der Todkranke ihn gleich wieder in sein Haus genommen, um eine Stütze in seinem bejammernswerten Zustand zu haben, doch befürchtete er, der junge Mann könnte einen allzu tiefen Groll gegen ihn hegen. Darum ließ er durch Nachbarsleute zunächst einmal auskundschaften, ob er statt des ihm angetanen Unrechts nicht doch lieber früherer Wohltaten gedenken und zu ihm zurückkommen wolle. Kaum hatte Tschin Dschung von der Lage des Alten erfahren, so packte er auch schon seine

Sachen zusammen und kehrte zurück. Beide vergossen bittere Tränen bei diesem traurigen Wiedersehen. Der alte Dschu übergab Tschin Dschung alles, was er noch in seinem Privatsäckel hatte, und Tschin Dschung besaß selbst noch mehr als zwanzig Silbertaels. Mit diesem Geld gelang es ihm, das Geschäft weiterzuführen. Da er nun wieder im Hause seines Adoptivvaters wohnte, legte er seinen richtigen Familiennamen Tschin ab und nannte sich wie vorher Dschu Dschung.

Es war noch kein Monat vergangen, da verschlechterte sich der Zustand des alten Dschu zusehends. Kein Arzt konnte ihm mehr helfen, und bald darauf starb er. Dschu Dschung schlug sich die Brust und trauerte um ihn, als wäre er sein eigener Vater gewesen. Er ließ die Leiche würdig einkleiden, besorgte einen Sarg und brachte dem Verstorbenen nach alter Gepflogenheit bis zum neunundvierzigsten Tag alle sieben Tage ein Totenopfer dar. Er legte Trauerkleidung an und bestattete ihn in allen Ehren in dem Familiengrab der Dschu außerhalb des Tsching-Bo-Tores. Die Nachbarn und Bekannten waren sich darüber einig, daß er wie ein ernster, tugendhafter junger Mann gehandelt habe.

Nachdem die Bestattungsfeierlichkeiten beendet waren, öffnete er wieder den Laden. Das Ölgeschäft des alten Dschu hatte ursprünglich einen guten Ruf gehabt und ging auch recht gut, ehe es Hsing Tschüen mit seinen Machenschaften heruntergewirtschaftet hatte. Ein Teil der alten Kunden hatte sich verlaufen. Seitdem der junge Dschu den Laden übernommen hatte, kamen sie wieder zurück, und das Geschäft blühte erneut auf. Bald konnte er allein die ganze Arbeit nicht mehr bewältigen und benötigte dringend einen zuverlässigen und erfahrenen Gehilfen. Ein Vermittler stellte ihm eines Tages einen Mann in den Fünfzigern vor, der ebenso wie Dschu Dschung aus An-Lo in der Gegend von Bjän-Ljang stammte. Und wie es der Zufall wollte, war dieser Alte niemand anders als jener Schen Schan, der Vater Yautschins, der Schönen, der damals auf der Flucht nach Süden seine Tochter verloren hatte. Er und seine Frau waren mehrere Jahre hin und her gezogen, in tiefer Trauer über den Verlust ihres Kindes. Als sie die Kunde vernahmen, daß ein großer Teil der nach Süden Geflüchteten sich in Lin-An niedergelassen habe und die neue Hauptstadt sich in Glanz und Pracht entfalte, schöpften sie die Hoffnung, ihre Tochter vielleicht dort zu finden. Darum waren sie eigens nach Lin-An gereist. Aber ihre Suche war vergebens geblieben. Ihr letztes Geld hatten sie bereits aufgebraucht und konnten nun nicht einmal mehr ihre Schulden im Gasthof begleichen. Man drohte ihnen, sie vor die Tür zu setzen. In ihrer Not hatten sie von jenem Vermittler gehört, daß der Ölladen der Familie Dschu einen Gehilfen suche. Da Schen Schan selbst einmal einen Laden geführt hatte, in dem er auch Öl verkaufte, verstand er sich auf das Geschäft. Dazu kam noch der begrüßenswerte Umstand, daß der junge Dschu ebenfalls aus seinem Heimatort stammte. Darum hatte er den Vermittler gebeten, ihn Dschu Dschung vorzustellen. Wenn sich zwei Leute aus der gleichen Gegend in der Fremde treffen, so beschleicht sie unwillkürlich ein Gefühl des Heimwehs und der heimatlichen Verbundenheit. So erging es auch den beiden. „Da Ihr und Eure Frau ohne Unterkunft seid“, sagte Dschu Dschung zu ihm, nachdem ihm der Alte von seinem Unglück erzählt hatte, „könnt Ihr doch bei mir wohnen. Wir sind ja schließlich Landsleute. Und Eure Tochter werden wir schon im Laufe der Zeit finden.“ Sodann gab er Schen Schan zwei Schnüre Kupfermünzen, um die Schulden im Gasthof zu bezahlen, und bat ihn, mit seiner Frau wiederzukommen. Für das Ehepaar wurde ein Zimmer im Hause hergerichtet. Die beiden halfen ihm fortan mit allen Kräften im Haushalt und im Geschäft. Auch Dschu Dschung war von Herzen froh, dieses hilfsbereite Ehepaar gefunden zu haben.

Wie ein Pfeil fliegt die Zeit dahin. Im Handumdrehen war wieder ein Jahr vergangen – und Dschu Dschung war um ein Jahr älter geworden. Es gab nicht wenige Eltern in der Stadt, die diesem nunmehr heiratsfähigen, aber noch immer unverheirateten jungen Mann, der obendrein auch nicht unvermögend und durch sein aufrichtiges Wesen beliebt war, gerne eine ihrer Töchter zur Frau gegeben hätten. Doch Dschu Dschung hatte es die ungewöhnliche Schönheit der Königin der Blumen angetan. Ein durchschnittliches Mädchen kam für ihn gar nicht in Betracht. Wenn er heiraten sollte, so mußte es schon etwas ganz Besonderes sein. So wurde die Frage der Brautwahl von Tag zu Tag aufgeschoben. Denn fürwahr:

> Wer je das Riesenmeer gesehn,
> betrachtet jeden Strom als Zwerg.
> Nie findet Alltagswolken schön,
> wer je ihr wundersames Wehn
> geschaut am Zauberberg!

Nun aber zurück zu unserer Schönen. Im Hause der Mama Wang war infolge der Berühmtheit, der sie sich erfreute, ihr Leben äußerlich betrachtet ein einziger Freudentaumel. Die herrlichsten Gerichte waren für sie keine Leckerbissen mehr, der teuerste Brokat, der feinste Atlas durchaus nichts Ungewöhnliches. Aber trotzdem geschah es häufig, daß sie sich, wenn ihr Unannehmlichkeiten widerfuhren, wenn sich die jungen Herren allzuviel herausnahmen oder aus purer Eifersucht ihre Freuden anderswo suchten, wenn sie krank oder vom Wein benebelt darniederlag, einsam und hilfsbedürftig, an den jungen Tschin erinnerte, an seine liebevolle Sorgsamkeit, und es bedauerte, daß er nicht wiedergekommen war. Und es war ihr auch bestimmt, daß ihr „Blumen"-Dasein seinem Ende entgegengehen und ihr Leben sich ganz anders gestalten sollte. Denn ein Jahr danach traf sie ein Schicksalsschlag.

In der Stadt Lin-An gab es damals einen vornehmen Jüngling namens Wu Ba, der eben, reichlich mit Gold und Silber beschenkt, von einem Besuch im Amtssitz seines Vaters Wu Yüe, des Gouverneurs von Fu-Dschjän, zurückgekehrt war. Vermögend wie er war, konnte er sich zügellos seinen Lastern hingeben, zu welchen nicht nur Spielwut und Trunksucht, sondern auch eine besondere Vorliebe für Freudenmädchen gehörte. Der vielgepriesene Name Königin der Blumen war auch ihm zu Ohren gekommen, und mehrmals schon hatte er um ein Schäferstündchen bei ihr bitten lassen. Die Schöne jedoch lehnte jedesmal unter irgendeinem Vorwand ab. Denn dieser Jüngling hatte einen besonders üblen Leumund. Wu Ba war schließlich in eigener Person mit ein paar Raufbolden im Haus der Mama Wang aufgetaucht. Doch auch von seinem persönlichen Erscheinen nahm die Schöne keine Notiz.

Die Zeit des Frühlingsfestes war gekommen. Alles pilgerte zu den Familiengräbern vor der Stadt hinaus oder lustwandelte im Grünen. Die Schöne hatte Tag für Tag an solchen Frühlingsspaziergängen teilnehmen müssen und war nun müde von all dem Trubel. Überdies hatten sie schon wieder ein paar romantisch veranlagte Herren aus ihrem Bekanntenkreis um ein Gedicht oder ein Bild gebeten. In dem hektischen Treiben ihres Blumen-Daseins war ihr kaum Zeit für eine rein musische Beschäftigung geblieben. Aber auch diese „Schulden" mußten abgezahlt werden. Darum befahl sie den Dienerinnen, alle Gäste abzuweisen, zog sich in ihre Kammer zurück und verriegelte die Tür. Feierlich brannte sie im Räucherbecken eine Stange vom besten Weihrauch an, um sich in die nötige Stimmung zu versetzen. Den Tuschstein hatte sie bereits auf den Tisch gestellt, die Tusche angerieben und saß eben, den Pinsel in der Hand, nachdenklich vor einem leeren Blatt Papier, als von draußen ein schreckliches Gezeter in die stille Stube drang.

Da war nun wieder jener Wu Ba gekommen – und gleich mit einer ganzen Schar brutal aussehender Knechte, um die Schöne zu einer Spazierfahrt auf dem See einzuladen. Diesmal ließ er sich von Mama Wang nicht mehr mit Ausreden abspeisen, tobte wie ein Wilder in ihrem Salon und verprügelte mit seinen Knechten alles, was ihm in den Weg trat. Die Meute war bald bis zur Kammer der Schönen vorgedrungen. Dort fand sie die Tür verschlossen. Ein unerfahrener Jüngling hätte sich von diesem alten Trick der Bordellschönen, die zudringliche Liebhaber mit verschlossenen Türen abzuwimmeln pflegen, wahrscheinlich täuschen lassen – nicht so der gewiefte Wu Ba. Sofort hieß er seine Knechte die Tür mit Fußtritten aufsprengen. Die Schöne versuchte vergeblich, sich zu verstecken. Wu Ba hatte sie schon erspäht. Auf seinen Befehl wurde sie von zwei Knechten links und rechts gepackt und ohne viel Federlesens hinausgezerrt. Wu Ba folgte mit wildem Gefluche. Mama Wang wollte sich zwar besänftigend einmischen, aber der Anblick des wutschnaubenden jungen Grobians nahm ihr allen Mut; still schlich sie davon. Auch alle anderen im Haus hatten sich schleunigst aus dem Staub gemacht.

Wu Bas Knechte zerrten die Schöne, die in ihren engen bogenförmigen Seidenschuhen kaum trippeln konnte, im Laufschritt mit sich die Straße hinab zum Seeufer und ließen sie nicht eher los, als bis sie das sich sträubende Mädchen in ein dort wartendes Boot mit groben Püffen hineingestoßen hatten.

Die Schöne war mit zwölf Jahren in das Haus der Mama Wang gekommen und seither von ihrer Pflegemutter immer auf Samt und Seide gebettet und wie ein Kleinod behandelt worden. Eine solche Beleidigung war ihr noch nie widerfahren! Sie kauerte sich auf den Bug der Barke hin und hielt sich, verzweifelt schluchzend, den Ärmel vors Gesicht. Damit reizte sie den herrischen Wu Ba nur zu einem neuen Zornesausbruch. Grimmig wie der Kriegsgott Guan Yü in Person setzte er sich auf einen Lehnsessel, und umringt von seinen Knechten, das Gesicht dem See zugewandt, befahl er dem Schiffer mit einem Wink, die Barke auf den See hinauszusteuern.

„Du Luder!" brüllte er die Schöne an, „dahergelaufene Straßendirne du! Begreifst wohl nicht, welche Ehre ich dir antue, dich überhaupt mitzunehmen. Wenn du nicht bald mit dem Geheul aufhörst, werden wir's dir mit Prügeln austreiben."

Als das Boot den „Seeherz"- oder „Mittsee-Pavillon" erreichte, ließ Wu Ba anlegen und den mitgebrachten Speisekorb, einen Weinkrug und Schalen hineintragen. Er selbst ging voraus. Die „kleine Dirne" hieß er nachkommen, daß sie ihm beim Trinken Gesellschaft leiste. Aber die Schöne hielt sich krampfhaft am Geländer des Bootes fest, heulte und schrie und war nicht dazu zu bewegen, loszulassen. Wu Ba sah bald selbst ein, daß er mit diesem Mädchen nicht viel Spaß haben würde, trank allein ein paar Schalen Wein und ließ dann die Sachen wieder in die Barke bringen. Als er nun aber die Schöne vom Geländer wegreißen wollte, schrie sie noch lauter und schriller und stampfte wie besessen mit den Füßen die Planken. Rasend vor Wut, befahl Wu Ba seinen Knechten, ihr Spangen und Ohrringe abzunehmen. Mit aufgelöstem Haar lief sie zum Bug und wollte sich ins Wasser stürzen. Den Knechten gelang es gerade noch im letzten Augenblick, sie zurückzuhalten. „Mit diesen Verrücktheiten kommst du bei mir nicht weit!" brüllte Wu Ba sie an. „Und selbst wenn du krepierst, ist das keine große Sache für mich. Kostet mich höchstens ein paar Silbertaels mehr. Aber hin bist du! An so einer möchte ich mir nicht die Hände schmutzig machen. Wenn du zu heulen aufhörst, passiert dir nichts. Dann lasse ich dich laufen."

Die Aussicht, zurückkehren zu dürfen, wirkte tatsächlich beruhigend: der Tränenstrom versiegte. Wu Ba setzte sie in einer einsamen Bucht vor dem Tsching-

Bo-Tor an Land. Vorher aber wurden ihr noch die Seidenschuhe und die Wickelbänder ihrer eingebundenen Füße abgenommen. „Du Hure!" schrie Wu Ba ihr nach. „Jetzt versuch mal, nach Hause zu laufen mit deinen zarten nackten Füßchen! Wir verzichten auf das Vergnügen, dich heimzubegleiten!" Und schon stieß die Barke wieder ab und steuerte auf den See hinaus.

Ohne Schuhe und Wickelband konnte die Schöne mit ihren winzigen Füßchen, schön wie Jade und zart wie Bambussprößchen, keinen Schritt machen. Was nützt es mir schon, daß ich hübsch und begabt bin! dachte sie verzweifelt. Wer einmal in diesen Sündenpfuhl geraten ist, dem nützt das alles nichts. Da wird man eben mißachtet und beleidigt. Und was habe ich von all den vornehmen und berühmten Herrschaften, deren Freundschaft ich mich erfreue! Wenn ich sie dringend brauche, ist keiner da, um mich vor Schimpf und Schande zu bewahren. Ich bin erledigt nach dieser Schmach, selbst wenn ich heil nach Hause kommen sollte. Besser der Tod als so ein Leben! Aber ein sinnloser Tod wäre das – so sinnlos wie meine Berühmtheit! Verglichen mit diesem Elend, sind die armen Mädchen vom Dorf wahrlich zu beneiden! Und wer hat mir das eingebrockt, mich hinabgestoßen in den Sumpf, in dem ich bis heute weiterwaten mußte – die alte Vettel Lju mit ihrem honigsüßen Gefasel! Und je länger sie vor sich hin grübelte, desto beängstigender wurden ihre Gedanken, bis sie schließlich in hemmungsloses Weinen ausbrach.

Wie es der Zufall wollte, hatte Dschu Dschung eben an diesem Tag am Grab des alten Dschu vor dem Tsching-Bo-Tor ein Totenopfer dargebracht. Die Opfergeräte ließ er im Boot nach Hause bringen. Er selbst zog es vor, den Heimweg zu Fuß zu machen. So kam er an der Stelle vorüber, wo die Schöne schluchzend saß. Die Klagelaute ließen ihn aufhorchen, und als er näher kam, gewahrte er ein Mädchen mit wirr herabhängendem Haar und schmutzverschmiertem Gesicht, das aber immer noch viel zu schön war, als daß er es nicht sogleich erkannt hätte. „Nein, die Königin der Blumen!“ rief er erstaunt. „Wie kommt Ihr denn hierher?“

Die Schöne hob ihr Köpfchen, als sie die bekannte Stimme vernahm. Und jetzt schluchzte und weinte sie auch nicht mehr. Wie ein naher Verwandter erschien er ihr in ihrer Not, der liebenswürdige und rücksichtsvolle junge Herr Tschin. Und wie von selbst löste sich ihre Zunge, und sie erzählte ihm alles, was ihr widerfahren war. Tschin Dschung war tief bewegt und vergoß mit ihr kummerschwere Tränen. In seinem Ärmel trug er ein etwa fünf Fuß langes Schweißtuch aus weißer Seide mit sich. Das riß er in der Mitte entzwei und reichte der Schönen die beiden Streifen, daß sie sich damit ihre Füße einbinde. Liebevoll wischte er ihr die Tränen von den Wangen und sprach ihr Trost zu. Nachdem sie sich gefaßt hatte, holte er eine Sänfte herbei und ließ sie nach Hause bringen. Er selbst ging zu Fuß neben ihr her.

Mama Wang hatte sich schon die größten Sorgen um die Schöne gemacht und sie vergeblich überall suchen lassen. Man kann sich wohl die Freude vorstellen, die ihr die Rückkehr der Schönen in Begleitung des jungen Tschin bereitete. Als ob man ihr unverhofft eine so kostbare Perle wie die Ye-Ming-Dschu, die des Nachts leuchtet, wiedergebracht hätte, so strahlte sie vor Glück. Und das um so mehr, als sie nach dem langen Ausbleiben des Ölträgers Tschin gerüchtweise erfahren hatte, daß er nunmehr Alleinbesitzer des gutgehenden Ladens der Familie Dschu geworden sei. Das setzte den jungen Mann natürlich in ihren Augen in ein ganz anderes Licht. Und schließlich war die Rettung der Schönen, der man so übel mitgespielt hatte, wie sie nun aus ihrem Munde vernahm, hauptsächlich dem glücklichen Eingreifen des jungen Tschin zuzuschreiben. Mit einer tiefen Verbeugung bezeigte ihm die alte Kupplerin ihren Dank und lud ihn höflich zum Abendessen ein. Er trank ein paar Schalen Wein mit den beiden, und da die Dämmerung bereits hereinbrach, erhob er sich, um sich zu verabschieden. Doch die Schöne war keineswegs gewillt, ihn so schnell wieder zu verlieren. „Ich habe immerzu an Euch denken müssen", gestand sie ihm heimlich. „Ich hätte Euch von Herzen gerne wiedergesehen. Heute aber lasse ich Euch auf keinen Fall so ohne weiteres weggehen!" Auch die Kupplerin bemühte sich, ihn zurückzuhalten. Dschu war wie benommen von dem unerwarteten Glück.

Und in dieser Nacht bot die Schöne all ihre Künste im Flöteblasen, im Saitenspiel und im Tanz auf, um das Herz des jungen Tschin zu erfreuen, der sich wie in eine Traumwelt, wie ins Reich der Feen versetzt vorkam und in seinem Glückstaumel mit Händen und Füßen mitzutanzen begann. Vom Wein erhitzt, zogen sich die beiden schließlich ins Schlafgemach zurück.

„Ich möchte Euch einen Herzenswunsch mitteilen", sagte die Schöne plötzlich zu ihm, als sie schon im Bett lagen. „Schlagt ihn mir bitte nicht ab!"

„Wie könnte ich Euch einen Wunsch abschlagen", erwiderte der junge Mann treuherzig. „Bedingungslos würde ich für Euch durchs Feuer gehen, wenn Ihr es von mir verlangt."

„Ich möchte Eure Frau werden", sagte die Schöne feierlich.

„Ich wäre wohl der letzte, den Ihr heiraten würdet", entgegnete Tschin Dschung mit einem wehmütigen Lächeln. „Ihr solltet nicht Euren Spaß mit mir treiben."

„Das ist mein innigster Herzenswunsch", beteuerte die Schöne. „Wie könnt Ihr das nur als Scherz auffassen! Seit jenem Tag, als mich die Mama mit fünfzehn Jahren so betrunken gemacht hat, daß man mir gewaltsam die Jungfernschaft rauben konnte, habe ich immer den Wunsch gehabt, einen anständigen Mann zu heiraten. Nur habe ich eben keinen gefunden, der zu mir passen könnte. So verpfuschte ich mir zum Teil aus eigenem Unverstand die wichtigste Sache meines Lebens. Später traf ich zwar ein paar Männer, die mir schon eher gefallen hätten. Aber das waren Söhne aus mächtigen und vornehmen Familien, Trunkenbolde und Lüstlinge, die sich für bare Münze mein Lächeln erkauften und ihre Freuden bei mir suchten. Allzuviel Sinn für den Duft und die jadegleiche Schönheit eines Mädchenherzens hatten auch diese Herren nicht. Unter all den Männern, denen ich begegnete, seid Ihr der einzige, der es wirklich ehrlich mit mir meint. Und wie ich erfahren habe, seid Ihr noch unvermählt. Wenn Ihr mich nicht als ein verworfenes Geschöpf aus dem Freudenhaus verachtet, so möchte ich Euch gerne in Liebe und Demut als Eure Gattin bis ins Greisenalter dienen. Versagt Ihr mir meinen Wunsch, so werde ich Euch zeigen, wie ernst und ehrlich ich es meine. An einem weißen Seidentuch werde ich mich erhängen und vor Euren Augen meinen Geist aufgeben. Denn wahrlich besser ist es, so zu sterben als von der Hand eines Lümmels – sinnlos und ehrlos, verlacht und verspottet von allen!“ Bei diesen Worten traten ihr die Tränen in die Augen, und sie brach in einen Weinkrampf aus.

„Seid doch nicht traurig“, tröstete sie Tschin Dschung behutsam. „Daß Ihr Euch herablaßt, mich zu lieben, ist wie ein Geschenk des Himmels für mich. Ich kann es kaum glauben. Wie sollte ich Euch da zurückweisen? Bedenkt nur, wer Ihr seid – eine gefeierte Schönheit, und ich – bloß ein armseliger kleiner Kaufmann. Meine Mittel werden wohl kaum ausreichen.“

„Das wäre kein Hindernis“, warf die Schöne schnell ein. „Ich muß Euch gestehen, daß ich mir schon längst einiges zurückgelegt habe, um einmal heiraten zu können. Meine Ersparnisse und Wertsachen habe ich außer Haus bei anderen Leuten untergebracht. Das Lösegeld für meine Person bringe ich selbst auf. Das soll Euch keine Sorgen machen.“

„Aber selbst wenn Ihr Euch von der Mama Wang freikauft, so bedenkt doch, daß Ihr an ein Leben in Palästen gewohnt seid, in Seide und Brokat gekleidet geht und nur die feinsten Speisen vorgesetzt bekommt. Werdet Ihr da ein Leben in einem bescheidenen Haushalt wie dem meinen ertragen können?"

„Gebt mir nur ein Kleid aus Baumwolle und fleischlose Armenkost. Ich will es zufrieden sein, und nie werdet Ihr den mindesten Vorwurf von mir hören."

„Aber selbst, wenn dem so wäre", sagte Tschin Dschung nachdenklich, „befürchte ich, daß Euch die Alte nicht freigeben wird."

„Ich weiß schon, wie man es anstellen muß", beruhigte ihn die Schöne und weihte ihn umständlich in alle ihre Pläne ein. Bis zum Morgen tuschelten die beiden miteinander.

Die Schöne hatte nämlich etliche Kisten und Koffer den mit ihr am engsten befreundeten Herren, dem Gardehauptmann Huang, dem Sohn des Kanzlers Han und dem Marschall Tschi, zur Aufbewahrung übergeben. Nun gab sie vor, das eine oder andere daraus dringend zu benötigen, und bat die drei Herren, ihre Sachen an einen heimlich vereinbarten Ort schaffen zu lassen, wo sie Tschin Dschung in Empfang nahm, um sie nunmehr in seinem eigenen Haus unterzubringen. Sodann bestieg die Schöne eine Sänfte und ließ sich zum Etablissement der Mama Lju tragen, der sie sogleich von ihren Heiratsplänen berichtete.

„Davon habe ich dir ja selbst einmal einiges erzählt", druckste die Alte vorsichtig herum. „Nur bist du mir noch ein bißchen zu jung dafür. Und dann weiß ich ja auch nicht, wen du da im Auge hast."

„Tante, darum braucht Ihr Euch nicht zu kümmern. Es wird ganz so ausfallen, wie Ihr mir selbst damals gesagt habt – in meinem Fall handelt es sich um eine wahre, eine erquickliche und endgültige Vermählung und nicht, wie

Ihr vielleicht argwöhnen könntet, etwa um ein unwahres, unerquickliches oder befristetes Geschäftchen unsauberer Art. Wenn Ihr nur bereit seid, ein Wörtchen für mich einzulegen, so wird Mama Wang sicherlich nichts dagegen haben. Eure Nichte hat leider nichts, um Euch mit gebührender Ehrfurcht ihren Dank zu erweisen. Aber diese zehn Taels Gold bittet sie Euch doch anzunehmen. Für ein paar Haarnadeln wird es schon reichen. So fällt es Euch vielleicht leichter, mit Mama Wang zu sprechen. Wenn alles klappen sollte, bekommt Ihr natürlich noch ein Geschenk als Heiratsvermittlerin."

Das blitzende Gold entlockte Mama Ljus Gesicht ein so seliges Lächeln, daß von ihren Augen bald nichts als ein winziger Schlitz zu sehen war. „Für mich bist du doch wie mein eigenes Kind", sagte sie zuckersüß. „Und so eine Vermählung ist ja auch eine feine Sache. Annehmen kann ich natürlich nichts von dir. Aber wenn du unbedingt willst, könnte ich ja das Gold einstweilen für dich aufbewahren – als dein Eigentum freilich! Deiner Sache nehme ich mich gewiß an. Für deine Mama bist du allerdings ein Bäumchen, von dem sie Gold herunterschütteln kann, das mußt du bedenken. Gar so leicht wird sie dich nicht gehen lassen. Einen Haufen Geld wird das schon kosten. Na, ich werde sie erst einmal aufsuchen und ihr ein bißchen auf den Zahn fühlen."

„Ich bitte Euch, Tante", schärfte ihr die Schöne noch ein, „betrachtet meine Sache so, als ob Eure Nichte sich selbst freikaufen möchte."

„Weiß deine Mama, daß du hier bist?"

„Nein."

„Nun, dann iß mal ein Häppchen von unserer Hausmannskost und warte hier auf mich, bis ich mit deiner Mama gesprochen habe. Wenn ich sie überreden kann, komme ich gleich zurück und berichte dir."

Mama Lju stieg in ihre Sänfte und ließ sich zum Etablissement ihrer Kollegin tragen. Diese empfing sie wie immer sehr freundlich und geleitete sie ins Haus. Mama Lju erkundigte sich zunächst nach jener unliebsamen Geschichte mit dem jungen Wu Ba, worauf ihr Mama Wang eine ausführliche Schilderung des Hergangs darbot. „In unserem Gewerbe machen wir am meisten Geld und fahren am sichersten, wenn wir nur einfache und durchschnittliche Mädchen großziehen", hub Mama Lju vorsichtig an, nachdem Mama Wang ihren Bericht mit vielen Seufzern beendet hatte. „Solchen einfachen Dingern ist es ganz gleichgültig, mit wem sie sich abgeben. Darum haben sie auch jeden Tag Mannsbilder bei sich und sind voll beschäftigt. Eure Schöne mit ihrer Berühmtheit hingegen ist wie ein getrockneter Fisch, der auf dem Boden liegt: Da wimmelt es nur so von Ameisen, die auch alle einmal reinbohren wollen. Wenn es auch dabei hoch hergeht, eine rechte Freude hat man nicht daran. Viele Nächte tut sich in Wirklichkeit rein gar nichts bei ihr. Kommen dann die vornehmen jungen Herren angefahren, bringen sie meistens einen Haufen Tunichtgute mit, und bis zum Morgen gibt es laufend Scherereien. Und auch die gesamte Dienerschaft, die sie begleitet, muß schön brav bewirtet werden. Irgendwo eine kleine Unachtsamkeit, und schon geht das Gezeter los. Ja selbst die Möbel schlagen sie kurz und klein. Ihrem Herrn darf man kein Sterbenswörtchen davon sagen und muß den ganzen Ärger hinunterschlucken. Und dazu noch alle diese Gelehrten und Literaten, diese Dichter- und Schachgesellschaften! Und oft muß sie auch noch ein paarmal im Monat den hohen Beamten offiziell zu Diensten sein bei ihren Banketten und Feiern. Die vornehmen Herren reißen sich um sie. Hast du sie dem Dschang versprochen, ist der Li böse auf dich. Dem einen machst du eine Freude, der andere wieder grollt dir deswegen. Und die Geschichte mit dem Wu Ba kann einen ja zu Tode erschrecken! Wenn da wirklich etwas passiert wäre, hättest du mit ihr ein schönes Sümmchen von deinem Kapital verloren. Das ist ein

Bursche aus einer hohen Beamtenfamilie. Mit dem wäre es sinnlos, einen Prozeß anzufangen. Da heißt es, gute Miene zum bösen Spiel machen und nur ja nicht aufbegehren. Wenn es sie dabei erwischt hätte, wäre alle Liebesmüh verloren gewesen. Weißt du, Schwesterchen, ich habe davon reden hören, daß der Wu Ba wieder etwas im Schilde führt. Der will es noch einmal bei Euch versuchen. Und die Schöne möchte immer ihren eigenen Kopf durchsetzen. Jeden empfängt die nicht. Das vor allem ist es, was Euch mir nichts, dir nichts ins Unglück stürzen könnte."

„Da hast du recht", sagte Mama Wang kleinlaut. „Ich mache mir schon lange Sorgen deswegen. Und dieser Wu Ba ist ja keiner von den gemeinen Sterblichen – der kann sich auf den Namen seines Vaters berufen. Das verflixte Mädchen aber will und will nicht mit ihm schlafen! Damit hat sie ihn ja auch zur Raserei gebracht. Als sie jünger war, ließ sie sich noch etwas sagen. Aber seitdem sie hier eine solche Berühmtheit geworden ist, wird sie von den reichen und edlen Galanen in einem fort gefeiert und gepriesen. Das ist ihr zu Kopf gestiegen und hat sie stolz und übermütig gemacht. Immer will sie ihren Schädel durchsetzen. Kommen Gäste, empfängt sie nur, wen sie will. Paßt es ihr nicht in den Kram, keine neun Ochsen könnten sie dann auch nur einen Fußbreit von ihrem Standpunkt abbringen."

„Tja", bestätigte ihr Mama Lju, „so ist es immer mit den Mädchen, wenn sie einmal ein bißchen Grund unter den Füßen gewonnen haben."

„Ich möchte gerne deinen Rat haben", sagte Mama Wang leise. „Denkst du nicht auch, daß es besser wäre, sie zu verkaufen, wenn sich ein Mann mit viel Geld für sie finden läßt? Dann wäre ich diese Sorgen endlich los und brauchte mich nicht mehr mein ganzes Leben mit solchen Fisimatenten abzugeben."

„Das ist ein vernünftiges Wort", erklärte Mama Lju

entschieden. „Für die eine kannst du dir fünf oder sechs andere beschaffen, und wenn du Glück hast und ihr einen zahlungskräftigen Burschen ergatterst, könntest du vielleicht sogar eine Dutzend Mädchen für den Preis deiner Schönen kriegen. So eine Gelegenheit solltest du nicht verpassen!"

„Ich habe mir das auch schon durch den Kopf gehen lassen", sagte Mama Wang. „Aber die einflußreichen Herren knausern mit dem Geld und wollen immer alles wohlfeil haben. Jene wiederum, die gerne ein paar Taels mehr springen ließen, sind der Schönen nicht gut genug. Gleich fängt sie zu meutern an und will nicht. Solltest du von einem ordentlichen Käufer hören, sei bitte so freundlich und vermittle die Sache. Und es wäre auch nett von dir, wenn du ihr zureden würdest, falls sie sich weigern sollte. Dieses kleine Biest hört einfach nicht auf ihre Mama. Nur zu dir hat sie Vertrauen. Keiner außer dir könnte sie umstimmen."

Mama Lju brach in ein schallendes Gelächter aus: „Weißt du, warum ich hier bin?" sagte sie immer noch prustend. „Eben darum – als Heiratsvermittlerin für die Kleine. Aber wirst du sie auch fortlassen, wenn du einen Haufen Geld für sie kriegst?"

„Meine liebe Freundin", begann Mama Wang bedächtig, „du weißt doch, daß in unserem Gewerbe zwar billig eingekauft, aber niemals billig verkauft wird. Und meine Schöne erfreut sich dazu noch eines Namens, der in ganz Lin-An einen betörenden Klang hat. Wer weiß denn nicht, daß sie eine Königin der Blumen ist! Da denkst du doch wohl nicht, daß ich sie für drei-, vierhundert Taels gehenlasse! Unter tausend Goldtaels mache ich es nicht!"

„Na, dann laß mich mal erst den Preis aushandeln. Wenn mir der Betrag zugebilligt wird, komme ich wieder, und wir reden weiter. Und wenn nicht, dann lassen wir es eben bleiben."

Schon im Aufbruch begriffen, fragte die alte Lju noch geflissentlich: „Sag mal, wo steckt denn die Schöne heute?“

„Ach, reden wir lieber nicht davon“, erwiderte Mama Wang mit einem tiefen Seufzer. „Seit dieser Unglücksgeschichte mit dem jungen Wu Ba hat sie eine panische Angst, er könnte sie wieder belästigen. Den lieben langen Tag treibt sie sich in ihrer Sänfte in der Gegend herum und klagt überall ihr Leid. Vorgestern war sie beim Marschall Tschi, gestern beim Gardehauptmann Huang, und wo sie heute ist, weiß ich selbst nicht recht.“

„Wenn du nur selbst fest entschlossen bist, wird sich die Schöne wohl kaum widersetzen. Tut sie es aber doch, dann werde ich sie schon herumkriegen. Nur bitte ich dich, daß du mir ja keine Faxen machst, wenn ich einmal einen zuverlässigen Käufer gefunden habe.“

„Da kannst du dich ganz und gar auf mich verlassen“, entgegnete Mama Wang entschlossen. „Mein Wort gilt!“ Sie geleitete Mama Lju bis zum Tor, wo diese mit einem Abschiedsgruß schnell in ihre Sänfte stieg. Wieder zu Hause angekommen, berichtete Mama Lju sogleich der Schönen aufs genaueste vom Ergebnis ihrer Mission. Sie schloß mit den Worten: „Deine Mama ist also einverstanden. Worauf es jetzt ankommt, ist das Geld. Dann klappt die Sache bestimmt.“

„Das Geld habe ich schon“, versicherte die Schöne. „Ich möchte Euch aber doch bitten, morgen unbedingt wieder zu Mama Wang zu gehen und meine Angelegenheit endgültig zu regeln. Sie könnte sonst wieder die Lust verlieren, und dann müßt Ihr noch einmal von vorne anfangen.“

„Freilich werde ich gehen“, versprach ihr die alte Lju. „Das war ja auch so abgemacht.“

Die Schöne verabschiedete sich von Mama Lju und ließ sich wieder nach Hause tragen. Mama Wang gegenüber erwähnte sie kein Wort von alledem.

Am nächsten Tag um die Mittagsstunde kam Mama Lju tatsächlich wieder.

„Nun, wie ist es ausgegangen?“ bestürmte sie Mama Wang.

„Das wäre so gut wie erledigt. Nur mit der Schönen habe ich noch nicht gesprochen.“ Und unverzüglich begab sie sich zu ihr ins Zimmer. Die beiden begrüßten sich und sprachen erst über alltägliche Dinge, bis Mama Lju plötzlich das Thema wechselte. „Ist dein Bräutigam schon gekommen?“ fragte sie leise. „Und wo ist denn das Dingsda, na, du weißt schon?“

Die Schöne deutete auf ihr Bettgestell. „In diesen Lederkoffern.“ Der Reihe nach öffnete sie alle sechs Koffer, aus denen sie gemächlich vierzehn Pakete Silber zu je fünfzig Taels, Gold, Perlen sowie Geschmeide und Edelsteine herausholte. Alles zusammengerechnet, ergab einen Wert von gut tausend Goldtaels.

Mama Ljus Augen funkelten vor Gier. Sieh mal an, dachte sie im stillen, die hat aber einen Magen, die Kleine! Was die schon alles verschluckt hat in ihrem zarten Alter! Die gepuderten Fratzen bei mir zu Hause werden aus ihren Galanen nie so viel herausquetschen können. Reich werden die nie. Und wenn sie schon ein bißchen Geld im Beutel haben, die Sonnenblumenkerne, die sie knacken, und die Süßigkeiten für ihr Schleckermaul, die neuen Wickelbänder für ihre Füße, wenn die alten einmal kaputtgehen, das alles muß die gute, brave Mama auch noch von ihrem eigenen Geld bezahlen. Der alten Vettel Wang hat der Himmel wirklich ein Wunderkind in den Schoß gelegt. Die läßt das Geld nur so auf ihre Mama herunterregnen! Und jetzt, wo sie heiraten will, zeigt es sich auf einmal, was sie sich da noch alles auf die Seite gelegt hat. Dabei braucht sie sich gar nicht anzustrengen. Es fliegt ihr nur so zu. – Natürlich behielt die alte Lju diese Gedanken wohlweislich für sich.

Die Schöne dachte sich, als sie Mama Lju so schweigsam und nachdenklich sah, daß der Anblick dieser Reichtümer ihren Appetit auf ein Geschenkchen gewetzt habe. Eilends kramte sie aus ihren Truhen vier Ballen Seide aus Schen-Hsi, zwei mit Edelsteinen verzierte Haarnadeln und ein Paar Jadehaarspangen in der Gestalt des Vogels Phönix heraus. „Diese Kleinigkeiten überreiche ich meiner Tante als Zeichen meiner Ehrerbietung und Dankbarkeit für ihre freundlichen Bemühungen", sagte sie lächelnd, indem sie die Sachen vor ihr auf dem Tisch ausbreitete.

Mama Lju war ganz außer sich vor Freude. Augenblicklich eilte sie zu Mama Wang. „Denk dir nur, das Mädchen kauft sich selber frei!" rief sie noch ganz aufgeregt. „Der Betrag stimmt aufs Haar. Das ist doch besser, als sie zu verkaufen, wenn sie einmal keine Bewerber mehr hat und ältlich geworden ist! Dann mischen sich allerlei dunkle Gestalten in die Sache, die man andauernd bewirten muß, und jeder will, daß man ihm obendrein noch Geschenke macht zum Dank für all die Ungelegenheiten."

Diese Nachricht stimmte Mama Wang alles andere als heiter. Und warum? Nun, in dieser Welt sind es nur die Kupplerinnen, die sich groß aufspielen dürfen. Sie sind erst froh, wenn ihre Mädchen alles, was sie sich ergattert haben, restlos abliefern. Erfährt eine Kupplerin, daß sich ein Freudenmädchen irgend etwas in ihren Schachteln und Truhen zurückgelegt hat, stöbert sie gleich nach, kaum daß ihr Schützling einen Fuß aus dem Haus gesetzt hat, bricht die Schlösser auf und nimmt ihr alles wieder weg. Wenn Mama Wang der Schönen gegenüber solche Gewaltmethoden nicht anzuwenden wagte, dann nur deshalb, weil sie ihr als gefeierte Schönheit mit ihren Beziehungen zu einflußreichen Männern ein gutes Stück Geld einbrachte und überdies einen merkwürdig widerspenstigen Charakter besaß. Mit ihr konnte sie sich solche Späße einfach nicht erlauben. Darum hütete sich Mama

Wang auch, ungebeten in der Kammer der Schönen zu weilen. Aber daß sie so einen Haufen Geld und Wertsachen zusammengekratzt hatte, ging ihr nun doch wider den Strich!

Der unmutige Ausdruck im Gesicht ihrer Freundin war Mama Lju nicht entgangen, und sie erriet auch, was in ihrem Herzen vorging. „Hör mal, gutes Schwesterchen", sagte sie hastig, „komm mir nur jetzt ja nicht mit Einwänden! Das hat sich die Kleine selbst erspart, darum geht dich ihr Geld auch gar nichts an. Wenn sie es ausgeben will, so laß sie doch. Wenn sie nicht weiter strebsam gewesen wäre und sich mit ihren Reichtümern einfach zur Ruhe gesetzt hätte, nichts hättest du von alledem gewußt! Das zeigt doch nur, daß das Mädchen mit Geld umzugehen versteht. Und überleg doch einmal: Hätte sie nicht selber Geld, nackend dürftest du sie bei ihrer Vermählung doch wohl kaum aus dem Hause jagen! Kleider, Schuhe und weiß der Himmel was noch hättest du ihr unbedingt mitgeben müssen, um nicht dein Gesicht vor den Leuten zu verlieren. Das alles kann sie sich aus eigenen Mitteln besorgen. Nicht einen Faden braucht sie von dir. Also kannst du den gesamten Betrag, mit dem sie sich loskauft, ohne jeden Abzug einfach in die Tasche stecken. Und bleibt sie nicht deine Tochter, auch wenn sie jetzt frei wird? Geht es ihr gut in ihrem neuen Leben, dann kannst du sicher sein, daß sie dir an allen Fest- und Feiertagen ein nettes Geschenkchen bringt. Eigene Eltern hat sie ja nicht mehr, und wenn sie auch heiratet, bist und bleibst du immer noch sozusagen ihre Stiefmutter. Welche Vorteile dir das bietet, kannst du dir wohl denken." Dieser Redeschwall schwemmte den Unmut in Mama Wangs Herzen wie ein reinigendes Bad mit sich fort. Auf der Stelle gab sie ihr Jawort, und die beiden Frauen gingen zurück in die Kammer der Schönen, um das Lösegeld in Empfang zu nehmen. Die Silbertaels in den Paketen wurden nachgeprüft, der Wert der Goldstücke, Perlen und

Edelsteine festgestellt und sodann alles an Mama Wang übergeben. „Siehst du“, flüsterte ihr Mama Lju heimlich zu, „dein Schwesterchen hat bei der Schätzung absichtlich einen geringeren Wert angegeben. Wenn du die Sachen verkaufst, machst du noch ein gutes Geschäft dabei. Ein paar Dutzend Taels kriegst du bestimmt noch extra heraus.“

Im Vergleich zu der alten Lju war die durchaus nicht unerfahrene Mama Wang noch die reinste Unschuld. Darum hörte sie auch immer andächtig und gutgläubig auf alles, was ihre abgefeimte Freundin an Weisheit verzapfte. Als die alte Lju sah, daß Mama Wang das Geld und die Wertsachen wegzuräumen begann, rief sie schleunigst den schreibkundigen Mann ihrer Freundin, den alten Hurentreiber Wang, herbei, um eine Heiratserlaubnis für die Schöne auszustellen. Das Dokument wurde ihr auch sogleich ausgehändigt.

„Ich möchte mich in Anwesenheit der Tante Lju vor meiner Mama und meinem Väterchen, ihrem Mann, ehrfürchtig verneigen, ehe ich das Haus verlasse“, sagte die Schöne zum Abschied. „Vielleicht würde mir Tante Lju gestatten, ein paar Tage in ihrem Hause zu wohnen, bis der Wahrsager einen Glückstag für meine Vermählung festgesetzt hat.“

Mama Lju, die von der Schönen reichlich mit Geschenken bedacht worden war und die wankelmütige Art ihrer Freundin nur allzugut kannte, wünschte nichts sehnlicher, als ihren Schützling möglichst schnell aus dem Hause zu schaffen, um diese Angelegenheit endgültig unter Dach und Fach zu bringen. Sofort willigte sie ein. Und die Schöne packte auch sogleich ihr Frisiertischchen, ihre Koffer, Schachteln und ihr Bettzeug zusammen; doch rührte sie nichts von dem an, was der Kupplerin gehörte. Sodann nahm sie mit artigen Verbeugungen Abschied von ihrer „Stiefmutter“ und ihrem „Stiefvater“ und anderen Bordellbesitzern aus der Nachbarschaft. Mama Wang fing sogar zu weinen an, als die Schöne ihre Sachen aufladen ließ und mit strahlendem Gesicht in die Sänfte stieg. Im Hause der Mama Lju erhielt sie ein hübsches ruhiges Zimmer, wo sie ihre Sachen unterbrachte. Bald stellten sich auch Scharen von ihren früheren Kolleginnen ein, um ihr zu gratulieren.

Am Abend kam Schen Schan im Auftrag Tschin Dschungs zu Mama Lju. Er brachte Tschin Dschung die freudige Botschaft, daß die Schöne nun endlich frei sei. Der Wahrsager setzte einen Glückstag für die Hochzeit fest, die dann auch bei Flöten- und Trommelklang würdig gefeiert wurde. Als die verantwortliche Heiratsvermittlerin geleitete Mama Lju Tschin Dschung und die Schöne in das mit bunten Kerzen ausgeschmückte Hochzeitsgemach. Das Glücksgefühl der beiden jungen Leute zu beschreiben wäre ein müßiges Unterfangen, denn es war einfach unsagbar.

Und wenn sie auch im Freudenhaus
dem Liebesdienst gefrönt,
hat sie doch mit ganz andrer Lust
im Brautgemach gestöhnt.

Am nächsten Tag kamen Schen Schan und seine Frau, um die Braut ihres Herrn zu begrüßen. Verdutzt blickten sie einander an und erschraken. Eltern und Tochter erzählten sich nun gegenseitig ihre Leidensgeschichte, und alle drei verhüllten ihr Haupt und weinten vor Freude und vor Schmerz. Auch Tschin Dschung war tief erschüttert, als er sah, daß das alte Ehepaar, das er ins Haus genommen hatte, seine Schwiegereltern waren. Er bat sie, die Ehrenplätze einzunehmen, und er und seine Gattin vollführten vor ihnen noch einmal die Verbeugungszeremonie der Neuvermählten. Die Kunde von diesem ungewöhnlichen Wiedersehen verbreitete sich wie ein Lauffeuer in der Nachbarschaft und erweckte überall Aufsehen und Anteilnahme. Tschin Dschung aber ließ noch am selben Tag ein großes Festessen herrichten, und die doppelte Freude in den Herzen des jungen und des alten Paares wurde mit viel Wein und köstlichen Speisen fröhlich gefeiert.

Drei Tage danach bat die Schöne ihren Gatten, den Herren, die für sie ihre Koffer und Kisten aufbewahrt hatten, mit angemessenen Geschenken ihren Dank zu bezeigen und ihnen bei dieser Gelegenheit zugleich ihren Austritt aus dem Freudenhaus und ihre Vermählung kundzutun. Damit zeigte sie voll Takt und Anstand, daß sie auch in dieser Lebenssituation ihre Würde wohl zu wahren wußte. Mama Wang und Mama Lju wurden gleichfalls Geschenke zugesandt, die selbst bei den alten Kupplerinnen ein Gefühl ehrlicher Dankbarkeit erweckten. Nach dem ersten Monat ihrer Ehe öffnete die Schöne ihre Koffer und Kisten, in denen sie den Rest ihrer Schätze verwahrt hatte – Gold und Silber sowie ganze Ballen von Damast aus Dschjang-Su und Brokat aus Se-Tschuan – in einem Wert von insgesamt wohl mehr als dreitausend Goldtaels! Die Schlüssel übergab sie sittsam ihrem Gatten. Allmählich erwarb das junge Paar Grundstücke und Häuser und vermehrte seinen Wohlstand. Das Ölgeschäft überließ Tschin Dschung seinem Schwiegervater. Ehe noch ein Jahr um war, hatten sie es so weit gebracht, daß sie sich eine Schar von Dienern und Dienerinnen anschafften und ihr Haus, an Glanz und Pracht dem schönsten buntbestickten Damast vergleichbar, sich wahrlich sehen lassen konnte.

Um den Geistern des Himmels und der Erde demütig für ihr hilfreiches Wirken zu danken, hatte Tschin Dschung das Gelübde abgelegt, die Haupthalle aller Tempel in der Umgebung der Stadt mit Öl und Kerzen zu versorgen und drei Monate lang auf seine Kosten die Ewige Lampe mit Öl zu speisen. Nachdem er gefastet und sich gebadet hatte, begann er seine Pilgerfahrt, die ihn zunächst zum Dschau-Tsching-Tempel, dann zum Ling-

Yin-Tempel, zum Fa-Hsjang-Tempel und zu anderen berühmten Klöstern führen sollte. So kam er auch zum Tjän-Dschu-Tempel, in dem die große Göttin der Barmherzigkeit – Guan-Yin – verehrt wird. Dieser Tempel besteht eigentlich aus drei Anlagen – dem Oberen, dem Mittleren und dem Unteren Tjän-Dschu-Tempel. Der Weg dorthin führt über steile Hügelhänge hinan. Tschin Dschung ließ von seinen Dienern eine Trage Kerzen und Weihrauch und drei Tragen Öl hinaufbringen. Er selbst folgte in einer Sänfte. Sein erster Besuch galt dem Oberen Tjän-Dschu-Tempel. Der alte Tempeldiener Tschin half ihm beim Anzünden der Kerzen und Weihrauchstäbchen. Aber aus seinem Söhnchen, das er mit dreizehn Jahren dem alten Dschu überlassen hatte, war inzwischen ein junger Mann von stattlicher Statur und vornehmen Sitten geworden. Doch die Schriftzeichen Tschin und Bjän-Ljang auf den Ölbehältern machten den alten Mann stutzig. Tschin Dschung hatte nämlich diesmal zufällig wieder seine alten Ölbehälter hervorholen lassen. Nachdem das Weihrauchopfer dargebracht und die Gebete verrichtet waren, servierte der alte Tschin dem Gast und den Mönchen, die sich zu seinem Empfang eingefunden hatten, auf einem großen Tablett Tee. Nun konnte er es sich doch nicht verkneifen zu fragen: „Dürfte ich es mir erlauben, unseren Wohltäter mit der Frage zu belästigen, warum auf den Ölbehältern die Schriftzeichen Tschin und Bjän-Ljang stehen?“

Tschin Dschung hatte sofort herausgehört, daß der Alte seinem Akzent nach aus der Gegend von Bjän-Ljang stammen mußte. „Würdiger Tempeldiener, warum stellt Ihr mir die Frage?“ erkundigte er sich begierig. „Stammt Ihr vielleicht selbst aus Bjän-Ljang?“

„Tja, von dort stamme ich“, erwiderte der Alte.

„Und darf ich nach Eurem werten Namen und Vornamen fragen?“ erkundigte sich Tschin Dschung hastig weiter. „Warum habt Ihr Euch aus dem weltlichen Leben zurückgezogen? Und wie viele Jahre seid Ihr schon im Kloster?“

Auf alle diese Fragen gab ihm der Alte genau Auskunft. Auch davon erzählte er ihm, daß er seinen Sohn Tschin Dschung mit dreizehn Jahren einem gewissen Dschu als Adoptivsohn überlassen habe und seither nie wieder in die Stadt gegangen sei.

Da sprang Tschin Dschung auf und schloß weinend seinen Vater in die Arme. „Ich bin Tschin Dschung, Euer Sohn!“ rief er schluchzend. „Ölträger und Händler war ich beim alten Dschu. Und weil ich meinen Vater finden wollte, habe ich die drei Schriftzeichen auf meine Ölbehälter geschrieben. Der Himmel hat uns wieder zusammengeführt!“

Die Mönche starrten die beiden, die sich nach acht Jahren hier wiedergefunden hatten, wie ein Wunder an. Diese Nacht verbrachte Tschin Dschung mit seinem Vater im Oberen Tjän-Dschu-Tempel. Und was gab es da nicht alles zu erzählen für die beiden! Am nächsten Tag ließ Tschin Dschung die zwei Zaubertexte umschreiben, die beim Opfergebet im Mittleren und Unteren Tjän-Dschu-Tempel im Weihrauchbecken verbrannt werden sollten, um mit dem Rauch zu den Göttern emporzufliegen. Darin nannte er sich als Opfernder nicht mehr Dschu, sondern Tschin, wodurch er in aller Förmlichkeit die Wiederannahme seines ursprünglichen Familiennamens bekundete. Nachdem er noch im Mittleren und Unteren Tjän-Dschu-Tempel sein Gelübde eingelöst hatte, kehrte er zu seinem Vater in den Oberen Tjän-Dschu-Tempel zurück und bat ihn, mit nach Hause zu kommen, wo er ihn in Frieden und Freude hegen und pflegen wollte. Aber der alte Tschin hatte sich so an das Leben im Tempel mit seiner vegetarischen Kost und den Fastenübungen gewöhnt, daß er diese Bitte abschlug.

„Aber Vater, acht Jahre lang habe ich dir nicht als Sohn dienen dürfen!“ bestürmte ihn Tschin Dschung. „Ich habe

eben geheiratet. Du mußt doch wenigstens meiner Frau die Gelegenheit geben, ihrem Schwiegervater in unserem Heim die gebührenden Ehren zu erweisen!"

So willigte der Alte schließlich ein und bestieg auf Wunsch seines Sohnes, der ihn zu Fuß begleiten wollte, die Sänfte. Zu Hause gab ihm Tschin Dschung ein schönes neues Gewand. In der Halle wurde alles für die Begrüßungsfeierlichkeiten vorbereitet. Tschin Dschung und seine junge Frau verrichteten die rituellen Verbeugungen vor dem alten Tschin. Auch die Eltern der Schönen waren herbeigekommen, um ihn zeremoniell zu begrüßen. Ein großes Festessen gab der Feier einen würdigen Abschluß. Der alte Tschin jedoch weigerte sich, Fleischspeisen zu berühren. So bekam er aus Gemüsen zubereitete Gerichte vorgesetzt, und um die Stimmung nicht zu verderben, leerte er ein paar Schälchen Wein mit den anderen.

Am nächsten Tag kamen auch Leute aus der Nachbarschaft mit Geschenken herbei und gratulierten den Familien Tschin und Schen zu ihrem vierfachen Glück: zur Hochzeit des jungen Paares, zur Wiedervereinigung der Braut mit ihren Eltern, zur Wiederbegegnung des alten Tschin mit seinem Sohn und zu Tschin Dschungs Wiederannahme seines ursprünglichen Familiennamens. Noch mehrere Tage wurde fröhlich weitergefeiert.

Der alte Tschin aber sehnte sich sehr bald nach dem beschaulichen Leben im Tempel zurück. Tschin Dschung wagte es nicht, sich dem Wunsch seines Vaters weiter zu widersetzen. Für zweihundert Silbertaels ließ er im Garten des Oberen Tjän-Dschu-Tempels ein schmuckes Häuschen bauen, in dem er seinen Vater unterbrachte. Das Geld für seinen Unterhalt wurde ihm monatlich zugestellt. Alle zehn Tage besuchte ihn Tschin Dschung im Tempel, alle drei Monate kam auch seine Frau mit. Der alte Tschin erreichte ein Alter von mehr als achtzig Jahren. Wie ein richtiger Mönch fand er seine Erlösung: während der Meditation ging er ins Nirwana ein.

Tschin Dschung und seine Frau lebten bis ins hohe Alter glücklich miteinander. Zwei Söhne waren ihnen beschieden, die beide fleißig studierten und sich einen Namen machten.

Und bis heute wird in den Freudenhäusern Lin-Ans ein Mann, der sich durch Hilfsbereitschaft auszeichnet, im lobenden Sinn ein „Junger Herr Tschin" genannt, oder man nennt ihn einfach einen „Ölträger". Mit ein paar Versen wollen wir nun unsere Geschichte beschließen:

Der Frühling kommt, und alle Blumen blühen.
Wetteifernd saugen an den Kelchen Bienen
vom Blumenseim, soviel nur jede kann.
Ihr feinen Herren, mögt ihr euch auch bemühen,
charmant im Liebesdienst zu dienen –
an den Ölträger reicht ihr nicht heran!

Der Schmeichler

Yän-Lo-Wang, der König der Hölle, rief eines Tages einen seiner Geisterschergen zu sich und befahl ihm, in der Menschenwelt einen Schmeichler zu ergreifen und ihm vorzuführen. „Denn Schmeichler", sagte der Höllenkönig, „sind ein unnützes Pack, das mit seinem Gerede vielen Leuten den Kopf verdreht und damit nur Unheil stiftet."

Der Scherge machte sich sogleich auf den Weg; und es dauerte nicht lange, da schleppte er auch schon einen Schmeichler heran.

„Wie hast du denn das nur so schnell fertiggebracht?" rief der Höllenkönig erstaunt. „Du könntest doch in der Eile leicht den Falschen ergriffen haben?"

„Nein, das ist schon ein richtiger. Diese Art von Kerlen gibt es in großer Menge. Kaum war ich aus dem Tor hinaus, begegnete ich gleich einem. Wenn Ihr mir nicht glaubt, so fragt ihn doch aus. Ihr werdet schon selbst sehen, daß ich mich nicht geirrt habe. In der Menschenwelt kann dieser Kerl nichts außer schmeicheln, und trotzdem nährt er sich von den feinsten Speisen und trägt prächtige Gewänder."

„Gut", sagte der Höllenkönig, „wenn er also wirklich ein Schmeichler ist, werde ich ihn dem Ochsenkopfteufel übergeben und ihn zur Strafe in Öl sieden lassen."

Yän-Lo-Wang, der Höllenkönig, wollte eben mit dem Verhör beginnen, als ihm ganz unversehens ein Furz entfuhr. Diese Gelegenheit nahm der Schmeichler sofort wahr. Er drängte sich näher heran und verbeugte sich ein um das andere Mal in tiefer Ehrfurcht vor dem Höllenkönig.

„Der Furz, den Eure Majestät eben fahrenzulassen geruhte, klang in meinem Ohr wie das lieblichste Lautenspiel. Und in meiner Nase spüre ich einen Duft so wohlriechend wie Moschus und Orchideen."

Dem Höllenkönig wurde es ganz wohlig ums Herz, als er das hörte. Er fand, daß ihn dieser Mensch ausgezeichnet verstehe. So gab er dem Ochsenkopfteufel den Auftrag, ihn in eine andere Palasthalle zu geleiten, um ihn an der königlichen Tafel zu bewirten.

Der Schmeichler folgte frohgemut dem Ochsenkopfteufel, den er unterwegs heimlich von der Seite musterte. „Bruder", hub er plötzlich an, „ich bemerke eben, daß Ihr ein durchaus ungewöhnliches Aussehen habt. Eure Hörner sind so fein gebogen wie der Neumond, wenn er sich in den Himmel hebt, und Eure Augen strahlen gleißend hell wie die Sterne über dem weiten Meer. Ich bin überzeugt, daß Ihr eine große Zukunft vor Euch habt und daß Euch noch hohe Ehren und gewaltiger Reichtum beschieden sind."

Diese Worte gaben dem Ochsenkopfteufel ein noch viel wohligeres Gefühl, als es vorher der Höllenkönig empfunden hatte. Er zog den Schmeichler am Ärmel mit sich fort und sagte, über das ganze Gesicht grinsend: „Es ist noch zu früh für das Mahl an der königlichen Tafel. Kommt doch erst auf einen kleinen Imbiß zu mir in meine Stube."

Dschou Tsching-yüen

Der Ruf der Phönixflöte

Im grauen Altertum befahl Huang-Di – der Gelbe Kaiser – dem Ling Lun im Tal nördlich des Kun-Lun-Gebirges Bambusrohr zu schneiden und eine Flöte daraus zu schnitzen. Als Ling Lun sie blies, erklang es wie der Ruf des Vogels Phönix. Darum nannte man sie die Phönixflöte. Überdies hatte ja auch einst die Prinzessin Nung-Yü von Tschin mit ihrem Flötenspiel den Phönix herbeigerufen. So kam es, daß der Name des edlen Vogels sich zu dem der Flöte gesellte. Und dieses einen Fuß und zwei Zoll lange Musikinstrument vermag fürwahr Himmel und Erde zu durchdringen und Geister und Dämonen zu bewegen.

Es wird erzählt, daß zur Zeit der Tang-Dynastie ein Kaufmann namens Lü Yün-tsching lebte, der ein leidenschaftlicher Flötenbläser war und, wohin er auch ging, immer seine Flöte mit sich herumtrug. In stillen Mondnächten pflegte er sie hervorzuholen, und er blies sie mit so viel Gefühl, daß die Töne sich zu den Wolken emporschwangen und selbst die Steine nicht ungerührt blieben. Er war daher sehr stolz auf sein Flötenspiel.

Als Lü Yün-tsching mit seinen Begleitern einmal in einer Mittfrühlingsnacht sein Boot auf dem Dung-Ting-See am Fuße des Dschün-Bergs festmachte und auf die weite Wasserfläche hinausblickte, auf der sich der dunkelblaue Himmel mit seinen zahllosen funkelnden Sternen spiegelte, da leerte er in seiner Freude ein paar Becher Wein und ließ nach Herzenslust die schönsten Melodien auf seiner Flöte erklingen.

Plötzlich gewahrte er einen alten Mann von asketisch

hagerer Gestalt und mit schlohweißem Haar, der in einem winzigen Nachen auf sie zuruderte. Der Alte legte dicht neben ihrem Boot an und zog drei Flöten hervor, von denen eine aus einem gewaltigen Bambusrohr geschnitzt war, die zweite die übliche Größe von Flöten hatte, die dritte aber nur so klein wie ein Schreibpinsel war. Lü Yün-tsching fragte verwundert den Alten, warum er denn eine so ungewöhnlich große Flöte habe, und bat ihn, ihm die Ehre zu erweisen, eine Melodie darauf vorzublasen. Der Alte erwiderte: „Es gibt drei Flöten, die ihrer Art nach ganz verschieden sind. Auf der dickrohrigen werden die Melodien der Himmlischen gespielt. Die Töne dieses Instruments sind nicht für menschliche Ohren bestimmt. Die zweite Flöte bläst man zur Musik der Feen in ihren Grotten. Auf der kleinsten spiele ich, wenn ich mit meinen Freunden musiziere. Darauf will ich gerne für den werten Herrn eine Melodie blasen. Doch weiß ich nicht, ob Ihr sie bis zum Ende anzuhören vermögt." Er setzte sie an den Mund, und kaum hatte er den dritten Ton geblasen, so geriet die spiegelglatte Fläche des Sees in Wallung; hohe Wogen gischten auf, und die Fische und Drachen hüpften und tanzten auf den Fluten. Nach dem fünften und sechsten Ton begannen die wilden Tiere und Vögel des Dschün-Bergs zu brüllen und zu kreischen, das Licht des Mondes verdunkelte sich, und düstere schwarze Wolken stiegen am Himmel empor. Nach dem siebenten und achten Ton zischten die Wogen fast bis zum Himmel hinauf. Der Drachenkönig stürmte mit seinem Kriegsgefolge, seinen Krabbensoldaten und Wasserungeheuern heran. Das Boot drohte in dem tosenden Gischt zu kentern. Von Entsetzen gepackt, schrien Lü Yün-tsching und seine Begleiter: „Blast nicht mehr! Wir bitten Euch, blast nicht mehr!"

Ein dunkler Schwaden flitzte vom Wind gepeitscht vorüber. Da war der Alte mitsamt seinem Boot plötzlich verschwunden, und in fassungslosem Erstaunen und immer noch zitternd vor Angst, sahen Lü Yün-tsching und die anderen, wie der Himmel mit einemmal wieder wolkenlos klar wurde und Mond und Sterne wie zuvor in hellstem Glanz erstrahlten. Keiner aber wußte zu sagen, welchem Geist oder Dämon sie da begegnet waren. Danach wagte Lü Yün-tsching nie mehr, wenn er auf Reisen ging, die Flöte zu blasen. Denn fürwahr:

Als Prinzessin Nung-Yü die Flöte blies,
flog der Phönix heran.
Doch Lü Yün-tsching zog mit seinem Spiel
nur Ungeheuer an.

Wir wollen aber noch von einem anderen Flötenbläser erzählen, der mit seinem Spiel eine Fee heranlockte. Die Geschichte trug sich in der Epoche Hung-Dschih unserer kaiserlichen Dynastie zu. In der Präfektur Tschang-Dschou wohnte damals im Städtchen Dung-Tscheng ein gewisser Hsü Au, der zwar kein Gelehrter, aber doch ein recht gebildeter und kultivierter junger Mann von edler Gestalt und einnehmendem Wesen war. Für die Musik hatte er eine besondere Vorliebe. Er war erst neunzehn und noch unverheiratet. Sein Onkel, der zu den reichen Leuten der Stadt zählte, besaß ein Pfandhaus, um das er sich nicht kümmern konnte und dessen Obsorge er Hsü Au übertrug. Dem jungen Mann wurde ein Seitenflügel des Geschäftsgebäudes als Wohnung zugewiesen.

In einer hellen Mondnacht im siebenten Monat des Lunarkalenders saß Hsü Au in seiner Kammer und vertrieb sich vergnüglich die Zeit mit Flötenspiel. Bis zur Stunde des zweiten Trommelschlags blies er eine Melodie nach der anderen. Als er sich dann zu Bett begab, fiel ihm beim Einschlummern plötzlich ein seltsamer Wohlgeruch auf, der von irgendwoher in seine Kammer strömte. Und mit einemmal öffneten sich ganz von selbst die beiden Flügel seiner Tür, und ein großer Hund mit goldenen Glöckchen am Halsband kam hereingelaufen, machte eine Runde in der Kammer und verschwand wieder. Gleich danach hörte Hsü Au ein Gewisper draußen im Hof. Bestürzt dachte er, Einbrecher seien ins Haus eingedrungen. Doch gewahrte er alsbald zu seinem größten Erstaunen eine Schar von Mädchen, die mit bunten Lampions in den Händen die Stufen vom Hof heraufkamen. In zwei Reihen von je sechs näherten sie sich ihm, und zuletzt erschien die allerschönste – kaum mehr als achtzehn Jahre alt, ein edelsteingeschmücktes Käppchen auf dem Kopf, mit Phönixmustern bestickte Schuhe an den Füßen und in ein weitärmeliges Gewand aus Brokat gekleidet, das um die Hüften ein Gürtel aus buntschillerndem Rhinozeroshorn zusammenhielt. Ihre Kleidung erinnerte sehr an die der Hofdamen, wie sie auf den Bildern berühmter Maler dargestellt sind. Das reizende Antlitz dieses feenhaften Wesens strahlte im Mondschein wie ein Kleinod aus Jade.

Die Mädchen traten herein, nahmen die roten Kerzen aus ihren Lampions und steckten sie in Silberleuchter. Im Nu war es taghell in der Kammer, die jetzt irgendwie auch viel größer und geräumiger zu sein schien. Hsü Au war völlig benommen. Er konnte kein Wort herausbringen. Da trat die Schöne an sein Bett heran, steckte ihre Hand unter die Decke und streichelte ihn von Kopf bis Fuß. Dann drehte sie sich wortlos um und schritt hinaus. Die anderen Mädchen folgten ihr. Die Kerzen erloschen, und seine Kammer war mit einemmal wieder so klein und eng wie vorher. Hsü Au war außer sich vor Erregung. Zweifel und Argwohn quälten ihn, und er sann vergeblich nach, was diese geheimnisvolle Erscheinung zu bedeuten hatte.

In der Nacht des dritten Tages danach schien der Mond mit noch hellerem Glanz in seine Kammer. Er wollte sich eben zu Bett begeben, als er plötzlich wieder den seltsamen Duft spürte. Sicherlich kommt sie wieder, die Schöne, dachte er im stillen. Und da trat sie auch schon inmitten ihrer Mädchen zur Tür herein. Speisen und Wein wurden aufgetragen, Tische und Stühle zurechtgerückt, und all das geschah gleichsam wie von selbst, als ob unsichtbare Geister zu Werke gingen. Die Schöne setzte sich an den gedeckten Tisch und befahl ihren Zofen, Hsü Au herbeizurufen. Selbst wenn sie ein Gespenst ist, entrinnen kann ich ihr ja sowieso nicht, überlegte Hsü Au. Soll sie sich nur an mich heranmachen! Wir werden ja sehen, was geschieht. Er ordnete sein Gewand, schob sich die Kappe zurecht und näherte sich ihr mit einer höflichen Verbeugung. Die Schöne erwiderte den Gruß und hieß ihn zu ihrer Rechten Platz nehmen. Ihre Zofen boten ihm einen Jadebecher voll Wein dar, um der Schönen zuzutrinken. Der Wein hatte ein herrliches Aroma. Auch die Speisen waren auserlesen und wunderbar zubereitet, obgleich er nicht zu sagen vermochte, woraus sie bestanden.

Erst jetzt öffnete die Schöne ihr kirschrotes Mündchen. „Eure Magd ist keine verführerische Hexe“, sagte sie sanft. „Ihr sollt darum auch keinen Argwohn gegen mich hegen, mein Freund. Wir sind aus einem früheren Leben durch ein enges Band verknüpft. So ist es uns bestimmt, einander anzugehören. Wenn ich Euch auch nicht viel bieten kann, so genügt es doch immerhin, daß es Euch an nichts mangelt. Köstliche Speisen, Brokat und Seidenstoffe, kurzum, alles, was das Herz der Irdischen begehrt, werde ich Euch, mein Freund, wenn Ihr danach verlangt, gar leicht beschaffen. Doch fürchte ich nur, daß Ihr Eurem Glück nicht gewachsen seid!“ Sie schenkte ihm Wein in den Becher und trank ihm zu. Dann rückte sie eng an ihn heran und unterhielt ihn, fröhlich lachend. Ihre Stimme war von einer bezaubernden Anmut, und ein betäubender Duft entströmte ihrem Mund und ihrem liebreizenden Leib.

Hsü Au vermochte kein Wort über die Lippen zu bringen. Doch sprach er herzhaft dem Wein und den wunderbaren Gerichten zu.

„Ich habe Euch die Flöte spielen hören", sagte die Schöne zärtlich. „Ihr spielt mit Hingabe und Talent. Auch ich verstehe ein wenig von Musik. Ich würde gerne noch einmal eine Melodie von Euch hören." Sie gebot ihren Zofen, Hsü Au eine Phönixflöte zu bringen. Er erfüllte ihren Wunsch und spielte ein Lied für sie. Darauf nahm sie die Flöte zur Hand und blies eine Melodie, die klang so rein und harmonisch, daß Hsü Aus Künste dagegen geradezu stümperhaft wirkten.

Es war bereits tiefe Nacht, und sie hatten schon viele Becher geleert, als die Zofen Kissen und Decken herbeitrugen und das Nachtlager richteten. „Es ist spät geworden", meldeten sie. „Dürfen wir die Herrin bitten, sich zu Bett zu begeben."

Die Schöne senkte lächelnd ihr Köpfchen. Nach einer Weile faßte sie Hsü Au bei der Hand und führte ihn zum Bett. Die Bettvorhänge, Kissen und Decken waren von ungewöhnlicher Pracht, und Hsü Au sah verwundert, daß dies keineswegs das Lager war, auf dem er sonst zu ruhen pflegte. Die Schöne entkleidete sich bis auf eine Leibbinde aus roter Seide. Gemeinsam legten sie sich auf die Kissen. Als sie sich ihm hingab, war es Hsü Au, als ob sie noch eine Jungfrau wäre. Lange wanden sie sich im Liebeskampf, und es gelang ihm kaum, ihren Anforderungen gerecht zu werden. Seine Sinne flogen zu den höchsten Höhen des Glücks empor, als ob sich ihm das Feenreich aufgetan hätte.

Als der Morgen graute, erhob sich die Schöne zuerst von ihrem Lager und öffnete die Bettvorhänge. Ihre Zofen brachten die Waschschüssel und halfen ihr bei der Morgentoilette. Beim Abschied sprach sie zu Hsü Au: „Unsere Verbindung wurde schon vor mehreren hundert Jahren geschlossen und ist gewiß nicht leicht zustande gekommen. Fortan werden wir Nacht für Nacht in unserem Glücke schwelgen. Wenn Ihr Eurer Magd nur einen Gedanken schenkt, so wird sie sogleich bei Euch sein.

庚辰三月吳郡唐寅畫

Doch stimmt es mich traurig, wenn ich daran denke, daß Ihr von unbeständiger Sinnesart sein könntet. Ihr müßt das Geheimnis strengstens wahren und keinem irdischen Ohr anvertrauen, daß wir einander angehören!" Nach diesen Worten verließ sie mit ihren Zofen seine Kammer.

Hsü Au war wie betäubt von dem unerwarteten Glück. Als er dann aufstand und seine Kammer verließ, hing noch jener seltsame Duft an seinem Gewand. Alle Leute, denen er begegnete, wunderten sich darüber.

Und fortan genügte auch tatsächlich ein einziger Gedanke an sie, und schon spürte er den wundersamen Wohlgeruch, und wenn er stärker wurde, erschien die Schöne bei ihm. Und jedesmal wurden auch Wein und Speisen aufgetragen und festlich getafelt. Oft erzählte sie ihm von den wundersamen Wandlungen der Himmlischen und Feen, und alles, was sie sagte, war so ungewöhnlich und zauberhaft, wie man es auf Erden nie zu hören bekam. Doch wann immer Hsü Au sie fragen wollte, wo sie denn wohne und wie sie heiße, versagte ihm die Sprache. So schrieb er schließlich seine Fragen auf ein Stück Papier und zeigte es ihr. Die Schöne erwiderte nur: „Ihr habt ein gutes Weib gefunden, und damit sollt Ihr Euch zufriedengeben. Wozu wollt Ihr denn noch mehr wissen?" Und einmal sagte sie ihm: „Ich komme von Dschju-Dschjang. Weil ich gehört habe, daß Su-Dschou und Hang-Dschou reich an Sehenswürdigkeiten sind, durchwandere ich nun für eine Weile diese Gegenden. Doch in jedem Ort dieser Welt bin ich zu Hause." Die Schöne war in ihrem Wesen überaus sanftmütig und zartfühlend. Ihre Zofen jedoch behandelte sie sehr streng. Keine von ihnen erlaubte sich auch nur die geringste Unachtsamkeit in ihrer Gegenwart. Mit dem gleichen Eifer dienten sie auch Hsü Au. Wenn einmal eine Zofe die Waschschüssel nicht ganz so respektvoll darbot, wie es ihre Herrin wünschte, so geriet diese in Wut, kniff sie ins Ohr und gab sich nicht eher zufrieden, bis das Mädchen kniefällig um Verzeihung für ihre Nachlässigkeit gebeten hatte. Hsü Au brauchte nur irgendeinen Wunsch zu hegen, schon wurde er erfüllt. Als er einmal die Straße entlangschlenderte, bot ein Händler auffallend schöne Orangen feil, so daß ihn der Mund danach wässerte. Am Abend brachte ihm die Schöne gleich ein paar hundert Stück davon. Jede Speise, jeden Leckerbissen, den er begehrte, alles konnte er haben. Hsü Au besaß ein paar Ballen gutes Tuch, von welchem ihm jemand heimlich sechs Ellen gestohlen hatte. Er wußte nicht, wo er danach suchen sollte. Die Schöne wies ihm den Platz, und tatsächlich fand er dort das gestohlene Tuch. Im Pfandhaus, das er für seinen Onkel verwaltete, kamen eines Tages ein paar goldene Schmuckstücke abhanden. Die Schöne sagte ihm, er würde sie in der Wechselstube „Zum Gelben Ochsen" finden. Die Diebe hätten sie bereits zu Geld gemacht. Als er am nächsten Tag hinging, lagen sie tatsächlich dort, und der verblüffte Besitzer des Ladens mußte sie ihm herausgeben. Wenn Hsü Au mit irgend jemand Streit hatte und dabei den kürzeren zog, wurde sein Widersacher zu Hause unvermutet von einer Krankheit befallen und fiel wie gelähmt hin, oder er mußte Beleidigungen von einer dritten Person einstecken. Die Schöne erklärte Hsü Au dann triumphierend: „Dieses Gesindel benimmt sich wirklich allzu respektlos! Ich habe mich bereits für Euch gerächt."

Mehrere Monate hatten sie schon miteinander verkehrt, als Hsü Au, der in seiner Geschwätzigkeit den Mund doch nicht halten konnte, einem Bekannten von der Schönen erzählte. Dieser äußerte den Verdacht, er könnte einem bösen Dämon zum Opfer gefallen sein, und riet ihm, künftig jede Annäherung zu vermeiden. Die Schöne wußte sogleich, was geschehen war. „Wo in der Welt sollte es denn einen bösen Dämon geben, der so gut zu Euch ist wie ich?" warf sie ihm entrüstet vor. „Hört doch nicht auf das Gefasel dieses Dummkopfs!"

Als Hsü Au einmal eine Geschäftsreise unternahm, zog er sich eine leichte Krankheit zu. Die Schöne erschien sofort in seinem Quartier und setzte sich an sein Bett. Wie immer blieben sie auch hier oft beisammen. Und wenn auch viele Menschen in der Nähe waren, merkte doch niemand ihre Anwesenheit. Ein ums andere Mal schärfte sie Hsü Au ein: „Sprecht nur ja nicht mit anderen Leuten über mich. Ich fürchte, mein Freund, es würde Euch kein Glück bringen.“

Hsü Au konnte leider seine Zunge doch nicht im Zaum halten. Er schwatzte zu dem und jenem, und bald wußten viele Leute sein Geheimnis. Es verging fast kein Tag mehr, an dem nicht ein Neugieriger zu ihm auf Besuch gekommen wäre, um die schöne Fee zu erspähen. Als schließlich auch seine Mutter davon erfuhr, suchte sie sofort eine passende Braut für ihn aus. Der Hochzeitstag wurde binnen kürzester Frist festgelegt, um durch eine baldige Verheiratung dem Spuk ein Ende zu bereiten. Hsü Au wagte nicht, sich gegen den Willen seiner Mutter aufzulehnen. Die Schöne war wütend. „Eure Magd war bereit, immer bei Euch zu bleiben“, sagte sie bitter. „Das hätte Euch nur zum Vorteil gereicht. Doch da Ihr mir abtrünnig geworden seid, habt Ihr mich gedemütigt und könnt nicht von mir erwarten, daß ich Euch weiter dienstbar bin.“ Mit diesen Worten verließ sie ihn und erschien nicht mehr. Oft noch dachte Hsü Au reumütig an die Schöne. Doch sie war und blieb verschwunden, wie ein Stein, der im Ozean versunken ist. Denn fürwahr:

Eher sammelst du wieder
Wasser ein, das du vergießt,
als du wieder knüpfst den Liebesbund,
wenn er zerrissen ist.

Nachdem die schöne Fee Hsü Au verlassen hatte, holten ihn am fünfzehnten im elften Monat des Lunarkalenders nachts im Traum vier Geistersoldaten ab und führten ihn geradewegs zum Tempel des Bezirksgottes in der Hsjau-Dschja-Gasse. Zwei Soldaten bewachten ihn, während die anderen beiden hineingingen, um den Bezirksgott zu verständigen, der sogleich, in weißem Ornat und mit einer viereckigen Kappe auf dem Kopf, herauskam und sich dem Zuge anschloß. Unterwegs sagte er zu den Geistersoldaten: „Die hohe Frau läßt rufen. Wir dürfen keine Zeit versäumen." Sie geleiteten Hsü Au durch das Stadttor hinaus, und bald erreichten sie ein stattliches Gebäude, das von einer Mauer und uralten riesengroßen Bäumen umgeben war. Die Tore der Außenmauer und des Innenhofs, die sie nun passierten, waren rot lackiert und mit Türringen in der Gestalt von Tieren versehen; mit goldenen Nägeln befestigte Drachen- und Phönixbilder schmückten die Torflügel. Der Palast eines Kaisers hätte nicht prächtiger sein können. Hunderte von Soldaten standen Wache an den Toren.

Sie traten in die Halle, die wohl über zehn Klafter hoch war. An der gegenüberliegenden Seite führten Stufen zu einem zinnoberroten Podest empor, auf dem Kraniche und Rehe standen. Glitzernde Seidenbehänge und funkelnde Edelsteine ließen den Raum in einem Glanz erstrahlen, der die Augen blendete. Als die erste Reihe der Dienerinnen Hsü Au erblickte, stob sie davon und meldete: „Der Abtrünnige ist gekommen!" In der Halle waren viele andere Mädchen, die Weihrauchbecken oder Papageien in den Händen hielten, Gitarre spielten, tanzten oder sangen. Als sie Hsü Au bemerkten, blickten sie ihn böse an und beschimpften ihn. Nach einer Weile hörte man ein Klirren von Jadegehängen. Wolken von Weihrauch stiegen empor. Die Mädchen in der Halle flüsterten einander zu: „Die hohe Frau kommt!" Der Bezirksgott zerrte Hsü Au nach vorn und gebot ihm niederzuknien. Hinter einem Vorhang auf dem Podest saß die Schöne an einem Bronzebecken und schürte darin mit dem Schürhaken das Feuer. Von Zeit zu Zeit seufzte sie und sagte:

„Ich habe es ja immer gewußt, daß er dem Glück nicht gewachsen ist. Nun ist es wahrlich soweit gekommen!" Der Vorhang wurde hochgezogen, und als die Schöne Hsü Au erblickte, lief ihr Antlitz purpurrot an. „Ihr habt mich allzu schnöde behandelt, mein Freund!" schalt sie Hsü Au. „Wie oft habe ich Euch gewarnt! Aber Ihr wolltet mir ja nicht glauben! Schämt Ihr Euch denn gar nicht?" Sie verhüllte mit dem Ärmel ihr Gesicht, und schluchzend fuhr sie fort: „Ich gedachte mit Euch, mein Freund, bis zum Ende unserer Tage in Glück und Frieden zu leben. Wie konntet Ihr mich nur so schnöde im Stich lassen!" Die Zofen neben ihr riefen: „Ihr sollt Euch nicht grämen, hohe Frau! Wozu redet Ihr noch mit ihm? Laßt den Abtrünnigen töten!" Daraufhin befahl sie den Geistersoldaten, Hsü Au mit einem großen Stock durchzuprügeln.

Nach dem achtzigsten Schlag rief Hsü Au: „Ich habe Euch Eure Güte wirklich mit Undank vergolten, hohe Herrin! Aber denkt doch daran, daß Ihr mir einst Eure Zuneigung geschenkt habt. Wie stark waren doch damals unsere Gefühle füreinander! Die Phönixflöte habe ich noch! Sie kann es bezeugen! Wie könnt Ihr jetzt nur so herzlos sein!"

Die Schöne gebot, mit dem Prügeln aufzuhören. „Ich wollte Euch eigentlich töten lassen, mein Freund", sagte sie zu Hsü Au. „Doch eingedenk unserer Zuneigung von einst will ich Euch das Leben schenken." Die Zofen überhäuften Hsü Au immer noch mit den ärgsten Schmähungen. Er bedankte sich demütig bei der Schönen und kroch auf allen vieren hinaus. Der Bezirksgott gab ihm auch auf dem Rückweg wieder das Geleit. Als sie zur Brücke kamen, stolperte Hsü Au und wäre fast ins Wasser gefallen – da erwachte er. Sein Gesäß und die Schenkel schmerzten so heftig, daß er keinen Schritt gehen konnte. Schon fünf, sechs Tage lang hatte er krank darniedergelegen, als die Schöne plötzlich wieder erschien. „Ihr seid unserem Bund abtrünnig geworden", sagte sie vorwurfsvoll zu ihm. „Die Schuld liegt nicht bei mir.“ Und grollend entschwand sie. Kaum war sie gegangen, ließen die Schmerzen nach.

Hsü Au suchte später vor dem Stadttor nach dem Ort, den er im Traum gesehen hatte. Doch fand er nirgendwo eine Spur. Und niemals erfuhr er, welcher Fee er begegnet war. Aber diese Geschichte von der Phönixflöte wurde bald überall bekannt. Und davon zeugt auch das folgende Gedicht:

Das Tor des Unheils ist der Mund.
Die Zunge tötet wie ein Schwert.
Die Liebe hat er mit Geschwätz
in einen Prügelstock verkehrt.

Ich werde euch nun eine Geschichte erzählen, die sich am Westsee zutrug. Wenngleich auch in ihr der Phönixflöte eine bedeutsame Rolle zufällt, so endete sie doch nicht wie bei Hsü Au mit Prügeln und Wehgeschrei.

Nachdem der Kaiser Gau-Dsung die Hauptstadt nach Lin-An am Westsee verlegt hatte, entfaltete sich unter seinem vierten Nachfolger, Kaiser Li-Dsung, das üppig verschwenderische Leben in der kaiserlichen Residenz und ihrer Umgebung zu einer Pracht wie nie zuvor. Am glanzvollsten aber wurde das Laternenfest zur Neujahrszeit gefeiert. Überall ertönte Musik. Die Damen waren über und über mit Kleinodien und buntem Flitterkram geschmückt. Sie trugen mit Vorliebe Gewänder aus weißer Seide, weil sich diese im Mondenschein und Flimmerlicht der Lampions und Laternen besonders vorteilhaft ausnahmen. Spiele aller Art und Feuerwerk sorgten für Zerstreuung. Die jungen Herren und die holde Weiblichkeit erfreuten sich am Anblick des bunten Treibens und tranken fröhlich einander zu. Die Reichen und Vornehmen beschenkten sich gegenseitig mit erlesenen Leckerbissen, goldenen Schüsselchen, Büchschen und dergleichen mehr. Und war in tiefer Nacht der Rausch verraucht und der Lichterglanz erloschen, suchten die Armen mit Laternen die Wege ab, was man im Volksmund „Kehraus" oder „Wegefegen" nannte. Nicht selten fanden sie dabei Spangen und Ohrgehänge, die die Schönen im Taumel des Vergnügens verloren hatten. Man kann also wohl sagen, daß der Luxus und die Verschwendungssucht jener Zeiten ein beachtliches Maß erreicht hatten!

Wie es heißt, soll im vierten Jahre der Regierungsepoche Dschja-Hsi ein junger Mann namens Pan Yungdschung aus der Provinz Fu-Dschjän mit seinem Vater in die Hauptstadt Lin-An gekommen sein. Dem alten Pan war nämlich hier ein Beamtenposten in Aussicht gestellt worden. Vater und Sohn mieteten sich in einem Gasthof bei der Brücke der Sechs Ministerien ein, die so hieß, weil sich zur Zeit der Südlichen Sung-Dynastie alle sechs Ministerien in der Nähe jener Brücke befanden. Der alte Pan stellte sich in seinem Amt vor, und es erübrigt sich, mehr darüber zu berichten, als daß er seinen Posten bekam und beflissen seinen Amtsgeschäften nachging.

Das Neujahrsfest war gekommen und Kaiser Li-Dsung hatte die Hauptstadt überreich mit Lampions schmücken lassen. Das Volk durfte nach Belieben in diesem Lichtermeer lustwandeln und sich an dem wundersamen Schauspiel ergötzen. Beim Hsüen-De-Tor wurden sogenannte Schildkrötenkopfberge errichtet, die mit bunten Lampions behängt waren. Kunstvolle Figuren bewegten sich dort, von unsichtbaren Mechanismen gedreht, so naturgetreu, als wären es lebendige Menschen. Weihrauchwolken erfüllten die Luft mit süßen Düften. Und inmitten dieser Lampionberge leuchtete, aus Jade und Korallen zusammengesetzt, in buntem Glanz die Inschrift: „Lang lebe der Kaiser!" Hofmusikanten, Akrobaten, Gaukler und Artisten sorgten für Unterhaltung, und die Hofeunuchen brannten ein Riesenfeuerwerk von über hundert Sätzen ab. Erst zur Stunde des dritten Trommelschlags wurden die Lichter gelöscht. Ein Neujahrsfest von so wunderbarer Pracht war noch nie dagewesen!

Auch der junge Pan Yung-dschung hatte sich in das festliche Treiben gemischt. Als er nach Hause kam, stand der Mond in vollem Glanz am Himmel und übergoß alles ringsum mit seinem silberhellen Licht. Der Zauber der herrlichen Mondnacht überkam ihn, und da er nichts mehr liebte als seine Flöte, die er immer bei sich trug, zog er sie hervor und blies eine Melodie darauf. Sehnsuchtsvoll klangen die Töne in wundersamen Harmonien in die Nacht hinaus. Und fortan spielte er Tag für Tag auf seiner Flöte und rührte damit das Herz einer jungen Dame aus vornehmem Haus, die seine Melodien wohl zu deuten verstand, wovon auch das folgende Gedicht zeugt:

> Wer bläst die Flöte sehnsuchtsbang,
> um aus der Ruhe aufzustören
> ein Herz, das selber sehnsuchtskrank?
> Die Sehnsucht darf ein Lied nicht hören,
> so reich an sehnsuchtsvollem Klang!

Und wer, denkt ihr, war jene vornehme junge Dame? Ein gewisses Fräulein Huang, mit dem Vornamen Hsing-tschun – Aprikosenfrühling –, das schon als Kind eine ungewöhnliche Klugheit und Geschicklichkeit zeigte, sehr früh mit dem Studium der klassischen Schriften und Geschichtswerke begann und in der Schreib- und Dichtkunst Vortreffliches leistete. Daß sie auch Nähen und Sticken und andere weibliche Handarbeiten mühelos erlernte, verwundert kaum bei einem so begabten Mädchen. Fräulein Huang war erst siebzehn Jahre alt, noch nicht verheiratet und auch nicht einmal verlobt oder versprochen. Ihre Familie war mit dem Kaiserhaus verwandt und im Gefolge des Kaisers von Bjän-Ljang nach Lin-An gekommen, wo sie in einem stattlichen Haus an der Brücke der Sechs Ministerien wohnte – im Volksmund Palast der Huang genannt. Hsing-tschuns Eltern waren sehr wohlhabend. Sie liebten ihr Töchterchen abgöttisch. Als sie zehn Jahre alt war, nahmen sie einen alten

Gelehrten namens Yän als Hauslehrer auf, bei dem sie bis zu ihrem dreizehnten Lebensjahr studierte. Dann hatte Hsing-tschun es aber auch schon so weit gebracht, daß sie sowohl Gedichte und Lieder aller Art wie auch lyrische Essays, die vor Gelehrsamkeit strotzten, gleichsam aus dem Ärmel schütteln konnte. Sie hatte einen Bruder, der mit zehn Jahren ebenfalls einen Hauslehrer bekam, und zwar Dschung-dschü, den Sohn des alten Yän.

Wie es der Zufall nun einmal wollte, war auch diesem Fräulein Huang nichts lieber als das Flötenspiel, in dem ihr eine ausgezeichnete Lehrerin Unterricht erteilt hatte. In stillen Mondnächten klangen ergreifende Melodien aus ihrem Kämmerchen auf dem Altan, den sie ihrer Liebhaberei wegen „Söller der Phönixflöte“ nannte. Wenn sie mit ihrem Flötenspiel auch keinen Phönix herbeilockte, so lockte sie zumindest doch einen herbei, der die Phönixflöte wohl zu spielen verstand.

Der Söller der Phönixflöte von Fräulein Huang Hsing-tschun befand sich gerade jenem Zimmer im Obergeschoß des Gasthofes gegenüber, in dem Pan Yung-dschung mit seinem Vater abgestiegen war. Die Entfernung dazwischen mochte höchstens ein paar Klafter betragen. Aus Angst, die meist doch recht gemischte Gesellschaft, die im Gasthof Quartier nahm, könnte sie mit zudringlichen Blicken belästigen, hielt Huang Hsing-tschun die Fenster ihres Söllers fest verschlossen. Als sie nun schon mehrere Tage hintereinander aus dem Zimmer gegenüber ein so künstlerisch vollendetes Flötenspiel vernahm, wußte sie natürlich sogleich, daß diese Melodien keiner rohen Seele, sondern nur dem Herzen eines feingeistigen Menschen von hoher Bildung entströmen konnten. Auch die junge Dame pflegte in der Stille der Nacht zu ihrer Erbauung die Flöte zu blasen. Doch das Flötenspiel von gegenüber erweckte in ihr den Verdacht, jemand versuche sie damit anzulokken. Darum wagte sie auch gar nicht mehr zu spielen. Aber schließlich preßte sich die Flöte gleichsam wie von selbst an ihre Purpurlippen, und heimlich und ganz leise stimmte sie in die Melodie ein, die aus dem Nachbarhaus herüberschwebte. Und nicht nur in der Melodie, sondern auch in der poetischen Modulation glich sie sich genau ihrem unbekannten Vorbild an. Rein und gefühlvoll klang ihr Spiel und wurde immer zärtlicher und lieblicher. Ein paar Nächte schon hatte sie mit andachtsvoller Hingabe den Melodien des Unbekannten gelauscht, als sie sich heimlich eingestand: Dieser Mensch spielt wirklich ganz ausgezeichnet! Ich möchte doch allzu gerne wissen, was das für ein gelehrter Herr sein mag, der sich da mit seinen Künsten brüstet! Ich glaube, ich werde es mir doch nicht verkneifen können, morgen einmal einen Blick hinüberzuwerfen, um zu sehen, wer das ist.

Gleich nachdem sie sich am nächsten Morgen angekleidet hatte, öffnete sie ganz vorsichtig ihr Fenster einen Spalt, was allerdings kein großes Wagnis war, da sie von innen ein Gitter von dichtrankigen Blumenornamenten und von außen eine Holzverschalung vor jedem unerlaubten Blick wohl verbarg. Mit nicht geringer Freude bemerkte die junge Dame, daß ihr Gegenüber ein etwa gleichaltriger, hübscher Jüngling war, der noch nicht die Kappe der Männer trug. In seinen Händen hielt er ein Buch, in dem er eifrig las. Fräulein Aprikosenfrühling rührte natürlich vor allem das mutmaßliche Talent dieses gelehrsamen und musikalischen Jünglings zu liebevoller Hochachtung. Eine gute Weile betrachtete sie ihn heimlich, dann schloß sie überaus vorsichtig wieder das Fenster. In ihrem Kämmerchen auf dem Söller der Phönixflöte gab es so gut wie nichts für sie zu tun. Darum verfiel sie auch alsbald wieder auf den Gedanken, das Fenster noch einmal zu öffnen. Nach ein paar Tagen war es auch nicht mehr nur ein Spalt, den sie öffnete, und Öffnen und Schließen wechselten einander zusehends häufiger ab.

Pan Yung-dschung war der Altan mit den rotlackierten

Fenstern schon am ersten Tag aufgefallen. Irgend etwas an dem schönen Haus gegenüber faszinierte ihn, so daß er oft stundenlang wie gebannt hinübersah. Nun bemerkte er mit Erstaunen, daß sich in den letzten Tagen das sonst fest verschlossene Fenster immer weiter und immer häufiger öffnete. Hinter dem roten Vorhang erschien undeutlich wie hinter einem Schleier die Gestalt eines offenbar sehr hübschen Mädchens. Seine Augen bohrten sich förmlich in den Vorhang, um zu der geheimnisvollen Schönen durchzudringen. Als Fräulein Aprikosenfrühling sah, wie aufmerksam der Jüngling sie beobachtete, tat sie schließlich einen Flügel des Fensters auf und lüftete sogar halb den Vorhang. Doch nicht ihre ganze Gestalt, nur ihr Profil gab sie dem Blick frei. Und in ihrer blumenhaft zarten Anmut glich sie fürwahr einer Fee aus dem Mondpalast. Nur für einen Augenblick zeigte sie sich ihm, dann huschte sie beiseite und schloß ihr Fenster wieder.

Pan Yung-dschung war wie berauscht von dem, was er eben erblickt hatte. Er eilte die Treppe hinab und fragte die Wirtin des Gasthofs, eine gewisse Wu Er, wem das Haus gegenüber gehöre. „Das ist der Wohnsitz der Familie Huang", erwiderte die Wirtin. „Die Huangs sind mit dem Kaiserhaus verwandt und seinerzeit mit Kaiser Gau-Dsung von Bjän-Ljang nach Lin-An gekommen."

„Und wer ist denn dieses entzückende Mädchen dort drüben?" forschte Pan Yung-dschung hastig weiter.

„Das ist die Tochter des Hauses", sagte Frau Wu verbindlich. „Sie ist erst siebzehn und noch nicht verlobt. Ein sehr kluges und geschicktes Mädchen. Sie liebt das Flötenspiel über alles. In stillen Mondnächten hörte man sie immer die Flöte blasen. Seit einiger Zeit hält sie aber ihr Fenster verschlossen, weil bei uns im Gasthof so ein Trubel herrscht bei dem ewigen Kommen und Gehen von Gästen. Daß sie jetzt wieder ihr Fenster aufmacht, hat sicher etwas mit Euch zu tun. Ich bitte Euch, benehmt

Euch schicklich, junger Herr! Reckt nicht den Kopf zum Fenster hinaus und starrt sie nur ja nicht unverfroren an! Das könnte allerlei Unannehmlichkeiten nach sich ziehen. Und Wirtsleuten wie uns könnte es gerade noch fehlen, mit einer so vornehmen Familie wie den Huangs aneinanderzugeraten!"

Pan Yung-dschung versprach ihr hoch und heilig, sich nichts zuschulden kommen zu lassen. Im stillen dachte er sich: So, das Fräulein liebt also auch das Flötenspiel! Kein Wunder, daß sie ihr Fenster öffnete und mir einen Blick gönnte!

An diesem Tag war es Pan Yung-dschung, als müßte er bei jedem Schritt zu tanzen anheben. Mit den verwegensten Gedanken verbrachte er die Nacht. Und am nächsten Morgen öffnete das Fräulein wieder ihr Fenster und blickte hinaus. So vergingen ein paar Tage, und allmählich bahnte sich so etwas wie eine stumme Freundschaft an, die in gegenseitigem Anstarren und liebäugelndem Mienenspiel einen recht lebhaften Ausdruck gewann. Selbst das Fenster schien plötzlich von einer Art Fieber geschüttelt zu sein, so hektisch öffnete und schloß es sich in einem fort. Der junge Mann wünschte nichts sehnlicher, als daß ihm Flügel wüchsen, um zu ihr hinüberzufliegen, ihr sein Herz zu offenbaren und sich mit ihr als Mann und Frau zu vereinigen.

So verging mehr als ein Monat, und die beiden fühlten sich nicht weniger beunruhigt als Ameisen, die auf einer erhitzten Pfanne herumkrabbeln. Pan Yung-dschung wußte sich keinen Rat in dieser Situation. Unwillkürlich begannen seine Hände allerlei streichelnde Gebärden zu vollführen, und seine Fingerspitzen fingen wie von selbst an, ihr Spiel zu treiben.

Eines Tages kam ein Studienkollege namens Peng zu ihm auf Besuch. Pan Yung-dschung plauderte mit ihm eine Weile im Gasthof, bis ihm sein kummerschweres Herz keine Ruhe mehr ließ. Er nahm seinen Freund Peng beim Arm und wanderte mit ihm zum Westsee hinaus, um ein wenig Zerstreuung zu suchen. Es war die Zeit des dritten Monats des Lunarkalenders, die Zeit der Aprikosen- und Pfirsichblüte, der sanft im Frühlingswind schwingenden Weidenzweige, der tanzenden Schmetterlinge, der Bootsfahrten und des fröhlichen Umherschweifens im frischen Grün des jungen Laubs und inmitten bunter duftender Blumen.

Pan Yung-dschung und sein Studiengefährte Peng waren schon lange auf dem von blühenden Bäumen flankierten Damm, den einst der berühmte Dichter Su Dung-po, als er Präfekt dieser Stadt war, über den Westsee errichten ließ, auf und ab gewandert, als etwa ein Dutzend Sänften auf sie zukamen. In dem Menschengewimmel auf dem Damm konnten sich die Träger nur mit Mühe einen Weg bahnen. Pan Yung-dschung, der im Gedränge dicht an die Sänften herangeschoben wurde, bemerkte sofort, daß Damen der Familie Huang darin saßen. Und als die fünfte Sänfte herankam, sah er sich mit einemmal jenem reizenden musikverständigen Fräulein gegenüber, das Tag und Nacht seine Gedanken beschäftigte. Ganz nahe, kaum eine Elle entfernt von ihm, schwankte die Sänfte vorbei. Die Blicke der beiden jungen Leute trafen sich verständnisinnig. Pan Yung-dschungs Herz flatterte vor Erregung. Das unerwartete Zusammentreffen entflammte seinen poetischen Geist, und in Blitzesschnelle improvisierte er ein Gedicht.

„Wem dank ich es, daß ich auf engem Wege
ihr, die ihr Herz mich dunkel ahnen läßt,
zu meiner Freude unverhofft begegne.
Wie herzlos ist doch dieser Blumenpfad,
verstreuend Orchideen nach Ost und West!
Weiß sie den Wunsch, den ich im Herzen hege?“

Zum Glück war ringsum kein Mann in der Tracht der gebildeten Stände zu sehen, der den Sinn dieser Zeilen

verstanden hätte, so daß Pan Yung-dschung sein Gedicht in aller Hast seiner Angebeteten vortragen konnte, ohne Gefahr zu laufen, sie bloßzustellen. Das Fräulein belohnte ihn auch mit einem reizenden Lächeln. Pan Yung-dschung bemühte sich vergebens, ihrer Sänfte zu folgen. Bald hatte er sie im dichten Gewühl aus den Augen verloren. Niedergeschlagen kehrte er zu seinem Freund Peng zurück. Sie spazierten noch eine Weile ziellos weiter, bis sie zu einer Schenke unter grünenden Pappeln kamen. Dort tranken sie ein paar Becher Wein. Aber Pan Yung-dschung war noch völlig gefangen von dem Bild seiner schönen Nachbarin. Für keines der lieblichen Mädchen, die vorbeiwandelten, hatte er ein Auge. Er trieb Peng zur Eile an, der sich auf dem Rückweg bald von ihm verabschiedete. Pan Yung-dschung kehrte in fliegender Hast zum Gasthof zurück, von dem brennenden Wunsch beseelt, das musikliebende Fräulein möglichst bald wiederzusehen.

Der Mond stand bereits hoch am Himmel und goß sein sanftes Silberlicht herab. Pan Yung-dschung zog seine Flöte hervor und intonierte eine Melodie. Dabei tat er, den Blick zum Himmel emporgewandt, einen Schwur: „Ich wünsche mir, liebe Flöte, daß du Vermittlerin unseres Ehebundes seist. Ich werde dir für immer und ewig dankbar sein. Wenn durch deine Gnade die Hochzeit zustande kommt, werden ich und meine Frau dir in der Nacht der Vermählung mit achtmaliger Verbeugung unsere tiefe Ehrfurcht bezeigen.“ Und diesen Schwur wiederholte er in Gedanken noch mehrmals, während er die Flöte blies.

Die Melodien seiner Flöte waren in dieser Nacht tatsächlich von wundersamer Wirksamkeit. Sie erreichten mühelos das liebreizende, winzige, jadegleiche, musikalische Ohr des schönen Fräuleins Aprikosenfrühling, die zu jenem Zeitpunkt noch im Untergeschoß mit ihrer Mutter und anderen Damen der Familie plauderte. Aber das

Fräulein hörte kaum, was gesprochen wurde; im Geiste sah sie immer nur jenen Jüngling, der heute so nahe ihrer Sänfte sein Gedicht vorgetragen hatte. Der Gedanke an ihn machte ihr das Sitzen inmitten der plaudernden Damen zur Qual. Nur aus Höflichkeit und aus Angst, die Damen zu brüskieren, hielt sie sich gewaltsam zurück, sogleich hinauf in ihr Kämmerchen zu eilen. Als sie dann aber plötzlich den klagenden Ton seiner Flöte vernahm, konnte sie es einfach nicht länger ertragen, und mit der hastig vorgebrachten Entschuldigung, daß sie der Ausflug am Nachmittag sehr ermüdet habe, empfahl sie sich bei den Damen. Unglücklicherweise heftete sich ihr jetzt noch eine ihrer jüngeren Tanten namens Nju an die Fersen, die sich noch ein bißchen mit ihr unterhalten wollte. So mußte die Ärmste wohl oder übel auch noch diese Störung erdulden. Endlich verabschiedete sich die Tante, und Fräulein Aprikosenfrühling konnte nun ungehindert ihr Fenster öffnen.

Als Pan Yung-dschung sah, wie sich das Fenster gegenüber leise auftat, unterbrach er sein Flötenspiel. Das Fräulein erschien ihm unirdisch schön wie die Mondgöttin Tschang-O, strahlend im silbernen Mondlicht. Pan Yung-dschung sang mit klarer Stimme das Gedicht, das er nachmittags für sie improvisiert hatte. Mehrmals wiederholte er die Zeilen. Fräulein Aprikosenfrühling nickte ihm lächelnd zu. Ein unwiderstehliches Verlangen zog ihre Herzen zueinander, und hätten sie Schwingen besessen, die Sehnsucht hätte sie sicher einander in die Arme getrieben. Die stumme Seligkeit der beiden wurde jäh durch die Rückkehr von Pan Yung-dschungs Vater unterbrochen. Die Fenster hüben und drüben schlossen sich hastig. Dem jungen Mann blieb nichts übrig, als sich artig und gehorsam zu Bett zu begeben. Aber der Schlaf mied sein aufgewühltes Herz. Ruhelos warf er sich hin und her. Denn fürwahr:

So sehr hält sie sein Herz in Bann,
die schönste aller Feen,
daß er selbst nicht mehr schlafen kann,
um sie im Traum zu sehn.

Nun haben wir bereits erwähnt, daß der Bruder des Fräulein Aprikosenfrühling bei Yän Dschung-dschü, dem Sohn ihres ehemaligen Hauslehrers, Unterricht genoß. Yän stammte gleichfalls aus Fu-Dschjän und war dem jungen Pan schon früher begegnet. Als er nun erfuhr, daß sein Landsmann Pan Yung-dschung gerade gegenüber dem Hause, in dem er jetzt den Posten eines Hauslehrers bekleidete, Quartier genommen hatte, stattete er ihm sogleich einen Besuch ab. Der junge Pan bewirtete ihn in seinem Zimmer im Gasthof. Nachdem sie dem Wein reichlich zugesprochen hatten, deutete Pan Yung-dschung auf das Haus gegenüber und fragte mit der unschuldigsten Miene, ob er wisse, wer in dem schönen Gebäude wohne. Yän Dschung-dschü erklärte ihm, daß er eben dort seine Hauslehrerstelle innehabe.

„Warum bleibt denn das Fenster im Obergeschoß immer so fest verschlossen?“ fragte Pan Yung-dschung geflissentlich weiter.

„In dieser Kammer wohnt die Tochter meines Gastherrn, das Fräulein Huang Hsing-tschun“, erklärte ihm der junge Hauslehrer bereitwillig. „Sie empfindet es als unschicklich, wenn die Leute aus dem Gasthof zu ihr hinüberstarren, und so etwas könnte ja leicht vorkommen. Darum hält sie das Fenster lieber geschlossen. Das Fräulein hat mein Vater unterrichtet. Ein sehr kluges und hübsches Mädchen, das eine besondere Begabung für die Poesie besitzt. Ihre Eltern lieben sie über alles. An einen gewöhnlichen Mann würden sie ihre Tochter nie verheiraten. Das müßte schon ein junger Gelehrter von Format sein. Sie ist in diesem Jahr siebzehn geworden. Nun hat die Familie meinen Vater beauftragt, einen passenden Schwiegersohn zu finden. Keine leichte Sache!“

„Denkt Ihr, meine Wenigkeit könnte in Frage kommen?“ bemerkte Pan Yung-dschung verlegen lächelnd.

Darauf entgegnete Yän Dschung-dschü höflich: „Wenn die Wahl auf meinen werten Bruder Pan fiele, so könnte man wahrlich von einer vorbildlichen Vermählung von Schönheit mit Talent sprechen. Bedauerlicherweise liegt aber der Heimatort meines werten Bruders in einer anderen Provinz.“

„Wenn die Heirat zustande käme, dann würde ich gerne für den Rest meines Lebens Lin-An zu meinem Heimatort machen!“ sagte Pan Yung-dschung lachend. „Nie mehr würde ich nach Hause gehen!“

„Nun, das wird sich wohl nicht so leicht einrichten lassen“, bemerkte Yän Dschung-dschü ausweichend.

Bald danach verabschiedete er sich. Pan Yung-dschung hatte dieses Gespräch in einen Taumel seliger Schwärmerei versetzt. Auf die Fensterbrüstung gestützt, starrte er traumverloren hinüber, bis sich auch drüben das Fenster zu rühren begann, der Vorhang aufgezogen wurde und das schöne Fräulein ihr Gesichtchen zeigte.

Pan Yung-dschung hatte beim Anblick seiner Inniggeliebten völlig die Beherrschung verloren. Trunken von Wein und Liebe, ergriff er eine Nuß und warf sie zu ihr hinüber. Das Fräulein fing sie auf. Eine Weile verstrich, dann kam die Nuß plötzlich zurückgeflogen – diesmal aber in ein Seidentüchlein gewickelt. Pan Yung-dschung rollte es auf, und zu seinem größten Erstaunen sah er darauf mit Tusche, die noch frisch und feucht war, die Zeilen geschrieben:

Müßig an dem Fenster lehnend,
scheint der Tag unendlich lang.
Flötentöne rufen sehnend,
herzzerreißend ist ihr Klang.

O mein Herz, um wieviel lieber
wär ich, wie die Schwalben sind!
Trüge mich dann nicht hinüber
leichten Flugs zu Euch der Wind?

Pan Yung-dschung war ganz närrisch vor Freude, als er diese Zeilen las. Jetzt verstand er auch erst richtig, warum Yän Dschung-dschü das poetische Talent des Fräuleins so gerühmt hatte. Aber was ihn so überglücklich machte, war die Zuneigung, die ihm Fräulein Aprikosenfrühling mit ihrem Gedicht unmißverständlich kundtat.

Überwältigt von seinen Gefühlen, schrieb auch er etwas auf ein Seidentüchlein, umwickelte die Nuß damit und warf sie hinüber, dem Fräulein in die Hände. Sie entfaltete schnell das Tüchlein und las das folgende Gedicht:

Ein Lied, vom Wind herbeigeweht,
ist tausend Unzen Goldes wert.
Ob Ihr wohl auch mein Herz versteht,
wenn Ihr den Ton der Flöte hört?

Sogleich suchte das Fräulein ein anderes Seidentüchlein hervor, schrieb hastig etwas darauf und warf es mit der Nuß Pan Yung-dschung zu. Aber diesmal verfehlte ihr zartes Händchen das Ziel. Die Nuß mitsamt dem Tüchlein glitt vom Fenstersims ab und fiel auf die Straße, gerade vor den Eingang zum Gasthof. Die Wirtin Wu Er, eine Frau in den Vierzigern mit beachtlicher Erfahrung in Liebesangelegenheiten, ahnte sofort, was dieses plötzlich vom Himmel gefallene Seidentüchlein zu bedeuten hatte. Mit einem Satz sprang sie hinter ihrem Pult hervor, lief auf die Straße, hob es auf und ließ es in ihrem Ärmel verschwinden.

Pan Yung-dschung war gleichfalls sofort aus dem Zimmer gestürzt und hinunter auf die Straße gelaufen, um zu verhüten, daß dieses verfängliche Tüchlein in unberufene Hände falle. Denn mit Schrecken schoß ihm der

Gedanke durch den Kopf, welch unabsehbare Folgen daraus entstehen könnten. Das Tüchlein war weg! In größter Bestürzung suchte er noch einmal sorgfältig die Straße ab. Kein Mensch weit und breit! Und doch war es verschwunden! So fiel sein Verdacht auf die Wirtin Wu Er.

„Habt Ihr vielleicht ein Seidentüchlein gesehen, das mir aus dem Fenster gefallen ist?" fragte er sie.

„Nein! Ich habe nichts von einem Tüchlein gesehen!" erwiderte die Wirtin mit einem verschmitzten Lächeln, aus dem Pan Yung-dschung leicht ersehen konnte, daß sie es also doch aufgehoben hatte.

„Ihr solltet nicht Euren Spaß mit mir treiben, Frau Wu!" drängte Pan Yung-dschung. „Wenn Ihr es aufgehoben habt, so gebt es mir bitte zurück! Für Euch ist es doch nur ein wertloses Ding. Im Sprichwort heißt es nicht zu Unrecht: Wer anderen einen Gefallen tut, tut sich selbst einen Gefallen."

„Pah!" rief die Wirtin mit gespielter Entrüstung. „Da hat der junge Herr Pan ja merkwürdige Ansichten! Wozu sollte ich alte Vettel noch Gefälligkeiten brauchen? Viel eher scheint es mir, daß junge Leute wie Euresgleichen gelegentlich auf einen Gefallen angewiesen sein könnten!"

Pan Yung-dschung merkte alsbald, daß er bei einem so durchtriebenen Frauenzimmer mit Notlügen nicht weit kommen würde. So schenkte er ihr also reinen Wein ein. „Auf dem Seidentüchlein steht nämlich ein Gedicht, das Fräulein Huang geschrieben hat. Ich bitte Euch tausendmal, gebt es mir doch zurück!" flehte er sie an. „Ich werde mich Euch sicher erkenntlich zeigen."

Frau Wu Er zog nun das Tüchlein aus dem Ärmel.

„Natürlich habe ich es an mich genommen", sagte sie schmunzelnd. „Denn hätte es jemand anders aufgelesen, so wäre Euch das gewiß teuer zu stehen gekommen!"

Pan Yung-dschung nahm ihr mit vielen Dankesbezeigungen das Tüchlein aus der Hand. Als er es entfaltete, fand er das folgende Gedicht darauf:

Seit ich dem Flötenspiel gelauscht –
den wehmutsvollen Melodien –,
ist meine Seele wie berauscht,
und wie im Traum leb ich dahin.
Die Wand, die mich gefangenhält,
sperrt mir den Weg zum Paradies –
da sie mir ja den Weg verstellt
zu jenem, der die Flöte blies.

Als Pan Yung-dschung diese Zeilen las, begriff er erst, wie tief die Zuneigung des Fräulein Aprikosenfrühling zu ihm sein mußte. So machte er in seiner Not die Wirtin Wu Er zu seiner Vertrauten, erzählte ihr ausführlich, wie das Fräulein ihr Fenster geöffnet habe, um seinem Flötenspiel zu lauschen, wie er ihr am Westsee begegnet sei, was er über sie von seinem Bekannten, dem Hauslehrer Yän, wußte, und schließlich, wie es zwischen ihnen mit Hilfe einer Nuß zum Austausch von Gedichten gekommen sei. „Da mich das Fräulein eines so tiefen Gefühls würdigt", beteuerte er der Wirtin, „schwöre ich, daß ich ihr ewig treu sein werde. Ich flehe Euch an, verehrte Frau Wirtin Wu Er, erweist mir den Gefallen und begebt Euch ins Haus der Familie Huang, um mit dem Fräulein persönlich zu sprechen. Wenn Ihr die Sache geschickt einfädelt, so daß es zur Vermählung zwischen uns kommt, werdet Ihr als Heiratsvermittlerin aufs reichste von mir beschenkt werden." Die Wirtin nickte zustimmend und versprach, sich für ihn einzusetzen.

Am nächsten Tag stattete Pan Yung-dschung dem Hauslehrer Yän Dschung-dschü im Haus der Familie Huang einen Gegenbesuch ab. Im Studierzimmer traf er den Bruder des Fräulein Aprikosenfrühling, der ihm ausnehmend gut gefiel, und im stillen dachte er: Ach, wenn wir doch bald verschwägert wären!

Als der Diener Tee für den Gast holen ging, fing ihn das Fräulein auf dem Wege ab und fragte ihn, wer denn gekommen sei. „Der junge Herr Pan von gegenüber“, antwortete der Diener. „Er erwidert den Besuch des Herrn Hauslehrers Yän.“

Fräulein Aprikosenfrühling dachte insgeheim: So hat er also den Weg in unser Haus gefunden, mein zukünftiger Gatte und Gebieter! Wenn die beiden auch nicht miteinander sprechen konnten, so verstanden sie auch ohne Worte recht gut, was im Herzen des anderen vorging.

Pan Yung-dschung dehnte seinen Besuch im Studierzimmer so lange aus, als es der Anstand zuließ. Nachdem er sich verabschiedet hatte, kehrte er sofort in den Gasthof zurück und bestürmte die Wirtin Wu Er mit der Bitte, für ihn den Botengang ins Haus der Familie Huang anzutreten. Das war durchaus nicht schwer für Frau Wu Er, da sie als Nachbarin oft Gelegenheit hatte, das Fräulein Aprikosenfrühling aufzusuchen. Durch ihr einschmeichelndes Wesen und ihre flinke Zunge war sie überdies im Hause der Huangs auch recht gerne gesehen. Als sie das Haus betrat, täuschte sie vor, sich nur nach dem Wohlbefinden der Familie erkundigen zu wollen. Bei der ersten Gelegenheit aber schlich sie die Treppe hinauf und schlüpfte ins Zimmer des Fräuleins. Wortlos zog sie das Seidentüchlein mit dem Gedicht aus dem Ärmel; dann aber bot sie ihre ganze Redegewandtheit auf, um dem Fräulein von Pan Yung-dschung vorzuschwärmen. Sie berichtete auch, daß er den Hauslehrer Yän bereits gebeten habe, sich als Heiratsvermittler für ihn einzusetzen, und daß er, falls die Vermählung zustande kommen sollte, seiner Braut zuliebe für immer in Lin-An bleiben wolle. Das Fräulein belohnte Frau Wu Er reichlich für ihre Liebesdienste und bat sie zugleich, niemandem ein Sterbenswörtchen davon zu sagen.

Pan Yung-dschung war ganz außer sich vor Freude, als ihm die Wirtin über ihren Besuch bei Fräulein

Aprikosenfrühling berichtete. Doch dem vielversprechenden Anfang folgten unerwartete Hindernisse, die den Liebenden eine schwere Prüfung auferlegten.

Pan Yung-dschungs Vater war plötzlich von der Idee besessen, daß er unbedingt zu einem Bekannten aus seinem Heimatort, der an der Guan-Brücke wohnte, ziehen müsse. Der Sohn war wie gelähmt vor Schreck, als er von dem Entschluß seines Vaters erfuhr. Vergeblich versuchte er, sich dagegen aufzulehnen. Der Vater hatte bereits dem Diener aufgetragen, ihr Gepäck unverzüglich in die neue Wohnung zu schaffen. Pan Yung-dschung wagte nicht, seiner Wut Luft zu machen. Hilflos starrte er dem Gepäck nach, das der Diener aus dem ihm so teueren Quartier forttrug. In seinem Herzen aber schrie es vor Empörung und Erbitterung. Denn wahrlich:

Tut man dem Stummen heimlich in den Brei
ein Häppchen Bitterwurz als Schabernack,
so reicht zwar seine Stimme nicht zum Schrei,
doch weiß sein Herz, wie bitter der Geschmack.

Pan Yung-dschung starrte dem Diener, der das Gepäck forttrug, wehmütig nach, bis er mit dem letzten Stück um die Ecke verschwunden war. Dann schaute er zum Fenster des schönen Fräuleins hinüber, in der Hoffnung, daß es sich auftun werde, daß er sie noch einmal sehen könne, um mit einem innigen Blick Abschied von ihr zu nehmen. Wie aber hätte Fräulein Aprikosenfrühling von diesem plötzlichen Wandel der Dinge auch nur etwas ahnen können? Mit schmerzverzerrten Zügen hielt er den Blick fest auf ihr Fenster geheftet. Es tat sich nicht auf. In Gegenwart seines Vaters wagte er nicht, mit Frau Wu Er darüber zu sprechen. Als schließlich der Vater zur Eile mahnte, mußte er ihm schweren Herzens wohl oder übel folgen. Sehnsüchtig hing sein Blick an dem Fenster dort oben, als sie die Straße entlanggingen, und seine Augen füllten sich mit Tränen. Die Füße versagten ihm fast den

Dienst, so ermattet und elend fühlte er sich. Als sie zum Quartier ihres Landsmanns an der Guan-Brücke kamen, packte Pan Yung-dschung eine heillose Wut auf diesen Zerstörer seines Glücks. Hatte nicht er es auf dem Gewissen, daß ein vom Himmel geförderter Bund, eben als er geschlossen wurde, wieder zerreißen mußte! Selbst ein letzter Blick auf das Fräulein Aprikosenfrühling war ihm nicht mehr vergönnt gewesen! Und auch die Wirtin Wu Er hatte er nicht mehr mit einer Botschaft zu ihr senden können! Wie traurig er war, mag das Lied aus Dung Dschjä-yüens Singspiel „Das Westzimmer" bezeugen:

Denkt nicht, das Herz des Mannes ist
hart wie der Stahl.
Seht ihr die roten Blätter nicht
im Tal.
So tropfen aus des Herzens Not
wie Blätter ohne Zahl
Tränen wie Blut so purpurrot.

Als einziger Trost waren ihm die Gedichte des Fräuleins geblieben, die er den ganzen Tag lang vor sich hin murmelte; und immer wieder streichelte er auch die Seidentüchlein, worauf sie geschrieben standen. Er aß und trank kaum noch. Nachts fand er keinen Schlaf mehr, und die Sehnsucht verzehrte ihn wie eine böse Krankheit. Der Tag war noch leichter zu ertragen als die einsamen Stunden der Nacht. Er wurde hohlwangig und blaß und magerte sichtlich ab. Eines Nachts packte ihn ein schwerer Hustenanfall, der bis zur Morgendämmerung andauerte. Der Boden vor seinem Bett war mit Schleim bedeckt. Sein Vater hatte in seiner Verzweiflung über die unerklärliche Krankheit seines Sohns schon mehrere Ärzte zu Rate gezogen. Aber auch sie ahnten natürlich nicht im entferntesten den wahren Grund seines Leidens. Manche stellten eine bloße Erkältung fest, andere wieder eine Rückstauung des Atemstroms, der zu Phlegmabildung führe; und einer der Ärzte vermutete sogar eine gewisse Schwächung seines jugendlichen Leibs, der man nur mit großen Mengen von Ginseng und anderen wirkungsvollen Stärkungsmitteln beikommen könne. Mit einem Wort: Jeder verschrieb seine Rezepte und heilte auf seine Weise – allerdings ohne auch nur die Spur einer Besserung zu erzielen, obzwar sie schon einige Zeit tüchtig an ihm herumgedoktert hatten. Denn fürwahr:

> Wie schmerzhaft auch die Krankheit sei,
> gibt es für jede doch Arznei,
> die eine Linderung verspricht –
> nur für die Liebeskrankheit nicht.

Mit jedem Tag verschlechterte sich der Gesundheitszustand Pan Yung-dschungs. Sein Vater war untröstlich, wußte sich aber keinen Rat mehr, nachdem alle Ärzte versagt hatten. Eines Tages kam Pans alter Studiengefährte Peng auf Besuch. Entsetzt über das Aussehen seines Freundes, fragte er ihn: „Sag einmal ehrlich, hat es nicht einen besonderen Grund, den du nicht sagen möchtest, daß dich plötzlich diese unerklärliche Krankheit so heimtückisch erwischt hat?"

„Nun, Bruder, ich will dir die Wahrheit sagen", erwiderte Pan Yung-dschung. „Für meine Krankheit gibt es keine Medizin." Hierauf erzählte er ihm von dem Fräulein, das gegenüber seinem ehemaligen Quartier wohnte, wie sie einander liebgewonnen hätten und wie ihn der plötzliche Quartierwechsel, zu dem ihn sein Vater gezwungen hatte, so tief getroffen habe, daß er hoffnungslos erkrankt sei. Und schließlich fügte er noch hinzu: „Weißt du, Bruder Peng, das Fräulein, von dem ich dir eben erzählt habe, ist jene Schöne in der Sänfte, der wir auf unserem Spaziergang am Westsee begegneten."

Peng klärte sofort Pan Yung-dschungs Vater über den wahren Grund der Krankheit seines Sohns auf. Der alte Pan stampfte verzweifelt den Boden, als er von seiner unbeabsichtigten Schuld an dem Elend seines Kindes hörte. „Und selbst wenn wir jetzt wieder in den Gasthof zurückziehen sollten, würde es auch nichts mehr nützen!" rief er verzagt. „Überdies sind wir ja keine Ortsansässigen, was die Heirat so gut wie unmöglich macht, selbst wenn das Fräulein einwilligen sollte! Ihre Eltern würden niemals ihre Zustimmung geben!"

Peng sagte tröstend zu Pan Yung-dschungs Vater: „Vor einiger Zeit hat die Wirtin Wu Er auf Bitten Eures Sohns das Fräulein Huang aufgesucht. Wie sie sagte, hat das Fräulein bereitwillig zugesagt, sich mit Eurem Sohn zu vermählen, und der Wirtin hat sie obendrein noch von ihrem eigenen Schmuck ein schönes Geschenk gemacht. Ich denke, wir sollten schleunigst zu Frau Wu Er gehen und uns mit ihr beraten." Sogleich machten sich die beiden auf den Weg. Doch als sie durchs Tor traten, kam ihnen, wie vom Himmel gesandt, die Wirtin Wu Er entgegen.

Wie du sicher vermuten wirst, lieber Leser, war die Wirtin Wu Er nicht grundlos gekommen. Nachdem nämlich Pan Yung-dschung mit seinem Vater zu ihrem Landsmann übergesiedelt war, fand das Fräulein, als es wieder das Fenster öffnete, das Zimmer gegenüber leer und verlassen. Pan Yung-dschung war spurlos verschwunden. Das traf sie wie ein Blitz aus heiterem Himmel. Es schmerzte sie bitter, daß er sie herzlos im Stich gelassen hatte, und sie konnte einfach nicht verstehen, warum er ihr nicht zumindest eine Abschiedsbotschaft übermittelt hatte, wenn er schon so plötzlich ausziehen mußte. Sie war tief verletzt und litt grausame Qualen, die auch ein Lied in Dung Dschjä-yüens „Westzimmer" treffend beschreibt:

Vor ihrem Lämpchen sitzt sie beklommen,
und angekleidet versucht sie zu schlafen.
Sie hat sich heimlich vorgenommen,
im Traum den Treulosen zu bestrafen.

Für seine Sünden soll er büßen!
Doch wie? Sie sinnt verzweifelt nach
und kann vor Kummer nicht die Augen schließen.

Eine so beklemmende Unruhe hatte die junge Dame gepackt, daß sie nicht mehr stillsitzen konnte. Aber wem sollte sie ihr Leid klagen? Mit wem durfte sie auch nur darüber sprechen? Es war ihr zumute, als ob tausend Pfeile ihr Herz durchbohrten. Sie konnte keinen Bissen mehr hinunterbringen und trank nicht einmal mehr Tee. Ihre blumengleiche Schönheit welkte dahin, als hätte sie plötzlich ein eiskalter Todeshauch gestreift. Denn die Sehnsuchtskrankheit, an der das Fräulein litt, traf sie noch schneller, heftiger und grausamer als Pan Yung-dschung. Bald war es so weit mit ihr gekommen, daß ihr Leben nur an einem Faden hing. Ihre Eltern hatten in ihrer Verzweiflung bereits alle Ärzte von Rang und Namen konsultiert und, als sich sämtliche Arzneien als wirkungslos erwiesen, auch noch buddhistische und dauistische Mönche, Schamanen, Sterndeuter und Zauberdoktoren ins Haus gerufen. Aber auch die Messen, die die Mönche lasen, die geheimnisvollen Gebete und Zauberformeln – nichts half!

Als die Kunde von Fräulein Aprikosenfrühlings plötzlicher Erkrankung Tante Nju erreichte, suchte sie besorgt sogleich ihre Nichte auf. Wenn sie sich auch wohl hütete, offen darüber zu sprechen, konnte sie sich dennoch des Eindrucks nicht erwehren, daß bei dieser Krankheit irgend etwas nicht stimmte, und alsbald hatte sie auch so ungefähr erraten, was es sein mochte. Als sie eines Tages wieder am Bett ihrer Nichte saß, bemerkte sie, daß unter ihrem Kopfkissen der Zipfel eines Seidentüchleins hervorlugte, auf dem merkwürdigerweise etwas mit Tusche geschrieben stand. Sie suchte das Tüchlein hervorzuziehen, wogegen sich Fräulein Aprikosenfrühling mit aller Macht zur Wehr setzte. Die Tante schöpfte nun erst recht

Verdacht und riß mit einem energischen Ruck das Tüchlein unter dem Kissen hervor. Dem Fräulein schoß das Blut in die bleichen Wangen, als die Tante das Liebesgedicht auf dem Tüchlein laut vorzulesen begann. Geschwächt durch ihre Krankheit, brachte sie jetzt auch nicht mehr die Kraft auf, den eindringlichen Fragen der Tante mit Ausflüchten zu begegnen. Sie erzählte ihr die volle Wahrheit, welche Bewandtnis es mit dem Gedicht und dessen Autor habe. Die Tante berichtete unverzüglich der Mutter des Fräuleins über den wahren Grund ihres Leidens, und Frau Huang wiederum beriet sich sofort mit ihrem Gatten. Den Eltern lag natürlich vor allem daran, das Leben ihres Kindes zu retten. Augenblicklich willigten sie ein, Pan Yung-dschung als zukünftigen Schwiegersohn ins Haus zu nehmen; und als die geeignetste Person, die Verlobung zu vermitteln, wurde die Wirtin Wu Er ausgesandt. Als sie im Haus an der Guan-Brücke von der Krankheit des Fräulein Aprikosenfrühling und der Bereitwilligkeit der Familie Huang zu einer Verlobung mit dem jungen Pan berichtete, geschah ein wirkliches Wunder: Der sterbenskranke Pan Yung-dschung setzte sich mit einemmal freudestrahlend in seinem Bett auf, so springlebendig, als wäre er schon fast wieder genesen. Allem Anschein nach können also Krankheiten des Herzens nur mit „Herz"mitteln geheilt werden. Auch Pan Yungdschungs Vater und sein Studiengefährte Peng waren überglücklich über diese plötzliche Schicksalswendung. Da kam auch schon ein weiterer Abgesandter der Familie Huang herbeigeeilt – der Hauslehrer Yän Dschung-dschü. Man hatte offensichtlich nachträglich an der Fähigkeit der Wirtin Wu Er, in einer so delikaten Angelegenheit den richtigen Ton zu finden, zu zweifeln begonnen und schnell noch den jungen Yän hinterhergeschickt, um die förmliche Ernennung seines Vaters als zweiten Heiratsvermittler anzukündigen. Bald danach erschien auch der alte Yän persönlich. In Anwesenheit eines weiblichen und eines männlichen Heiratsvermittlers der Familie Huang wurde die Verlobung auf der Stelle beschlossen und der Hochzeitstag festgelegt. Die Familie Huang stattete ihre Tochter mit einer beträchtlichen Mitgift aus. Nach den Hochzeitsfeierlichkeiten, die mit großer Pracht inmitten einer zahllosen Schar von Gästen abgehalten wurden, bezeigte das junge Paar auch seinen beiden Heiratsvermittlern, dem alten Gelehrten Yän und der Wirtin Wu Er, mit ehrfürchtigen Verbeugungen seinen Dank. Sodann stieg es die Treppe zum Brautgemach im Söller der Phönixflöte empor, der ihm vorläufig als Wohnung dienen sollte. Pan Yung-dschung war entzückt über die prächtige und geschmackvolle Ausstattung, die kostbaren Antiquitäten und zierlichen Nippsachen in den Räumen des Söllers.

Nachdem Braut und Bräutigam den Doppeltrunk der Liebesvereinigung geleert hatten, nahmen sie ihre Seidentüchlein mit den Gedichten und die Phönixflöte, auf der das Fräulein zu spielen pflegte, und legten sie auf den Tisch. „Haben wir es nicht der Phönixflöte mit ihren Melodien zu verdanken, daß wir Mann und Frau werden konnten!“ sagten sie. Und gemeinsam verbeugten sie sich tief und ehrfurchtsvoll vor ihr. Mit dieser sonderbaren Zeremonie erwarb sich das junge Paar den Ruf romantischer Schöngeistigkeit. Bald sprach man überall in Lin-An von diesem ungewöhnlichen Paar, dessen Liebesglück, wie es nun hieß, „Frau Flötenwerber“ vermittelt hatte. Selbst Kaiser Li-Dsung zeigte lebhaftes Interesse, als er davon erfuhr, worauf man auch im Palast rührselig von dem seltsamen Ereignis zu schwärmen begann.

Pan Yung-dschung und Fräulein Aprikosenfrühling waren erst siebzehn Jahre alt, als sie heirateten. Der junge Mann bestand später die kaiserlichen Prüfungen mit Auszeichnung und brachte es zu Ansehen und Ehren für sich und seine Familie. Die beiden lebten glücklich miteinander und erreichten ein hohes Alter.

Ein Fest, das „Phönixflöten-Treffen" genannt und heute noch am Westsee gefeiert wird, führt seinen Namen auf diese Geschichte zurück, was auch das folgende Gedicht bezeugt:

Sie hatten die Augen sich wund geschaut.
Die Sehnsucht verzehrte sie,
bis sie der Flöte anvertraut
des Herzens Melodie.
Den Einklang fanden sie im Klang,
was selten nur geschieht.
Drum singt von ihnen, feiert sie
mit Saitenspiel und mit Gesang,
mit eurem schönsten Lied.

Huang Tschun-yau

Bemerkungen zu einem Bild der Lohans von Li Lung-mjän

Li Lung-mjän malte die Lohans beim Übergang über jenen Strom, an dessen anderem Ufer sich das Nirwana befinden soll. Insgesamt waren es achtzehn. Eine Ecke des Bildes ist zerstört, so daß nur fünfzehn und ein halber Lohan und außer diesen noch drei Knabengestalten darauf zu sehen sind.

Fünf der Lohans sind noch nicht in den Fluß gestiegen. An einer Stelle ist das Papier so beschädigt, daß nur ein halber Lohan von der Hüfte abwärts bis zu den Füßen erkennbar ist. Einer hat einen Bambushut auf dem Kopf und einen Wanderstab in der Hand. Die Ärmel seines Gewandes bauschen sich ziellos flatternd im Wind, als wollten sie eine unbestimmte, zögernde Haltung andeuten. Ein anderer blickt angespannt in die Ferne; sein Mund steht offen, als murmle er etwas vor sich hin. Ein vierter kniet mit dem linken Bein, und auf dem rechten hockend, umschlingt er zusammengekauert mit den Händen das Knie. Seine Sandalen hat er abgestreift und neben sich gelegt. Sein Kopf ist leicht zurückgewandt, und um die Lippen spielt ein sanftes Lächeln. Der fünfte sitzt am Ufer, die Hände auf den Uferrand gestützt und die Beine schon halb im Wasser, als wolle er die Tiefe des Flusses ertasten.

Neun der Lohans überqueren bereits den Fluß. Einer hält sein Gewand hochgerafft. Ein anderer stützt sich auf einen langen Stab; mit gesenktem Blick und weitaufgesperrtem Mund schreitet er vorsichtig weiter. Ein dritter

hat sein Gewand ausgezogen und hält es mit beiden Händen über den Kopf. Ein vierter tastet mit seinem Stab vor sich den Grund ab und wirft jenem, der hinter ihm geht und sein Gewand über den Kopf hält, einen Blick zu. Zwei Knaben mit kurzem strubbeligem Haar tragen einen Greis, dessen buschige Augenbrauen bis über die Wangen herabhängen. Sein seltsam verwittertes und zugleich ehrfurchterweckendes Aussehen gemahnt an einen alten Drachen in einem herbstlich dunklen Teich. Der sechste blickt mit erhobenem Kopf zu dem Greis mit den buschigen Brauen empor. Der siebente, gleichfalls alt, humpelt mit gekrümmtem Rücken, auf seinen Stab gestützt, dem anderen Ufer zu, und ein Ausdruck der Freude, seinem Ziel schon so nahe zu sein, strahlt aus seinen Zügen. Der achte wird von einem Knaben auf dem Rücken getragen, der ihn mit nach hinten gebogenen Armen stützt, die Lippen fest zusammenpreßt, die Augen vor Anstrengung hervortretend, als könnte er seine Bürde kaum noch halten. Der neunte ist offensichtlich noch älter als der Greis mit dem gekrümmten Rücken. Sein rechter Fuß steht bereits auf dem anderen Ufer; doch scheinen ihm die Kräfte zu versagen, auch den linken, der noch im Wasser ist, emporzuheben. Einer, der das Ufer bereits erklommen hat, hält den Alten am rechten Arm fest, um ihm hinaufzuhelfen. Der Greis kneift angespannt den Mund zusammen; Falten und Runzeln furchen sein zerknittertes Gesicht. Der zweite, der das Ufer erreicht hat, ist noch barfuß und holt eben seine Sandalen hervor, als wolle er sie wieder anziehen. Den Kopf erhoben, blickt er, einen Finger an die Nase gelegt, sinnend zur steilen Uferwand auf. Ein heiteres Lächeln verklärt sein Antlitz.

In der Lehre Buddhas gelten die Lohans als Erleuchtete, die den Wahren Pfad gefunden haben. Doch in den Biographien berühmter Mönche liest man von Mönchen, die auf ihrem Stab durch die Lüfte ritten oder in ihren Bettlerschalen über Flüsse setzten. Hier aber wird das Überqueren des Stromes als äußerst mühselig und anstrengend dargestellt. Das mag seltsam erscheinen. Doch wenn ich die Absicht des Malers recht verstehe, so wollte er nur zeigen, daß Buddha selbst in seinen Taten, seinen Worten und auch in seinem Schweigen in keiner Weise von anderen Menschen verschieden war und lediglich die späteren Adepten des Buddhismus nach Wunderbarem, Wunderlichem, Zauberischem, Erfreulichem und Erschreckendem in seinen Lehren suchten. So mag er wohl dieses Bild gemalt haben, um die Welt vor abergläubischen Vorstellungen zu warnen und ihr vor Augen zu führen, wie schwer es ist, ein Ziel zu erreichen ...

Wang Fu-dschih

Über das Tschi

Die große Leere kann nicht sein ohne Tschi. Das Tschi muß sich zwangsläufig verdichten und zu den zahllosen Dingen gestalten. Die zahllosen Dinge müssen sich zwangsläufig auflösen und wieder zur großen Leere werden. Dieses Hervorkommen und Wiedereingehen verlaufen unvermeidbar so in ihrer Abfolge.

Kommentar: Die Verdichtung und Auflösung des Tschi, die Geburt und der Tod der Dinge, ihr Hervorkommen und Erscheinen und ihr Wiedereintreten und Entschwinden geschehen durch die natürliche Kraft des ordnenden Prinzips und sind unaufhaltbar. Man kann sich nicht auf das Tschi stützen und ihm Dauerhaftigkeit verleihen, noch ihm gebieten, daß es sich auflöse, oder es festhalten und zum Verbleib zwingen. Darum blickt der Weise gelassen auf Leben und Tod, tut nichts, um der Ballung oder Dehnung des Tschi Beständigkeit zu geben, und erwartet sein Schicksal, indem er sich vervollkommnet.

Dschou Rung

Der Fährmann von Hsjau-Gang

Im Winter des Jahres Geng-Yin wollte ich vom Städtchen Hsjau-Gang aus die Präfekturhauptstadt Dschjau-Tschuan erreichen. Mein kleiner Diener folgte mir mit einem Pack Bücher, die er auf mein Geheiß zwischen Bretter getan und mit Schnüren umwunden hatte. Die Sonne glitt bereits im Westen hinter die Berge hinab, und die Abendnebel hingen wie Girlanden zwischen den Bäumen. Die Stadt lag kaum mehr als zwei Li vor uns.

Ich fragte den Fährmann, ob das Südtor noch geöffnet sein werde, wenn wir die Stadt erreichten.

Der Fährmann maß aufmerksam meinen Dienerjungen. „Wenn Ihr langsam geht, wird es noch offen sein“, erwiderte er gemächlich. „Beeilt Ihr Euch aber, ist es sicher schon geschlossen.“

Ich ärgerte mich über den unangebrachten Scherz, und hastig schritt ich weiter. Auf halbem Weg fiel mein Diener der Länge nach hin. Die Schnüre rissen, und die Bücher rutschten heraus. Heulend sammelte er sie ein; doch ehe er sie geordnet und wieder zusammengebunden hatte, wurde vor unseren Augen das Stadttor geschlossen.

Betroffen dachte ich über die Worte des Fährmanns nach und begriff erst jetzt, wie nahe er der Wahrheit gekommen war.

Daß man überall unter dem Himmel durch Hast und Eifer sich selbst schädigt, am Abend erschöpft und einsam immer noch nicht Rast noch Ruhe findet, geschieht doch wohl aus ähnlichen Gründen, ähnlichen Gründen!

Wang Schih-dschen

Die kühne Nonne

Im Jahre Wu-Tschen der Regierung des Kaisers Kang-Hsi begegnete der Präfekt von Hsin-Tscheng, Tsue Mo, auf einer Dienstreise nach der Provinzhauptstadt Dschi-Nan in dem Ort Hsin-Djän einer Frau von kaum mehr als dreißig Jahren, die ihm durch ihre seltsame Erscheinung sofort auffiel. Ihr Haar war wie bei den Damen des Hofs in einem Knoten hoch aufgebunden. Darüber hatte sie einen breitrandigen Filzhut gestülpt. Ihre eingebundenen Füße steckten in bogenförmigen Stiefelchen aus Brokat. In einem gegürteten Reisegewand, an ihrer Hüfte ein Schwert, ritt sie im Galopp auf einem feurigen schwarzen Esel. Ihr ganzes Wesen strahlte eine eigentümliche Kraft aus, die Achtung gebot.

Tsue fragte sie, wer sie sei. Sie hielt ihren Esel an und erwiderte lässig: „Ich weiß selbst nicht, wer ich bin.“ Als er sich nach dem Ziel ihrer Reise erkundigte, warf sie ebenso lässig hin: „Ich gehe dorthin, wohin ich zu gehen habe.“ Und sie sprengte in östlicher Richtung davon, so unerwartet schnell, als wären ihrem Eselchen Habichtschwingen gewachsen.

Wie mir Tsue Mo erzählte, mußte er damals seines Amtsauftrags wegen in aller Hast die Reise nach Dschi-Nan fortsetzen, so daß er bedauerlicherweise keine Zeit fand, ihren Spuren nachzugehen. Doch vermutete er, die seltsame Frau sei einer jener fahrenden Gesellen gewesen, die den Unterdrückten zu Hilfe eilen und Unrecht mit dem Schwerte rächen.

Mein Neffe Yüen erzählte mir einmal eine Geschichte von einer ähnlichen Frauengestalt, die er von einem gelehrten Herrn namens Wang aus Lai-Yang gehört hatte.

Zu Beginn der Regierungsepoche Schun-Dschih erhielt ein Beamter der Präfektur Lai-Yang den Auftrag, mehrere tausend Silbertaels nach Dschi-Nan zu befördern. Das Silber war in Holzkisten verpackt. Als er unterwegs mit seiner Begleitmannschaft einmal abends in einem Gasthof Rast machen wollte, verweigerte ihnen der Wirt die Unterkunft mit der Begründung, daß alle Reisenden, die kostbare Gegenstände mit sich führten, in dem Nonnenkloster etwa ein Li nordwestlich des Ortes viel sicherer untergebracht wären. Er erbot sich auch, sie dorthin zu geleiten. Vor dem Tor des Gasthofs war dem Beamten ein Mann mit einem roten Seidenkopftuch und einer widerwärtigen Visage aufgefallen.

Als sie in den Hof des Nonnenklosters traten, sah der Beamte, daß es aus drei Gebäuden bestand. Der östliche Flügel war mit Ruhebetten, Stühlen und anderm Mobiliar eingerichtet. Gegen Norden lag die Tempelhalle, in deren Mitte die Statue der Göttin der Barmherzigkeit Guan-Schih-Yin emporragte. Die Tür zu dem anderen Flügel, der sich an die Tempelhalle anschloß, war versperrt. Nach langem Klopfen öffnete eine alte Frau. Der Beamte trug ihr sein Anliegen vor. „Ihr könnt nur im Westflügel übernachten", erwiderte die Alte. Und nachdem sie umständlich das mit roten Papierstreifen versiegelte Schloß des Innengemachs geöffnet hatte, ließ sie die Gäste eintreten. Der Beamte und seine Leute ermahnten sich gegenseitig zur Wachsamkeit. Man zündete Kerzen an und entschloß sich, Bogen und Schwert griffbereit zu halten und bis zum Morgen durchzuwachen.

Nach Mitternacht erhob sich ein Sturm. Knarrend flog die Tür auf. Der Beamte und seine Leute starrten einander schreckensbleich an. Draußen stieß jemand gellende Schreie aus. Hastig packten sie ihre Waffen, um dem Eindringling den Weg zu verwehren. Ein Blick durch die

没羽箭張清

vom Sturm aufgerissene Tür zeigte ihnen, wer sie bedrohte: jener Mann mit dem roten Seidenkopftuch. Er hielt ein Bündel brennender Weihrauchstäbe in der Hand, die er in den Raum warf. Der Gifthauch des Betäubungsmittels wirkte sofort. Erst im Morgendämmer erwachten sie, auf den Boden hingestreckt, aus einem tiefen rauschähnlichen Schlaf. Die Kisten mit dem Silber waren verschwunden.

In größter Aufregung eilte der Beamte mit seinen Leuten ins Städtchen zurück und bat den Wirt des Gasthofs um Auskunft über den Räuber. „Der treibt sich immerfort auf dem Markt herum", erwiderte der Wirt, „aber keiner wagt es, ihm das Handwerk zu legen. Nur wer im Nonnenkloster Unterkunft findet, ist für gewöhnlich vor ihm sicher. Dort müßt Ihr Euren Fall vorbringen. Aber die Nonne ist eine seltsame Person. Ich gehe vielleicht doch besser mit Euch, wenn Ihr sie um Hilfe bitten wollt."

Als sie im Kloster ankamen, empfing sie wieder die alte Frau. „Ihr kommt wohl wegen der in der Nacht geraubten Staatsgelder?" fragte sie. „Ja, deshalb kommen wir!" riefen alle. Sie ging hinein, um es der Nonne zu melden. Gleich danach erschien diese und befahl der Alten, die Gebetsmatte zu bringen, auf der sie mit untergeschlagenen Beinen Platz nahm. Der Wirt kniete vor ihr nieder und berichtete ihr, was sich in der Nacht zugetragen hatte.

„So wagt es also der Schurke, auch solche Schandtaten zu vollbringen!" rief die Nonne lachend. „Dafür verdient er den Tod! Die Sache werde ich ein für allemal erledigen!" Auf ihren Wink ging die Alte wieder hinein und kam mit einem schwarzen Esel heraus, den sie am Halfter führte. Die Nonne schnallte sich ein Schwert auf den Rücken, schwang sich auf den Esel und galoppierte in der Richtung der südlichen Berge davon – so schnell, als flöge sie auf den Schwingen des Windes. Im Handumdrehen war sie bereits außer Sichtweite. Mehrere hundert Leute aus dem Städtchen hatten sich neugierig zusammengeschart.

Es dauerte nicht allzu lange, da erschien die Nonne wieder – zu Fuß, einen Menschenkopf in der Hand, den Esel vor sich hertreibend. Auf den Rücken des Tiers waren ein paar schwere Kisten geladen. Die Nonne war weder verletzt, noch schien sie erschöpft zu sein. Gleich nachdem sie durch das Tempeltor getreten war, rief sie den Beamten: „Kommt her! Schaut nach, ob das Eure Kisten sind. Die Amtssiegel sind wohl nicht aufgebrochen worden!“ Die Überprüfung ergab, daß es tatsächlich die geraubten Kisten waren.

Darauf schleuderte die Nonne den Menschenkopf auf die Erde und sagte: „Jetzt schaut nach, ob das der gesuchte Verbrecher ist! Ich habe doch wohl nicht den Falschen erwischt!“

Alle besahen sich den Kopf, und es war tatsächlich der jenes widerwärtigen Burschen mit dem roten Seidenkopftuch. Mit ehrfürchtigen Verbeugungen bedankten sich alle bei der Nonne.

Als der Beamte mit seinen Leuten auf der Rückreise die Nonne wieder aufsuchen wollte, fand er niemanden mehr in dem Klostergebäude, das leer und verlassen dalag.

Auch diese Nonne trug ihr Haar zu einem Knoten aufgebunden, war in Brokat und bunte Seide gekleidet, und ihre niedlichen Füße steckten in feinen Socken und Stiefelchen. Dem Aussehen nach konnte dieses außerordentlich hübsche Mädchen höchstens neunzehn Jahre zählen.

Wie die Leute aus dem Marktflecken sagten, war sie vor drei, vier Jahren mit der alten Frau ins Kloster gekommen. Kein Mensch wußte, woher sie stammte. Ein frecher Jüngling drang einmal in der Nacht in ihr Schlafgemach ein. Man fand ihn, mit einem Schwerthieb in zwei Stücke gehauen, am nächsten Morgen vor der Klostermauer. Niemand getraute sich danach, sie zu belästigen.

Pu Sung-ling

Die Chrysanthemengenien

Ma Dse-tsai stammte aus einer Familie in Schun-Tjän, die seit Generationen eine besondere Vorliebe für Chrysanthemen hegte; aber keiner seiner Vorfahren hatte sie so geliebt wie Ma Dse-tsai. Jede seltene Art, von der er hörte, mußte er unbedingt selbst erwerben, und in einem solchen Fall scheute er auch eine Reise von tausend Li nicht.

Einmal hatte er einen Mann aus Dschin-Ling in seinem Haus zu Gast, der ihm von zwei Chrysanthemenarten erzählte, die im Norden so gut wie unbekannt wären; doch ein Verwandter in Dschin-Ling besäße sie. Ma Dse-tsai hüpfte das Herz vor Freude. Sofort packte er seine Sachen und schloß sich seinem Gast auf der Rückreise nach Dschin-Ling an. Nach vielen Bemühungen gelang es jenem schließlich, zwei Setzlinge für Ma Dse-tsai zu erwerben, der sie wie ein unschätzbares Kleinod mit größter Sorgfalt verwahrte.

Auf der Heimreise fiel Ma Dse-tsai unterwegs ein junger Mann von edler Gestalt auf, der offenbar als Begleitperson auf einem elenden Klepper hinter einem lackierten Wägelchen einhertrottete. Als er allmählich näher kam, fing Ma Dse-tsai ein Gespräch mit dem jungen Herrn an, der sich bald als ein Mann von Bildung und Geschmack entpuppte. Er sagte, daß er mit dem Familiennamen Tau heiße, und fragte seinerseits, woher Ma Dse-tsai komme. Als dieser ihm den Grund seiner Reise mitgeteilt hatte, bemerkte der junge Mann: „Beim Einsetzen sind alle Blumenarten vortrefflich. Es kommt darauf an, wie man sie gießt und pflegt.“ Sodann legte er ihm eingehend seine Ansichten über die Züchtung von Chrysanthemen dar.

Ma Dse-tsai war begeistert. Er fragte den jungen Mann, wohin er reise. „Meiner älteren Schwester behagt Dschin-Ling nicht“, erwiderte dieser. „Sie möchte sich gerne nördlich des Gelben Flusses niederlassen.“

„Meine Wenigkeit ist zwar arm“, sagte Ma Dse-tsai in herzlichem Ton, „aber eine Unterkunft für Euch ließe sich in meiner Strohhütte schon finden. Wenn Ihr an meiner armseligen Behausung keinen Anstoß nehmt, so braucht Ihr nicht weiter nach einem Wohnort Ausschau zu halten.“

Der junge Tau ritt an das Wägelchen heran und berichtete seiner Schwester von dem Angebot. Der Vorhang wurde beiseite geschoben, und der Kopf eines wunderschönen Mädchens von kaum mehr als zwanzig Jahren erschien im Fenster. „Die Wohnung mag noch so ärmlich sein“, sagte sie zu ihrem Bruder, „aber einen geräumigen Hof müßte ich schon haben!“ Diesen Wunsch versprach Ma Dse-tsai ihr zu erfüllen, und so kehrte er zusammen mit dem Geschwisterpaar in seinen Heimatort zurück.

Südlich des Wohngebäudes lag im Anwesen Ma Dse-tsais ein verwahrloster Garten mit einem Häuschen darin. Das gefiel Tau und seiner Schwester, und dort zogen sie auch ein. Täglich kam nun der junge Mann zum Nordhof und pflegte Ma Dse-tsais Chrysanthemen. Selbst die verdorrten Pflanzen gewannen unfehlbar wieder Lebenskraft, wenn er sie ausgrub und umsetzte. Tau war sehr arm, doch das schien ihn wenig zu stören. Ma, der ihn für gewöhnlich zu den Mahlzeiten und einem kleinen Trunk in sein Haus einlud, war aufgefallen, daß im Haushalt der Geschwister offenbar gar nicht gekocht wurde. Mas Frau, die das junge Mädchen bald ins Herz geschlossen hatte, brachte ihr deshalb öfters etwas Reis oder andere Lebensmittel als Geschenk. Das Mädchen hieß mit dem Rufnamen Huang-ying – gelbe Blume. Wie ihr Bruder hatte auch sie eine elegante Ausdrucksweise, die Bildung und Geschmack verriet. Oft kam sie zu Frau Ma auf Besuch und spann oder nähte mit ihr bei freundlichem Gespräch.

Eines Tages sagte der junge Tau zu Ma Dse-tsai: „Ihr seid keineswegs so wohlhabend, daß man von Überfluß bei Euch sprechen könnte. Nun schädigt Euch meine Wenigkeit auch noch durch die Bedürfnisse des Gaumens und Magens. Das kann auf die Dauer nicht so weitergehen. Darum habe ich mir vorgenommen, durch den Verkauf von Chrysanthemen meinen Lebensunterhalt zu verdienen."

Ma war viel zu vornehm und feinsinnig, um für ein solches Ansinnen mehr als Verachtung übrig zu haben. „Meine Wenigkeit hielt Euch, mein werter Herr, für einen Mann mit Sinn und Geschmack für erhabene Dinge", erwiderte er verdrießlich. „Ich dachte, Ihr könntet Armut mit Würde ertragen. Nun kommt Ihr mir mit dem Vorsatz, die Blumen, die berühmte Dichter wie Tau Yüen-ming besangen, wie eine gewöhnliche Ware auf dem Markt zu verschachern. Das ist doch wohl beleidigend für die edle Schönheit der Chrysanthemen!"

Tau lachte. „Von seiner eigenen Hände Arbeit zu leben zeugt keineswegs von schändlicher Gier", entgegnete er gelassen. „Sich mit Blumen zu beschäftigen zeugt ebensowenig von schlechtem Geschmack. Der Mensch soll freilich nicht über Gebühr nach Reichtum streben. Doch darum muß er sich noch lange nicht bemühen, arm zu bleiben."

Ma erwiderte nichts darauf, und Tau verabschiedete sich und ging.

Von nun an hob der junge Tau alle von Ma weggeworfenen welken oder ihrer Art nach minderwertigen Chrysanthemen sorgfältig auf und trug sie fort. Seine Besuche bei Ma stellte er ein und erschien dort nur, wenn er ausdrücklich eingeladen wurde.

Als bald darauf die Zeit der Chrysanthemenblüte kam,

gewahrte Ma mit einemmal ein so reges Treiben vor dem Häuschen des Geschwisterpaares, als wäre dort ein Markt eröffnet worden. Von Neugier geplagt, ging er hinüber, und nun sah er mit Erstaunen, daß sich eine nicht enden wollende Schar von Käufern eingefunden hatte, die auf Wagen oder auf den Schultern Töpfe mit Chrysanthemen wegschafften. Dabei handelte es sich ausschließlich um ganz ungewöhnliche Sorten, die Ma noch nie gesehen hatte. Die plötzliche Habgier des jungen Tau erweckte in Ma ein Gefühl des Ekels. Und dazu grollte er ihm auch, weil er diese herrlichen Chrysanthemenarten vor ihm geheimgehalten hatte. So klopfte er an Taus Tür, entschlossen, ihm deshalb ernste Vorwürfe zu machen.

Tau empfing Ma mit großer Herzlichkeit, nahm ihn bei der Hand und trat mit ihm ins Haus. Der einstmals öde Hof von kaum mehr als einem halben Mu war dicht mit Chrysanthemenbeeten bedeckt. Auch die Fläche um das Haus war bis auf das letzte Plätzchen bepflanzt. Für die abgeschnittenen Chrysanthemen hatte man augenscheinlich sofort neue Setzlinge gesteckt. Die Knospen und Blüten waren von einer bezaubernden Schönheit. Doch als Ma sie sorgfältig in Augenschein nahm, erkannte er, daß es hier nur Pflanzen gab, die er selbst einmal ausgerissen und weggeworfen hatte.

Der junge Tau ging ins Haus und kehrte alsbald mit einem Krug Wein zurück, den er auf eine Matte bei den Blumenbeeten stellte. „Meine Wenigkeit vermochte nicht in ehrbarer Armut zu leben“, sagte er, indem er Ma einlud, sich hinzusetzen. „In den letzten Tagen habe ich glücklicherweise ein wenig Geld erworben, das wohl ausreicht, um zwei fröhlichen Zechern einen guten Trunk zu gestatten.“

Nach einer Weile rief im Haus seine Schwester nach ihm. Er ging hinein und kam sogleich mit ein paar lecker aussehenden Gerichten zurück, die er zum Mahl auftischte. Sie waren vortrefflich zubereitet, und erstaunt

über diese außerordentliche Kochkunst, fragte Ma: „Warum eigentlich ist Eure werte Schwester noch nicht verlobt?“

„Die Zeit dafür ist noch nicht gekommen“, sagte Tau.

„Und wann wird sie gekommen sein?“

„In dreiundvierzig Monaten.“

„Was soll denn das bedeuten?“ drang Ma in ihn. Tau aber lächelte nur und ließ die Frage unbeantwortet. Fröhlich tranken die beiden noch lange miteinander und schieden schließlich in bester Laune.

Als Ma am nächsten Tag seinem wiedergefundenen Freund einen Besuch abstattete, sah er zu seiner größten Verwunderung, daß die neu eingepflanzten Setzlinge über Nacht einen Fuß hoch emporgeschossen waren. Er bat Tau inständig, ihn in das Geheimnis dieses wunderbar schnellen Wachstums einzuweihen, doch der junge Tau entgegnete: „Das läßt sich wirklich kaum in Worten mitteilen. Und überdies findet Ihr ja Euer Auskommen auch nicht als Blumenzüchter. Wozu also benötigt Ihr solche Kenntnisse?“

Nach ein paar Tagen kamen nicht mehr so viele Käufer. Tau hüllte nun seine Chrysanthemen sorgfältig in Schilfmatten ein und schaffte sie auf Wagen fort.

Im Mittfrühling des nächsten Jahres kehrte Tau mit einer Ladung seltsamer Blumen zurück, die er in einem Blumenladen auf dem Marktplatz feilbot. In zehn Tagen hatte er alle verkauft. Jetzt begann er wieder im Garten des Südhofs Chrysanthemen anzupflanzen. Inzwischen hatten die Leute, die im Vorjahr Chrysanthemen bei ihm gekauft hatten, gemerkt, daß die Pflanzen sich nach der Überwinterung in minderwertige Arten zurückverwandelten. So kamen sie wieder zu Tau, um neue Blumen zu erwerben. Das Geschäft blühte, und Tau wurde von Tag zu Tag wohlhabender. Nach einem Jahr baute er ein neues Haus, nach zwei Jahren sogar ein Schlößchen. Er konnte nun ganz nach Belieben arbeiten oder sich dem Müßiggang hingeben und brauchte auch nicht mehr auf den Rat des Hausherrn zu hören. Die Blumenbeete von einst verwandelten sich allmählich in Lusthäuser und Wandelgänge. Dafür wurde ein großes Feld gekauft und auf allen vier Seiten mit Lehmmauern umgeben, und auf diesem Feld pflanzte Tau nichts anderes als Chrysanthemen an. Im Herbst lud er seine Blumen wieder auf Wagen und schaffte sie fort. Der nächste Frühling kam und ging, und Tau war noch immer nicht zurückgekehrt.

Mittlerweile war Ma Dse-tsais Frau an einer Krankheit verstorben. Ma fühlte sich bald sehr zu Huang-ying hingezogen und ließ ihr auch durch dritte Personen andeutungsweise seine Zuneigung kundtun. Huang-ying antwortete mit einem Lächeln, das so gut wie eine Zusage war. Doch bestand sie darauf, bis zur Rückkehr ihres Bruders zu warten.

Ein Jahr war vergangen, und Tau war noch immer nicht wiedergekommen. Huang-ying hatte indessen ihre Diener in der Kunst der Chrysanthemenzucht unterwiesen. Sie trat ganz in die Fußstapfen ihres Bruders und nahm so viel Geld ein, daß sie sich bald mit den reichsten Kaufleuten der Umgebung messen konnte. Außerhalb des Dorfes kaufte sie zweihundert Mu vom besten Ackerland, und auch ihr Wohnhaus und Anwesen wurden immer prächtiger.

Da brachte eines Tages unvermutet ein Reisender aus Guang-Dung Ma Dse-tsai einen Brief von Tau. Darin stand, daß er seiner Schwester empfehle, sich mit Ma zu verehelichen. Das Datum, an dem der Brief geschrieben war, stimmte merkwürdigerweise mit dem Todestag von Mas Frau überein. Ma erinnerte sich jetzt auch, was Tau ihm damals im Garten gesagt hatte – genau dreiundvierzig Monate waren seither vergangen! Das war nun wirklich verwunderlich! Ma wies Huang-ying den Brief vor und fragte sie, wohin er die Brautgeschenke senden solle.

Huang-ying weigerte sich entschieden, ein Angebinde entgegenzunehmen. Sie äußerte vielmehr den Wunsch, daß Ma zu ihr in den Südhof übersiedle und sein altes Haus, das schon recht baufällig war, aufgebe. Dagegen wieder wehrte sich Ma energisch. Und schließlich wurde ein Tag für die Hochzeitsfeier bestimmt und die Braut der Sitte gemäß im Hause des Bräutigams empfangen.

Nachdem Huang-ying Mas Frau geworden war, ließ sie in die Mauer seines Hauses eine Tür brechen, die zum Südhof führte. Täglich ging sie hinüber und gab ihren Dienern Anweisungen, wie sie die Gärten zu pflegen hätten. Ma fand es beschämend, daß er eine so reiche Frau hatte, und bestand darauf, daß sie über den Nord- und Südhof getrennt Buch führen müsse. Doch die Ausgaben des Haushalts bestritt Huang-ying meist allein von ihren Einkünften aus dem Südhof. Nach einem halben Jahr gab es kaum noch einen Gegenstand in Mas Haus, der nicht aus dem Besitz der Familie Tau stammte. Ma schickte zwar alles zurück und befahl ausdrücklich, diese Dinge nie mehr in sein Haus zu bringen; aber noch keine zehn Tage waren vergangen, und wieder begann sich der Nordhof damit zu füllen. Dieses unliebsame Hin und Her, das sich mehrmals wiederholte, wurde schließlich zuviel für Ma. Doch Huang-ying ließ ihn erst gar nicht zu Worte kommen. „Machte sich nicht der berühmte Eremit Tschen Dschung-dse ein wenig lächerlich, als er gegen den Reichtum seines Bruders wetterte?“ sagte sie mit einem spöttischen Lächeln. „Es scheint mir fast, als hätte er sich unnötig Sorgen gemacht!“ Die Anspielung beschämte Ma, und seitdem vermied er sorgsam jedes weitere Gespräch über dieses Thema. In allem ließ er nun Huang-ying nach Belieben schalten und walten, und auch als sie Arbeiter holen und Baumaterial aufstapeln ließ, um ihre Baupläne auszuführen, vermochte er keine Einwände vorzubringen. Nach ein paar Monaten waren die Bauarbeiten abgeschlossen: ein weitverzweigtes Netz von Gebäuden verband nun den Nord- und Südhof zu einem einzigen großen Anwesen, das sich bei bestem Willen nicht mehr trennen ließ. Doch fügte sich Huang-ying dem Gebot ihres Mannes, den Handel mit Chrysanthemen aufzugeben. Trotzdem übertraf der Wohlstand ihres Hauses den der vornehmsten Familien. Und eben dieser Umstand ließ Ma keine Ruhe finden.

„Du mußt verstehen“, sagte er zu Huang-ying, „daß du die Tugend ehrbarer Armut, der ich mich seit dreißig Jahren rühmen konnte, zunichte gemacht hast, Liebste. Ich führe heute das Leben eines regelrechten Parasiten, eines Menschen, der sich an das Schürzenband seiner Frau klammern muß, um sein Essen zu erhalten. Das letzte bißchen Mannesstolz ist dahin! Die Leute gratulieren mir zu diesem Reichtum. Ich würde mir eher gratulieren, wenn ich wieder arm sein könnte!“

„Ein Armer kann nicht so leicht auf Wunsch reich werden“, entgegnete Huang-ying, „doch ist es durchaus nicht schwer für einen Reichen, wenn er es wünscht, wieder arm zu werden. Nehmt doch all das Geld, das ich am Kopfende des Betts verwahre, und gebt es aus, wie es Euch behagt. Eure Magd gehört nicht zu den Geizigen!“

„Das Geld anderer verschwenden“, rief Ma empört, „das wäre ja nur noch schmachvoller!“

„Ihr wollt nun einmal nicht reich sein“, sagte darauf Huang-ying, „und ich wiederum kann nicht so einfach plötzlich arm werden. Wohnen wir also getrennt. So mag derjenige, dem an der Reinheit des Armseins liegt, seine Reinheit bewahren, indes sich willig der beschmutzt, dem der Schmutz des Reichseins nichts ausmacht. Das wäre doch ein Vorschlag!“

Huang-ying ließ nun inmitten des Gartens eine Strohhütte für ihren Gatten bauen und suchte unter ihren Zofen ein hübsches Mädchen aus, das ihm zu Diensten sein sollte. Ma war zufrieden. Doch schon nach ein paar Tagen packte ihn ein sehnendes Verlangen nach Huang-ying. Er ließ sie bitten, zu ihm zu kommen. Huang-ying weigerte sich beharrlich. So blieb ihm nichts übrig, als sich zu guter Letzt doch zu ihr zu begeben. Bald kam er jede Nacht auf Besuch zu seiner Frau. „An einem Ort zu essen und an einem anderen zu schlafen“, sagte Huang-ying lachend zu ihm, „das scheint mir ja nicht gerade das Richtige für einen anspruchslosen, tugendsamen Mann zu sein!“ Da mußte Ma doch über sich selbst lachen, und er fand auch keine passende Antwort darauf. So zog er also wieder zu ihr zurück, und sie wohnten beisammen wie vorher.

Einmal mußte Ma in Geschäften nach Dschin-Ling reisen. Es war Herbst, die Zeit der Chrysanthemenblüte, und schon früh am Morgen ging Ma auf den Blumenmarkt, um sich am Anblick seiner Lieblingsblumen zu erfreuen. Da fiel ihm ein Laden auf, in dem viele Töpfe mit herrlichen Chrysanthemen standen, die, wie Ma plötzlich erkannte, den einstmals von Tau gezüchteten verblüffend ähnlich sahen. Da kam auch schon der Besitzer des Ladens heraus: und tatsächlich, es war Tau.

Ma war außer sich vor Freude. Die beiden erzählten einander, wie es ihnen inzwischen ergangen war, und Ma verbrachte die Nacht im Hause seines Schwagers. Als er in ihn drang, mit ihm zurückzukehren, entgegnete Tau: „Dschin-Ling ist mein Heimatort. Ich beabsichtige, hier eine Familie zu gründen. Ein wenig Geld habe ich schon zurückgelegt. Überbringt bitte meiner Schwester die Botschaft, daß ich am Jahresende auf einen kurzen Besuch zu ihr kommen werde.“

Ma wollte nichts von einem kurzen Besuch hören. Er beschwor ihn, unbedingt mit ihm heimzukehren, und sagte: „Glücklicherweise leben wir im Überfluß. Kommt zu uns: Ihr könnt Euren Handel ruhig aufgeben und fortan in Muße Euer Leben genießen.“

Wenn die beiden im Blumenladen saßen, überließ es Tau seinem Gehilfen, mit den Kunden zu handeln. Die Preise wurden herabgesetzt, und binnen zehn Tagen hatte er alle seine Blumen verkauft. Nun ließ Ma erst recht nicht mehr locker, bis Tau endlich nachgab und seine Sachen packte. Sie mieteten ein Boot und fuhren nordwärts.

Als sie zu Hause anlangten, hatte die Schwester ihr altes Häuschen im Südhof bereits instand setzen lassen. Bett und Ruhesessel, Matten und Polster, alles wartete gleichsam schon auf den Bruder, als hätte sie im voraus von seiner Ankunft gewußt. Nach seiner Rückkehr ließ Tau alle Geschäfte ruhen; er unterwies zwar auch jetzt noch die Diener und kümmerte sich um die Pflege der Gärten und die Anlage von Pavillons, doch sonst sah man ihn täglich nur mit Ma zusammen, mit dem er Schach spielte oder Wein trank; andere Leute kamen nicht mehr zu ihm.

Ma wollte eine passende Braut für ihn aussuchen. Tau lehnte aber ab. Seine Schwester schickte ihm darauf für den Dienst im Schlafgemach zwei ihrer Zofen ins Haus. Nach drei oder vier Jahren wurde ihm eine Tochter geboren.

Tau war immer schon ein trinkfester Zecher gewesen, den keiner je betrunken gesehen hatte. Eines Tages kam Mas Freund Dseng auf Besuch, der sich gleichfalls eines unübertrefflichen Durstes rühmen konnte. Ma machte ihn mit seinem Schwager bekannt. Nach einem ungezügelten Trinkwettkampf bedauerten beide in glückseligster Stimmung, sich nicht schon früher begegnet zu sein. Vom Morgen an tranken sie ununterbrochen den ganzen Tag über, und zur Stunde der vierten Nachtwache des darauffolgenden Morgens hatte jeder von ihnen hundert Krüglein Wein geleert. Dseng sackte schwer wie ein vollgesogener Klumpen Lehm auf seinem Sitz zusammen und schlief ein. Tau wollte sich in sein Schlafgemach begeben, erhob sich und wankte hinaus. Vor der Tür trat er in ein Chrysanthemenbeet, stolperte und sank zu Boden. Seine Kleider fielen von ihm ab, und im nächsten Augenblick hatte er sich in eine mannshohe Chrysantheme mit einem guten Dutzend faustgroßer Blüten verwandelt. Ma lief schreckensbleich zu Huang-ying, die sofort zum Beet stürzte, die Pflanze ausriß und auf den Boden legte. „Wie konntest du dich nur so betrinken!" ächzte sie und breitete die Kleider darüber. Dann zog sie Ma mit sich fort und gebot ihm, nicht mehr hinzublicken.

Als sie nach Tagesanbruch wieder zum Chrysanthemenbeet gingen, lag dort Tau und schlief seinen Rausch aus. Ma wußte nun, daß seine Frau und sein Schwager Chrysanthemengenien waren. Das aber stärkte ihn nur in seiner Liebe und Achtung für Huang-ying.

Nachdem Tau sein wahres Wesen unfreiwillig enthüllt hatte, gab er sich nur noch zügelloser dem Trunk hin. Dseng war dauernd bei ihm eingeladen, und bald kettete die beiden eine unzertrennliche Freundschaft aneinander.

Am Tag des Blumenfestes erschien Dseng bei Ma mit zwei Dienern, die ein riesiges irdenes Gefäß mit gewürztem Wein brachten. Dseng lud nun seinen Freund ein, den Weinkrug mit ihm zu leeren. Das war ihnen auch bald nahezu gelungen, ohne daß sie sich jedoch zufriedenstellend berauscht hatten, worauf Tau heimlich aus einem anderen Krug den zu Ende gehenden Vorrat wieder auffüllte. Als sie dann schließlich den ganzen Wein restlos ausgetrunken hatten, war Dseng so bezecht, daß ihn die Diener nach Hause tragen mußten. Tau fiel wieder hin und verwandelte sich in eine Chrysantheme. Ma, der das schon einmal gesehen hatte, erschrak nun nicht mehr. Er riß, wie es Huang-ying getan, die Pflanze aus und wartete gespannt auf die Rückverwandlung. Als aber nach geraumer Zeit immer noch nichts geschah und die Blätter mehr und mehr verwelkten, eilte er bestürzt zu seiner Frau und brachte ihr die beunruhigende Kunde.

„Du hast meinen Bruder ermordet!" schrie Huang-ying entsetzt und stürzte hinaus. Bis zu den Wurzeln war alles

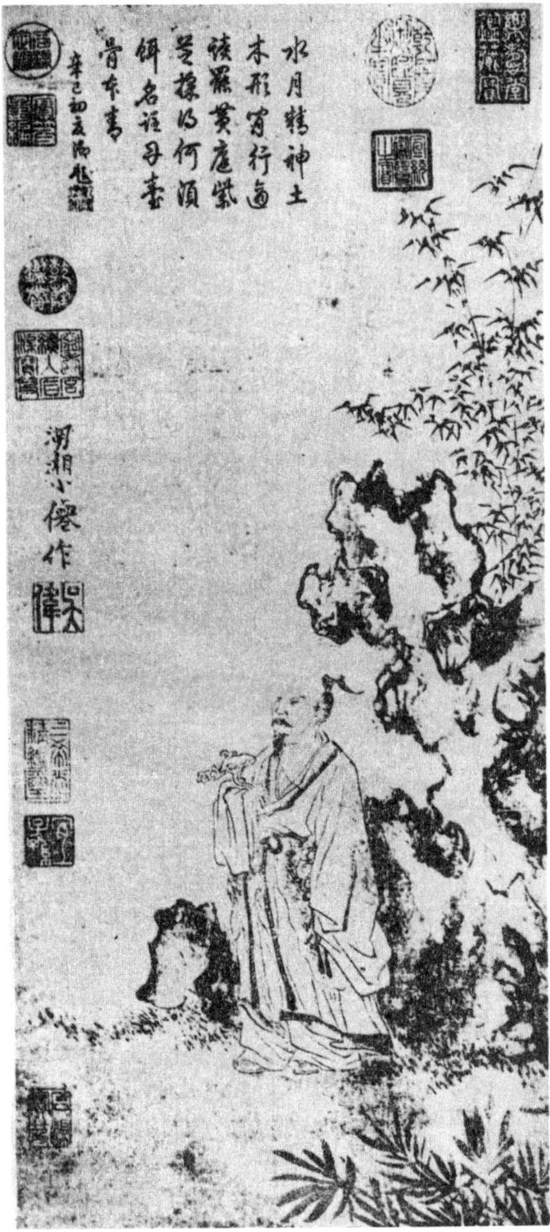
湖湘小僊作

verdorrt. Schmerzerfüllt riß sie die Stengel ab und pflanzte sie in einen Topf, den sie zu sich ins Zimmer nahm und Tag für Tag sorgsam begoß.

Ma war wie von Sinnen. In seiner Reue und Gewissensangst begann er einen unbändigen Haß gegen Dseng zu empfinden. Doch schon ein paar Tage danach hörten sie, daß Dseng im Rausch gestorben sei. Und jetzt erholte sich allmählich die Pflanze im Topf wieder. Im neunten Monat trieb sie auf kurzem Stengel eine weißliche Blüte, die nach Wein roch. Sie nannten sie „Trunkener Tau". Begoß man sie mit Wein, blühte sie sichtlich auf.

Nachdem Taus Tochter mannbar geworden war, heiratete sie einen Jüngling aus vornehmem Haus. Huangying erreichte ein hohes Alter; aber nie mehr bemerkte Ma irgend etwas Ungewöhnliches an seiner Frau.

Feng Dsching

Ein ungewöhnlicher Sklave

Im Herbst des dreiundzwanzigsten Regierungsjahres des Kaisers Kang-Hsi befand sich Seine Majestät auf der Reise nach dem Sommersitz in Re-Ho, als ein Mann im kurzen Kittel des arbeitenden Volkes und ohne den Hut und die Haartracht der gebildeten Stände sich am Wegrand vor der kaiserlichen Sänfte auf die Knie warf und mit lauter Stimme rief: „Lang lebe der Kaiser!“ Seine Majestät ließ anhalten. Auf die Frage, was das zu bedeuten habe, erwiderte der Mann im kurzen Kittel, er wolle eine Eingabe an den Thron richten, in der er zwölf Punkte zur gegenwärtigen Lage niedergelegt habe. Der Kaiser nahm die Eingabe in Empfang, hatte aber kaum die Hälfte gelesen, als er zu fragen geruhte: „Wer bist du denn eigentlich?“

„Euer Untertan ist Sklave eines Beamten im Ministerium für Strafsachen.“

Der Kaiser war äußerst erzürnt: „Und so einer wagt es, die Regierung zu kritisieren! Ein Sklave wagt es! Nein, ein Sklave!“

Prügel mit dem Bambusstock und Verbannung jenseits des Grenzpasses wurden als Strafe über ihn verhängt.

Als der Wundgeprügelte sich auf dem Marsch in die Verbannung mühsam dahinschleppte, redete ihn der Oberaufseher der Gefangenen an: „Warum hast du das eigentlich getan? Dichtgedrängt wie die Bäume im Wald stehen die kaiserlichen Räte in der Audienzhalle des Hofes herum und schweigen zur Lage. Da haben deine Worte gerade noch gefehlt! Es ist wohl bitter genug, ein Sklave zu sein, aber immerhin noch besser, als zu sterben. An dem

Verbannungsort in Wu-La tragen die Sträflinge Stricke um den Hals und werden behandelt wie Tiere. Verrecken sie, wirft man die Leichen einfach nackt hinaus aufs Feld. Und wenn ein ehrlicher Mann am Hof einmal geradeheraus zu reden wagt, so macht er sich damit nach seiner Hinrichtung wenigstens einen guten Namen. Wozu aber hast du das nur getan! Wenn du stirbst, wird die Nachwelt nie deinen Namen erfahren!"

Der Sklave blickte zum Himmel empor und seufzte. „Das ist der Grund, warum ich sterben möchte! Ich bin nur ein Sklave, und wenn ich auch hart arbeiten mußte, so hab ich doch nie das Studieren ganz aufgegeben. Als ich sah, daß es sehr viel Böses gibt in unserer heutigen Welt, setzte ich meine ganze Hoffnung auf die Herren im Amt des Kanzlers. Wenn sie in diesem Monat noch nichts sagen, im nächsten werden sie es bestimmt tun, dachte ich heimlich. Aber die Monate verstrichen, und nichts geschah. Nun, wenn nicht in diesem Jahr, dann im nächsten bestimmt. Aber wieder geschah nichts. Da konnte ich nicht länger warten. Ich mußte es einfach tun. Und nichts wünschte ich mir sehnlicher, als mit dem Tod mein unerträgliches Dasein zu beenden. Nun ist es soweit. Und auch im Grab werde ich es nie bereuen!"

Die Verletzungen, die er erlitten hatte, waren sehr schwer. Noch ehe die Sträflingskolonne den Grenzpaß erreicht hatte, brach er zusammen und starb.

Nachdem der Oberaufseher in die Hauptstadt zurückgekehrt war, erzählte er die Geschichte, die auch mir zu Ohren kam. Ich konnte die Tränen nicht zurückhalten.

Ach, dachte ich, jene, die andere zu Sklaven machen, haben nicht den Mut, die Wahrheit zu sagen; den Mut dazu hat der Sklave! Und Seine Majestät, die in so selbstloser Großzügigkeit bereit ist, jeden Rat und jeden Vorschlag anzuhören, wollte eben nur vermeiden, daß ein Sklave die hohen Herren am Hofe beleidigt. Daraus wird auch deutlich, wie sehr unser Kaiser die erlauchten Persönlichkeiten in den höheren Ämtern schätzt!

Dieser Sklave aber war nur ein Sklave seiner Stellung nach; in seiner Handlungsweise übertraf er die Herren aus dem Gelehrtenstand. Ein ungewöhnlicher Sklave – ungewöhnlich, fürwahr!

Dai Ming-schih

Bericht über das Schlafland

Wo das Schlafland eigentlich liegt, weiß niemand. Doch behaupten manche, es liege am Beginn des Weltenanfangs irgendwo außerhalb der Himmelsrichtungen; wogegen andere wieder meinen, es wäre allerorts zu finden; die Suchenden erreichten es auch meist, aber nur die klügsten unter ihnen wüßten es wirklich zu schätzen.

In diesem Land herrscht eine dämmrige Trägheit; es gibt weder Himmel noch Erde, Sonne oder Mond, weder das übliche Rede-und-Antwort-Spiel noch überhaupt geselliges Treiben, weder Glück noch Unglück, weder Schönheit noch Häßlichkeit, Gut oder Böse, Ehrung oder Erniedrigung, noch Gewinn oder Verlust.

Beim Eintritt befällt alle ein großes Vergessen und eine tiefe Benommenheit. Nichts von alldem, was sie erfreut hatte, was sie geliebt, beweint, betrauert hatten, nehmen sie mit in dieses Land. All das hört auf zu sein, sobald sie es betreten haben. Darum auch schätzen die klügsten unter den Suchenden das Schlafland so sehr.

Ja, es ist ein abgestumpftes, dumpfes Land, das Schlafland, und seine Einwohner sind hölzern und klobig-starr. Aber der Himmel, der es schützt, ist ganz und unverfälscht geblieben; sein Geist ist friedlich, sein Wesen ist die Ruhe. Die ewig Emsigen, ewig Geschäftigen mögen nicht die Muße finden, dieses Land zu suchen; aber selbst die danach Suchenden stöhnen und plappern oft zu viel in ihrem Schlaf. Ach, sie haben ihr Gestöhn und Geplapper sicher mit sich hineingenommen ins Schlafland und damit ihren Aufenthalt unerfreulich gemacht!

In alten Zeiten hat sich der Philosoph Dschuang Dse,

als er das Schlafland besuchte, in einen Schmetterling verwandelt; und ebenso verwandelte sich der Schmetterling, als er in dieses Land kam, in den Philosophen Dschuang Dse. Dschuang Dse und der Schmetterling verwandeln sich seitdem unaufhörlich ineinander, und damit haben sie für immer die Ruhe des Schlaflands gestört.

Fang Bau

Aufzeichnungen aus dem Gefängnis

Als ich im Gefängnis des Justizministeriums eingesperrt war, bot sich mir täglich das erstaunliche Schauspiel, daß man drei oder vier Leute durch eine Öffnung in der Wand hinausbeförderte. Ein Mitgefangener namens Du, vormals Präfekt des Distrikts Hung-Tung, sagte mir: „Das kommt von den Seuchen. Jetzt ist die Witterung noch mild. Deshalb gibt es nur verhältnismäßig wenig Tote. Im vorigen Jahr waren es oft mehr als ein Dutzend am Tage." Ich bat ihn, mir das näher zu erklären. „Diese Seuchen sind sehr ansteckend", sagte er mir. „Selbst die nächsten Verwandten würden sich wohl hüten, mit einem solchen Kranken das Bett zu teilen oder überhaupt mit ihm in Berührung zu kommen. Unser Gefängnis besteht aus fünf Räumen. In dem mittleren halten sich die Gefängniswärter auf. Dieser Raum hat einen Ausgang nach vorne und ein Deckenfenster, so daß das Tageslicht hereinfällt und frische Luft zuströmen kann. Die eigentlichen Gefängniskammern, die um diesen Mittelraum gruppiert sind, haben keine Fenster. Und in jeder Kammer sind für gewöhnlich über dreihundert Gefangene zusammengepfercht. Wenn der Abend hereinbricht, werden die Türen verriegelt. Kot und Urin bleiben an Ort und Stelle. Der Gestank mischt sich in das Essen. Und in der Winterkälte schlafen die Armen unter den Gefangenen auf dem nackten Boden. Kommt dann die erste Frühlingswärme, fallen sie meistens den Seuchen zum Opfer. Nach den Gefängnisvorschriften werden die Türen erst nach Tagesanbruch geöffnet. Während der Nacht liegen also Lebende und Tote in einem Haufen beisammen. Ein gegenseitiges Berühren kann bei der Enge des Raums unmöglich vermieden werden. Und darum erkranken auch so viele. Seltsamerweise sind die ärgsten Räuber, Diebe, Mörder und sonstigen notorischen Verbrecher körperlich am widerstandsfähigsten. Nur wenige von ihnen stecken sich an. Und wenn sie schon krank werden, so genesen sie doch meist wieder. Der Tod ereilt fast nur Gefangene, die sich geringe Delikte haben zuschulden kommen lassen, oder festgenommene Zeugen und andere in Prozesse irgendwie Verstrickte oder bloß Verdächtigte, also meist Menschen, die gar nicht straffällig wurden."

Ich fragte: „Wie kommt es, daß so viele Gefangene im Gefängnis des Justizministeriums zusammengepfercht werden, wo die Hauptstadt doch sowohl ein Stadtgefängnis wie auch noch fünf Bezirksgefängnisse hat?"

„In den letzten Jahren", erwiderte Du, „wagten die Beamten des Stadtgefängnisses und der Bezirksgefängnisse nicht mehr, bei größeren Strafverfahren selbst Entscheidungen zu treffen. Überdies werden alle, die von den Kommandanten der neun Stadttore festgenommen und verhört wurden, an das Justizministerium überstellt. Vor allem aber sind die Leiter der vierzehn Abteilungen des Ministeriums und ihre Stellvertreter sowie die Justizbeamten, Gefängniswärter und Schließer allesamt daran interessiert, daß möglichst viele Leute eingesperrt werden. Wer auch nur im entferntesten mit einem Angeklagten etwas zu tun hatte, wird mit allen nur erdenklichen Mitteln in den Prozeß hineingezerrt. Ist er dann erst im Gefängnis, so wird er ohne jegliche Untersuchung seiner Schuld sogleich gefesselt. Wenn die Schmerzen unerträglich geworden sind, gibt man ihm zu verstehn, daß er gegen Kaution der Gefängnishaft entgehen könnte. Dabei zieht man die finanzielle Lage der Familie des Betroffenen genau in Betracht. Diese Bestechungssummen teilen dann die Richter und Gefängnisbeamten untereinander auf. Familien, die einigermaßen bemittelt sind, geben alles her, um ihre Angehörigen freizubekommen. Weniger Wohlhabende suchen ihren Angehörigen wenigstens die Fesseln zu ersparen und sie außerhalb der Gefängniskammern in Bretterbuden unterzubringen. Die Kosten belaufen sich auch dann auf ein paar Dutzend Taels. Nur die Allerärmsten bleiben gefesselt, erbarmungslos und ohne jede Erleichterung, gleichsam als Muster der Leidensmöglichkeiten, um die anderen in Schrecken zu versetzen. Schwerverbrecher werden demnach oft entlassen, indes Leute, die nur ein leichtes oder überhaupt kein Verbrechen begangen haben, die ärgsten Grausamkeiten erdulden müssen. Schmerz und Empörung zerrütten ihren Geist, die schlaflosen Nächte in den dumpfigen Kammern und das widerwärtige Essen ihren Körper. Werden sie krank, gibt es weder einen Arzt noch Medikamente, so siechen sie dahin und sterben. Ein älterer Mitgefangener namens Weng, ein Student namens Yü und ein ehemaliger Präfekt namens Seng starben an ansteckenden Krankheiten. Und keiner von ihnen hatte ein Verbrechen begangen, das schwere Bestrafung verdiente. Ein Herr, dessen Namen ich nicht nennen möchte, hatte seinen Sohn wegen Verletzung der väterlichen Autorität angeklagt. Darauf wurden auch die Nachbarn jenes Herrn gefesselt ins Gefängnis geworfen. Ich hörte sie brüllen und schreien bis zum Morgen."

Was mein Mitgefangener Du mir gesagt hatte, prüfte ich nach, indem ich auch andere befragte. Alle sagten dasselbe. So fühle ich mich berechtigt, dies schriftlich niederzulegen.

Vor der Vollstreckung der Todesstrafe warten die Henker vor der Tür und schicken ihre Mittelsmänner in die Gefängniskammern, um noch im letzten Moment etwas für sich herauszuschinden. In ihrem Sprachgebrauch heißt das „nachstöbern". Bei reichen Todeskandidaten wenden sie sich an deren Verwandte, bei armen an diese selbst. Bevor die schwersten Todesstrafen – Zerstückelung des Körpers oder die „Fischschuppung“, ein allmähliches Abtrennen der Haut und des Fleisches – vollzogen werden, lassen die Henker dem Verurteilten sagen: „Gebt ihr uns die gewünschte Summe, geht der erste Stich ins Herz. Anderenfalls lassen wir das Herz bis zum Schluß und zerstückeln erst einmal die Glieder.“ Bei zum Tode durch den Strang Verurteilten sagen sie: „Gebt ihr uns die gewünschte Summe, atmet ihr euren Geist beim ersten Hängen aus. Anderenfalls werdet ihr dreimal zum Schein gehängt und dann noch mit anderen Instrumenten gepeinigt, ehe ihr sterben dürft.“ Nur beim Tod durch das Schwert können solche Forderungen nicht gestellt werden. Dafür behalten sie aber den abgeschlagenen Kopf zurück, der von den reichen Familien mit mehreren hundert Taels und selbst noch von den armen mit all ihrem Hab und Gut ausgelöst werden muß.

Genauso verlangt auch der Folterknecht, der die Fesseln anlegt, seinen Anteil. Geht man nicht auf seine Forderungen ein, werden die Fesseln so straff gezogen, daß sie das Fleisch zerreißen und die Knochen brechen. Bei den großen Hinrichtungen im Herbst jeden Jahres werden vom Kaiser dreizehn oder vierzehn Namen mit Purpurtusche auf der Todesliste abgehakt; die übrigen sechzehn oder siebzehn werden in Fesseln zum Westmarkt getrieben, damit sie die Todesqualen mit eigenen Augen sehen. Wenn die Verletzungen bei der Fesselung nicht gleich zum Tode führen, so heilen sie doch meist erst nach Monaten wieder aus. Manche werden auf diese Art für immer zu Krüppeln gemacht.

Ich fragte einmal einen Gefängnisbeamten: „Ihr könnt doch kaum Rache oder Haß gegen jene empfinden, die hingerichtet oder gefesselt werden sollen. Wenn es nun darunter Leute gibt, die wirklich nichts besitzen, wäre es nicht ein Akt der Menschlichkeit, ihre Leiden ein wenig zu erleichtern?“

Der Beamte erwiderte: „Die Strafen sind da, um Furcht

einzujagen und abzuschrecken. Sonst würden manche sich einbilden, daß sie mit etwas Glück glimpflich davonkommen können."

Die Folter- und Prügelknechte erwarten ebenfalls Bestechungen. Drei von den Leuten, die mit mir zugleich gefangengenommen wurden, verhörte man mit Hilfe des Schraubstocks. Einer hatte zwanzig Taels als Bestechungssumme gezahlt. Der Schraubstock quetschte seine Knochen nur leicht. Nach etwas mehr als einem Monat hatte er sich wieder erholt. Der zweite, der die doppelte Summe gezahlt hatte, trug nur Hautabschürfungen davon. Nach zwei, drei Wochen war alles wieder geheilt. Der dritte hatte sechsmal soviel bezahlt. Er konnte noch am selben Abend wieder seine Beine gebrauchen wie zuvor.

Jemand stellte die Frage: „Die Vermögensverhältnisse der einzelnen Sträflinge sind doch verschieden. Man sollte also von jedem das verlangen, was er zu geben imstande ist. Muß sich denn die Härte oder Milde bei den Folterungen unbedingt nach der Höhe der bezahlten Summe richten?" Der Folterknecht entgegnete: „Würden wir nicht diese Unterschiede bei der Folter machen, wer, glaubt Ihr, würde uns dann noch ein fettes Sümmchen zahlen?"

Dschu Ren-hu

Zwist am Sue-Hof

1

Nachdem der mächtige General Yang Dschjän den Kaiser der Dschou-Dynastie abgesetzt hatte und selbst Herr über ganz Nordchina geworden war, gründete er eine neue Dynastie und benannte sie nach seinem Lehensort Sue. Seine Frau, die aus der Sippe der Du-gu stammte, wurde nun Kaiserin, sein ältester Sohn, Yung, Kronprinz und der zweitälteste, Guang, König von Dschin. Dieser König von Dschin hatte es sich in den Kopf gesetzt, selbst einmal den Thron zu besteigen. Er ging schlau und behutsam zu Werke, ließ seinen Bruder, den Kronprinzen Yung, durch seine Parteigänger am Hof verlästern und verleumden, wo es nur ging, spielte den treuergebenen Sohn und brachte schließlich seinen kaiserlichen Vater dazu, ihn mit der Eroberung des Reichs der Tschen-Dynastie im Süden des Yang-Dse zu betrauen. Der letzte Tschen-Kaiser war ein Weichling, und auch die meisten seiner hohen Würdenträger kümmerten sich mehr um literarische Spielereien und die Freuden eines luxuriösen Lebens als um die Angelegenheiten des Staates. So fiel es dem König von Dschin mit den kampferprobten Generalen seines Vaters nicht allzu schwer, den Feldzug gegen den Tschen-Kaiser mit einem großen Sieg und der Gefangennahme des Monarchen zu beenden. Damit stieg sein Ansehen, und damit stiegen auch seine Hoffnungen, den älteren Bruder zu verdrängen und die Thronfolge an sich zu reißen.

General Yang Su, der sich heimlich der Partei des Königs von Dschin angeschlossen hatte, wußte, wie sehr der Sue-Kaiser seine Gattin Du-gu fürchtete. Auf dieser Schwäche Seiner Majestät baute er seinen Plan auf. Wann immer er Gelegenheit hatte, einem Bankett der Kaiserin beizuwohnen, sang er wahre Lobeshymnen auf die Tüchtigkeit und Elternliebe des Prinzen Guang. Zugleich stachelte er die Kaiserin gegen den Thronfolger auf. Engherzig und redselig, wie Frauen nun einmal sind, trug sie das Lob des Prinzen Guang weiter und scheute sich nicht, über den Thronfolger öffentlich tadelnde Bemerkungen fallenzulassen. Yang Su vertiefte auch noch mit Seitenhieben und Sticheleien ihre Abneigung gegen den Kronprinzen. Die Kaiserin wußte wohl, daß Yang Su unter allen Heerführern das größte Vertrauen beim Kaiser genoß. Heimlich ließ sie ihm Gold und Edelsteine zukommen, um ihn dazu zu bewegen, die Absetzung des Kronprinzen durchzusetzen. Yang Su, der lediglich auf die Mithilfe der Kaiserin gehofft hatte, wurde nun unerwarteterweise von der Kaiserin selbst um Unterstützung gebeten. Der Erfolg seines Plans war damit so gut wie sicher. Von nun an trug er dem Kaiser, wo und wann er nur konnte, allerlei Histörchen und Skandalgeschichten über den Thronfolger zu. Die Eunuchen und Palastdamen taten auf sein Geheiß ein übriges, um den Kaiser gegen den Kronprinzen einzunehmen.

Zu Recht heißt es im Sprichwort: Häufe Verleumdungen auf, und sie erlangen das Gewicht eines Bergs; oder: Wenn drei einmütig behaupten, ein Tiger käme, so glauben es zu guter Letzt die Leute wirklich.

Im zehnten Monat des zwölften Jahres der Regierungsepoche Kai-Huang war es endlich soweit: Der Sue-Kaiser verkündete in der Halle der Militärischen Tugenden, daß der Thronfolger abgesetzt und zu einem einfachen Bürger ohne jeden Titel degradiert sei. Zwei hohe Beamte, die es wagten, gegen diese allerhöchste Verfügung Einspruch zu erheben, wurden auf Betreiben Yang Sus hingerichtet.

Yang Su sah nun frohen Herzens eine glänzende Zukunft vor sich. Schon einen Monat nach der offiziellen Absetzung des Thronfolgers Yung hatte er den Sue-Kaiser so weit überredet, daß er den König von Dschin, Prinz Guang, zum neuen Thronfolger ernannte. Der Vertraute und Mitverschwörer des Prinzen, General Yü-wen Schu, wurde zum Kommandanten der Leibgarde des Kronprinzen gemacht. Prinz Guang richtete sogleich nach seiner Ernennung ein rührendes Dankesschreiben an den Kaiser. An einem glückverheißenden Tag wurde er mit seiner Gattin, Prinzessin Hsjau, von seinem kaiserlichen Vater in Audienz empfangen. Darauf übersiedelte er in den Inneren Palast und diente fortan seinem Vater und seiner Mutter mit überschwenglicher Kindesliebe. Der Sue-Kaiser sah mit Wohlgefallen das demütige und ehrerbietige Betragen seines Sohnes. Doch darüber wollen wir hier nicht weiter berichten.

Wir wollen vielmehr von der Kaiserin Du-gu erzählen, die von Natur aus geradezu krankhaft eifersüchtig war. Obwohl es im Palast nur so wimmelte von kaiserlichen Nebenfrauen und Hofdamen aller Art, reizend schön wie blühende Blumen und vornehm und prächtig wie buntschillernder Brokat, so war dem Sue-Kaiser doch nie mehr als ein flüchtiger Blick auf all die Lieblichkeit gegönnt gewesen; sie mit seiner Gunst zu beehren war ihm verwehrt.

Doch eines Tages fand er unerwarteterweise eine Gelegenheit für mehr als nur einen flüchtigen Blick. Die Kaiserin fühlte sich plötzlich nicht wohl und unterzog sich auf Anraten der Ärzte einer Behandlung in den Innengemächern ihres Palastes. Sofort rief der Kaiser einen Eunuchenknaben herbei und durchstreifte mit ihm hinter dem Rücken seiner Gattin die weitläufigen Gebäude und Anlagen des Palastes. Gemächlich ging er an den Damen verschiedenster Grade und Ränge vorüber, die sich in größeren oder kleineren Gruppen in den Gärten und Höfen tummelten. Doch so prächtig herausstaffiert und

hübsch von Angesicht sie auch sein mochten, Seine Majestät war im Alter wählerisch geworden und nicht gewillt, seine Huld nur einem niedlichen Lärvchen zu schenken. Mit einem Wort: Die Pfirsichblüten dünkten dem Kaiser allzu rot und die Pflaumenblüten zu übertrieben weiß. Hier und dort war er stehengeblieben und hatte die Schönen aufmerksam gemustert; keine aber war bislang so recht nach seinem Geschmack gewesen. Der Zufall wollte es, daß er, als er zum Palast der Güte und des Langen Lebens kam, eine sehr junge Hofdame bemerkte, die eben den Perlenvorhang ihres Fensters hochzog. Kaum hatte sie den Kaiser erblickt, entglitt die Schnur ihrer Hand, und sanft und geschmeidig wie ein Weidenzweig beugte sie sich vor Seiner Majestät nieder und berührte kniend den Boden mit der Stirne. Als sie sich wieder erhoben hatte, stellte sie sich, den Blick schamhaft gesenkt, das Köpfchen zur Seite geneigt, in schmiegsam-graziöser Haltung neben den Wandschirm aus Brokat. Der Kaiser betrachtete sie hingerissen. Hier hatte er wirklich eine allerliebste Dame gefunden, blumenhaft zart und schön wie der Mond, ein Wesen voll Grazie und zärtlichster Reize, die Anmut selbst! Fürwahr:

> Eine Blume lächelnd im Frühlingswind;
> wie schneeweißer Jade die Glieder sind;
> wie herbstliche Wasser der Augen Glanz;
> und jede Bewegung wie zierlichster Tanz;
> aus Mondstrahl und Wolken gewebt ihr Kleid;
> und strahlender noch ihre Lieblichkeit.

„Wann bist du denn in den Palast gebracht worden?“ fragte sie der Kaiser. „Warum habe ich dich denn noch nie gesehen?“

Die junge Dame sank wieder in die Knie. „Eure nichtswürdige Magd ist die Enkelin des We-tschih Dschjung“, erwiderte sie mit sanfter Stimme. „Ihre Majestät, die Kaiserin, hat mich diesem Palastbezirk zugeteilt. Das eigenwillige Verlassen meiner Räume ist mir verboten. So war es mir nicht vergönnt, Eurer Majestät zu Diensten zu sein."

„Steh nur ruhig auf", sagte der Kaiser lachend. „Die Kaiserin ist heute nicht hier, da würde es auch nichts ausmachen, wenn du einmal eigenmächtig tust, was dir beliebt."

In dem Augenblick erschienen des Kaisers Leibdiener und baten ihn untertänigst, sich zur Abendmahlzeit in seine Gemächer zu begeben.

„Heute wird hier gespeist!" bestimmte der Kaiser.

Im Nu hatten die Diener das Abendessen herübergeschafft. Der Kaiser befahl der Hofdame, an seiner Seite zu bleiben und mit ihm zu trinken. Das tat sie auch gezwungenermaßen, da Seine Majestät sie ja mit so liebevoller Huld dazu nötigte. Aber sie vertrug keinen Wein; und schon nach ein paar Schälchen fühlte sie sich benebelt im Kopf. So verbrachte der Kaiser diese Nacht im Palast der Güte und des Langen Lebens.

Am nächsten Morgen erhob sich Seine Majestät schon in aller Frühe und begab sich in die Thronhalle zur Morgenaudienz. Er war leicht beschwingt und glücklich wie noch nie. Heute weiß ich erst so recht, wie schön es ist, Kaiser zu sein, frohlockte er im stillen. Wenn nur die Kaiserin nichts davon erfährt! Was mache ich nur, wenn sie doch dahinterkommt?

Die Kaiserin Du-gu war zwar leicht erkrankt, aber deshalb keineswegs nachlässiger in der Sorge um das Wohl ihres kaiserlichen Gemahls. Mehrmals schickte sie ihre vertrautesten Zofen aus, um über das Verhalten Seiner Majestät Erkundigungen einzuziehen. So wußte sie schon sehr bald, wo der Kaiser in ihrer Abwesenheit die Nacht verbracht hatte. Die rasende Wut in ihrem Herzen ließ sie die Krankheit völlig vergessen. Mit einem Dutzend ihrer Zofen stürmte sie zähneknirschend zum Palast der Güte und des Langen Lebens. Die junge Hofdame We-tschih hatte eben ihre Morgentoilette beendet und widmete nun ihre Aufmerksamkeit der „Gelben Wespe“ auf ihrem Arm – jenem den Haremsdamen aufgemalten Zeichen, nach dessen Farbton sich der Grad ihrer Keuschheit feststellen ließ –, um zu sehen, wie weit nach den Geschehnissen der vergangenen Nacht die Farbe bereits verblichen war. Da sah sie plötzlich die Kaiserin inmitten einer Schar von Zofen im Laufschritt heranstürmen. Vor Schreck wich ihr alles Blut aus den Wangen, und ihr Herz pochte so wild, als ob ein Rehkitz in ihrer Brust herumspränge. Halb ohnmächtig sank sie zu Boden.

Schon als sie zur Tür hereinstürzte, schrie die Kaiserin, man solle die liederliche Hexe sofort ergreifen. Die Hofdamen kümmerte es herzlich wenig, wie zerbrechlich und zart der anmutsvolle Leib des Mädchens war; sie rissen sie an ihrem glänzend schwarzen Haar, packten sie bei ihrem Brokatgürtel und warfen die vor Angst Zitternde der Kaiserin zu Füßen.

„Wollüstige Dirne!“ brüllte die Kaiserin. „Ich möchte einmal wissen, welche Hexenkünste du besitzt, das Herz Seiner Majestät im Handumdrehen zu vergiften, das sittsame Leben an unserem Hof zu verderben!“

„Aber Eure Sklavin“, erwiderte die junge Hofdame mit bebender Stimme, „weiß doch genau, wie streng die Vorschriften unserer Kaiserin sind! Hätte sie es da jemals gewagt, auf die Gunst Seiner Majestät zu hoffen? Das Schicksal will es eben, daß ich sterben soll! Gestern abend kam Seine Majestät, der Kaiser, er möge zehntausend Jahre leben, ganz unvermutet und zufällig hierher und wollte plötzlich hier zu Abend essen. Und dann trank er und war ein bißchen betrunken, und so blieb er hier über Nacht. Eure nichtswürdige Magd hat sich gesträubt und gewehrt, aber Seine Majestät, der Kaiser, er möge zehntausend Jahre leben, war nicht davon abzubringen. So mußte ich mich fügen, ob ich wollte oder nicht. Das war doch der Wille Seiner Majestät. Eure nichtswürdige

Magd kann wirklich nichts dafür! Vergebt mir doch bitte, allerdurchlauchtigste Frau Kaiserin!"

„Du geiles Luder!" schrie die Kaiserin, außer sich vor Wut, „gestern hast du ja wohl deinen Spaß gehabt, nicht wahr? Weiß der Himmel, wie du mit deinem Geschmeichel und Gekose den Kaiser, diesen Schamlosen, auf den Leim gelockt hast! Und jetzt freilich möchtest du gar noch die gekränkte Unschuld spielen!" Und sich zu ihren Zofen wendend, brüllte sie: „Gebt ihr eine Tracht Prügel!"

„Habt Erbarmen mit mir!" flehte die junge Hofdame.

„Wenn dich der Kaiser so sehr liebt, so bitte doch ihn, dein Leben zu schonen", entgegnete die Kaiserin hämisch. „Warum hast du denn in der vergangenen Nacht nur an dein Vergnügen gedacht und nicht daran, daß es dich das Leben kosten könnte? Warum bittest du denn jetzt auf einmal mich? Du verfluchte Hexe hast es tatsächlich fertiggebracht, bei meiner kleinsten Unachtsamkeit gleich den Kaiser um deinen Finger zu wickeln! Es tut mir aufrichtig leid, daß ich dich zu spät erwischt habe und erst heute zu Tode prügeln lassen kann. So eine Unheilstifterin sollte ich am Leben lassen? Da würde ich mich ja gewaltig ins eigene Fleisch schneiden! Los! Schlagt sie ohne Erbarmen, bis sie hin ist!"

Die Zofen vollstreckten diensteifrig den Befehl. Von allen Seiten regnete es erbarmungslos Hiebe auf das zarte Ding, das einer solchen Mißhandlung nicht gewachsen war. Zerbrochen lag ein Leib wie Jade schön, verhaucht der zarte Duft der Blumenseele. Und nicht einmal das Messer brauchten sie zu wetzen und nicht bedurften sie des Schwertes Schärfe! Fürwahr:

Wer weiß, ob eines Kaisers Gunst und Güte
die Damen im Palast auch glücklich macht?
Ob vor dem Tod auch seine Macht behüte,
wen seine Huld beglückte eine Nacht?

Verwelkt, verdorrt liegt heute schon die Blüte,
die gestern erst erblüht zu voller Pracht!

Der Kaiser hatte inzwischen die Morgenaudienz beendet. Seine Gedanken weilten in einem fort bei dem freudevollen Erlebnis der vergangenen Nacht. Am liebsten wäre er mit einer für einen Kaiser völlig ungeziemenden Hast sogleich in den Palast der Güte und des Langen Lebens geeilt, um die schöne junge Hofdame We-tschih in die Arme zu schließen. Als er dann aber endlich sein ersehntes Ziel erreicht hatte, fand er sich dort ganz unerwartet seiner wutschnaubenden Gattin gegenüber, die ihn mit finsteren Blicken maß. Und zu ihren Füßen lag wie eine geknickte Blume die schöne junge We-tschih in einer Lache Blut.

Der Kaiser erstarrte vor Schreck. Eine unsagbare Wut schwoll in seinem Herzen empor. Und ohne ein Wort zu sagen, stürzte er hinaus. Eben führte ein Eunuchenjüngling ein Pferd am Halfter über den Hof. Der Kaiser schwang sich in den Sattel und sprengte die Palaststraße der Ewigkeit entlang durch das Haremsviertel dem Palasttor zu. In seiner namenlosen Erbitterung hatte er sich vorgenommen, der Kaiserwürde zu entsagen und sich als Eremit in die Einsamkeit der Berge zurückzuziehen. Zum Glück hielt ihn vor dem Tor in aller Ehrfurcht, aber doch beinahe mit Gewalt der Minister Gau Dschjung auf, der sich gerade von der Morgenaudienz nach Hause begeben wollte. Untertänigst fragte er den Kaiser nach dem Grund dieses ungewöhnlichen Morgenritts, und als ihm dieser die Wahrheit gestanden hatte, nötigte ihn der Minister sanft, mit ihm in die Thronhalle zurückzukehren. Dort wurden in aller Eile sämtliche Hofbeamte zusammengerufen. Seine Majestät tat den Versammelten kund, in welch empörender Weise die Kaiserin Du-gu die Hofdame We-tschih habe zu Tode prügeln lassen, und erteilte den Befehl, ein Dekret aufzusetzen, in dem die Absetzung und

Verstoßung der alten Vettel, wie Seine Majestät nun in seiner allerhöchsten Wut die Kaiserin nannte, bekanntgemacht werden sollte. Doch Gau Dschjung äußerte ernste Bedenken. „Euer Majestät könnten sich hier zu irren beliebt haben“, sagte er ehrerbietig. „Majestät haben unter ungeheuren Mühen und übermenschlichen Anstrengungen zahllose Gefahren überwunden, sich in die Höhle des Tigers gewagt, dem Drachen kühn die Perle entrissen, ehe es Euch gelang, unter Aufopferung unzähliger Krieger das Reich zu einigen. Dies ist nun der Zeitpunkt, mit allen Kräften die Sicherheit und Ordnung des Reichs zu festigen, daß es den Söhnen und Enkeln des Hauses der Sue für immer und ewig angehöre. Wie dürfte man da einer einzigen Frau wegen so leichtfertig Entscheidungen über das ganze Reich treffen!“

Des Kaisers Zorn war noch nicht verraucht. Erst nach langem Zureden gelang es Gau Dschjung, Seine Majestät zur Rückkehr in seine Gemächer zu bewegen.

Der Kaiserin Du-gu hatten die Aufregungen in ihrem ohnehin schon geschwächten Gesundheitszustand keineswegs gutgetan. Ihre Krankheit verschlimmerte sich zusehends. Wenn sie die Augen schloß, sah sie die totgeprügelte Hofdame We-tschih als racheheischendes Gespenst vor sich. Die fortwährende Angst zerrüttete ihren Geist und machte sie halb wahnsinnig. Von Tag zu Tag verlor sie an Kraft, und schon nach ein paar Monaten raffte sie der Tod hinweg. Trotz seines Widerwillens konnte der Kaiser es nicht vermeiden, mit einem Edikt das Hinscheiden der Kaiserin dem Reich zu verkünden und sie den Ritualvorschriften gemäß in Ehren bestatten zu lassen.

Der Kaiser war sehr bald seiner Einsamkeit überdrüssig und gab den Befehl, unter den Konkubinen, Haremsdamen und Hofdamen aller Ränge die allerschönsten auszusuchen und ihm persönlich vorzuführen. Kaum hatte sich die Nachricht von diesem Befehl verbreitet, entbrannten sämtliche Damen des Hofs in flammender Sehnsucht, das Wohlgefallen des Kaisers und seiner Beauftragten zu erwecken. Doch unter dreitausend Frauen und Mädchen wurden schließlich doch nur zwei ausgewählt: die Prinzessin Tschen, Tochter des Kaisers Hsüen der erst vor kurzem geschlagenen Tschen-Dynastie, ein sanftes, graziöses und unglaublich schönes Mädchen; und eine Dame namens Tsai, gebürtig aus Dan-Yang, gleichfalls von berückender Schönheit und Eleganz. Der Kaiser war entzückt, als man ihm die beiden Damen vorführte. „Ich bin nun schon ein bejahrter Mann, dessen Gefühle eine Heimstatt suchen“, sprach er zu ihnen. „Nun habe ich euch gefunden, die ihr mir in meinem Alter Freude spenden sollt.“ Der Prinzessin Tschen verlieh der Kaiser gnädigst den Titel Herrin der Blumenanmut, der Dame Tsai den Titel Herrin der Blumenschönheit. Und wenn auch beide Damen gleichermaßen den Regen und Tau Seiner Majestät empfingen, so schien es doch, als ob die Herrin der Blumenanmut noch höher in seiner Gunst stünde. Von nun an erfreute sich der Sue-Kaiser Tag für Tag mit seinen beiden Schönen an heiteren Festlichkeiten und fühlte sich weitaus glücklicher als zu Lebzeiten der Kaiserin Du-gu.

Doch der Sue-Kaiser war kein verweichlichter Nachfahre eines alten großen Hauses, sondern der tatkräftige Gründer einer neuen Dynastie. Darum vergaß er auch trotz aller Vergnügungen in den Frauengemächern durchaus nicht die Angelegenheiten des Staates. Die Eingaben und Berichte seiner Minister und Würdenträger las er mit größter Aufmerksamkeit, und oft wurde es späte Nacht, ehe sich Seine Majestät zu Bett begab.

2

Von allen Übeln der Welt sind Trunkenheit, Sinnlichkeit, Habsucht und Unbeherrschtheit die ärgsten. Trinkt einer allzu viel, so verspottet man ihn als Trunkenbold, und wer allzu sehr dem Geld ergeben ist, den nennt man höhnisch Geizhals. Hingegen bezeichnet man die Sinneslüsternen und Unbeherrschten schwärmerisch als amourös und chevaleresk, als ob nur sie die richtigen Tausendsassas wären. Wie viele Helden haben sich mit ihrer Unbeherrschtheit ihr eigenes Grab gegraben! Und wie oft hat das lüsterne Verlangen nach dem Weibe Ehre und Pflicht vergessen lassen und über kurz oder lang zum Untergang der Dynastie, zum eigenen und zum Verderben des Staates geführt!

Nun wollen wir aber wieder vom Prinzen Guang erzählen. Dieser hatte also seinen älteren Bruder Yung um sein ererbtes Recht der Thronfolge gebracht und seine Widersacher mit allerlei Winkelzügen aus dem Wege geschafft. Einzig und allein seine Mutter, die Kaiserin Du-gu, fürchtete er noch. Aber nicht lange nach seiner Erhebung zum Kronprinzen starb die Kaiserin. Jetzt brauchte er auch nicht mehr länger scheinheilig den frugalen und keuschen Prinzen zu spielen, zumal ja auch sein kaiserlicher Vater nach dem Tode seiner gefürchteten Gemahlin sich derlei Freiheitsbeschränkungen nicht mehr zu fügen hatte und die zwei Damen Herrin der Blumenanmut und Herrin der Blumenschönheit mit seiner Gunst zu beglücken pflegte. Die Regierungsgeschäfte legte der Kaiser allmählich mehr und mehr in die Hände des Kronprinzen, dem dies durchaus nicht ungelegen kam.

Der Kaiser hatte inzwischen sein sechzigstes Lebensjahr überschritten, und die beiden Damen wirkten offenbar wie die Axt am Stamme eines Baums. Soviel Vergnügen sie dem Kaiser bereiten mochten, vergeudeten sie doch seine Kraft. Und nahm er sich auch noch so sehr zusammen, so ging es ihm doch wie dem Mond, wenn er im Morgendämmer verblaßt, oder dem Tau, der mit der steigenden Sonne verdunstet. Allzu großen Anstrengungen war der Kaiser eben nicht mehr gewachsen. Im vierten Monat erkrankte Seine Majestät. Yang Su hatte den Auftrag bekommen, den Palast der Güte und des Langen Lebens instand zu setzen. Dort suchte der Kaiser, außerhalb seiner Residenz in Tschang-An, Genesung zu finden. Im siebenten Monat aber wurde sein Zustand besorgniserregend. Der Vizekanzler der Linken der Kaiserlichen Hofkanzlei und verdiente Heerführer und Minister Yang Su, der Minister für Ritualangelegenheiten und kaiserliche Schwiegersohn Lju Schu und der Obereunuch Yüen Yän siedelten in den Palast über, um Tag und Nacht zur Stelle zu sein. Auch der Kronprinz nächtigte in der Nähe des kaiserlichen Krankenzimmers und erkundigte sich mehrmals am Tage nach dem Befinden Seiner Majestät.

Als der Kronprinz einmal am frühen Morgen seinen Vater besuchte, geschah es, daß zufällig die Herrin der Blumenanmut, Prinzessin Tschen, im Vorzimmer gerade eine Arznei für den Kranken bereitete. Der Kronprinz verneigte sich in aller Hast tief vor ihr, und die Prinzessin, überrascht durch diesen frühen Besuch, erwiderte notgedrungen seinen Gruß mit einer ebenso tiefen Verbeugung. Dann aber wandte sie sich brüsk ab und trug die Schale mit der Arznei dem Kaiser ans Krankenlager.

Nun hatte Prinz Guang, als er noch seine Intrigen spann, um die Thronfolge an sich zu reißen, auch die Prinzessin Tschen mit Geschenken von Gold und Edelsteinen zu seiner Fürsprecherin zu machen versucht. Diese Geschenke nahm die Prinzessin zwar an, aber zu einer persönlichen Begegnung der beiden war es bisher noch nicht gekommen. Doch jetzt, wo sich beide um den Kranken bemühten, ließ sich trotz aller Hofetikette ein gelegentliches Zusammentreffen kaum vermeiden. Und die Prinzessin Tschen war ja auch eine sehr schöne Erscheinung, eine grazile und anmutsvolle Dame, die man nicht so leicht übersehen konnte. Denn fürwahr:

War auch wie Jade die Figur –
so zart ist Jade nie!
Ihr Antlitz war wie Blumen – nur
noch reizender als sie!
So lieblich, wie die Amsel singt,
war ihrer Stimme Klang,
sanft wie im Wind die Weide schwingt
der zarten Glieder Gang.

Aber wo gibt es Worte, um so viel Liebreiz zu beschreiben! Denn sie war nicht nur von Natur zierlich und anmutsvoll wie ein Goldzweig mit Jadeblättern, sondern dazu auch noch eine Prinzessin – aufgewachsen inmitten der seidenweichen und brokatglitzernden Eleganz von Palästen, was der natürlichen Lieblichkeit noch eine besondere Grazie verlieh. Der Kronprinz verlor beinahe den Verstand, als er sie erblickte. Wie eine Flamme loderte die Begierde in ihm empor; er fühlte sich unwiderstehlich zu ihr hingezogen und verschlang sie mit seinen Blicken. Doch in unmittelbarer Nähe seines kaiserlichen Vaters konnte er sich freilich keine Ungebührlichkeiten erlauben.

Eines Tages aber bemerkte er bei einem seiner Krankenbesuche von ferne eine schöne Dame, die mit zierlichem Schritt und bezaubernder Anmut auf ihn zukam. Der Kronprinz erkannte zu seiner Freude in der Herankommenden die Prinzessin Tschen – und diesmal ohne Zofen! Sie ging an ihm vorbei in ihr Boudoir, um ihre Garderobe zu wechseln.

Das ist die Gelegenheit! schoß es dem Prinzen durch den Kopf, und sein Herz bebte vor Wonne. Er befahl seinem Gefolge, sich schleunigst zu entfernen, und lief hinter ihr her in das Damenzimmer.

„Was wünschen Euer Durchlaucht hier?" rief die Prinzessin Tschen erschrocken, als sie den Kronprinzen eintreten sah.

„Nur das, was mir der Zufall beschert", erwiderte der Kronprinz lachend.

Die Prinzessin war entrüstet über sein dreistes und frivoles Verhalten und wandte sich der Tür zu. Da hatte er sie schon am Kleid gepackt. „Hohe Frau, wie oft mußte ich Euch am Lager unseres erlauchten Kaisers begegnen!" flüsterte er verzückt. „All meine Sinne flogen Euch zu, und doch trennten mich zehntausend Berge und Ströme von Euch. Zum erstenmal bietet sich heute eine Gelegenheit, Euch allein zu sprechen. Belohnt meine unendliche Sehnsucht mit der Gnade eines Augenblicks, hohe Frau!"

„Durchlaucht wissen, daß mein Leib unserem erlauchten Kaiser angehört", entgegnete die Prinzessin scharf. „Wie dürft Ihr so etwas wagen! Hier stehen Würde und Ehre des Reiches auf dem Spiel!"

„Aber warum denn gleich so hochtrabende Worte, hohe Frau!" spöttelte der Kronprinz. „Das Leben ist doch nur zum Vergnügen da. Wer schert sich da noch um Würde und Ehre und dergleichen Dinge! Nutzt die Zeit. Jeder Augenblick dieser unvermuteten Begegnung ist fürwahr zehntausend Unzen Goldes wert!"

„Auf keinen Fall dulde ich so etwas!" zischte die Prinzessin wütend und stieß ihn mit aller Kraft von sich.

So leicht ließ sich der Kronprinz nicht abweisen. „Wer den richtigen Zeitpunkt zu nutzen weiß", sagte er höhnisch lächelnd, „den feiert die Welt und nennt ihn beherzt. Hat die hohe Frau vielleicht noch nicht bemerkt, wie es um meinen kaiserlichen Vater steht? Warum dann noch diese Hartnäckigkeit? Es könnte ja geschehen, daß Leute, die jetzt nichts für Gefälligkeiten übrig haben, eines Tages, wenn sie nur allzu gerne gefällig sein möchten, damit zu spät kommen!" Bei diesen Worten blickte er ihr eindringlich in die Augen, und mit lächelnder Miene rückte er ihr immer näher auf den Leib. Wie sich die Prinzessin auch wehren mochte, die zarte Schöne war seiner Manneskraft doch nicht gewachsen. Da erscholl, als sie ihm schon zu erliegen drohte, aus dem Palast die Stimme des Herolds: „Seine Majestät läßt die hohe Frau rufen!" Der Kronprinz begriff sofort, daß er sie jetzt nicht länger festhalten durfte. „Ich wage nicht, Euch Zwang anzutun", sagte er mit gespielter Galanterie, „aber wir werden noch Gelegenheit haben, einander zu begegnen!"

Die Prinzessin war heilfroh, so glimpflich davongekommen zu sein, aber ihre Miene blieb verstört, und ihr Gewand war bei den Handgreiflichkeiten arg zerknittert worden. Während sie noch keuchend nach Luft rang, eilte der Kronprinz zur Tür hinaus.

In den Palastgängen erfuhr die Prinzessin, der Kaiser habe, aus dem Schlummer erwachend, nach ihr gerufen, damit sie ihm seine Arznei bringe. Sie durfte also keinen Augenblick verlieren. Als sie sich in größter Hast dem kaiserlichen Lager näherte, streifte ihre goldene Haarnadel den Haken des Bettvorhangs und fiel klirrend in das goldene Arzneischüsselchen. Der Kaiser schlug erschreckt die Augen auf. Da stand die Prinzessin vor ihm. Die Verwirrung, die sich in ihrem ganzen Wesen widerspiegelte, gefiel ihm nicht. „Warum denn auf einmal so verstört?" fragte der Kaiser mißtrauisch.

Die Prinzessin wußte in ihrer beklemmenden Angst nichts zu erwidern, und schnell ihr Köpfchen senkend, bückte sie sich nach ihrer Haarnadel.

„Wenn der Kaiser dich fragt, warum antwortest du nicht?" herrschte er sie an.

In ihrer namenlosen Angst und Verwirrung fiel ihr keine glaubhafte Ausrede ein. „Ich – ich bin ja gar nicht verstört", brachte sie mühsam hervor.

Seine Majestät musterte sie scharf. Die Röte der eben überstandenen Aufregung war noch nicht aus ihren Wangen gewichen, ihr Atem ging schnell, und ihre Frisur war sichtlich in Unordnung geraten. Das Mißtrauen des Kaisers steigerte sich zu einem vagen Verdacht. „Was ist los mit dir?“ fragte er barsch.

„Mit mir? – Nichts ist mit mir los“, stammelte sie verlegen.

„Dein Gebaren scheint mir aber sehr ungewöhnlich! Ganz sicher verheimlichst du etwas vor mir. Gestehst du mir nicht unumwunden, was es ist, werde ich dir wohl die Gnade gewähren müssen, daß du dich eigenhändig umbringen darfst.“

Der Kaiser war wütend und meinte es offensichtlich ernst. Verzweifelt sank die Prinzessin neben seinem Lager auf die Knie. „Der Kronprinz hat sich ungehörig benommen“, flüsterte sie schreckensbleich.

Rasend vor Wut, trommelte der Kaiser mit der Faust auf den Bettrand und schrie: „Und dieser Bestie soll ich das Reich anvertrauen! Die Kaiserin Du-gu hat mich arg getäuscht! Ja, arg hat sie mich getäuscht! Ruft unverzüglich Lju Schu und Yüen Yän zu mir!“

Der Kronprinz wartete unruhig vor dem Palasttor auf Nachrichten über die Folgen seines mißglückten Liebesabenteuers. Als er vernahm, daß der Kaiser Lju Schu und Yüen Yän, nicht aber Yang Su habe rufen lassen, war ihm sofort klar, daß er in ernster Gefahr schwebe. Auf der Stelle suchte er Dschang Heng und Yü-wen Schu auf und beriet sich mit ihnen und anderen Vertrauten, was nun zu tun sei. Die meisten Minister und hohen Beamten des Hofs waren gleichfalls in der Vorhalle zusammengekommen. Als sie die erregte Verfassung des Kronprinzen bemerkten, fragten sie, was denn vorgefallen sei. Yü-wen Schu erklärte ihnen: „Das unvermeidliche Ereignis ist in Kürze zu erwarten. Alles zwingt zu dringender Erledigung der Thronfolgeangelegenheiten. Aber dieser Schurke Lju Schu stützt sich auf seinen Einfluß bei Hof als Gatte der Prinzessin Lan-Ling und Schwiegersohn Seiner Majestät, um uns Würdenträgern die Hände zu binden. Er weigert

sich und sträubt sich, dem Kronprinzen beizustehen. Was soll denn nun werden?“

„In dieser bedrängten Lage gibt es nur einen Weg“, warf Dschang Heng ein. „Entweder der Kronprinz oder Seine Majestät!“ Eben als er dies sagte, stürzte Yang Su herein.

„Ich weiß nicht, womit Ihr Seine Majestät beleidigt habt“, sagte er zum Kronprinzen. „Seine Majestät hat Lju Schu und Yüen Yän befohlen, einen allerhöchsten Erlaß abzufassen, nach dem der abgesetzte Kronprinz an den Hof zurückbeordert wird. Wenn das Dekret mit dem Kaisersiegel in Tschang-An eintrifft und er wirklich zurückkommt, gelten wir alle als seine Feinde. Und was dann?“

„Dschang Heng hat schon einen Weg gefunden“, erwiderte der Kronprinz gefaßt. Und nachdem Dschang Heng dem Yang Su schnell etwas ins Ohr geflüstert hatte, sagte dieser entschlossen: „So ist es. Wir haben keinen anderen Weg! Das soll Dschang Heng übernehmen. Yü-wen Schu bitten wir, Lju Schu und Yüen Yän zu übernehmen, die den abgesetzten Kronprinzen holen. Der Kronprinz müßte inzwischen mit einem gefälschten allerhöchsten Erlaß Lju Schu und Yüen Yän des Verbrechens anklagen, den ernsten Gesundheitszustand des Kaisers für ihre Zwecke mißbraucht zu haben, um die Thronfolge gegen den Willen Seiner Majestät nach eigenem Gutdünken abzuändern. Darin müßte auch stehen, daß beide dem hochnotpeinlichen Hofgericht zu übergeben sind. Mit einem weiteren Erlaß wird die Palastgarde mit sofortiger Gültigkeit beurlaubt und durch die Gardesoldaten des Kronprinzen unter Führung unseres Freundes Guo Yän abgelöst. Guo Yän besetzt alle Tore des Kaiserpalastes. Niemand wird mehr herein- oder hinausgelassen, damit nichts von den Ereignissen im Palast in der Hauptstadt ruchbar wird. Ferner wären sofort Maßnahmen zu treffen, um den abgesetzten Kronprinzen zu beseitigen. Damit erlöschen von selbst alle Hoffnungen auf einen anderen Thronfolger." Er sann einen Augenblick nach, dann fügte er schnell hinzu: „Ich hab's! Mein Bruder Yang Yüe ist aus I-Dschou eingetroffen. Das Verdienst, den ehemaligen Kronprinzen zu beseitigen, überlassen wir ihm."

„Aber ich bin doch nur ein gebrechlicher Buchgelehrter!" jammerte Dschang Heng plötzlich. „Die Sache mit dem Kaiser, die werde ich kaum erledigen können! Das sollte doch lieber Minister Yang Su machen. Der hat als alter General genügend Kraft und Erfahrung in solchen Dingen."

„Aber mein lieber Dschang", redete ihm der Kronprinz zu, „diesen Dienst dürft Ihr uns nicht verweigern. Wenn unsere Glückssträhne kommt, werden wir alle gemeinsam in Reichtum schwelgen. Damit es Euch leichter fällt, schicke ich Euch als Begleiter auch noch ein paar stämmige Kammerdiener mit."

Yang Su sandte sofort Yü-wen Schu mit einer Abteilung Soldaten aus, Lju Schu und Yüen Yän zu verhaften. Nachdem er sie gefesselt dem hochnotpeinlichen Hofgericht übergeben hätte, sollte er augenblicklich zur Berichterstattung in den Palast des Höchsten Kleinods, wo der Kronprinz sich aufhalten werde, zurückkommen. Guo Yän hatte mittlerweile mit den Gardesoldaten des Kronprinzen die kaiserliche Garde abgelöst und hielt sämtliche Palasteingänge unter strengster Bewachung.

Der Kaiser war inzwischen in einen dämmrigen Halbschlaf versunken. Wie aus dem Traum erwachend, fragte er mit geschlossenen Augen die Prinzessin Tschen:

„Hat Lju Schu das Dekret schon aufgesetzt?"

„Bis jetzt hat er es noch nicht vorgelegt."

„Wenn er es fertiggeschrieben hat", befahl der Kaiser, „soll er es sofort mit dem Staatssiegel versehen und persönlich überbringen!" Man sah ihm an, daß der Zorn in ihm weiterschwelte.

Da meldete der Posten vor der Tür, daß der Präsident der Kanzlei des Kronprinzen, Dschang Heng, Seiner Majestät seine Aufwartung zu machen wünsche. Und ohne die Erlaubnis des Kaisers abzuwarten, stürmte Dschang Heng in Begleitung von etwa zwanzig Eunuchen in das kaiserliche Schlafgemach. Zu den diensthabenden Kammerdienern sagte er im Befehlston: „Laut Verfügung des Kronprinzen seid ihr einschließlich der Hofdamen am Lager Seiner Majestät in Anbetracht eures ermüdenden Dienstes während der letzten Tage sofort von meiner Begleitung abzulösen. Ihr werdet ersucht, euch augenblicklich zu entfernen. Man wird euch rufen, wenn ihr wieder gebraucht werdet."

Den Hofdamen und Eunuchen war nach dem langen Dienst am Krankenlager des Kaisers nichts erwünschter als diese Aufforderung. Endlich konnten sie sich ein paar Mußestunden gönnen! Im Nu waren sie verschwunden. Nur die Prinzessin Tschen und die zweite Hauptfrau des Kaisers, die Dame Tsai, waren an seiner Seite geblieben.

Dschang Heng trat jetzt näher an das Bett heran, und als er sah, daß sich der Kaiser bereits in einem Dämmerzustand befand, machte er sich auch nicht mehr die Mühe, vor ihm niederzuknien. Die beiden Damen forderte er brüsk auf, unverzüglich das Zimmer zu verlassen.

„Der Kaiser könnte aber nach uns rufen!" wandte Prinzessin Tschen dagegen ein.

„Dafür bin ja schließlich ich da!" entgegnete Dschang Heng schroff. „Ich bitte die Damen, sich jetzt zurückzuziehen und den Kaiser ruhig schlafen zu lassen."

Ratlos und bestürzt fügten sich die beiden und verließen mit Tränen in den Augen den Palast der Güte und des Langen Lebens. Die Tore waren streng bewacht. An eine Rückkehr war nicht zu denken. Beunruhigt über das Schicksal des kranken Kaisers, schickten sie ihre Zofen aus, um vor dem Palasttor auf Neuigkeiten zu warten.

Kaum mehr als eine Stunde war vergangen, da erschien

Dschang Heng vor dem Tor und erklärte mit sichtlich zufriedener Miene:

„Diese dummen Gänse von Hofdamen haben nicht einmal bemerkt, daß Seine Majestät längst in den Himmel eingegangen ist, tanzten aufgeregt um sein Bett herum, anstatt dem Kronprinzen die Sache zu melden!" Den kaiserlichen Konkubinen ließ er strengstens auftragen, mit dem Weinen und Wehklagen um den Verblichenen so lange zu warten, bis der Kronprinz die Nachricht erhalten und den Befehl zur offiziellen Totenklage und Aufbahrung gegeben habe. Die Frauen des Serails hatten freilich ihre Zweifel, daß es beim Tod des Kaisers mit rechten Dingen zugegangen sei. Aber die ärgsten Zweifel plagten die Prinzessin Tschen. Mit pochendem Herzen überlegte sie, was der Kronprinz nun mit ihr vorhaben könnte, wenn er aus Angst vor den Folgen einer gewissen Handlung nicht einmal vor dem Vatermord zurückschreckte. Sie fühlte sich schuldig an diesem Familienzwist, der eine so böse Wendung genommen hatte. Der Kaiser ist durch meine Schuld zugrunde gegangen, sagte sie sich. So ist es nur recht und billig, daß auch ich für ihn mein Leben lasse. Ehe mich die Hand des Meuchelmörders erreicht, lege ich lieber Hand an mich selbst! Aber dazu fehlte es ihr an Entschlossenheit und Mut.

Dem Kronprinzen und Yang Su war es indessen nicht weniger kribbelig zumute als Ameisen, die auf eine erhitzte Pfanne geraten sind. In fieberhafter Spannung warteten sie auf Nachrichten. Endlich sahen sie Dschang Heng im Eilschritt herankommen. „Meinen Glückwunsch!" rief er keuchend. „Die Hauptsache wäre erledigt! Nur fürchte ich, daß die Dame, die unserem Kronprinzen so ans Herz gewachsen ist, den gleichen Weg zu gehen gedenkt."

Der Freudenschimmer auf dem Antlitz des Kronprinzen verblaßte. Hastig steckte er Yang Su die schon vorher gemeinsam vorbereiteten Ernennungsdekrete zu. „Ihr und

Dschang Heng könnt das ja für mich besorgen", stieß er hervor. „Ich habe noch etwas zu erledigen!" Und ungestüm eilte er davon.

Yang Su erließ nun einen Befehl an seinen Bruder Yang Yüe, daß er laut kaiserlichem Erlaß „nach vollstrecktem Amtsauftrag" – in anderen Worten: nach der Ermordung des älteren Bruders des jetzigen Thronfolgers –, ohne zur Berichterstattung zurückzukehren, unverzüglich das Amt des Präfekten der Hauptstadt Tschang-An zu übernehmen und für Ruhe und Ordnung zu sorgen habe. Guo Yän und andere Verschwörer wurden mit den höchsten militärischen Ämtern betraut. Zugleich wurden verläßliche Würdenträger damit beauftragt, alle nötigen Vorkehrungen für die Trauer- und Bestattungsfeierlichkeiten des Kaisers zu treffen. Dschang Heng wurde zum Minister für Ritualangelegenheiten ernannt und übernahm die Vorbereitung der Zeremonie der Thronbesteigung.

Aber wir wollen jetzt nicht weiter darüber berichten, wie emsig sich diese Herren um die Staatsgeschäfte bemühten, sondern vielmehr erzählen, welchem Geschäft der Kronprinz nachging, nachdem ihm Dschang Heng eine so alarmierende Kunde gebracht hatte. Zunächst befahl er seinem Gefolge, ihm schleunigst eine goldene Dose zu verschaffen. In diese Dose tat er insgeheim etwas hinein, wickelte sie sorgsam in Papier und malte mit eigener Hand auf die Verschlußstelle zur Vorsicht noch das Zeichen „versiegelt" mit dem Pinsel. Durch einen Eunuchen ließ er das Päckchen der Prinzessin Tschen überbringen mit der ausdrücklichen Weisung, daß sie es selbst öffnen müsse.

Nachdem die Prinzessin Tschen durch Dschang Heng vom Krankenlager des Kaisers weggejagt und bald danach das Dahinscheiden des Kaisers bekanntgegeben worden war, peinigten tiefer Kummer und die schlimmsten Befürchtungen ihr Herz. Sie weinte und schluchzte unaufhörlich und wies alle Speisen zurück. Da erschien plötzlich ein Eunuch in ihrem Gemach, der mit beiden Händen ein Päckchen ehrerbietig emporhielt. „Das schickt Euch huldvoll unser neuer Kaiser, hohe Frau", sagte er feierlich. „Ihr sollt es eigenhändig öffnen." Und vorsichtig legte er es auf ein Tischchen.

Die Prinzessin starrte angsterfüllt auf das Päckchen und wagte nicht, das aufgemalte Siegel zu brechen. „Ist da Gift darin?" fragte sie mit zitternder Stimme.

„Das hat Seine Majestät selbst versiegelt", erwiderte der Eunuch. „Wie sollte Euer Sklave da wissen, was sich darin befindet? Wenn Ihr Euch Gewißheit verschaffen wollt, so öffnet es doch, hohe Frau!"

Die ausweichende Antwort des Eunuchen bestärkte sie nur noch in dem Glauben, daß Gift darin sei. Ein unsagbares Weh krampfte ihr das Herz zusammen, und mit tränenüberströmtem Antlitz schrie sie: „Als Gefangene eines gestürzten Kaiserhauses kam ich Unglückselige an diesen Hof, bereit, unbeachtet bis zum Ende meiner Tage als Magd in den Frauengemächern zu dienen. Ich glaubte, das Glück meines Lebens gefunden zu haben, als mich der dahingegangene Kaiser seiner Gunst würdig fand! Wer hätte gedacht, daß mir das bißchen Jugend und Schönheit nur Unheil bringen sollte! Wäre ich doch nur im einsamsten Winkel des Harems verborgen geblieben! Dann würde mir doch wenigstens keiner mein elendes Leben rauben wollen!"

Sie schluchzte und weinte so bitterlich, daß ihr die Stimme versagte. Nach einer Weile fuhr sie fort: „Mit höchster Huld hat mich der verstorbene Kaiser bedacht! Ich würde ihm ja auch willig in den Tod folgen. Aber ich habe mich doch gleich gehorsam zurückgezogen bei jener Sache heute morgen! Ich habe doch keine Schwierigkeiten gemacht! Warum wird mir dann jetzt auf einmal Gift geschickt?" Wieder brach sie in hemmungsloses Weinen aus, und ihre Zofen, die gleichfalls überzeugt waren, daß in dem Päckchen Gift sei, stimmten schluchzend ein.

Der Eunuch, der als Bote des neuen Kaisers gekommen war, befürchtete, daß bei all diesem Geheule und Gewimmer noch unvorhersehbare Dinge geschehen könnten, und auf die Erfüllung seines Auftrags bedacht, redete er der Prinzessin eifrig zu: „Es hat keinen Sinn, hohe Frau, wenn Ihr weint! Öffnet doch lieber das Päckchen! Euer Sklave könnte dann auch etwas schneller dem Kaiser Eure Antwort bringen."

Von diesen eindringlichen Ermahnungen angespornt, raffte sich die Prinzessin schließlich doch auf. „Wer hätte gedacht, daß ich heute noch eines unnatürlichen Todes sterben muß!" rief sie, wischte sich die Tränen aus den Augen, brach das Siegel und öffnete mit zitternden Händen die Dose. Sie traute ihren Augen nicht: keine Spur von Gift – ein paar aus bunten Fäden geknüpfte Liebesknoten lagen darin!

Die Zofen lachten unter Tränen. „So ein Glück! Ein unwahrscheinliches Glück!" riefen sie freudestrahlend. „Ihr braucht nicht zu sterben, hohe Frau!"

Als sie kein Gift in der Dose fand, fiel der Prinzessin ein Stein vom Herzen; doch die Liebesknoten darin zeigten nur allzu deutlich, welche Absichten der Prinz hegte. Bekümmert blickte sie auf die Dose, aber die Liebesknoten nahm sie nicht heraus, bezeigte auch in keiner Weise ihren Dank für die huldvolle Gabe; im Gegenteil, sie wandte sich ab, setzte sich mit betrübter Miene auf ihr Ruhebett und sprach kein Wort.

„Seine Majestät wartet schon recht lange", drängte der Eunuch. „Euer Sklave muß zurückeilen. Hohe Frau, nehmt doch das Döschen in Empfang und bedankt Euch bei Seiner Majestät dafür!"

Prinzessin Tschen hielt mißmutig den Kopf gesenkt und schwieg.

Jetzt mischten sich auch die Zofen ein. „Hohe Frau, Ihr macht einen großen Fehler", mahnten sie vorsichtig. „Am Vormittag habt Ihr wegen einer kleinen Widersetzlichkeit unseren Kaiser gekränkt, und das hat Euch nicht wenig Kummer bereitet. Nun zeigt es sich, daß der Kaiser Euch das gar nicht übelnimmt. Ja, er übersendet Euch huldvoll Liebesknoten! Das ist doch ein unerwartetes Glück! Warum setzt Ihr da eine so verdrießliche Miene auf? Wenn Ihr den Kaiser aufs neue zur Wut reizt, dann, hohe Frau, werdet Ihr wohl bald wieder so bitterlich weinen wie vorhin! Nun, da solltet Ihr Seiner Majestät doch schnellstens ein Dankeswort zukommen lassen!"

Von allen Seiten bedrängt und bestürmt, sagte die Prinzessin schließlich mit einem tiefen Seufzer: „Ich weiß wohl, daß ich mich der Entehrung nicht entziehen kann!" Sie tat sich sichtlich Gewalt an, als sie nun aufstand, die Liebesknoten herausnahm, die Dose auf das Tischchen zurücklegte und sich mehrmals davor verbeugte. Kraftlos und tiefbekümmert sank sie wieder auf ihr Ruhebett.

Der Eunuch, heilfroh, daß sie endlich die Liebesknoten herausgenommen hatte, ergriff behende die leere Dose und trug sie ehrerbietig zurück zu seinem kaiserlichen Herrn.

Prinzessin Tschen hatte sich auf dem Ruhebett ausgestreckt und sann mit geschlossenen Augen in trübseliger Stimmung über ihre Lage nach. Ihre Zofen hatten wohl eingesehen, daß der Augenblick nicht geeignet war, sie mit trostreichen Worten aufzuheitern. Zudem vermuteten sie, daß der junge Kaiser die Prinzessin sehr bald mit seinem Besuch beehren werde, und trafen darum in aller Stille die nötigen Vorbereitungen. Im goldenen Dreifuß wurde der kostbarste Weihrauch angezündet und um die Nische des Prunkbetts ein Türkisvorhang mit Perlenstickereien gezogen.

Die Sonne war schon im Westen hinabgesunken und der volle Mond auf dem azurnen Himmel hoch emporgestiegen, als der junge Kaiser in Begleitung einiger Hofdamen mit Seidenlampions in den Händen heimlich und leise zu den Gemächern der Prinzessin kam. Die

Zofen eilten zum Ruhebett der Prinzessin, die, erschöpft von den Aufregungen der letzten Stunden, eingeschlummert war. „Seine Majestät ist gleich hier!" riefen sie bestürzt. „Ihr müßt dem Kaiser zum Empfang entgegengehen!"

Schlaftrunken und immer noch die quälende Abscheu im Herzen, weigerte sich die Prinzessin aufzustehen. Aber die Zofen stützten, hoben, schoben, schleppten sie einfach mit sich, dem Kaiser entgegen, der bereits in die Halle nebenan getreten war, ehe sie noch die Stufen erreicht hatten. Mit einem Gefühl der Scham, der Schande und grollenden Widerwillens sah sie sich plötzlich dem jungen Kaiser gegenüber. Doch wer hätte in dieser Lage gewagt, Widerstand zu leisten! Sie warf sich vor ihm zu Boden und rief mit matter Stimme: „Mögen Euer Majestät zehntausend Jahre leben!"

Der neue Kaiser zog sie galant zu sich empor; und diese Nacht verbrachte er in ihrem Schlafgemach.

Im siebenten Monat fanden die Totenfeierlichkeiten für den alten Kaiser statt. Nachdem die letzten Klagerufe verhallt waren, legte der junge Kaiser das Trauergewand ab und kleidete sich in den Staatsornat, um dem Himmel, der Erde und den Ahnen mit zeremoniellen Verbeugungen die Übernahme des hohen Amtes durch seine Person anzukünden. Auch die Würdenträger des Hofes hatten für die Zeremonie der Thronbesteigung inzwischen ihre Audienzgewänder angelegt.

Doch als der junge Monarch mit dem Diadem auf seinem Haupte nun die Stufen des Thrones emporsteigen wollte, geschah es – vielleicht aus überschwenglicher Freude, vielleicht aus heimlicher Angst und Unruhe oder gar infolge plötzlicher Gewissensbisse –, daß ihn ein Schwindelgefühl überkam. Eben hatte er den Fuß auf die erste Stufe gesetzt, da erschreckte ihn der dreifache Knall der „ruhegebietenden Peitsche" der Thronwache so, daß er zurücktaumelte und beinahe gestrauchelt wäre. Im letzten Augenblick fingen ihn Offiziere der Leibgarde auf. Aber auch als er, von ihnen gestützt, zum zweitenmal den Thron zu besteigen suchte, glitt sein Fuß ab, als ob der Himmel in seiner Gerechtigkeit und die Geister in ihrer racheheischenden Macht sich allesamt gegen ihn verschworen hätten.

Yang Su, bestürzt über den unziemlichen Anblick, den der taumelnde Kaiser bot, bahnte sich schnell einen Weg durch die Menge und griff ihm unter die Arme. Trotz seines Alters war Yang Su als ehemaliger Krieger und General ungewöhnlich stark. Mit einer Hand packte er den Kaiser um die Schulter und hob ihn mit Leichtigkeit zum Thron empor. Dann stellte er sich geschwind an die Spitze der versammelten Würdenträger und führte sie an bei den Hochrufen auf Seine Majestät, den neuen Kaiser, und der Zeremonie des Kotaus vor dem Thron. Doch fürwahr:

Es sage keiner mehr, daß Schlechtigkeit,
daß Trug und Frevel Menschen Vorteil bringen.
Der Himmel haßt die Ungerechtigkeit.
Und sollte es zehn Jahre auch gelingen,
daß einer Kaiser bleibt. Was nützt ihm das?
Folgt ihm nicht überall in allen Dingen
als böses Omen der Dämonen Haß?

Auf dem Thron gewann der junge Kaiser alsbald seine Selbstbeherrschung zurück. Die Hochrufe und die Unterwürfigkeit der gratulierenden Würdenträger, von denen er zum Teil Widerstand erwartet hatte, beruhigten ihn. Er ermannte sich zu Handlungen, wie sie die Stunde gebot. Besondere Kuriere wurden ausgeschickt, um allen Gouvernements und Präfekturen des Reiches die Trauerbotschaft vom Hinscheiden des alten Kaisers und von den Totenfeierlichkeiten zu übermitteln.

Zugleich wurden Beamte ausgesandt, um mit kaiserlichem Dekret die Thronbesteigung des neuen Kaisers zu

verkünden. Für das Reich und alle Vasallenstaaten wurde verfügt, daß vom Neujahrstag des nächsten Jahres an die neue Regierungsepoche Da-Ye – Große Erfolge – heißen sollte. Die Zivil- und Militärbeamten des Hofes wurden im Rang befördert. Die Truppen der Grenzwacht und der Garnisonen sollten zur Feier der Thronbesteigung Extrarationen erhalten. Für das ganze Reich wurden besondere Vergünstigungen vorgesehen, und den Hochbetagten sollten laut kaiserlicher Verfügung Geschenke von Getreide und Seide gemacht werden. Mit welchen Ehren und Gunstbezeigungen Yang Su, Yü-wen Schu, Dschang Heng und die anderen Mitverschworenen überhäuft wurden, erübrigt sich mitzuteilen. Um die Spuren der Mitschuld des Kaisers an der Ermordung seines älteren Bruders zu tilgen, wurde der ehemalige Kronprinz und abgesetzte Thronfolger postum mit einem ehrenvollen Titel ausgezeichnet.

Der junge Kaiser war ohne Widerstand und Revolten zur Macht gekommen. Yang Su am Hof und dessen Bruder Yang Yüe in Tschang-An, der Hauptstadt, hatten ihm mit Rat und Militärgewalt beigestanden, und neben diesen beiden konnte er auch noch auf die Unterstützung vieler anderer zählen.

Nun aber ist von allen sittlichen Verpflichtungen des Menschen keine wichtiger als die dem Herrscher, dem Vater und dem älteren Bruder gegenüber. Wer seinen Vater und seinen älteren Bruder umbringt und den Thron usurpiert, hat bereits Wurzel und Stamm aller Tugenden ausgerissen und vernichtet. Und mag er auch mit größtem Eifer und Fleiß den Regierungsgeschäften nachgehen und für das Wohl des Volkes sorgen, so sind seine Verdienste doch nur wie Zweige und Blätter an einem entwurzelten, verrotteten Baum. Wenn er zu alldem aber auch noch ein ausschweifendes, zügelloses Leben führt, wie sollte er dann nicht den Zorn des Himmels und den Groll der Menschen auf sich laden, bis er alles verliert – sein Reich und seine Familie? Wollt ihr nun wissen, wie sich der neue Kaiser verhielt, nachdem er den Thron bestiegen hatte, so lest das nächste Kapitel, in dem ausführlich darüber berichtet wird.

3

Im Gedicht heißt es:

Die alten Gärten, blütenüberhangen –
unkrautüberwuchert und verlassen.
Wild grast
auf eingestürzten Terrassen.
Vermorscht das Boot,
wo Mädchen einst sangen –
Die Stimmen verklangen –
Und die Tänzerinnen? –
Tot!
Erloschen der Schimmer.
Der Duft verhaucht.
Nur der Strom fließt noch immer –
fließender Frost,
nebelumraucht.

Wo willst du ihn suchen, den Duft?
Wo die flüchtige Farbe der Wangen?
Wo ist die Macht, die dir ruft
die Jugend zurück, längst vergangen?
Hoch in der eisigen Luft
wie ein letzter Lampion, den jemand vergaß,
über der Insel, genau wie vor unzähligen Jahren,
ist der Mond aufgegangen.
Und die Möwen flattern in Scharen
zum Himmel empor,
nieder ins Gras ...

Man könnte das Menschenleben in seiner Flüchtigkeit vergleichen mit dem herniederzuckenden Strahl des Blitzes oder stiebenden Funken, die man aus dem Stein schlägt. Am vergänglichsten aber ist die Schönheit des jugendfrischen Antlitzes, die schimmernde Schwärze des Haars. Wie lange kann sie währen in den siebzig Jahren, die der Mensch vielleicht auf Erden weilt? Und jene allgewaltigen Schurken, die in der Fülle ihrer Macht sich die glanzvollsten Helden dünken – ist ihr Schicksalstag gekommen, in nichts zerlöst sich all ihr Glanz in einem Augenblick. Gleichen sie darin nicht den Schönen, die auf das vergängliche Rosenrot eines jugendfrischen Antlitzes angewiesen sind?

Wir wollen nun wieder von dem jungen Kaiser erzählen, der später bekanntlich Kaiser Yang genannt wurde. Nach seiner Thronbesteigung begab er sich Tag für Tag sogleich nach beendeter Audienz in die Gemächer der Prinzessin Tschen und genoß dort ungeniert und ungezügelt die Freuden der Liebe. Einen guten halben Monat mochte er so vergnüglich verbracht haben, als ihm etwas Unerwartetes widerfuhr. Seine rechtmäßige Gattin, Prinzessin Hsjau, hatte früher seine ungeteilte Gunst und Liebe genossen. Unzertrennlich waren sie gewesen, solange die sittenstrenge alte Kaiserin Du-gu lebte und er der Prinzessin Tschen noch nicht begegnet war. Nun aber, nachdem er Kaiser und seine Gattin Kaiserin geworden war, beglückte er sie auf einmal überhaupt nicht mehr! Anfangs hatte die Kaiserin noch gedacht, ihr Gatte halte sich wegen des vorgeschriebenen Trauerzeremoniells von ihr fern. Als sie dann aber erfuhr, daß er sich Nacht für Nacht in den Gemächern der Prinzessin Tschen unzüchtigen Vergnügungen hingab, kochte sie vor Wut: Eben erst ist er Kaiser geworden, und schon führt er solche Stücke auf! Na, das kann ja fein enden! Diese und andere Überlegungen brachten sie zu einem festen Entschluß.

Als Kaiser Yang an jenem Tag vom Audienzsaal in seine Gemächer zurückkehrte, packte ihn die Kaiserin kurz entschlossen am Arm und machte ihm einen Skandal.

„Ein feiner Kaiser seid Ihr!“ schrie sie erbittert. „Schon ein paar Tage nach der Thronbesteigung stoßt Ihr Eure rechtmäßige Gemahlin einfach beiseite und hurt mit der Beischläferin Eures Vaters herum! Wenn Ihr noch ein paar Jahre Kaiser bleiben solltet, so wird es wohl im ganzen Reich bald kein weibliches Wesen geben, das Ihr nicht geschändet habt!“

Kaiser Yang lenkte sofort ein: „Aber was denkt Ihr denn? Eine Laune des Augenblicks und sonst nichts! Warum sollte sich meine kaiserliche Gattin über so eine Kleinigkeit erzürnen?“

„Laune hin, Laune her!“ entgegnete die Kaiserin unerbittlich. „Eure Augenblickslaunen kümmern mich herzlich wenig! Was mich kümmert, ist, daß Ihr sie schleunigst kaltstellt und jede Begegnung mit ihr unmöglich macht. Tut Ihr das, wird Eure ergebene Magd nichts weiter unternehmen. Solltet Ihr aber immer noch schmachtend hinter ihr herlaufen, dann macht Euch darauf gefaßt, daß ich mit einem Privatdekret Eure Schändlichkeiten den Beamten aller Grade bekanntgebe. Und dann wollen wir einmal sehen, wie Ihr dasteht!“

„Aber meine kaiserliche Gemahlin, warum denn nur so aufgeregt!“ bemühte sich Kaiser Yang sie zu beruhigen. „Laßt mich die Sache doch nach und nach bereinigen!“

„Was gibt es da noch zu bereinigen?“ herrschte ihn die Kaiserin an. „Wenn Ihr Euch nicht von ihr trennen wollt, dann werde ich eben meine Hofdamen beauftragen, Eure Geliebte zu beleidigen und zu demütigen. Und wir werden ja sehen, wie sie die Schande verträgt!“

Der Kaiser hatte immer schon Respekt vor seiner Gattin gehabt, und jetzt, in ihrem Zorn, jagte sie ihm geradezu Angst ein. Linkisch erhob er sich. „Ihr braucht kein weiteres Wort zu verlieren! Wartet nur, bis ich selbst die Sache regle. Ich gehe zu ihr und erkläre ihr, daß sie sich eben bescheiden muß. Nachher komme ich zu Euch, um Abbitte zu leisten.“

„Ob Euer Majestät mit ihr zu reden beliebt oder nicht, zu mir zu kommen geruht oder nicht, nun, das ist Sache Eurer Majestät. Eure ergebene Magd jedenfalls weiß, was sie zu tun hat!“

Wie im Palast selten etwas geheim bleibt, so hatten auch diesmal eilfertige Zungen die Prinzessin Tschen längst über dieses Gespräch informiert. Die Nachricht erschütterte sie. Sie war in Tränen aufgelöst, als man ihr meldete, der Kaiser sei plötzlich eingetroffen. Den Kopf gesenkt, die Augen tränenfeucht, ging sie ihm zum Empfang entgegen. Der Kaiser ahnte sofort, was in ihr vorging. „Ich nehme an, Ihr wißt bereits, daß die Kaiserin eben einen Streit mit mir angefangen hat. Aber ich weiß selbst, was ich zu tun habe. Sollte sie etwas gegen Euch unternehmen wollen, so werde ich es nie und nimmer dulden!“

„Eure elende Sklavin hat schon dem seligen Kaiser Ungemach bereitet“, schluchzte die Prinzessin. „Und nun befleckt sie noch die Reinheit Eures kaiserlichen Leibes! Selbst mit dem Tode könnte Eure Sklavin so schändliche Vergehen nicht sühnen! Deshalb bitte ich Euer Majestät darum, dem Befehl der Kaiserin zu willfahren und Eure Sklavin für immer in den letzten Winkel des Palastes zu verbannen!“

Der Kaiser seufzte: „Selbst der Tod vermag die Liebe nicht zu brechen! Wir haben zwar nur für kurze Zeit gemeinsame Freuden genossen, doch mein Gefühl für Euch ist tiefer als das Meer! Und müßten wir auch als ein Paar aus dem einfachen Volke leben, gerne wäre ich dazu bereit! Wie könnte ich Euch da jemals leichten Herzens von mir stoßen? Wie meiner Liebe entsagen? Seid Ihr wirklich so hartherzig, daß Ihr mich von Euch weisen wollt?“

Die Prinzessin klammerte sich schluchzend an den Kaiser. „Eure Magd ist nicht hartherzig“, jammerte sie. „Doch wenn wir nur den Begierden der Liebe nachgeben, so könnte nicht nur der gute Ruf Eurer Majestät in Gefahr geraten. – Denkt doch an die junge Hofdame aus der We-tschih-Sippe, die der selige Kaiser beglückte! Soll ich in ihre Fußstapfen treten? Wenn Eure Gemahlin, die erlauchte Kaiserin, erst richtig zornig wird, so ist Eurer dienstbaren Magd der Tod gewiß! Warum liegt Euch das Schicksal Eurer Magd so wenig am Herzen?"

Der Brust des Kaisers entrang sich ein gequälter Seufzer. „Ich entnehme Euren Worten", sagte er gramvoll, „daß Ihr mir Mangel an Gefühl vorwerft und doch wißt, wie tief meine Gefühle für Euch sind!" Er befahl dem diensthabenden Eunuchen, den abseits gelegenen Palast der Feen für die Prinzessin herzurichten. Dort sollte sie künftig wohnen und auch alle Vergünstigungen genießen wie bisher.

Als wären sie verflochten und verstrickt ineinander, verharrten der Kaiser und die Prinzessin und konnten sich nicht trennen, sagten sich immer wieder dasselbe, sprachen und sprachen und wußten selbst nicht recht, wovon. Der Kaiser konnte es einfach nicht übers Herz bringen, sie zu verlassen, bis ihn die Prinzessin ermahnte und schließlich inständig darum bat. Tiefbetrübt verabschiedete er sich noch einmal von ihr und ging hinaus. Fürwahr:

Wenn Tod uns trennt, erstirbt der Laut
des Schmerzes. Wer im Leben scheidet,
dem bleibt, solang er lebt, vertraut
der Schmerz der Trennung, und er leidet.
Doch nichts ist bittrer als das Los –
das jammervolle Los des Weibs,
das dienen muß mit seinem Schoß,
mit Reiz und Anmut seines Leibs.

Die Trennung von der Prinzessin Tschen fiel dem Kaiser durchaus nicht leicht. Den ganzen Tag hörte man ihn seufzen; geistesabwesend und wie benommen starrte er vor sich hin; ob wach oder im Traum, beim Essen oder Trinken – immer sah er das Bild der Prinzessin vor sich. Die Kaiserin erkannte sehr bald, daß sie ihn bei einer dermaßen lechzenden, schmachtenden, in Sehnsucht sich verzehrenden Liebe doch nicht lange zurückhalten konnte, und so sagte sie eines Tages zu ihm: „Eure ergebene Magd beabsichtigte, zur Wahrung der ehelichen Gefühle, Euch zu überreden, die Prinzessin Tschen aus Eurer Nähe zu entfernen. Unvorhergesehenerweise ist mein kaiserlicher Gemahl ihr aber in solcher Liebe zugetan, daß er bald in seiner Magd nichts als eine eifersüchtige Furie erblicken wird, was nur noch zu einer größeren Entfremdung führen kann, anstatt uns einander näherzubringen. Darum erachte ich es als wünschenswert, daß die Prinzessin Tschen an den Hof zurückgeholt wird, um früh und spät dem Herzen Seiner Majestät lindernden Trost spenden zu können. Wenn Eurer ergebenen Magd auf diese Weise auch ein Teil Eurer freundlichen Huld zufallen sollte, so wäre dies nur von Vorteil für alle Beteiligten."

Der Kaiser strahlte über das ganze Gesicht. „Sollte meine erlauchte Gemahlin tatsächlich ihre Zustimmung geben, so überträfe sie alle Musterbeispiele von Frauentugend des Altertums! Doch fürchte ich, meine Gattin beliebt nur zu scherzen!"

„Wie dürfte sich Eure ergebene Magd einen Scherz mit der Majestät erlauben!" rief die Kaiserin heftig.

Der Kaiser war überglücklich, und da er es gar nicht mehr erwarten konnte, die Prinzessin wiederzusehen, schickte er auf der Stelle einen Eunuchen mit einer Eilbotschaft zu ihr, um ihre Rückkehr zu beschleunigen. Die Prinzessin Tschen hatte nach ihrer Entfernung vom Hof keineswegs erwartet, der Gunst des Kaisers jemals wieder teilhaftig zu werden. Sie fand ihr neues Leben, das weder Schminke noch Augentusche noch große Toiletten erforderte, eigentlich recht behaglich und angenehm. Als nun plötzlich ein Bote des Kaisers erschien und ihr die Rückberufung an den Hof kundtat, lehnte sie höflich ab: „Seine Majestät hat mir huldreich die Entlassung aus seinen Diensten gestattet. Man könnte das mit einer Blüte vergleichen, die dem Fluß anheimgegeben und von ihm hinweggeschwemmt wurde. Wie sollte sie je wieder zurückkehren? Ich ersuche Euch, Seiner Majestät meinen tiefen Dank für diese mir nicht gebührende Ehre auszusprechen."

„Aber unser Kaiser wartet doch im Palast auf Eure sofortige Rückkehr!" wandte der Eunuch jammernd ein. „Ihr dürft ihn nicht einen Augenblick länger warten lassen! Euer Sklave kann doch nicht einfach unverrichteterdinge zu ihm zurückkehren!"

Die Prinzessin überlegte. „Ich hab's!" rief sie plötzlich, suchte ihr feinstes Briefpapier hervor, schrieb etwas darauf und übergab das niedlich zusammengefaltete Blättchen dem Boten. „Nehmt das für den Kaiser und bedankt Euch in meinem Namen."

Der Eunuch wagte nicht, sie länger mit aufdringlichen Mahnungen zu belästigen, nahm das Brieflein und überbrachte es dem Kaiser. Dieser öffnete es ungeduldig und fand darin ein Gedicht nach dem Rhythmus des Lieds „Dein gedenk ich immer":

Die roten Blüten schwinden.
Die blauen Blüten schwinden.
Der Frühlingswind hat sie erfaßt.
Wie sollen zurück sie finden,
zurück zum alten Ast?

Ehrend ist die Gnade,
entehrend die Ungnade.
Wie bald hat Freude doch ein End!
Wär es nicht doppelt schade,
wenn man sich wieder trennt?

Der Kaiser lächelte. Sie hat also Angst, daß ich sie wieder fallenlasse. Jetzt habe ich aber das Einverständnis der Kaiserin. Nie wieder würde ich mich von ihr trennen! Und flugs griff er zum Pinsel und schrieb ein Gedicht im selben Versmaß:

Regen und Tau genug.
An lindem Wind genug.
Glaubt doch dem Wind, der sie erfaßt,
die Blüten, und zurück sie trug,
zurück zum alten Ast!

Gnade mögt ihr's nennen
oder Liebe nennen –
tagein, tagaus und ohne End.
Den möchte ich doch kennen,
der uns im Leben trennt!

Der Kaiser faltete das Papier sorgfältig zusammen und schickte das Gedicht sogleich als seine Antwort durch den Eunuchen an die Prinzessin, die es nicht ohne Rührung las. Bei einem so tiefen und offenbar aufrichtigen Gefühl des Kaisers für sie konnte sie sich ihm einfach nicht länger verweigern. Und so legte sie auch wieder Schminke auf und zog ihre Brauen nach, wie sie es in früheren Zeiten allerhöchster Gunst getan hatte. In einer mit allen Wohlgerüchen besprengten Kalesche fuhr sie in den Kaiserpalast zurück. Der Kaiser schwamm in Glückseligkeit. Durch seine böse Erfahrung vorsichtig geworden, begab er sich diesmal mit der Prinzessin sogleich in die Gemächer der Kaiserin und stellte sie ihr in schicklichster Weise vor. Wenn die Kaiserin auch nicht gerade erbaut über ihre Nebenbuhlerin war, so kannte sie ihren Gemahl doch zu gut, um sich auch nur die geringste Störung seines Glücks zuschulden kommen zu lassen. Sie tat vielmehr, als bereite ihr die Gesellschaft der Prinzessin das größte Vergnügen, und sie ließ ihr zu Ehren sogar ein köstliches Freudenmahl bereiten, um ihr und ihrem kaiserlichen Liebhaber ihre Glückwünsche darzubringen.

Kaiser Yang und Prinzessin Tschen erlebten nun ihren zweiten Liebesfrühling, der noch reichere Freuden brachte als der erste. Tag und Nacht war das glückliche Paar unzertrennlich beisammen.

Doch noch kein halbes Jahr war vergangen, da geschah, was so häufig bei ungewöhnlich schönen Blumen und Frauen geschieht – sie verblühen und welken nur allzu schnell dahin! Die Prinzessin erkrankte plötzlich. Kein Arzt konnte sie retten, und binnen wenigen Tagen war sie tot. Der Kaiser weinte tagelang um die Verblichene und ordnete an, sie mit allen Ehren und in pompöser Weise zu bestatten. Man sah ihm an, wie sehr er litt. Mit wirrer Miene lief er wie benommen umher, traurig und düster, die Augen tränenumschleiert. Schließlich konnte die Kaiserin Hsjau sein Elend nicht mehr länger mit ansehen.

„Tote kann man eben nicht mehr zum Leben erwekken", sprach sie sanft zu ihm. „Was hat es für einen Sinn, wenn Ihr Euch mit Eurem Gram das Herz zerfleischt! Wäre es nicht vernünftiger, in den kaiserlichen Frauengemächern unter den schönsten Damen eine auszuwählen, die Euerm wunden Herzen Trost spenden könnte?"

Nach anfänglichen Einwänden gab der Kaiser zögernd dem Drängen seiner Gattin nach, die ihm als gewichtigstes Argument vor Augen hielt, daß ja auch die Prinzessin Tschen einmal durch Auswahl aus den Frauengemächern der Majestät zugeführt worden sei. Auf Befehl des Kaisers wurden also die Mädchen und Frauen sämtlicher Ränge und Würden des Harems sowie alle übrigen Palastdamen jüngeren Alters zur persönlichen Auslese in die Thronhalle beordert. Man kann sich wohl vorstellen, mit welcher Sorgfalt und mit welchen Kunstgriffen die Weiblichkeit des Palastes in diesen Tagen die schwarzen Wolken ihres Haares bürstete und kämmte und nach allen Regeln der Kunst zu prächtigen Frisuren gestaltete. Der Kaiser und seine rechtmäßige Gattin, die Kaiserin Hsjau, nahmen persönlich die Parade der schönen Damen ab, die eine nach der anderen zu eingehender Betrachtung nah an den Thron herantreten mußten. Das kaiserliche Paar erfrischte seine Lebensgeister von Zeit zu Zeit mit einem Trunk Wein, während es die vorbeidefilierenden Damen musterte. Doch mit Recht heißt es: Wer einst das Meer geschaut, der findet alle Wasser klein. Was nützte es, daß zahllose blumenhaft schöne Gesichter und Leiber, schlank und geschmeidig wie Weidenzweige, dem Kaiser zur Auswahl vorgeführt wurden! Für ihn gab es hier nichts zu wählen, denn in seinen Augen war nichts besonders Reizvolles an diesen Damen zu finden. Er wurde ungeduldig. „Wozu noch Zeit verschwenden!" rief er verdrießlich. „Das sind ja alles doch nur passable Erscheinungen, diese Damen. An die unübertreffliche Schönheit einer Prinzessin Tschen reicht keine heran!" Er befahl den Damen, sich zu entfernen, was sie angesichts des kaiserlichen Mißmuts auch in überstürzter Eile taten.

Kaiserin Hsjau beschwichtigte ihren Gatten: „Mögen Euer Majestät sich ein wenig gedulden und noch ein paar Schälchen Wein leeren. Eure ergebene Magd wird unterdessen in den Frauengemächern noch einmal nachsehen. Ich wage mit Eurer Majestät zu wetten, daß sich doch noch eine ungewöhnliche Schönheit unter den Damen ausfindig machen läßt."

„Das ist kaum anzunehmen, wenn es bis jetzt nicht gelang", warf der Kaiser ein. „Warum sollte sich meine kaiserliche Gattin noch weiter umsonst bemühen?"

„Ich meine nur", erwiderte die Kaiserin, „daß es eben auch sehr stolze Schönheiten gibt, die sich selbst viel zu hoch einschätzen, um sich zu einem Wettbewerb mit gewöhnlichen Mädchen herabzulassen. Sie würden sich eher unerkannt bis zu ihrem Lebensende irgendwo im Palast versteckt halten. Eure ergebene Magd wird keinen Winkel unbeachtet lassen. Und sollte sich wirklich keine annehmbare Schönheit finden, wird sie zur Strafe drei

Rhinozeroshörner voll Wein leeren.“ Sie erhob sich, und in ihrer edelsteingeschmückten Sänfte verließ sie hastig die Thronhalle.

Kaiser Yang schloß nach dem Abgang seiner Gattin einen Eunuchenknaben in die Arme, und mit ihm tändelnd, nippte er gemächlich seinen Wein.

Die gute Kaiserin Hsjau aber hatte nichts weniger im Sinn, als die Winkel des Palastes nach Rivalinnen zu durchsuchen. Sie steuerte geradewegs auf den Palast der Ewigen Freude zu. Dort legte sie in fliegender Hast ihr Hofkleid ab, schmierte sich eine dicke Schicht Schminke aufs Gesicht, färbte sich die Lippen kirschrot, bauschte sich das Haar an den Schläfen auf, und nachdem sie sich eine mit Drachen und Phönixen geschmückte Haarnadel und dazu noch drei leuchtende Perlen in die Frisur gesteckt hatte, zog sie ein wunderschönes buntes Kleid an, wie es die kaiserlichen Konkubinen zu tragen pflegten. Nach beendeter Toilette sandte sie einen Eunuchen zum Kaiser, um ihm die Ankunft der „Erlesenen“ anzukündigen. Kaiser Yang hatte sich inzwischen einen beachtlichen Rausch angetrunken. Verwundert über das lange Ausbleiben seiner Gattin, wollte er sie eben holen lassen, als ein Eunuch eintrat und meldete: „Die erlauchte Kaiserin hat bereits eine Dame für Eure Majestät ausgewählt, die Euer ergebener Sklave nunmehr vorführen soll, da die erlauchte Kaiserin sich noch in einen anderen Teil des Harems zu begeben geruhte.“

„Meine verehrte Gemahlin scheut wirklich keine Mühe für mich!“ rief der Kaiser lachend.

Die Kaiserin in ihrer Verkleidung war unterdessen aus der Sänfte gestiegen und näherte sich mit trippelndem Schritt und zierlichem Gebaren den Stufen zur Thronhalle. Sie war noch etwa einen Pfeilschuß vom Thron entfernt, als der Kaiser den Blick hob und tatsächlich eine Palastschöne inmitten einer Schar von Zofen herankommen sah. Die Erscheinung der Dame war von ungewöhnlicher Eleganz, und sie wirkte durchaus verführerisch, als sie nun anmutig trippelnd Schritt für Schritt näher kam und vor dem Kaiser zu Boden sank.

„Also gibt es doch noch eine richtige Schönheit in diesem Palast!“ rief der Kaiser hocherfreut. „Berichte mir unverzüglich über deine Herkunft!“

Dreimal schon hatte der Kaiser die schöne Dame aufgefordert, und immer noch lag sie, das Antlitz tief herabgebeugt, vor ihm auf den Knien. Die Dame faszinierte ihn; jäh schwoll in ihm die Sinnenlust empor. Ganz gegen die Vorschriften des Hofrituals stieg er die Thronstufen hinab und griff der Schönen eigenhändig unter die Achseln. Erst jetzt stand sie auf, doch das Köpfchen hielt sie immer noch gesenkt.

Der Kaiser musterte sie aufmerksam, und plötzlich brach er in ein schallendes Gelächter aus. „So! Also meine kaiserliche Gemahlin höchstpersönlich! Ich habe es mir ja gleich gedacht, in unserem Palast gibt es doch keine anderen Schönen mehr, die wir vielleicht übersehen hätten!“ Er nahm seine Gattin im Konkubinenkleid galant bei der Hand und führte sie zum Thron hinauf, wo das kaiserliche Paar wieder Seite an Seite Platz nahm.

„Die drei Rhinozeroshörner Wein kann ich meiner Gemahlin nun aber doch nicht erlassen!“ scherzte der Kaiser.

„Eure ergebene Magd hat sämtliche Frauengemächer durchsucht“, erwiderte die Kaiserin schmollend, „und konnte keine einzige passende Dame finden. Da sie nun aber Eurer Majestät einmal das Versprechen gegeben hatte, blieb ihr nichts übrig, als ihre eigene Häßlichkeit zu einem Scherzchen herzuborgen, um Eurer Majestät ein verzeihendes Lächeln zu entlocken. Darum bittet Eure Magd, ihr in Anbetracht dieses löblichen Vorsatzes die Strafe zu erlassen.“

„Das geht wohl nicht an“, schäkerte der Kaiser weiter. „Die drei Rhinozeroshörner müßt Ihr schon austrinken.

Ich strafe damit ja auch nicht meine kaiserliche Gemahlin, sondern nur jene neuerwählte Palastschöne."

„Na, na, wenn sie wirklich so schön wäre", entgegnete die Kaiserin schelmisch, „hätten es sich Euer Majestät vielleicht doch überlegt und Nachsicht geübt!" Wenn auch nicht gleich ein Rhinozeroshorn voll, nahm sie doch immerhin ein Schälchen Wein, und daran nippend, fuhr sie fort: „Im Palast mag es vielleicht wirklich keine Eurem Wunsch entsprechende Dame mehr geben. Aber in einem so großen Reich wie dem Euren gibt es ganz bestimmt noch viele andere schöne Damen. Ihr seid ja schließlich Herr über alle, warum sollten Euer Majestät da nicht Leute aussenden, um die schönsten Damen auswählen zu lassen! Eure ergebene Magd ist überzeugt, daß sich noch viel hübschere als Prinzessin Tschen finden werden. Warum also hängen Euer Majestät Ihrem Kummer nach?"

„Na ja, da habt Ihr schon recht", sagte der Kaiser unschlüssig. „Aber ich fürchte nur, meine Herren Minister werden dagegen einiges einzuwenden haben!"

„Aber warum denn!" widersprach ihm die Kaiserin. „Es gibt doch kaum Beamte am Hof, die sich ehrlich ihre Meinung zu sagen trauen. Der einzige, der sich eventuell einmischen könnte, wäre der alte Yang Su. Aber da gibt es auch einen Weg: Euer Majestät könnten ihn ja jetzt, da die Orchideen gerade blühen, in den Palastgarten rufen lassen und unter dem Vorwand, mit ihm gemeinsam die Pracht der Orchideenblüte genießen zu wollen, in ein Gespräch über besagtes Thema verwickeln. Dabei ließe sich leicht seine Meinung dazu herausfinden."

Der Kaiser lobte seine Gattin für diesen ausgezeichneten Vorschlag, den er auch bereitwillig annahm. Am nächsten Tag begab er sich in seiner Sänfte zu den Palastgärten. Die Orchideen standen in voller Blüte. Die vielen Pflanzen aller Arten und Größen mit ihrem reichen Blütenschmuck boten einen bezaubernden Anblick. Der

Kaiser sandte zwei Eunuchen aus, um Yang Su zu sich in den Garten bitten zu lassen.

Nun müssen wir wissen, daß Yang Su, nachdem er dem Prinzen Guang auf den Thron verholfen hatte, in Anbetracht seiner gewaltigen Verdienste sowohl die größte Macht am Hofe wie auch die Befehlsgewalt über die Armee in seiner Hand vereinigte. An diesem Tag amüsierte sich Yang Su eben in der Gesellschaft hübscher Sängerinnen und Tänzerinnen, als ihm die Boten des Kaisers gemeldet wurden. In einer leichten Sänfte ließ er sich in die Palastgärten tragen, wo ihn der Kaiser beim Weiher des Großen Gnadenstroms empfing. Seine Majestät erhob sich sogar und ging ihm ein paar Schritte entgegen. Der verdiente alte General und Minister wurde von Seiner Majestät, allen Zeremonialvorschriften zuwider, eingeladen, in seiner erlauchten Anwesenheit Platz zu nehmen, was Yang Su nach der sehr dürftigen Ehrenbezeigung einer einzigen Verneigung ohne jeden Anspruch auf Bescheidenheit sogleich tat.

„Ich habe Euch schon lange nicht mehr gesehen“, fing der Kaiser an. „Ohne Eure Unterweisungen fürchte ich wieder dem vulgären Geschmack anheimzufallen. Nun blühen heute die Orchideen mit zartem Duft, die Weiden entfalten ihr junges liebliches Grün am Weiher, dessen Wasser so wunderbar klar ist, daß man die Fische darin zählen könnte. Darum habe ich Euch hierher bitten lassen, um mit Euch die Frühlingspracht zu genießen und im Teich zu angeln.“

Der alte Würdenträger schlug einen salbungsvollen Ton an: „Euer Untertan hat aus den Büchern der Alten entnommen, daß sich ein Herrscher nicht den unbilligen Vergnügungen der Jagd und des Fischfangs hinzugeben vermag, ohne Schaden zu leiden. So hat sich vor alters der Herzog Yin von Lu in spielerischer Laune an den Fischen in Tang ergötzen wollen, wofür er zu seiner Zeit Vorwürfe und Spott erntete. Hingegen hat im grauen Altertum

Kaiser Schun in einem Lied den für das Gedeihen der Feldfrüchte und das Wohl des Volkes so wichtigen Südwind besungen, was ihm für alle Ewigkeit hoch angerechnet wird. Euer Majestät haben erst vor kurzem den Thron bestiegen und sind noch in der vollen Blüte Eurer Manneskraft. Ich wäre glücklich, wenn Euer Majestät dem Beispiel des Kaisers Schun folgten, anstatt in den Fehler eines Herzogs Yin von Lu zu verfallen."

„Ich wiederum habe vernommen", entgegnete der Kaiser schlagfertig, „daß vor alters gerade beim Angeln König Wu von Dschou seinen Lehrer und Berater, den alten Lü Schang, kennenlernte, dessen weiser Voraussicht und Tüchtigkeit die Dschou-Dynastie ihr achthundertjähriges Bestehen zu verdanken hatte. An Verdiensten und Tüchtigkeit steht Ihr wohl kaum hinter jener allbekannten Gestalt Lü Schangs zurück!"

Yang Su war entzückt über diese schmeichelhaften Worte. „Nun, wenn Euer Majestät Euern Untertan in so rühmlicher Weise zu vergleichen belieben, wie sollte dieser dem erlauchten Vorbild aus dem Altertum in seiner Dienstbereitschaft für Eure Majestät nicht nacheifern wollen!"

Nach diesem gelehrten Wortgeplänkel war die Stimmung ausgezeichnet. Der Kaiser befahl seinen Leibeunuchen, die Sitze an den Rand des Weihers zu verlegen. Die Angeln wurden ausgeworfen, und aufmerksam folgten der Kaiser und sein höchster Würdenträger den leisesten Bewegungen an der Oberfläche des kristallklaren Wassers.

„Was haltet Ihr davon", sagte der Kaiser nach einer Weile, „wenn wir vereinbaren: Wer zuerst einen Fisch fängt, gilt als Gewinner; der Verlierer leert ihm zu Ehren ein Rhinozeroshorn voll Wein?"

„Euer Majestät haben einen großartigen Vorschlag gemacht", erwiderte Yang Su würdevoll.

Der Kaiser spürte einen Ruck in der Hand und zog die

Leine heraus. Ein kaum drei Zoll langes Goldfischchen hing daran. „Das wäre also der erste!“ rief der Kaiser hocherfreut. „Wollt Ihr also das erste Rhinozeroshorn Wein für Euch vormerken!“

Yang Su nickte nur mit dem Kopf. Er hatte die Leine noch im Wasser und wollte nicht die Fische verscheuchen, die gerade heranschwammen. Als er die Angel hochschwenkte, war der Haken leer. Enttäuscht warf er die Leine wieder aus. Einen Augenblick später riß der Kaiser abermals die Angel hoch; ein winziges Fischchen hing daran. „Ihr könnt das zweite Rhinozeroshorn Wein für Euch vormerken“, sagte er mit dem Stolz des Siegers. Als Yang Su gleich danach auch seine Angel hochriß, war der Haken wieder leer. Die Hofdamen verbargen nur mühsam ihr Lachen hinter den breiten Ärmeln ihrer Gewänder. Yang Su hatte aber bemerkt, daß man sich über ihn lustig machte. Seine Miene verfinsterte sich. „Wie sollten Schwälbchen und Sperlinge auch verstehen, wonach das Herz des wilden Schwanes strebt!“ murmelte er ergrimmt; und etwas lauter fügte er hinzu: „Wartet nur, bis Euer Untertan seine Kunst im Fang großer Fische voll zur Geltung bringt. Dann fängt er für Eure Majestät ein schillerndes Prachtexemplar von Karpfen, das zum Ehrentrunk erst den richtigen Leckerbissen liefern soll!“

Der Kaiser ärgerte sich über das großtuerische Gerede Yang Sus, der völlig vergessen zu haben schien, in wessen Nähe er sich befand. Er warf die Angel hin und ging unter dem Vorwand, sich erleichtern zu wollen, in den Palast zurück.

Als die Kaiserin die wutverzerrten Züge ihres Gemahls sah, fragte sie verwundert: „Aber Euer Majestät haben doch eben noch mit Yang Su geangelt! Warum dann plötzlich diese verfrühte Rückkehr in den Palast – und in solchem Zorn?“

„Dieser alte Schurke nimmt sich wirklich ungeheuerliche Frechheiten heraus!“ schnaubte der Kaiser. „Für diese Unverschämtheit soll er mir büßen! Ich werde ihn von meinen Leuten umbringen lassen, ehe ich seinetwegen vor Wut zerplatze!"

„Nein! Das geht nicht an!" fiel ihm die Kaiserin ins Wort. „Yang Su hat sich unter dem alten Kaiser große Verdienste erworben, und auch Eurer Majestät hat er sich sehr hilfreich erwiesen. Nun ladet Ihr ihn huldvoll zum Mahle und laßt ihn auf einmal ganz ohne ersichtlichen Grund umbringen – das werden die anderen Hofbeamten sicher nicht so einfach hinnehmen! Dazu ist Yang Su noch ein berühmter General von großer Körperkraft. Der nimmt es leicht mit ein paar Höflingen auf! Und wenn er uns entwischt, dann bedenkt doch, daß er den Oberbefehl über die kaiserlichen Armeen führt. Und ist er erst einmal aufsässig geworden, dann könnte er gar leicht das Reich und die Dynastie in Gefahr bringen. Euer Majestät müßten da schon vorsichtiger zu Werke gehen, wenn es wirklich gilt, ihn zu beseitigen. Aber gleich heute – nein, das geht auf keinen Fall!"

„Meine kaiserliche Gemahlin hat wieder einmal sehr weise gesprochen", sagte der Kaiser schon etwas ruhiger. Er ließ sich umkleiden und kehrte zum Weiher des Großen Gnadenstroms zurück.

Yang Su saß unter einer Weide. Seine hünenhafte Gestalt wirkte auch im Sitzen imposant. Sein Antlitz hatte die kühnen, stolzen Züge des kampferprobten Kriegers. Sein würdevoller Silberbart wogte im Wind. Der Kaiser konnte sich nicht verhehlen, daß der Anblick, den dieser alte Feldherr bot, etwas wahrhaft Majestätisches hatte, und es beschlich ihn ein bohrendes Gefühl der Eifersucht. Mit Mühe setzte er eine lächelnde Miene auf. „Habt Ihr inzwischen vielleicht ein paar Fische gefangen?"

„Wie viele Fische von der Art wahrer Drachen kann es schon geben!" entgegnete Yang Su spitz. In dem Augenblick zuckte die Leine. Er riß sie hoch; ein goldschimmernder Karpfen hing am Haken, wohl gut einen Fuß lang. Yang Su warf die Angelrute zu Boden und rief lachend: „Alles gelingt, ist nur der Wille fest! Nun, was sagen Euer Majestät zu Ihrem greisen Untertan?"

Auch der Kaiser lachte: „Ein Kaiser, der einen solchen Untertan hat, ist aller Sorgen ledig." Er befahl, das Mahl aufzutragen. Der Kaiser und Yang Su hatten eben ihre Plätze eingenommen, als der Haushofmeister erschien und meldete: „Vor dem Palasttor wartet ein Fischer vom Lo-Fluß, der einen ungewöhnlich großen und sehr seltsamen Karpfen mit goldenen Schuppen und ockergelbem Schwanz gefangen hat. Er wagt nicht, einen so wunderbaren Fisch auf dem Markt feilzubieten, und möchte ihn Seiner Majestät überreichen."

Kaiser Yang befahl, den Fisch zu bringen. Nach einer Weile kamen ein paar Eunuchen mit einer Wanne, die sie vor den Kaiser hinstellten. Aufmerksam betrachtete er den Fisch in der Wanne: das war tatsächlich ein seltsames Exemplar von Karpfen, fünf Fuß lang, mit einem Panzer von Goldschuppen, die im Sonnenlicht gleißten und blitzten, daß es die Augen blendete. Der Kaiser vermutete ein glückverheißendes Vorzeichen in diesem Wunderfisch und wollte ihn im Weiher aussetzen.

„Das ist ein viel zu großartiger Fisch!" wandte Yang Su dagegen ein. „So ein Fisch ist nicht für einen kleinen Weiher bestimmt. Man sollte ihn lieber töten. Dann kann er sich wenigstens nicht mehr in einen Drachen verwandeln und eines Tages das Land mit Ungewittern verheeren!"

Der Kaiser widersprach ihm lächelnd: „Wenn dieser Fisch sich wirklich in einen Drachen verwandeln könnte, stünde es gar nicht in unserer Macht, ihn zu töten, selbst wenn wir ihm den Garaus machen wollten!" Er wandte sich seinem Gefolge zu und fragte: „Hat diese Art von Karpfen einen bestimmten Namen?" Alle verneinten es, worauf der Kaiser einen Pinsel und feinste Zinnobertusche kommen ließ und auf die Stirn des Fisches eigenhändig die Zeichen „Dem Leben wiedergegeben“ schrieb. Mit dieser kaiserlichen Aufschrift versehen, wurde er im Weiher ausgesetzt. Der Fischer, der den seltsamen Fisch gebracht hatte, erhielt eine reiche Belohnung.

Das Mahl begann. Die Becher wurden vollgeschenkt, und man trank vergnüglich, während die Haremsdamen Lieder sangen, tanzten oder auf ihren Instrumenten zarte Weisen spielten. Der Kaiser hatte sich eben im Kopf zurechtgelegt, wie er Yang Su im Gespräch auf das Thema der Auswahl schöner Mädchen im ganzen Reich lenken würde, als die drei Fische, die er und Yang Su vorhin geangelt hatten, feingehackt als Fischsuppe aufgetragen wurden. Der Kaiser befahl seinem Leibeunuchen, ein Rhinozeroshorn mit Wein zu füllen und Yang Su zu überreichen. „Wir haben doch vorhin Spielregeln fürs Angeln ausgemacht“, sagte er aufgeräumt. „Ich habe den ersten Fisch gefangen. Demnach müßt Ihr dieses Horn voll Wein leeren, wenn Ihr kein Spielverderber sein wollt.“

Yang Su leerte es auf einen Zug. Dann hieß auch er einen Eunuchen ein Rhinozeroshorn mit Wein füllen und reichte es dem Kaiser dar: „Euer betagter Untertan hat zwar erst später als Euer Majestät einen Fisch am Haken gehabt, der dafür aber ein Karpfen war! Euer Majestät sollten Euren Untertan für sein Verdienst auch mit einem Horn Wein ehren.“

Der Kaiser setzte den Riesenbecher an den Mund und leerte ihn auf einen Zug. „Nun habe ich aber zum Unterschied von Euch zwei Fische gefangen“, sagte er listig lächelnd. „Somit schuldet Ihr mir noch einen Becher.“

Yang Su war schon ziemlich betrunken. Der Ton, den er jetzt dem Kaiser gegenüber anschlug, ließ an Respekt sehr zu wünschen übrig.“ „Wenn Euer Majestät auch zwei Fische herausgeholt haben, so erreichen sie zusammengenommen noch lange nicht die Größe des Fisches Eures Untertans. Wenn Euer Majestät geruhen, Euren Untertan nach der Anzahl der Fische huldvoll zum Trunk zu verpflichten, so gestattet sich Euer Untertan seinerseits ehrerbietig, der Größe der Fische entsprechend Euer Majestät zum Trunk aufzufordern, und kann demnach dem Trinkbefehl schwerlich nachkommen." Mit den Händen fuchtelnd, wehrte er die Eunuchen und Dienerinnen ab, die ihm den Trunk kredenzen wollten; und da diese nicht auf ein so heftiges Gebaren des alten Generals gefaßt waren, stießen sie vor lauter Aufregung den Becher auf dem Tisch um. Der Wein spritzte auf den mit Schlangenmustern bestickten Hofornat Yang Sus, der sogleich wutschäumend losfluchte: „Diese blödsinnigen Tölpel! So eine Unverschämtheit, vor den Augen des Himmelssohns einen hohen Würdenträger zu besudeln! Wozu sind denn überhaupt noch die Satzungen des Kaiserhofs gut, wenn so etwas ungestraft passieren kann!" Und brüllend befahl er: „Schleppt sie hinaus und prügelt sie ordentlich!"

Der Kaiser, gleichfalls erbost über den umgestoßenen Becher, schluckte schnell hinunter, was ihm auf der Zunge lag, als er Yang Su so hemmungslos in Wut geraten sah. Die Höflinge deuteten das Schweigen des Kaisers als Zustimmung und führten die Unglücksraben, denen das Malheur mit dem Becher passiert war, zur Prügelstrafe ab. Erst jetzt hielt es Yang Su für nötig, dem Kaiser eine Erklärung für sein Betragen zu geben: „Diese Eunuchen und Zofen sind wirklich ein widerwärtiges Pack! Schon den Kaisern des Altertums haben sie immer wieder Unglück gebracht, wenn sie sich ihnen gegenüber auch nur im geringsten nachsichtig zeigten. Man sollte nicht etwa meinen, daß Euer betagter Untertan ein Grobian ist, wenn er es ihnen heute einmal gezeigt hat. Das wird ihnen sicher eine Lehre sein, in Zukunft sich schön vorsichtig und devot zu benehmen und sich nicht mehr solche Ungezogenheiten zu erlauben!"

Der Kaiser verbiß mit Mühe seine Wut über das

skandalöse Benehmen Yang Sus und hatte im stillen bereits beschlossen, das Thema der Auswahl schöner Damen für seinen Harem nicht mehr ins Gespräch einzuflechten. Er zwang sich zu einem süßsauren Lächeln. „Ihr versteht es nicht nur, Ordnung draußen im Reich zu schaffen, sondern sorgt auch mit großer Achtsamkeit für die Disziplin innerhalb des Palastes. So kann man Euch fürwahr einen allseitig verdienstvollen Würdenträger nennen. Trinken wir noch einen Becher als Zeichen des Dankes für Eure Bemühungen."

Yang Su leerte nicht nur diesen, sondern noch einige Becher mehr. Völlig betrunken erhob er sich schließlich und lallte ein paar Dankesworte. Der Kaiser gab ihm zwei Eunuchen zur Begleitung mit. Sie griffen dem Wankenden unter die Arme und geleiteten ihn hinaus.

Als Yang Su, von den zwei Eunuchen gestützt, zum Tor des kaiserlichen Gartens kam, fühlte er plötzlich, wie ihm ein eiskalter Hauch übers Gesicht strich, der ihn bis ins Mark erschauern ließ. Die Glieder schlotterten ihm wie im Fieber, und die Haare standen ihm zu Berge. Als er den Blick hob, sah er ganz deutlich die Prinzessin Tschen auf sich zukommen. „Minister Yang", rief sie ihm zu, „seid Ihr nicht der, von dem damals alles abhing, als Prinz Guang, der König von Dschin, die Thronfolge an sich reißen wollte?"

Yang Su war sich in diesem Augenblick gar nicht bewußt, daß die Prinzessin Tschen schon längst verstorben war. „Aber das sind doch Geschichten, die der Vergangenheit angehören!" antwortete er ihr, als ob sie leibhaftig vor ihm stünde. „Was soll denn das, hohe Frau? Warum wollt Ihr längst Abgetanes wieder aufgreifen?"

„Unser Kaiser schickt mich hierher", erwiderte die Prinzessin mit schneidender Kälte. „Er wünscht, daß Ihr die Schuld an dem Verbrechen aufklärt."

„Aber ich habe doch eben noch im Palast überhaupt nichts davon erwähnt!" würgte Yang Su hervor. Die

Worte blieben ihm im Halse stecken, denn jetzt sah er mit einemmal den alten Kaiser herankommen. Im Staatsornat saß er in einem offenen Wagen, die Drachenkappe auf dem Haupt, in der Hand eine goldene Streitaxt. Er versperrte Yang Su den Weg und schrie ihn an: „Du elender Mörder deines Herrn wagst es vielleicht noch, dich herauszureden!" Im selben Augenblick holte er mit der Axt aus und zielte auf Yang Sus Schädel. Vergeblich suchte Yang Su dem Hieb auszuweichen. Aus Mund und Nase spritzte ihm das Blut hervor, und er sank zu Boden. Die Eunuchen sahen mit Schrecken, wie er zusammenbrach. Eilends liefen sie zurück und meldeten es dem Kaiser. Der aber nahm die Nachricht mit unverhohlener Freude entgegen. Auf seinen Befehl wurde Yang Su von Soldaten der Leibgarde nach Hause getragen, wo er allmählich wieder zur Besinnung kam. In einem klaren Augenblick sagte er zu seinem Sohn Yang Hsüen-gan:

„Der verstorbene Kaiser weiß bereits, wie ich Prinz Guang den Thron verschafft habe. Bereite schnell alles für das Begräbnis vor, mein Sohn!"

Noch vor Mitternacht starb er.

Fürwahr:

Des Himmels ewigen Schicksalskreis
stören nie menschliche Hände.
Wer nur als Schurke zu siegen weiß,
dem nützen nicht Ehre, nicht Glanz und nicht Pracht,
er nimmt für ein Leben voll Niedertracht
ein elendes, schmähliches Ende.

Als der Kaiser vom Tode Yang Sus erfuhr, rief er hocherfreut: „So, der alte Schurke ist also gestorben! Jetzt habe ich nichts mehr zu fürchten." Und sogleich befahl er seinen Eunuchen, im ganzen Reich schöne Frauen und Mädchen für ihn auszusuchen. Daß sein Leben viel schmählicher als das des Schurken Yang Su enden sollte, ahnte er freilich damals noch nicht …

Hu Tjän-yo

Der Soldat Hou Dschen-dung

Hou Dschen-dung stammte aus Su-Ning. Da seine Familie arm war, wurde er Soldat in der Präfektur, wo er unter dem Präfekten An Mou-hsju diente. Der Präfekt führte ein überaus strenges Regime. Wenn er zu Unrecht Verdächtigte schlagen ließ, stand Hou daneben und zeigte unverhohlen seine Mißbilligung. Fuhr ihn deshalb der Präfekt wütend an und schlug ihm ins Gesicht, so beharrte er dennoch auf seiner mißbilligenden Haltung. Heimlich wunderte sich der Präfekt über den seltsamen Soldaten.

Hou war klein von Wuchs und blind auf einem Auge. Er sah schwächlich aus, stark war nur sein Mannesmut. Er vermochte zu tun, was andere nicht wagten. Wenn er auch nur ein gewöhnlicher Häscher war, so hatte er doch das Herz eines Helden, das danach schrie, sich in der Tat zu beweisen.

Als die Ming-Dynastie zugrunde ging, tauchten im Gouvernement Ho-Be Räuberbanden von mehreren tausend Mann auf. Eines Tages schlossen sie sich zusammen und belagerten das Städtchen Su-Ning, das sie seiner Kleinheit wegen leicht zu erobern hofften. Vorher streuten sie das Gerücht aus, die Einwohner hätten, falls sie sich verteidigen sollten, nach der Einnahme der Stadt mit einem Massaker zu rechnen. In panischem Schrecken verloren alle den Kopf. Nur Hou Dschen-dung ließ sich nicht einschüchtern. Er ging geradewegs zum Präfekten und sagte: „Damit will man uns nur Angst einjagen. Wir sollten die Stadt entschlossen verteidigen."

Der Präfekt war mit ihm einer Meinung. Sofort wurden Soldaten auf den Wällen postiert und alle Vorbereitungen zum Kampf gegen die Räuber getroffen. Der schwächste Punkt der Verteidigung war der Nordwestwinkel der Stadtmauer. Hou Dschen-dung bat um die Erlaubnis, diesen Abschnitt übernehmen zu dürfen. Von der Mauer erspähte er auf einem Pferd den Anführer der Räuber. Nach seinen Erwägungen war es angesichts der zahlenmäßigen Überlegenheit der Räuber keineswegs sicher, daß die Stadt gehalten werden konnte. Darum schien ihm nichts geeigneter, die Belagerer zum Abzug zu zwingen, als ihren Anführer zu erschlagen. Diesen Plan teilte er sofort dem Präfekten mit.

Hou Dschen-dung richtete eigenhändig die Kanone auf den Räuberhauptmann und gab Feuer. Das Geschoß barst im Lauf und zerschmetterte ihm den Oberschenkel. Man riet ihm, die Sache aufzugeben. Zornig wehrte er ab. Der zweite Schuß traf und riß den Räuberhauptmann in Stücke. Die Belagerer stoben auseinander. Bei einem Ausfall der Besatzung wurden viele Räuber erschlagen. Der Rest zerstreute sich.

Der Präfekt schätzte nach diesem Erfolg Hou Dschendung um so mehr. Er wollte ihn auch reichlich belohnen für seine Tat. Doch Hou war bereits am zweiten Tag nach dem Abzug der Räuber seinen Wunden erlegen. Vor seinem Tode hatte er gesagt:

„Als das Geschoß nach hinten losging und explodierte, bin ich nur deshalb nicht sogleich tot zusammengebrochen und vermochte mich auch wieder aufzuraffen, weil ich mir geschworen hatte, die Räuber zu vertreiben und meine Stadt zu retten."

Yüen Me

Über den Sinn der Ehrenbezeigung

Als ich die Tempel des Tjän-Tai-Gebirges besuchte, empfingen mich die Mönche meist mit Glockenklängen und Trommelgedröhn und forderten mich auf, den Buddhastatuen meine Ehrfurcht zu erweisen. Ich begann mich darüber zu ärgern, und schließlich erwiderte ich ihre Zudringlichkeit mit einem Gedicht, das ich auf einen Fächer schrieb und ihnen zeigte:

Ich ehre Mönche gern, wenn ich sie sehe,
was ich dem Buddhastandbild glatt verwehre.
Der Mönch versteht mich, wie ich ihn verstehe,
doch nicht der Buddha, wenn ich ihn auch ehre.

Als mein Freund Wang Meng-lou das Gedicht sah, sagte er lachend: „Ihr habt zwar keine große Liebe für den Buddha, aber was Ihr so von Euch gebt, entspricht doch sehr dem wahren Sinn seiner Lehre."

Über Talent und Ehrgeiz

Ich bemerkte einmal zu jemandem: Man sollte sich wünschen, daß das Talent möglichst groß und der Ehrgeiz möglichst klein sei. Ein großes Talent bewältigt mit Leichtigkeit seine Aufgaben; und wo der Ehrgeiz klein ist, gibt es kaum Wünsche, die sich nicht befriedigen ließen.

Die Zeiten ändern sich

In meiner Jugend war ich arm. Ich konnte es mir nicht leisten, Bücher zu kaufen, obwohl gerade das mein sehnlichster Wunsch war. Wenn ich an einem Bücherladen vorbeikam, verlangte mein Herz nach diesen für mich unerschwinglichen Kostbarkeiten. Aber ich durfte ja nur ein bißchen darin herumblättern! Nachts erschienen sie mir im Traum. Ich schrieb damals die Zeilen:

> Fern liegt das Schulhaus. Ungern laufe
> ich übern Marktplatz. Wir sind arm. Im Traum
> geschieht es oft, daß ich mir Bücher kaufe ...

Als ich dann ein Beamter geworden war, erwarb ich wohl an die zehntausend Bücher, nur fand ich keine Zeit, sie zu lesen. Ähnlich ergeht es einem, wenn man als Jüngling mit kräftigem Gebiß zu arm war, um sich satt zu essen, und als Greis schließlich die teuersten Delikatessen aufgetischt bekommt, wo man doch mit zahnlosem Mund und schwindendem Appetit kaum noch etwas essen möchte. Bedauerlich fürwahr!

Dschi Yün

Lohn der Enthaltsamkeit

Ein Gerichtsbüttel der Präfektur Hsjän, dessen Namen mir entfallen ist, war ein offener und aufrechter Mann, alles andere als kleinlich und voller Verachtung für Niedertracht und Schmutzigkeit. Als er eines Tages von einem Spiel nach Hause ging, sah er auf der Straße ein Bauernpaar, das sich weinend umschlungen hielt. Die Frau trug ein Kind im Arm. Auf seine Frage sagten ihm die Nachbarsleute des Ehepaars: „Sie haben Schulden bei einem reichen Gutsbesitzer. Nun muß er seine Frau verkaufen. Die beiden sind sich von Herzen zugetan, und das Kind ist noch nicht einmal der Brust entwöhnt. Natürlich ist er sehr traurig, seine Frau weggeben zu müssen!"

„Wie hoch sind denn die Schulden?" fragte der Gerichtsbüttel.

„Dreißig Unzen Silber."

„Und um wieviel hat er die Frau verkauft?"

„Um fünfzig Unzen. Sie soll die Konkubine eines anderen werden."

„Könnte man sie noch auslösen?"

„Das ließe sich schon machen. Der Vertrag ist zwar bereits aufgesetzt, doch das Geld hat er noch nicht erhalten."

Der Gerichtsbüttel zog siebzig Unzen Silber hervor, die er beim Spiel gewonnen hatte, und überreichte sie dem Bauern.

„Hier hast du dreißig Unzen, um deine Schulden zurückzuzahlen", sagte er, „und mit den restlichen vierzig versuch dir dein Leben neu einzurichten. Deine Frau brauchst du nun nicht mehr zu verkaufen!"

Der Bauer und seine Frau wußten gar nicht, wie sie ihm danken sollten. Sie kauften ein Huhn und Wein und bewirteten ihn, so gut sie es vermochten.

Als der Büttel schon ein wenig angeheitert war, zwinkerte der Bauer seiner Frau zu, offenbar um ihr zu bedeuten, daß sie sich ihrem Gönner zum Dank für seine Hilfe hingeben sollte. Die Frau nickte zustimmend. Der Mann nahm das Kind auf den Arm und verließ die Stube.

Als ihm nun die Frau in zärtlichem Tonfall Andeutungen machte, setzte der Gerichtsbüttel eine strenge Miene auf. „Mein halbes Leben war ich ein Räuber", sagte er ernst, „die andere Hälfte ein Büttel beim Gericht. Ich habe Menschen getötet, ohne jemals mit der Wimper zu zucken. Aber in Bedrängnis geratene Frauen und Mädchen zu schänden, das bringe ich wahrhaftig nicht fertig!" Er trank seinen Wein aus, aß noch ein paar Bissen und verließ sie ohne ein weiteres Wort.

Einen halben Monat später brach im Dorf, in dem der Büttel wohnte, nachts ein Feuer aus. Es war gerade nach der Ernte. Rings um die Hütten und sogar auf den Dächern lag überall trockenes Stroh angehäuft, das im Nu Feuer fing. Die Flammen schlugen lodernd aus dem Dach und griffen auf die Speicher über. Es war nicht mehr möglich, ins Freie zu gelangen.

Mit zugekniffenen Augen saß der Büttel mit seiner Familie in der Stube und wartete auf das Ende. Da hörte er plötzlich wie von fernher eine Stimme hoch über dem Dach: „Dringende Verfügung des Schicksalsfürsten vom Ostberg: Der Gerichtsbüttel Soundso mitsamt seiner Familie ist von der Todesliste zu streichen." Danach hörten sie ein Knacken und Knarren, und krachend stürzte die hintere Wand des Hauses zur Hälfte ein. Der Büttel packte schnell seine Frau, nahm das Kind in den Arm, und wie im Flug sprang er über die niedergebrochene Mauer ins Freie.

Nach der Feuersbrunst zählte man im Dorf die in den Flammen Umgekommenen: es waren neun.

Die Nachbarn falteten in Ehrfurcht die Hände und sagten zum Gerichtsbüttel: „Gestern haben wir Euch noch heimlich ausgelacht. Wer hätte auch schon erwartet, daß man mit siebzig Unzen Silber drei Menschenleben retten könnte!“

Ich bin der Ansicht, daß der Büttel in diesem Fall das schützende Eingreifen des Schicksalsgotts nur zu vier Zehnteln seiner Geldspende für das Bauernpaar zu verdanken hatte, zu sechs Zehnteln jedoch seiner Enthaltsamkeit vor den Verlockungen der Sinnenlust.

Li Ru-dschen

Der schöne Kaufmann im Frauenreich

1

Schon viele merkwürdige Länder hatte Lin Dschih-yang mit seinem Kauffahrteischiff, auf dem sich auch seine Familie, sein gelehrter Schwager Tang Au und der nicht minder gelehrte Herr Do befanden, bereist, als sie die Hauptstadt des Frauenreichs anliefen. Nachdem das Schiff am Kai angelegt hatte, lud Herr Do Tang Au zu einem Spaziergang an Land ein. Tang Au war von diesem Gedanken nicht gerade entzückt, denn er wußte recht wohl aus der Geschichte, daß einstmals der Mönch Tripitaka in der Zeit der Tang-Dynastie, als er auf der Suche nach den heiligen Schriften Buddhas nach Indien pilgerte, auf der Durchreise von der Königin des Frauenreichs beinahe festgehalten worden wäre. Doch Herr Do zerstreute Tang Aus Bedenken: „Ihr habt freilich allen Grund, mißtrauisch zu sein, Bruder Tang. Nur müßt Ihr wissen, daß dieses Frauenreich ein ganz anderes ist als das, in welches der Mönch Tripitaka verschlagen wurde. Tja, wenn es jenes berüchtigte Frauenreich wäre, so würde ich nicht nur Euch abraten, an Land zu gehen; selbst Bruder Lin müßte sich trotz der verlockendsten Gewißheit, seine Waren mit einem ungewöhnlich hohen Profit loszuwerden, wohl hüten, hier sein Gesicht zu zeigen. In diesem Frauenreich gibt es nämlich von jeher auch Männer, und die Geschlechter paaren sich genau wie bei uns. Der Unterschied liegt einzig und allein darin, daß die Männer hier Röcke tragen und als Frauen gelten, während die Frauen wie Männer gekleidet gehen, mit Stiefeln und

Kappen, und die Rolle der Männer spielen. Die Männer führen den Haushalt, und alle Männergeschäfte besorgen die Frauen."

„Wenn die Männer die Hausarbeit verrichten, pudern und schminken sie sich dann auch wie die Frauen bei uns?" fragte Tang Au, neugierig geworden. „Und werden ihnen auch die Füße eingebunden?"

„Wie ich gehört habe, ist das Fußeinbinden äußerst beliebt hierzulande", mischte sich Lin Dschih-yang ins Gespräch. „Ein winziges Füßchen wird hochgeschätzt bei arm und reich. Und was das Pudern und Schminken anbetrifft, das gehört hier einfach zum guten Ton für alle Männer. Ein Glück, daß ich in China zur Welt kam! Stellt Euch einmal vor, wenn ich hier geboren wäre und man hätte mir die Füße eingebunden! Eine feine Tortur! Nichts für mich jedenfalls!" Bei diesen Worten zog er gemächlich eine Warenliste aus der Tasche und überreichte sie Tang Au. „Seht einmal her, Schwager", sagte er, auf die Liste deutend. „Da sind die Waren verzeichnet, die ich hier an den ‚Mann' bringen möchte."

Tang Au warf einen Blick auf die Liste, die allerlei Puder, Salben, Schminken, Kämme und dergleichen Dinge enthielt, welche sonst ausschließlich Frauen verwenden. „Jetzt verstehe ich erst, warum Ihr all das Zeug aufgeladen habt, als wir von Ling-Nan aufbrachen", sagte er, indem er Lin Dschih-yang die Liste zurückgab. „Aber Ihr führt nur die Waren an, ohne den Preis dazuzuschreiben?" – „Wer setzt denn schon im voraus die Preise fest, wenn er eine Handelsreise unternimmt!" rief Lin Dschih-yang lachend. „Man sieht zunächst einmal, was die Leute am dringendsten brauchen; und das, woran es fehlt, wird dementsprechend teuer verkauft. Das ist ja gerade der Trick, mit dem wir Handelsleute in fremden Ländern fette Summen einstreichen."

„Aber wenn das Land hier auch Frauenreich heißt", warf Tang Au ein, „so sind diese sogenannten Frauen in

Wirklichkeit gar keine. Warum sollten sie Euch all das Zeug abkaufen?"

„Die gesamte Bevölkerung vom König bis zu den einfachen Leuten ist zwar in ihrer Lebensweise recht sparsam und bescheiden", erklärte Herr Do, „mit einer Ausnahme allerdings – besser gesagt, mit einer Schwäche, die sich als ziemlich kostspielig erweist: Die ‚Frauen' sind wild auf hübsche Kleider und allerlei Schönheitsartikel. Ob arm oder reich, wenn es um solche Dinge geht, sind sie gleich Feuer und Flamme. Dafür findet sich immer Geld, selbst wenn es sonst kaum reicht. Das weiß Bruder Lin, und darum hat er auch solche Luxusartikel mitgebracht. Er braucht nur seine Warenliste bei einer von den reichen Familien vorzulegen, und in zwei, drei Tagen ist er den ganzen Kram los. Das bringt ein hübsches Stück Geld herein – einen Profit von mindestens zwei-, dreihundert Prozent!"

„Vor längerer Zeit las ich in einem alten Buch, daß es ein Land gibt, wo die Männer die Hausarbeit und die Frauen die üblichen Männergeschäfte verrichten", bemerkte Tang Au. „Damals habe ich das für puren Unsinn gehalten. Nun bin ich wahrhaftig selbst in ein solches Land geraten. So etwas Absonderliches muß man sich doch wohl näher ansehen. Aber Ihr, Schwager Lin, Ihr strahlt ja geradezu vor Glück. Sicherlich werdet Ihr hier glänzende Geschäfte machen."

„Mir sieht es auch ganz danach aus", erwiderte Lin Dschih-yang fröhlich. „Das Glück scheint mir hier tatsächlich zu winken. Stellt Euch nur einmal vor, heute hat sich ein Glücksspinnenpaar ausgerechnet auf meinen Füßen niedergelassen. Ein besseres Vorzeichen könnte es gar nicht geben!" Und mit seiner Warenliste in der Hand ging er frohgemut an Land. Auch Tang Au und Herr Do machten sich auf den Weg in die Stadt, um die Eigenarten dieses Volkes zu studieren.

Was ihnen sofort auffiel, war, daß die Leute auf den

Straßen, ob jung oder alt, allesamt bartlos waren. Zwar trugen sie Männerkleider, sprachen aber mit hohen Stimmen wie Frauen. Der Gestalt nach waren sie eher klein und zierlich und in ihrem Gang biegsam und graziös. „Seht nur“, rief Tang Au verblüfft, „das sind doch alles recht manierliche Frauenzimmer, die sich, weiß der Himmel warum, wie Männer anziehen! Das ist doch die reinste Verkleidungskomödie!“

„Tja, Bruder Tang“, rief Herr Do lachend, „das sagt Ihr! Aber wer weiß, ob diese Damen sich nicht auch über uns mokieren. Könnten sie nicht ebensogut sagen: ‚Das ist ja die reinste Verkleidungskomödie! Das sind doch ganz manierliche Frauenzimmer! Weiß der Himmel, warum sie sich ausgerechnet wie Männer kleiden müssen!‘“

Tang Au nickte bedächtig. „Da habt Ihr gar nicht so unrecht, Freund Do“, sagte er nachdenklich. „Im Sprichwort heißt es: Die Gewohnheit wird zur zweiten Natur. Uns erscheinen diese Frauen absonderlich. Doch gilt für sie seit alters eben eine andere Ordnung. In ihren Augen sind wir die Ungewöhnlichen, nicht sie. Nun wissen wir also, wie es mit den ‚Männern‘ hier bestellt ist. Was ich noch gern erfahren möchte, ist, wie die ‚Frauen‘ aussehen.“

Herr Do gab Tang Au heimlich einen Wink. „Seht doch, Bruder Tang“, wisperte er, „das wird wohl eine ‚Frau‘ sein, die ‚Dame‘ mittleren Alters, die dort Muster auf Brokatschuhe stickt.“

Tang Au blickte in die angedeutete Richtung. In der Tür eines unscheinbaren Hauses saß eine schon etwas ältliche Frau mit einer turmartigen, hohen Frisur und so glattgeöltem Haar, daß selbst eine Fliege darauf unfehlbar ausgerutscht wäre. An ihren Schläfen baumelten Perlen- und Chrysoprasgehänge. Dazu trug sie goldene Ohrringe, mit Edelsteinen geschmückt. Ihr Obergewand war zartrosa, ihr Rock hellgrün. Darunter lugten winzige Füßchen hervor, die in dunkelroten Brokatstiefelchen steckten. Mit ihren sorgsam manikürten jadegleichen Fingern stickte die Dame emsig Blumenmuster auf die Oberseite von einem Paar niedlicher Schuhe. Die Augenbrauen über den zärtlich sanften Augen waren hübsch ausrasiert und in einem feinen, hochgeschwungenen Bogen nachgepinselt. Die Wangen überdeckte eine dicke Puderschicht. Aber wenn man auf die Mundpartien blickte, bemerkte man mit Erstaunen einen recht ansehnlichen Bartwuchs, der sich vom Kinn an aufwärts zog. Bei dieser Entdeckung konnten sich Tang Au und Herr Do das Lachen nicht länger verbeißen und platzten prustend heraus. Die bärtige Dame unterbrach jäh ihre Stickarbeit und maß Tang Au mit giftigen Blicken. „Ihr Frauenzimmer habt die Frechheit, euch über mich lustig zu machen!“ schrie sie empört.

Tang Au erschrak heftig, denn die Stimme jener „Dame“ dröhnte scheppernd wie ein zerbrochener Gong. Hastig zog er Herrn Do mit sich fort, und die beiden liefen, so schnell ihre Beine sie tragen konnten. Im Laufen hörten sie noch, wie ihnen die „Frau“ bissig nachbrüllte: „Jeder sieht euch doch an, daß ihr Frauen seid mit euren bärtigen Gesichtern! Und ihr verkleidet euch als Männer, tut, als ob ihr ganz harmlos mit uns Frauen liebäugeln möchtet und wollt euch in Wirklichkeit Männer schnappen, ihr geilen Frauenzimmer! Ihr könnt von Glück reden, daß ihr an mich Alte geraten seid. Andere Leute hätten euch vielleicht für Männer gehalten, die sich an Frauen heranmachen. Da hättet ihr aber eine Tracht Prügel bekommen, daß euch Hören und Sehen vergangen wäre!“

Als sie dieser Furie schließlich entronnen waren, hielt Tang Au an und sagte keuchend zu Herrn Do: „Die Sprache dieser Leute ist für uns eigentlich gar nicht so schwer zu verstehen. Sie hat uns, nach dem Geschimpfe zu schließen, tatsächlich für Frauen gehalten. ‚Geile Frauenzimmer‘ hat sie uns genannt – nein, so komisch ist sicher noch niemals ein Mann beschimpft worden! Hoffen wir nur, daß man Bruder Lin Dschih-yang hierzulande als Mann betrachtet."

„Warum denn?" fragte Herr Do verdutzt.

„Nun, weil er so ein hübsches zartwangiges Gesichtchen hat mit einem so feinen Teint, als ob er geschminkt und gepudert wäre. Und auf der Reise durch das Flammenland ist ihm doch der Bart total versengt worden, daß er jetzt sogar noch jugendlicher und saftiger aussieht. Wenn er hier als Frau gilt, dann könnte ihm allerlei zustoßen, befürchte ich."

„Aber die Leute sind doch von einer ausgesuchten Höflichkeit gegenüber allen Fremden", entgegnete Herr Do. „Wieviel mehr Höflichkeit und Ehrerbietung müßten sie uns erweisen, die wir doch aus China kommen, dem Reich, in dem der Sohn des Himmels herrscht!"

„Seht doch nur einmal!" rief Tang Au plötzlich. „Dort hängt eine Bekanntmachung, um die sich scharenweise das Volk drängt. Gehen wir hin und sehen uns an, was darauf steht."

Als sie sich der Menge näherten, hörten sie, wie jemand gerade mit lauter Stimme die Bekanntmachung vorlas. Es handelte sich offenbar um Regulierungsarbeiten für einen Fluß, der zu versanden und über die Ufer zu treten drohte. Tang Au wollte sich unbedingt weiter vordrängen und sich das Schriftstück genauer ansehen. Herr Do zeigte weniger Interesse. „Was gehen uns die Flüsse in diesem Land an!" sagte er zu Tang Au. „Wozu wollt Ihr Euch denn damit beschäftigen, Bruder Tang? Oder habt Ihr es vielleicht darauf abgesehen, als Flußregulierer Euch hier unsterbliche Verdienste zu erwerben und die ausgeschriebene Belohnung zu holen?"

„Macht Euch nicht lustig über mich, Meister Do", sagte Tang Au ernst. „Ihr wißt doch genau, daß ich von Flußregulierungen nichts verstehe. Was mich interessiert, ist nur die Schreibweise dieser Leute. Da gibt es sicher

Schriftzeichen, die unseren ähnlich und doch irgendwie anders sind." Und schon drängte er sich durch die Menschenmenge zur Bekanntmachung hindurch und studierte sie vom ersten bis zum letzten Wort aufmerksam. Als er wieder zu Herrn Do zurückkam, berichtete er ihm, daß der Text durchaus verständlich wäre. Ein paar ungewöhnliche Schriftzeichen ließen sich leicht erraten, und auf diese Weise hätte er also schon bei ihrem ersten Erkundungsgang im Frauenreich wieder etwas dazugelernt.

Die beiden schlenderten weiter durch die Straßen der Stadt, wo sie unter den Passanten auch „Frauen" begegneten, die alle den gleichen erstaunlichen Anblick boten. Mit winzigen eingebundenen Füßen, die unter langen Röcken hervorlugten, trippelten sie sittsam daher und wiegten sich graziös in den Hüften. Wo sich die Menschenmenge staute, wichen sie schamhaft zur Seite. Ihr scheues, zierliches Gehabe entbehrte tatsächlich nicht eines gewissen Liebreizes. Manche trugen Säuglinge im Arm oder führten Kinder an der Hand. Ihr Bartwuchs war sehr unterschiedlich: man sah sowohl struppige wie auch spärliche Bärte, und manche waren überhaupt bartlos. Bei näherer Betrachtung konnte man feststellen, daß es sich bei den bartlosen „Frauen" meist um ältliche Personen handelte, die sich, um jünger zu erscheinen, jedes Härchen sorgsam ausgezupft hatten. Die ganz alten, die zweifellos bereits graubärtig sein mußten, hatten sich ihre Bärte offenbar schwarz gefärbt.

Tang Au und Herr Do wanderten noch fröhlich plaudernd auf den Straßen und Plätzen umher, ehe sie wieder zu ihrem Schiff zurückkehrten. Man nahm das Abendessen an Bord ohne Lin Dschih-yang ein, der sich verspätet zu haben schien. Aber als zur Stunde des zweiten Trommelschlags Lin Dschih-yang immer noch nicht aufgetaucht war, begann sich seine Frau Sorgen zu machen. Tang Au und Herr Do zündeten einen Lampion an und begaben sich wieder an Land. Doch mußten sie ihre Suche sehr bald unterbrechen. Das Stadttor war nämlich bereits geschlossen, und unverrichteterdinge kehrten sie zum Schiff zurück.

Auch ihre Nachforschungen in der Stadt am nächsten Tag ergaben nicht die geringste Spur. Am dritten Tag nahmen sie noch einige Seeleute mit, die in verschiedenen Stadtteilen nach Lin Dschih-yang Ausschau hielten. Auch diesmal kehrten sie erfolglos zurück. Noch ein paar Tage wurde die Suche fortgesetzt. Doch alle Bemühungen waren vergeblich. Lin Dschih-yang war spurlos verschwunden. Lins Frau und Tochter weinten sich schier die Augen aus vor Kummer. Und Tang Au und Herr Do durchstreiften verzweifelt immer wieder die Stadt, um den Verschwundenen vielleicht doch noch zu finden.

Was Lin Dschih-yang an jenem verhängnisvollen Tag geschehen war, konnten sie freilich nicht ahnen.

Er war mit seiner Warenliste in die Stadt gegangen und hatte sie in mehreren Geschäften vorgezeigt. Wie es sich sehr bald herausstellte, fehlte es in jenem Lande tatsächlich an den Waren, die er mitführte. Nur als es zu Bestellungen kam, fand er zu seiner Enttäuschung, daß man ihm viel zu wenig dafür bot. Lin Dschih-yang sprach darauf bei einer der reichsten Familien der Stadt vor, die gleichfalls größtes Interesse für sein Warenangebot zeigte. Dort gab man ihm einen wichtigen Hinweis. „Wir haben hier in der Stadt einen Onkel des regierenden Königs", sagte man ihm, „der eine zahlreiche Familie und einen großen Haushalt hat. Dementsprechend hat er auch einen größeren Bedarf an Euren Waren, und Ihr könnt bei ihm sicherlich einen weitaus höheren Preis erzielen."

Dieser Rat nahm Lin Dschih-yang mit Freuden an. Er fragte nach dem Weg zum Palast, und bald sah er ein imposantes Gebäude vor sich aufragen, das mit seinem hohen Portal und seiner prachtvollen Fassade einen wahrhaft königlichen Anblick bot.

Und willst du, lieber Leser, wissen, was sich weiter ereignete, im Folgenden wird darüber ausführlich berichtet.

2

Lin Dschih-yang war also zum Palast gekommen, und sogleich schritt er mit seiner Warenliste in der Hand auf das Portal zu und bat die Torwache, dem königlichen „Oheim“ die Liste vorzulegen. Nicht lange danach wurde ihm aus dem Palastinnern die Botschaft überbracht, daß der „König“ für die Konkubinen der obersten Ränge, die in den letzten Jahren ausgewählt worden waren, eben dergleichen Dinge benötige. Die Warenliste werde daher dem „König“ sofort persönlich unterbreitet. Lin Dschih-yang möge sich bereit halten. Zum gegebenen Zeitpunkt werde ein Palastdiener erscheinen und ihn zur Entgegennahme von Bestellungen hineingeleiten. Es dauerte auch nicht allzu lange, da kam ein „Kammerherr“ mit der Warenliste heraus und führte Lin Dschih-yang durch mehrere vergoldete Türen und mit Jadefliesen belegte Korridore zum Eingang der inneren Palasthalle. Eine Kette von Gardesoldaten in martialischer Haltung säumte ehrfurchtgebietend den Weg. Der „Kammerherr“ blieb vor dem Eingang zur Thronhalle stehen. „Wartet hier ein Weilchen, werte Frau“, sagte er zu Lin Dschih-yang. „Ich werde die Warenliste vorerst selbst unserem Herrn unterbreiten und Euch sogleich verständigen, wie er darüber zu entscheiden beliebt.“ Aber im nächsten Augenblick kam er schon wieder heraus. „Werte Frau“, sagte er zu Lin Dschih-yang, „auf der Liste stehen ja gar keine Preise. Wie sollen wir denn da bestellen?“

„Ach ja, die Preise – die habe ich alle im Kopf!“ erwiderte Lin Dschih-yang schlagfertig. „Trefft nur zuerst einmal Eure Wahl, und wenn es soweit ist, gebe ich Euch insgesamt Auskunft über die Kosten.“

Der „Kammerherr“ begab sich wieder hinein. Doch gleich kam er zurück. „Verehrte Frau, dürfte ich wissen, wieviel hundert Pfund Schminke kosten?“ fragte er. „Und dann würden wir auch gerne erfahren, wieviel Ihr für den parfümierten Puder, das Haaröl und die Haarbänder verlangt.“ Lin Dschih-yang nannte ihm die Preise, und der „Kammerherr“ entfernte sich. Dieses Frage-und-Antwort-Spiel wiederholte sich noch mehrere Male, bis es dem „Kammerherrn“ und seinem Auftraggeber doch schließlich etwas zu mühsam wurde. Er kam heraus und sagte zu Lin Dschih-yang: „Verehrte Frau, unser königlicher Landesherr möchte von den Waren, die Ihr auf Eurer Liste verzeichnet habt, zum Teil größere, zum Teil kleinere Mengen kaufen. Doch befürchte ich, daß durch die indirekten Verhandlungen in der Preisfrage eventuell Mißverständnisse entstehen könnten, weshalb es nötig erscheint, den Handel in persönlicher Audienz abzuwickeln. Da Ihr, werte Frau, aus China, dem Reich der Himmlischen Dynastie, kommt, der wir in Ehrfurcht ergeben sind, geruht unser Landesherr, Euch zu empfangen. Doch würde ich Euch raten, verehrte Frau, Euch mit gebührender Vorsicht zu benehmen.“

„Aber natürlich!“ entgegnete Lin Dschih-yang unbekümmert. „Da macht Euch nur keine Sorgen!“

Hinter dem „Kammerherrn“ trat er in den Thronsaal, verbeugte sich tief vor „Seiner Majestät“ und stellte sich dann in abwartender Haltung zur Seite des Throns auf. Verstohlen musterte er aus den Augenwinkeln den „König“. „Seine Majestät“ mochte die Dreißig wohl überschritten haben, aber sein Antlitz war auffallend schön. Das kirschrote Mündchen hob sich sehr vorteilhaft von dem schneeweißen Teint ab. Ein Schwarm von „Palastdamen“ stand im Halbkreis um den Thron geschart.

„Seine Majestät“ hielt in den zierlichen Händen die Warenliste und erkundigte sich noch einmal eingehend nach den Preisen der einzelnen Artikel. Dabei maß er ganz unverhohlen mit prüfendem Blick Lin Dschih-yang von Kopf bis Fuß.

Was schaut sie mich denn nur immer so an? fragte sich Lin Dschih-yang im stillen. Wahrscheinlich hat sie noch nie einen Mann aus dem Reich der Mitte zu sehen bekommen.

Eine „Hofdame“ erschien und meldete, daß es Zeit sei, das Mittagsmahl einzunehmen. „Der König“ übergab die Warenliste dem „Kammerherrn“ mit dem Befehl, sie an den königlichen „Oheim“ weiterzuleiten, und nachdem er noch einigen „Hofdamen“ aufgetragen hatte, die „Dame“ aus dem Reich der Himmlischen Dynastie zu bewirten, zog er sich in seine Gemächer zurück.

Ein paar „Damen“ führten Lin Dschih-yang ins Obergeschoß und luden ihn ein, sich zu Tisch zu begeben. Bei den erlesensten Gerichten sprach man reichlich dem Wein zu, bis plötzlich gegen Ende der köstlichen Mahlzeit von unten lautes Stimmengewirr heraufdrang. Im nächsten Augenblick hörte man Getrappel auf der Treppe, und eine Schar von „Hofdamen“ stürzte ins Zimmer. Mit dem Ruf „erhabene Gebieterin“ knieten sie vor Lin Dschih-yang nieder, und ihre Köpfe gegen den Boden schlagend, überboten sie sich gegenseitig in Glückwünschen und den unterwürfigsten Ehrenbezeigungen. Gleich danach kam eine andere Schar von „Hofdamen“ die Treppe herauf und brachte Lin Dschih-yang eine mit Phönixen verzierte Kappe, ein mit Wolkenmustern besticktes Kleid, einen Gürtel mit Jadegehängen, Höschen und andere Unterwäsche sowie Ringe, Spangen und dergleichen Schmuckstücke mehr. Im Handumdrehen hatten sie Lin Dschih-yang splitternackt ausgezogen, wogegen er sich bei bestem Willen nicht zu wehren vermochte, denn sämtliche „Hofdamen“ verfügten über gewaltige Leibeskräfte, so daß sich der Arme vorkam wie ein Spätzchen, das in die Krallen von Adlern geraten war.

Während er nackt und zitternd vor Angst dastand,

bereiteten die „Damen“ in einer schnell herbeigetragenen Wanne ein nach allerlei Wohlgerüchen duftendes Bad für ihn. Man wusch ihn sorgfältig von Kopf bis Fuß und zog ihm danach die feine Unterwäsche an, kleidete ihn in die buntbestickten Gewänder und steckte seine noch etwas zu großen „Lotosfüßchen“ vorläufig in für „Damen“ durchaus gewaltige Seidenschuhe. Sein Haar wurde hochgekämmt und zu einem Knoten aufgebunden. Daß man dabei mit Haaröl nicht sparte, versteht sich von selbst. Dann steckte man ihm Nadeln mit Phönixen ins Haar, schminkte und puderte sein Gesicht und färbte ihm die Lippen rot. Seine Finger wurden mit Ringen und die Handgelenke mit Armbändern geschmückt. Die „Damen“ hatten inzwischen ein Ruhebett mit Vorhängen für ihn hergerichtet und baten ihn nun, darauf Platz zu nehmen.

Lin Dschih-yang war völlig verwirrt. Er dachte zuerst, er träume das alles nur oder er sei so betrunken, daß er Wahnbilder sehe. Sprachlos ließ er alles mit sich geschehen. Schließlich raffte er sich aber doch auf, die „Hofdamen“ nach dem Grund dieser seltsamen Maskerade zu fragen, und nun erfuhr er zu seinem unsagbaren Entsetzen, daß ihn der „König“ zu seiner „Ersten Haremsdame“ auserkoren habe. Man warte nur noch auf einen glückverheißenden Tag, um im königlichen Schlafgemach die Vermählung zu vollziehen.

Lin Dschih-yang begann erst jetzt zu begreifen, in welch furchtbare Lage er geraten war. Da kamen schon wieder ein paar „Hofdamen“ die Treppe herauf und traten auf ihn zu. Diesmal waren es besonders große und kräftige „Damen“ mit üppigem Bartwuchs. Eine darunter, deren Bart schon schlohweiß war, hatte eine Nadel in der Hand. Sie kniete vor ihm nieder und meldete: „Erhabene Gebieterin, ich komme im Auftrag des Königs, um Euch Löcher für die Ohrringe zu bohren.“ Mittlerweile waren vier muskulöse „Damen“ an Lin Dschih-yang herangetreten und packten ihn mit eisernem Griff. Die Weißbärtige massierte und knetete eine gute Weile sein rechtes Ohrläppchen und stach dann plötzlich zu. Lin Dschih-yang brüllte wie am Spieß. „Auweh!“ schrie er erbleichend. „Ihr wollt mich wohl zu Tode quälen!“ Mit einem Ruck bog er sich zurück. Aber die „Damen“ an seiner Seite hielten ihn mit unerbittlicher Gewalt nieder. Dieselbe Prozedur wurde sodann an seinem linken Ohr vollführt. Wieder stieß Lin Dschih-yang Schmerzensschreie aus. Die frisch gebohrten Löcher wurden mit Bleipuder sorgsam bestrichen und die Ohrläppchen noch eine Weile massiert, und schließlich behängte man ihn mit ein Paar goldenen Ohrringen, die mit funkelnden Edelsteinen besetzt waren. Die weißbärtige „Dame“ zog sich nach der erfolgreichen Verrichtung ihres Auftrags wieder ehrerbietig zurück.

Es dauerte nicht lange, da erschien eine schwarzbärtige „Hofdame“ mit einer Rolle weißer Seide in der Hand, kniete vor Lin Dschih-yang nieder und meldete: „Erhabene Gebieterin, ich komme im Auftrag des Königs, um Euch die Füße einzubinden.“ Zwei andere „Damen“ hatten sich inzwischen gleichfalls vor Lin Dschih-yang hingekniet und zogen ihm die provisorischen Schuhe und Socken von den „Lotosfüßchen“. Die Schwarzbärtige rückte ein Schemelchen heran, setzte sich nieder, entrollte das Seidentuch und riß es in zwei Streifen. Erst stellte sie Lin Dschih-yangs rechtes „Lotosfüßchen“ auf ihr Knie, streute zwischen die Zehen Alaunpuder und drückte alsdann mit kräftigem Griff die fünf Zehen so eng aneinander, daß sie wie eine geballte Faust aussahen. Auch die Sohle krümmte sie mit aller Gewalt wie einen Bogen zusammen, und dieses Klumpengebilde umwikkelte sie eng mit einem Seidenstreifen. Nach jeder zweiten Umwicklung nähte eine der „Hofdamen“ mit flinken Stichen das Seidentuch fest um den gekrümmten Fuß. Das Wickeln und Nähen schien gar kein Ende zu nehmen.

Durch vier handfeste „Damen“, die ihm Kopf und Arme, und zwei weitere, die ihm die Füße hielten, war Lin Dschih-yang jede Möglichkeit des Widerstands genommen. So mußte er, wie von einer Eisenklammer festgehalten, reglos alles über sich ergehen lassen. Als die Prozedur des Fußeinbindens endlich vorbei war, fühlte er einen so brennenden Schmerz in den Füßen, als stünde er auf glühenden Kohlen. Das Herz krampfte sich ihm zusammen, und von unerträglichen Schmerzen gepeinigt, brach er in herzzerreißendes Weinen aus. „Ihr quält mich ja zu Tode!“ rief er schluchzend.

Die „Hofdamen“ fertigten indessen in aller Eile ein Paar Schuhe aus roter Seide mit weichen Sohlen für die frisch eingebundenen Füße der „Ersten Haremsdame“ an.

Lin Dschih-yang weinte und schluchzte immer noch. Vergeblich mühte er sich, einen Ausweg aus seiner verzweifelten Lage zu ersinnen, und schließlich wandte er sich hilfeflehend an seine Peiniger: „Ich bitte euch ergebenst, werte Brüder, legt ein gutes Wörtchen für mich bei der Königin ein! Ich bin doch ein verheirateter Mann, wie kann ich da ‚Erste Haremsdame‘ werden? Und meine Füße sind nun einmal an die Freiheit gewöhnt wie ein Student, der sich vor allen Prüfungen drückt. So einen Zwang wie das Einbinden vertragen sie nicht. Laßt sie doch bitte wieder frei! Nicht nur ich, auch meine Frau wird euch ewig dankbar dafür sein.“

Die „Hofdamen“ wiesen ihn streng zurecht: „Seine Majestät, der König, hat befohlen, Eure Füße für die bevorstehende Hochzeit einzubinden, um Euch in seinem Schlafgemach empfangen zu können. Wer würde es da wagen, so ungebührliche Bitten vorzubringen!“

Ein paar „Hofdamen“ brachten Lampen herein und servierten das Abendessen. Wahre Fleischberge türmten sich auf dem Tisch, und auch mit Wein wurde nicht gespart. Lin Dschih-yang aber war der Appetit gründlich vergangen. Nicht einen Bissen konnte er hinunterwürgen.

Was er nicht vermochte, besorgten die kräftigen „Hofdamen“ – wohlig schmatzend aßen sie auch seinen Anteil auf.

Nach einiger Zeit drückte Lin Dschih-yang die Blase. „Ich muß mal raus“, teilte er den „Hofdamen“ mit. „Seid so freundlich, Brüder, und führt mich hinunter.“

Die „Hofdamen“ brachten diensteifrig sogleich einen Nachttopf herbei. Lin Dschih-yang war das höchst unangenehm. Mit einer verzweifelten Anstrengung versuchte er zwar, sich zu erheben und selbst hinunterzugehen, doch der brennende Schmerz in seinen eng eingebundenen Füßen machte ihm jeden Schritt zur Qual. So blieb ihm nichts übrig, als sich von den „Damen“ vom Bett heben und auf das Töpfchen setzen zu lassen. Nach verrichtetem Geschäft wischte er sich die Hand an einem Tuch ab. Eine „Hofdame“ stellte eine Schüssel mit heißem Wasser vor ihn hin. „Erhabene Gebieterin, wascht Euch bitte“, sagte sie mit ernster Miene.

„Aber ich habe mir doch eben die Hand abgewischt“, erwiderte Lin Dschih-yang ungehalten.

„Es ist ja auch nicht die Hand, die Ihr Euch waschen sollt“, entgegnete streng die „Hofdame“, „sondern die unteren Partien.“

„Was soll denn das heißen, die ‚unteren Partien‘?“ fragte Lin Dschih-yang verdutzt.

„Das heißt, daß Ihr, erhabene Gebieterin, jenen Körperteil waschen sollt, mit dem Ihr soeben Wasser zu lassen geruhtet. Und wenn Ihr Euch scheut, mit eigener Hand die Waschung vorzunehmen, so laßt es Eure Dienerinnen für Euch besorgen.“

Dienstbeflissen traten zwei kräftig gebaute „Hofdamen“ heran, von welchen eine Lin Dschih-yang das Höschen bis zu den Knien herabzog, indes die andere ein rotes Seidentuch in das heiße Wasser tauchte und ihm besagte Stelle abzureiben begann.

„Solche Späßchen dürft ihr euch mit mir nicht er-

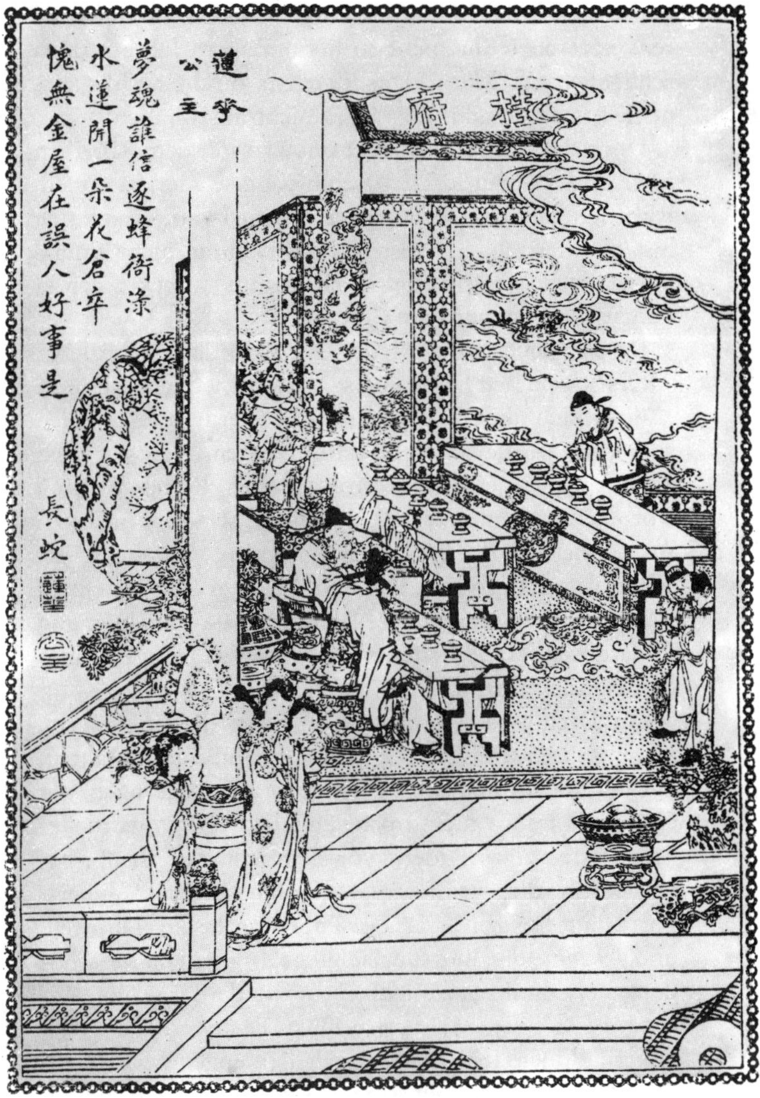
蓮花公主
夢魂誰信逐蜂衙涤
水蓮開一朶花倉卒
愧無金屋在誤人好事是
長蛇
桂府

lauben!“ schrie Lin Dschih-yang entrüstet. „Meine Herren, dort dürft ihr nicht so herumreiben! Ich bin doch schließlich ein Mann. Das kitzelt ja fürchterlich! Nein, nein, das geht nicht! Das ist ja nicht auszuhalten!“

Doch die „Hofdame“ fuhr unbeirrt mit dem Abreiben fort. Endlich wurde Lin Dschih-yang wieder zu seinem Ruhebett geführt. Der Schmerz in seinen Füßen hatte sich bis ins unerträgliche gesteigert. Er konnte nicht einmal mehr sitzen. Kraftlos fiel er zurück und streckte sich in seinen Kleidern auf dem Bett aus.

Da trat auch schon wieder eine „Hofdame“ mittleren Alters an sein Bett heran und sagte höflich, aber bestimmt: „Wenn sich unsere erhabene Gebieterin müde fühlen sollte, so würde ich sehr darum bitten, sich vor dem Schlafengehen erst der erforderlichen Reinigung und Vorbereitung unterziehen zu wollen.“ Und im nächsten Augenblick sah sich Lin Dschih-yang von einer geschäftigen Schar von „Damen“ umringt, die Leuchten, Waschbecken, Spucknäpfe, Kämme, Haarölbüchsen und Puderdosen, Handtücher und dergleichen Dinge mehr in den Händen trugen.

Lin Dschih-yang konnte sich gegen diesen Ansturm nicht wehren und ließ die „Damen“ mit ihm verfahren, wie es ihnen beliebte. Doch als man ihn nach der Gesichtswäsche auch noch pudern wollte, wurde er halsstarrig. „Das Pudern vor dem Schlafengehen“, belehrte ihn die weißhaarige „Hofdame“, „ist äußerst vorteilhaft für den Teint. Der Puder macht die Haut weiß und geschmeidig, und die reichliche Zugabe von Moschus darin verleiht ihr auch noch einen wunderbaren Duft. Ihr habt zwar einen schönen weißen Teint, erhabene Gebieterin, doch fehlt Euch noch der angenehme Hautgeruch, den die Männer so gerne schnuppern. Mit solchen Reizen verlockt man sie erst richtig und gewinnt ihre Zuneigung. Mit der Zeit werdet Ihr schon selbst daraufkommen, wie wichtig das für Euch ist.“ Lin Dschih-yang jedoch ließ sich trotz eindringlicher Ermahnungen nicht dazu überreden. Schließlich wurde es den „Damen" zu bunt. „Nun gut! Wenn unsere Gebieterin sich so hartnäckig sträubt", sagten sie, „müssen wir eben morgen Meldung erstatten und die Oberhofmeisterin bitten, die Sache selbst in die Hand zu nehmen."

Endlich wurde es ruhig. Die „Damen" zogen sich zurück, und alles ging zu Bett.

Lin Dschih-yang schlief elend. Jedesmal wenn er gerade eingenickt war, weckte ihn der brennende Schmerz in den Füßen. Er begann an den Seidenbandagen zu zerren, und mit unendlicher Mühe gelang es ihm, die Nähte zu lockern und das Zeug abzustreifen. Wie wohl war ihm zumute, als er endlich seine befreiten Zehen wieder strecken konnte! Im Nu war er eingeschlafen.

Als am nächsten Morgen das Ritual von Waschungen und Spülungen vorbei war, trat die schwarzbärtige „Hofdame" wieder an sein Bett heran, um mit dem Fußeinbinden fortzufahren. Mit Schrecken gewahrte sie die entblößten Füße. Sofort wurde dem „König" davon berichtet. Auf allerhöchsten Befehl wurde dieser Ungehorsam mit zwanzig Stockschlägen bestraft. Die Ausführung wurde der „Oberhofmeisterin" übertragen, die sogleich in Begleitung von vier „Dienerinnen" herbeigeeilt kam. Ehrfurchtsvoll kniete sie vor Lin Dschih-yang nieder. „Unsere erhabene Gebieterin hat sich bedauerlicherweise der Verfehlung des Ungehorsams schuldig gemacht", sagte sie streng. „Ich habe Befehl erhalten, Euer wertes Fleisch zu prügeln."

Lin Dschih-yang starrte sie entgeistert an, und mit Entsetzen sah er, daß diese schwarzbärtige „Oberhofmeisterin" einen gut drei Zoll breiten und acht Fuß langen Bambusstock in der Hand hielt.

„Was für Fleisch wollt Ihr prügeln?" fragte er verwirrt. „Was meint Ihr denn damit?"

Die vier „Gehilfinnen" der „Oberhofmeisterin", die

zwar nur spärlichen Bartwuchs, dafür aber muskelstrotzende Arme wie regelrechte Athleten hatten, packten ohne weitere Umstände Lin Dschih-yang und drückten ihn mit sanfter Gewalt bäuchlings aufs Bett. Man zog ihm das Höschen herunter, und schon sauste der Bambusstock der „Oberhofmeisterin“ klatschend auf sein Hinterteil nieder. Er zuckte zusammen unter dem rasenden Schmerz und schrie aus Leibeskräften. Beim fünften Schlag platzte die Haut. Blut spritzte hervor und färbte Kissen und Decken rot.

Die „Oberhofmeisterin“ hielt inne. Mit einem Unterton der Bewunderung in der Stimme sagte sie zu der „Schwarzbärtigen“, die für das Fußeinbinden verantwortlich war: „Unsere erhabene Gebieterin hat fürwahr ein sehr zartes Hinterteil. Seht doch nur, erst fünf Schläge und schon so viel Blut! Wenn ich ihr alle zwanzig verabreiche, könnte ihr edler Leib Schaden nehmen. Die Wunden würden nicht so schnell heilen, denke ich, und dann müßte am Ende gar noch der Hochzeitstag hinausgeschoben werden. Seid so freundlich, werte Schwester, und fragt für mich bei Seiner Majestät an, ob ich weitermachen soll.“

Die „Schwarzbärtige“ entfernte sich eilig. „Wie schön weiß und weich doch dieses Hinterteil ist!“ murmelte die „Oberhofmeisterin“, auf den Prügelstock gestützt, in den Bart. „Wirklich liebreizend anzuschauen, dieser Allerwerteste! Das Antlitz der gefeiertsten Schönheiten des Altertums hätte nicht schöner sein können, wenn man sich so einen unanständigen Vergleich gestatten darf.“

Die „Schwarzbärtige“ kam in fliegender Eile hereingetrippelt. „Seine Majestät geruht zu verfügen, daß die Strafe erlassen werden soll, falls unsere erhabene Gebieterin verspricht, sich den Anweisungen fürderhin zu fügen und ihre Fehler zu bereuen.“

In seiner jammervollen Angst, noch weiter mißhandelt zu werden, versprach Lin Dschih-yang hoch und heilig, sich von Grund auf zu bessern. Der Prügelstock wurde weggetragen, und die „Hofdamen“ wischten ihm nun mit weißen Seidentüchern behutsam das Blut von den Platzwunden. Auf Befehl des „Königs“ wurde er mit einer besonderen Salbe eingerieben und ihm ein schmerzstillender Trunk von Ginseng-Brühe verabreicht. Er streckte sich ermattet auf seinem Bett aus. Die Mittel aus der Hofapotheke wirkten unerwartet schnell. Im Nu hatte sich der Schmerz gelegt. Die „Hofdamen“ machten sich wieder an ihr Werk. Die von ihm so mühsam befreiten Füße wurden aufs neue in die Wickelbänder gezwängt. Er mußte vom Bett herabsteigen und im Zimmer auf und ab gehen. Wenn ihm auch der Hintern nicht mehr weh tat, so schmerzten ihn jetzt dafür seine Füße um so mehr. Doch die „Damen“, die ihn beim Gehen stützten, hatten nur eines im Sinn: seine Füße möglichst bald auf das für den Hochzeitstag gewünschte kleinste Maß zu bringen. Jedesmal wenn er bat, sich einen Augenblick ausruhen zu dürfen, drohten sie ihm, dem „König“ von seinem ungehorsamen Verhalten zu berichten. Was blieb ihm also anderes übrig, als sich mit aller Gewalt zusammenzureißen und die erforderlichen Gehübungen zu machen.

Nachts konnte der Arme kaum mehr schlafen. Immer wieder wurde er von dem brennenden Schmerz in seinen Füßen geweckt. Und die „Hofdamen“ ließen ihn auch nicht mehr aus den Augen. Tag und Nacht hielten sie abwechselnd Wache bei ihm. In dieser erbärmlichen Lage schrumpfte allmählich sein Geist, dem einstmals Seen und Meere nicht weit genug gewesen waren, zu der armseligen Enge einer weibisch-weinerlichen Kreatur zusammen.

Und möchtest du wissen, lieber Leser, was weiter mit ihm geschah, im Folgenden wird ausführlich darüber berichtet.

3

Lin Dschih-yang mußte nun täglich die obligaten Fußeinwicklungen über sich ergehen lassen. Seine „Lotosfüßchen“ wurden mit Salben eingerieben und in aromatischen Flüssigkeiten gebadet, und ehe noch ein halber Monat verstrichen war, hatten sie es fertiggebracht, seine Sohlen so zu verkrümmen, daß sie wie ein geknickter Bogen aussahen. Seine Zehen begannen zu eitern, und bei dieser schmerzhaften Prozedur floß täglich Blut aus den verletzten Gliedern. Die „Hofdamen“ aber bestanden nach wie vor darauf, daß er seine Gehübungen gewissenhaft fortsetzte. In seiner Wut und Verzweiflung war Lin Dschih-yang schließlich so weit gekommen, daß er sich eines Tages sagte: Bisher habe ich meinen Grimm in mich hineingefressen und jeden Schmerz erduldet, weil ich immer noch hoffte, daß mein Schwager und Herr Do mich aus dieser Misere befreien würden. Aber nichts höre ich von ihnen! Nein! Ich lasse mich nicht mehr weiterquälen. Lieber ein schneller Tod als diese ewige Marter! Die „Damen“ hatten ihn eben wieder zu einer Gehübung gezwungen, die ihm bei jedem Schritt höllische Pein verursachte. Kurz entschlossen warf sich Lin Dschih-yang auf sein Bett und ließ sich trotz aller Bitten, Ermahnungen und Drohungen einfach nicht mehr bewegen aufzustehen. „Soll nur die Oberhofmeisterin dem König melden, was sie will!“ rief er erbittert. „Ich lasse mich gerne auf der Stelle hinrichten, aber das Fußeinbinden mache ich nicht mehr mit, und damit basta!“ Er strampelte sich die Seidenschuhe von den Füßen und zerrte mit blinder Wut an den Bandagen. Die „Hofdamen“ stürzten herbei und wirbelten aufgeregt durcheinander. Alle Bemühungen, den Rasenden zu besänftigen, erwiesen sich als vergeblich. Die „Oberhofmeisterin“ begriff alsbald, daß sie der Lage nicht mehr Herr wurde. So erstattete sie diesmal höchst persönlich dem „König“ Bericht. Eine Weile verging in atemloser Spannung, dann kam sie wieder eilig die Treppe heraufgetrippelt und meldete: „Unser Herr, der König, hat verfügt, daß unsere erhabene Gebieterin in Anbetracht ihrer Weigerung, sich den Anordnungen zu fügen, unverzüglich mit den Füßen am Deckenbalken aufzuknüpfen sei."

Lin Dschih-yang, der bereits mit dem Leben abgerechnet hatte, rief den „Damen" zu: „Sputet euch nur! Bringt mich nur um! Je schneller, desto besser! Und ich werde euch noch danken dafür!" Gelassen ließ er die „Damen" mit ihm machen, was sie wollten. Nie aber hätte er geahnt, wieviel Schmerz es ihm bereiten würde, als man ihm auch nur den Strick um die ohnehin schon wunden Füße knüpfte. Als man ihn dann mit dem Kopf nach unten hochzog, wurde es ihm schwindlig, und tausend Funken tanzten vor seinen Augen. Der kalte Schweiß brach ihm aus allen Poren. Er biß die Zähne zusammen. Ein Wunsch nur beseelte ihn: durch einen schnellen Tod den ewigen Qualen ein Ende zu machen. Doch auch der Tod schien sich mit seinen Peinigern verbündet zu haben. Anstatt Erlösung zu finden, fühlte er mit immer wacheren Sinnen einen wahnwitzig stechenden Schmerz in seinen Füßen, als ob man sie mit Messern zerhackte oder Nägel hineinbohrte. Zähneknirschend ertrug er ein Weilchen die unsäglichen Qualen. Dann aber gellte ein Schrei aus seiner Kehle, der kaum mehr menschlich klang. Wie ein Tier unter dem Schlachtmesser schrie er. Flehentlich bat er um Gnade. Die „Oberhofmeisterin" eilte sofort zum „König". Der „König" zeigte sich nachsichtig: Lin Dschih-yang wurde wieder heruntergelassen. Und von nun an mußte er sich in allen Dingen fügen und geduldig jeden Schmerz ertragen, so schwer es ihm auch fiel. Die „Hofdamen" merkten bald, daß er das Fürchten gelernt hatte, und nahmen nicht die geringste Rücksicht mehr auf ihn, wenn sie ihm die Füße einbanden. Mit noch viel größerem Eifer gingen sie jetzt ans Werk, um die „Lotosfüßchen“ der „Ersten Haremsdame“ möglichst bald zu der gewünschten niedlichen Form zusammenzupressen und damit die wohlwollende Anerkennung „Seiner Majestät“ zu erringen.

Lin Dschih-yang dachte oft daran, sich das Leben zu nehmen. Doch dazu fand er keine Gelegenheit. Denn Tag und Nacht wurde er aufs strengste bewacht. Die eitrigen Wunden seiner zerquetschten Füße verheilten mit der Zeit. Doch vom Fleisch war nicht mehr viel übriggeblieben. Die Haut umspannte nur noch dürrknochige Gebilde, die sich tatsächlich klein genug ausnahmen, um als „Lotosfüßchen“ zu gelten. Sein schwarzes Haar glänzte wie ein Spiegel von dem vielen Öl, mit dem es eingerieben wurde. Seine Haut war glatt, schmiegsam und duftig zart geworden von den täglichen Bädern und Waschungen mit wohlriechenden Essenzen. Die Augenbrauen hatte man ihm gestutzt und zurechtgezupft, bis sie die geschwungene Form von Halbmonden hatten. Mit zinnoberrot geschminkten Lippen, weißgepudertem Gesicht und mit kostbarem Geschmeide aus Perlen und Edelsteinen behangen, sah er wirklich anmutig aus wie eine junge Braut.

Der „König“ hatte immer wieder nachfragen lassen, wie weit die Vorbereitungen gediehen seien. Als ihm dann aber die „Oberhofmeisterin“ freudig meldete, die „Lotosfüßchen“ wären nunmehr fertig gebunden, erschien er selbst, um sich persönlich davon zu überzeugen. „Seine Majestät“ fand Lin Dschih-yang berückend schön mit seinen pfirsichgleichen Wangen, seiner graziösen Gestalt und den herrlich schimmernden Augen unter den hochgewölbten Brauen, und heimlich dachte er: Wäre es nicht jammerschade, so eine Schönheit als Mann verkleidet herumlaufen zu lassen! Wenn ich sie nicht entdeckt hätte, wäre der Welt ein Juwel verlorengegangen! Großmütig nahm er eine Perlenkette heraus und hängte sie Lin Dschih-yang eigenhändig um. Von den „Hofdamen“

gestützt, mußte der Arme sich auch noch niederknien und unter Dankesbezeigungen Kotau vor „Seiner Majestät" machen. Der „König" zog ihn zu sich empor und hieß ihn huldvoll, an seiner Seite Platz zu nehmen. Aufmerksam musterte er nun die „Lotosfüßchen" seiner „Braut", und mit wachsender Bewunderung schnupperte und tastete er vom Gesicht bis zu den Beinen überall an ihr herum.

Lin Dschih-yang war schon beim Eintreten des „Königs" vor Scham und Schüchternheit errötet. Als dieser ihn dann auch noch von Kopf bis Fuß betätschelte und beschnupperte, wurde er puterrot im Gesicht und rutschte zappelnd vor Verlegenheit hin und her. In seine Gemächer zurückgekehrt, dachte der „König" noch lange und mit innigster Freude an seine schöne „Braut" und entschloß sich in sehnsüchtigem Verlangen nach ihr, die Hochzeit gleich für den nächsten Tag festzusetzen. Zugleich befahl er dem Justizministerium, anläßlich des Glückstages der königlichen Vermählung alle Gefangenen freizulassen.

Lin Dschih-yang dachte indessen mit ebenso großer Sehnsucht an Tang Au und Herrn Do, von denen er immer noch Rettung aus seiner verzweifelten Lage erhoffte. War es nicht aber schon zu spät? Die Hochzeit stand vor der Tür, und nicht ein Wort hatte er von ihnen gehört. Der Gedanke an seine Frau und seine Tochter brach ihm schier das Herz. Wie viele Tränen hatte er ihrethalben vergossen! Und das Fußeinbinden hatte ihm die Knochen verletzt und die Sehnen gezerrt, daß er nur schwankend wie ein Betrunkener gehen konnte. Alle Kraft war aus seinen Beinen gewichen. Bei jedem Schritt mußte er sich auf die „Damen" seines Gefolges stützen. Wenn er sich an sein früheres Leben erinnerte und es mit seinem jetzigen Zustand verglich, war ihm, als lebte er nun in einer anderen Welt. Von aller Welt verlassen kam er sich vor, trostlos, von bitteren Qualen zerfleischt, als ob man sein Herz in tausend Stücke hackte. Die ganze Nacht weinte er still vor sich hin.

Am nächsten Morgen kamen die „Hofdamen“ früher als gewöhnlich, um ihm bei der Morgentoilette behilflich zu sein. Diesmal wurde er mit ganz besonderer Sorgfalt gewaschen, gepudert, geschminkt und parfümiert. Man zog ihm rote Seidenschühchen mit Phönixen an den Spitzen über seine „Lotosfüßchen“ und kleidete ihn bräutlich in ein Gewand mit Schlangenmustern, setzte ihm ein Phönixkäppchen auf und behängte ihn mit allerlei Jadezieraten, die bei jedem Schritt klirrten und klimperten, als wäre er ein wanderndes Glockenspiel. Nach dem Frühstück strömten die anderen „Haremsdamen“ in Scharen herbei, um ihm ihre Glückwünsche darzubringen.

Am Nachmittag entfalteten die „Hofdamen“ eine so hektische Geschäftigkeit wie noch nie zuvor. Sie zupften und ordneten in einem fort an seinen Kleidern herum und warteten in ungeduldiger Erregung auf das Zeichen zur Einführung in den königlichen Harem. Schließlich erschienen ein paar „Hofdamen“ mit perlengeschmückten Leuchtern in den Händen und knieten vor Lin Dschih-yang nieder. „Der glückliche Augenblick ist gekommen“, meldeten sie ihm. „Wir bitten unsere erhabene Gebieterin, sich in die Thronhalle zu begeben. Sobald Seine Majestät die Ratssitzung mit seinen Ministern beendet hat, findet die Hochzeitsfeier statt. Die Sänfte wartet bereits.“

Lin Dschih-yang war so benommen, als hätte ihn ein Donnerschlag betäubt. Die Angst hatte ihm nahezu den Verstand geraubt. Und ehe er sich's versah, drängten sich schon die „Hofdamen“ an ihn heran, geleiteten ihn die Treppe hinunter und hoben ihn in die Sänfte. Mit einem Gefolge von unzähligen „Damen“ kam er in der Thronhalle an, die in hellstem Lichterglanz erstrahlte. Der „König“ hatte seine Ratssitzung eben beendet.

Von den „Hofdamen“ gestützt, trippelte Lin Dschih-yang, duftig zart und bunt wie eine liebliche Blume, vor den „König“ und machte gezwungenermaßen eine tiefe Verbeugung. Die anderen „Haremsdamen“ verbeugten sich ihrerseits vor ihrer neuen Gebieterin. Nun kam der große Augenblick: die Einführung in den „Harem“.

Da erhob sich mit einemmal draußen vor dem Palast ein Getöse. Ein wildes vielstimmiges Geschrei zerriß die feierliche Stille. Der „König“ erschrak heftig bei diesem unerwarteten Lärm.

Den Grund der plötzlichen Störung konnte er freilich nicht wissen. Den Tumult hatte nämlich Tang Au angezettelt.

Lange Zeit hatten Tang Au und Herr Do auf der Suche nach dem verschwundenen Lin Dschih-yang überall vergeblich herumgefragt. Als sie nun eines Tages wieder getrennt in der Stadt nachgeforscht hatten, kam Herr Do plötzlich keuchend und schwitzend zum Schiff gelaufen und berichtete, er habe endlich eine Nachricht über Lin Dschih-yangs Verbleib erhalten. Ganz außer sich vor Aufregung, fragte ihn Lin Dschih-yangs Frau, was mit ihrem Mann denn geschehen sei, worauf Herr Do ihr mitteilte, daß er vom „Kammerherrn“ des königlichen „Oheims“ erfahren habe, Lin Dschih-yang hätte dem „König“ bei der Audienz, die dieser ihm gewährte, um Waren zu bestellen, ausnehmend gut gefallen. So sei er im Palast zurückgehalten und zur „Ersten Haremsdame“ ernannt worden. Darauf hätte man ihm die Füße eingebunden, und morgen sollte die „Hochzeit“ stattfinden. Er hatte noch nicht zu Ende erzählt, da begann Frau Lin auch schon so bitterlich zu weinen, daß sie ohnmächtig hinsank und erst nach vielen Bemühungen ihrer gleichfalls in Tränen aufgelösten Tochter wieder zu sich kam.

Herr Do berichtete nun weiter, wie er dann versucht habe, durch den „Kammerherrn“ eine Bittschrift einzureichen. Er hätte vorgeschlagen, die gesamte Fracht ihres Schiffs als Lösegeld für Lin Dschih-yangs Freigabe zu zahlen. Der „Kammerherr“ wäre hierauf zum königlichen „Oheim“ geeilt, doch dieser hätte sich in Anbetracht des bereits festgesetzten Hochzeitstermins außerstande erklärt, die Bittschrift an den „König“ weiterzuleiten. „Ich sah keinen anderen Weg, unserem armen Lin zu helfen“, schloß Herr Do seinen Bericht. „Darum rannte ich, so schnell ich konnte, zum Schiff zurück.“ Er warf Tang Au einen fragenden Blick zu. „Vielleicht fällt Euch noch etwas ein?“

Tang Au hatte mit wachsender Bestürzung Herrn Dos Bericht mit angehört und bereits im stillen alle Möglichkeiten erwogen. „Ich fürchte, daß wir Geschehenes nicht mehr rückgängig machen können“, sagte er betrübt. „Die Hochzeit ist ja schon für morgen festgesetzt. Was sich noch machen ließe, wäre lediglich, ein paar Bittschriften zu schreiben und sie den verschiedenen Ämtern zur Weitergabe zu überreichen. Es könnte ja sein, daß wir auf einen ehrlichen Beamten höheren Ranges stoßen, der Mut genug besitzt, dem ‚König‘ ein aufrichtiges Wort zu sagen.“

„Das wäre ein Weg!“ rief Frau Lin. „In einem so großen Land mit so vielen Beamten wird es doch auch noch ein paar ehrliche und anständige Leute geben! Diese Bittschriften werden meinen Mann sicher retten! Schreibt nur möglichst viele und bringt sie geschwind zu den Ämtern!“

Tang Au und Herr Do schrieben beide in fliegender Hast, und um nur keine Zeit zu verlieren, machten sie sich, ohne gegessen zu haben, sofort auf den Weg in die Stadt. Bei jedem Amt sprachen sie vor, doch unerwarteterweise wurde jedesmal das Bittgesuch mit denselben Worten zurückgewiesen: „Diese Angelegenheit fällt nicht in unser Ressort. Versucht es doch bei einem anderen Amt.“

Ein paar Dutzend Ämter hatten sie bereits aufgesucht, und überall hatte man sie mit demselben Vorwand abgespeist. Mit knurrendem Magen liefen sie weiter, bis der Abend hereinbrach und die Ämter schlossen. Enttäuscht kehrten sie zum Schiff zurück.

Als Frau Lin erfuhr, wie schnöde man sie abgewiesen

hatte, bekam sie wieder einen Weinkrampf. In Tränen aufgelöst, verbrachten sie und ihre Tochter eine schlaflose Nacht. Auch Tang Au konnte keinen Schlaf finden. Das Jammergeschrei der beiden zerriß ihm das Herz. Als der Morgen dämmerte, saß er wie versteinert da und stierte vor sich hin. Soviel er auch nachsann, er konnte keinen Ausweg finden. Herr Do kam herüber und sagte zu ihm: „Was hat es für Sinn, hier auf dem Schiff Trübsal zu blasen! Kommt, gehen wir lieber an Land und horchen herum, was es Neues gibt. Vielleicht hat man die Hochzeit doch verschoben. Dann bleibt uns immer noch Zeit, einen anderen Weg zu versuchen."

„Aber die Hochzeit ist doch bereits für heute festgesetzt!" warf Tang Au dagegen ein. „Ihr glaubt doch nicht wirklich, daß sie noch verschoben werden kann. Und selbst wenn man sie verschieben sollte, was könnten wir schon für ihn tun?"

„Wir könnten zum Beispiel in ein Nachbarland fahren", sagte Herr Do nachdenklich, „und alles, was wir an Fracht und Bargeld auf dem Schiff haben und was immerhin noch einen recht ansehnlichen Wert darstellt, dem König jenes Landes zum Geschenk machen – unter der Bedingung allerdings, daß er für unseren Lin ein gutes Wort einlegt. Einem Nachbarkönig kann man nicht so leicht eine Bitte abschlagen wie uns. Das wäre doch vielleicht ein Weg, Bruder Lin zu befreien!"

Frau Lin, die in ihrer Kajüte das Gespräch mit angehört hatte, kam weinend herausgestürzt: „Ja, das ist eine ausgezeichnete Idee!" rief sie unter Tränen. „Ich bitte euch inständig, geht doch schnell an Land und erkundigt euch."

Tang Au mußte ihr wohl den Gefallen tun. Gemeinsam mit Herrn Do ging er wieder in die Stadt. Was sie dort zu hören bekamen, nahm ihnen die letzte Hoffnung. Allerorts sprach man nur davon, daß der „König" heute mit seiner „Ersten Haremsdame" das Beilager halten werde und zur Feier des Tages eine Amnestie verkündet und die Häftlinge aus den Kerkern entlassen habe. Die hohen Beamten, hieß es, wären schon zur Gratulation angetreten.

„Nun, Ihr habt ja selber gehört, wie die Sache steht", sagte Herr Do mit einem Seufzer. „Was gibt's da noch weiter zu erkunden! Kommt, gehen wir wieder zum Schiff zurück. Bruder Lin wird zweifellos noch heute geschändet werden. Das Schicksal will es nun einmal so. Was können wir da noch machen, als seine Frau und seine Tochter darüber hinwegtrösten, so gut es eben geht."

„Nein, das kann ich nicht!" entgegnete Tang Au. „Ich habe mir in diesen Tagen den Kopf zermartert seinetwegen. Lin ist schließlich mein Schwager. Das Herz bricht mir, wenn ich an sein furchtbares Schicksal denke. Ich könnte es einfach nicht ertragen, seiner Frau die Schreckensnachricht zu überbringen. Denkt doch nur einmal, wie verzweifelt die Arme sein wird, wenn sie erfährt, daß keine Hoffnung mehr besteht! Für den Augenblick wäre es vielleicht besser, wenn wir uns nicht auf dem Schiff sehen ließen."

Herr Do nickte nur, und schweigend gingen sie weiter. Es war bereits Mittag geworden, und sie hatten noch immer nichts gegessen. Herr Do wies auf ein Teehaus, das an der Straße lag. „Gehen wir hinein und essen eine Kleinigkeit." Sie traten ein und bestellten Tee und einen kleinen Imbiß. Wortlos, in trübseliger Stimmung saßen die beiden an ihrem Tischchen, als ein Wahrsager mit seiner Stäbchenbüchse hereinkam. Weniger aus Neugier als vielmehr, um sich ein wenig abzulenken, zog Tang Au eines der Stäbchen heraus und reichte es dem Wahrsager zur Deutung hin.

Und willst du, lieber Leser, wissen, was sich nun ergab, im Folgenden wird darüber ausführlich berichtet.

Tang Au reichte also das Stäbchen dem Wahrsager, der sich die darauf geschriebenen Zeichen ansah und sogleich für ihn ausdeutete.

„Hier tritt der rote Luan-Vogel in Erscheinung", erklärte er Tang Au. „Das kündet eine Hochzeit an, die allerdings keine richtige Hochzeit sein wird. Der Luan-Vogel harmoniert nicht mit dem Phönix. Künftig werden also die beiden auf verschiedenen Zweigen nisten. Darf ich fragen, was die verehrte Dame zu wissen wünscht?"

„Ich möchte wissen, ob die Person, die bei dieser unglückseligen Hochzeit in Bedrängnis geraten ist, unbeschadet davonkommen wird."

„Ich habe doch eben gesagt, die Hochzeit kann nur dem Namen nach als Hochzeit gelten. Und die Person, die sich in Schwierigkeiten befindet, wird ihrem Unglück bald entrinnen – doch nicht sofort, erst nach zehn Tagen."

Tang Au bezahlte den Wahrsager, der sich wieder davontrollte.

„Bruder Lins Pechsträhne scheint ja ein Ende genommen zu haben. Warum dann aber noch zehn Tage?" fragte Herr Do verwundert.

„Ein komisches Zeug hat uns der Wahrsager da erzählt!" murmelte Tang Au, zahlte dem Wirt und verließ mit Herrn Do das Teehaus.

Ziellos schlenderten die beiden die Straße entlang. Da sahen sie von ferne eine Menschenmenge auf sich zukommen. Neugierig geworden, beschleunigten sie ihre Schritte. Inmitten der Menge gewahrten sie einen Zug von Lastträgern, die mehrere Dutzend Kisten trugen. Alle Kisten waren mit Brokat ausgeschlagen, woraus Tang Au schloß, daß sie Geschenke enthalten mußten. Herr Do bemerkte am Ende des Zuges den königlichen „Oheim". Er lief ein paar Schritte voraus und fragte die Leute, wohin man diese Kisten bringe. Verstört kam er zu Tang Au zurück. „Wißt Ihr, für wen das alles bestimmt ist?“ rief er entrüstet. „Für die ‚Erste Haremsdame‘ – unseren Bruder Lin! Der königliche ‚Oheim‘ schickt ihm diese Geschenke, damit er sie bei der Gratulation als Zeichen huldvoller Anerkennung für ihre Glückwünsche an die anderen ‚Haremsdamen‘ weiterverteile!“

Tang Au schlug sich in heller Verzweiflung die Hände vors Gesicht. Und schweigend gingen sie weiter.

Die Sonne war inzwischen untergegangen, und die hohen Beamten kehrten bereits von ihrem Gratulationsbesuch bei Hof in Sänften oder zu Pferde zurück. Tang Au und Herrn Do war der letzte Hoffnungsschimmer geschwunden. Gebeugten Hauptes und schweren Herzens traten sie den Rückweg zum Schiff an. Als sie an dem Platz vorbeigingen, wo die Bekanntmachung angeschlagen war, kam Tang Au ganz plötzlich ein Einfall. Tief in Gedanken versunken, blieb er stehen und starrte vor sich hin, und mit einemmal rannte er auf die Bekanntmachung zu und riß sie herunter.

Herr Do begriff nicht, was in seinen Freund gefahren war. Angesichts der vielen Menschen ringsum konnte er ihm bei dieser offenbar sinnlosen Tat weder beispringen noch dafür eine Erklärung von ihm verlangen. Hilflos und noch völlig verdattert mußte er zusehen, wie die Wächter, die bei dem Anschlag postiert waren, auf Tang Au zustürzten und ihn anherrschten: „Wer seid Ihr? Glaubt Ihr vielleicht, jede dahergelaufene Frau darf es wagen, eine königliche Bekanntmachung herunterzureißen? Wißt Ihr denn überhaupt, was darauf geschrieben steht?“

Kaum hatte sich die Nachricht verbreitet, daß jemand den Anschlag heruntergerissen habe, bemächtigte sich des Volkes eine ungeheure Erregung. Jung und alt strömte in Scharen herbei, und im Nu war der Platz, wo die Bekanntmachung gehangen hatte, von einer staunenden Menschenmenge umringt.

Tang Au machte sich die Anwesenheit so vieler Bürger

des Landes zunutze und verkündete mit lauter Stimme: „Ich heiße Tang mit dem Familiennamen und stamme aus dem Reich der Himmlischen Dynastie. Über weite Meere bin ich zu euch gekommen. In meiner Heimat ist jeder ein Meister in der Kunst des Wasserbaus. Ich habe bei meinem Besuch in eurem werten Lande diese königliche Bekanntmachung gesehen, in der auf die Leiden hingewiesen wird, welche seit Jahren das Volk durch Überschwemmungen zu erdulden hat. Sollte der Fürst eines Nachbarlands sich fähig erweisen, den Fluß erfolgreich zu regulieren, heißt es darin, erklärt sich euer König bereit, ihn als Oberherrn anzuerkennen und ihm Tribut zu leisten. Sollte es einem Untertanen aus einem eurer Nachbarstaaten gelingen, so wird ihm reiche Belohnung versprochen. Der Ernst und die Ehrlichkeit dieser Worte haben mich dazu bewogen, keine Mühe zu scheuen, um euch von den Gefahren und dem Unheil der Überschwemmungen ein für allemal zu befreien." Ehe er noch zu Ende gesprochen hatte, war die dichtgedrängte Menge bereits ehrfurchtsvoll vor ihm in die Knie gesunken und bat ihn nun mit lauten Rufen, dem Volk gnädig seine Hilfe zu gewähren.

„Steht doch auf, meine Lieben!" rief Tang Au in die Menge. „Ich verstehe mich zwar wohl auf die Regulierung von Flüssen, aber auf Reichtümer und Ehren habe ich es nicht abgesehen. An Schätzen aller Art fehlt es beileibe nicht im Reiche unserer Himmlischen Dynastie. Ich habe nur eine Bitte an euch, und wenn ihr sie mir gewährt, beginne ich sofort mit der Arbeit."

Die Menge erhob sich, und in tausendstimmigem Chor erscholl die Frage, was der würdige Gast denn begehre.

„Ich habe einen Verwandten", schmetterte Tang Au in die Menge, „der von eurem König, als er im Palast seine Waren anbot, unvermuteterweise zur Ersten Haremsdame auserkoren wurde. Heute soll die Vermählung stattfinden. Wenn ihr wollt, daß ich für euch den Fluß reguliere, dann begebt euch zum Palast und bittet den König, meinen Verwandten freizugeben. Tut er es, beginne ich sofort mit der Arbeit. Sollte er aber das Wohl seines Volkes so wenig achten, daß er ihn nicht freigibt, könnt ihr mir einen Berg von Gold und Edelsteinen anbieten, ich werde keinen Finger für euch rühren. Dann fahre ich einfach wieder nach Hause!"

Die atemlos lauschende Menge geriet in Bewegung, und plötzlich, wie von einer unsichtbaren Hand getrieben, wälzte sie sich mit lauten Rufen in der Richtung des Palasts davon. Auch die Wächter hatten ihren Posten verlassen und waren in aller Hast davongeeilt, um ihren Vorgesetzten Meldung zu erstatten.

Herr Do fand nun endlich eine Gelegenheit, sich Tang Au zu nähern. „Bruder Tang, versteht Ihr denn wirklich etwas von Flußregulierungen?" fragte er im Flüsterton.

„Woher sollte ich denn!" erwiderte Tang Au gelassen. „Ich habe mich nie darum gekümmert."

„Warum habt Ihr dann die Bekanntmachung heruntergerissen?" fragte Herr Do betroffen. „Wenn Ihr das Werk nicht zustande bringt und die Leute für nichts und wieder nichts die Kosten für den Bau verschwenden, bedenkt doch nur, dann wird es auch uns an den Kragen gehen!"

„Ich weiß schon, daß ich mir da ein tolles Stück geleistet habe. Aber was blieb uns schon übrig? Bruder Lin schwebt in höchster Gefahr. Jetzt wird die Menge den Palast umlagern, und ich nehme an, daß sich die Königin dem Volkswillen doch nicht zu widersetzen traut. Ist erst einmal die Vermählung hinausgeschoben, schaue ich mir morgen den Fluß an, und alles Weitere wird sich schon finden. Sollten wir aber doch Pech haben, dann fahrt bitte sofort los. Was wir noch an Waren und Geld auf dem Schiff haben, bietet dem König eines Nachbarlandes an, damit er sich mit Nachdruck für die Freigabe unseres Bruders Lin einsetzt. Das wäre noch eine Chance."

Mittlerweile waren die Wächter wieder zurückgekommen. Hinter ihnen folgte eine Sänfte für Tang Au, die ihn zum Gästehaus der königlichen Residenz bringen sollte. Herr Do mußte sich notgedrungen als Tang Aus Diener ausgeben und schritt zu Fuß hinter der Sänfte her. Im Gästehaus erwartete den „Meister der Flußregulierung" bereits ein üppiges Mahl. Herr Do als sein „Diener" wurde an einem anderen Tisch bewirtet. Hungrig, wie die beiden waren, verschlangen sie mit Appetit die dargereichten Speisen. Nach dem Essen eilte Herr Do zum Schiff zurück, um Lins Frau die tröstliche Nachricht von einer möglichen Verzögerung oder gar Aufhebung der Hochzeit ihres Mannes zu bringen. Dann begab er sich wieder in das Gästehaus, und gemeinsam mit Tang Au harrte er begierig auf Neuigkeiten aus dem Palast.

Die Menschenmenge, die bald auf mehrere zehntausend angewachsen war, hatte inzwischen die Tore des Palasts umlagert und versuchte mit wirrem Geschrei und ohrenbetäubendem Lärm sich beim „König" Gehör zu verschaffen. „Seine Majestät der König", der eben die Glückwünsche seiner „Haremsdamen" entgegennahm, erschrak bei diesem plötzlichen Getümmel dermaßen, daß er völlig die Fassung verlor. Da kamen auch schon ein paar „Hofdamen" hereingestürzt und meldeten, der königliche „Oheim" wünsche in einer äußerst dringlichen Angelegenheit „Seine Majestät" zu sprechen. Augenblicklich wurde er vorgelassen, und die glückwünschenden „Damen" zogen sich auf allerhöchsten Befehl schleunigst wieder zurück.

Der königliche „Oheim" berichtete nun in Kürze, daß eine „Frau" aus dem Reich der Himmlischen Dynastie die Bekanntmachung heruntergerissen und öffentlich erklärt habe, sie verstünde sich auf die Kunst der Flußregulierung. Doch würde sie nur unter der Bedingung mit der Arbeit beginnen, daß der „König" auf die Vermählung mit der neuernannten „Ersten Haremsdame" verzichte und diese wieder freigäbe. Das Volk hätte sich daraufhin zusammengerottet und verlange nun die Freilassung der „Ersten Haremsdame“, um sich der Hilfe des fremden „Weibes“ bei der Abwendung der Überschwemmungsgefahr zu versichern.

„Seine Majestät“ war außer sich vor Entrüstung. „In unserem Lande ist es seit alters üblich, daß selbst die Frau eines gemeinen Mannes sich nur einmal vermählen darf“, sagte sie bitter. „Um wieviel mehr sollte das auf die Erste Haremsdame eines Königs zutreffen!“

„Das habe ich ja alles schon den Leuten erklärt!“ sagte der königliche „Oheim“ beschwichtigend. „Und nicht nur einmal! Aber das Volk ersucht dennoch um die gnädige Entlassung der Dame, und zwar mit der Begründung, daß die Vermählung zwar bereits stattgefunden hat, nicht aber das Beilager!“

Darauf wußte „Seine Majestät“ nichts zu erwidern. Angestrengt dachte er eine Weile nach. „Nun, dann verkündet dem Volk einfach, der König hätte sich bereits in sein Schlafgemach begeben“, sagte er schließlich. „Heute wäre es schon zu spät, um ihn mit Gesuchen zu belästigen. Und wenn dann morgen die Dame die erste Nacht hinter sich hat, kann mir das Volk nicht mehr mit Bitten kommen. Dann habe ich auch einen guten Grund, auf den ich mich stützen kann.“

Der königliche „Oheim“ versuchte vergebens „den König“ umzustimmen. Schließlich mußte er sich doch dessen Halsstarrigkeit beugen und der ungeduldig harrenden Menge kundtun, was er ihm befohlen hatte. Seine Worte lösten einen Sturm der Empörung aus. Man fürchtete, daß ein Hinausschieben bis morgen alle Hoffnungen zunichte machen könnte. Die Menge schrie und tobte in einer so bedrohlichen Weise, daß dem „König“ angst und bange wurde. Natürlich wußte „Seine Majestät“, daß sein Standpunkt moralisch kaum zu rechtfertigen war, und dem Verstand folgend, hätte er seine geliebte „Erste Haremsdame“ ja auch freigelassen, doch sein Herz hing zu sehr an ihr. Er überlegte hin und her und konnte zu keinem Entschluß kommen. Da aber hörte „der König“, wie die erregten Volksmassen in den Palast einbrachen, und diese Aufsässigkeit versetzte ihn in eine so rasende Wut, daß er kurzerhand dem Oberkommandierenden der königlichen Garde den Befehl gab, die Armee zu mobilisieren und den Aufruhr niederzuschlagen. Hunderttausend Mann traten unter Waffen. Schüsse krachten, und Kanonen donnerten, daß selbst die Erde zu beben schien. Aber sogar diese Gewaltmaßnahmen konnten die erbitterten Volksmassen nicht zum Rückzug zwingen. Denn schon machte die Parole die Runde: Lieber heute vom König erschlagen als morgen den Fischen zum Fraß in den Magen! Weinend warfen sie sich den Soldaten entgegen und brüllten, daß Himmel und Erde erzitterten.

Der königliche „Oheim“ sah, daß die Stimmung im Volke bereits den Siedepunkt erreicht hatte. Aus Furcht, die ständig anschwellende Menge könnte einen Umsturz herbeiführen, befahl er den Soldaten, das Feuer einzustellen und niemanden zu verletzen. Sodann beschwichtigte er das Volk, so gut er vermochte, und hielt folgende Ansprache:

„Geht nur ruhig auseinander! Ich verspreche euch, daß ich dafür sorgen werde, eure Bitte unserem König zu unterbreiten. Wir werden auf jeden Fall die Frau, die die Bekanntmachung heruntergerissen hat, im Lande behalten und sie den Fluß für uns regulieren lassen. Geht nur ruhig wieder nach Hause. Morgen bereits könnt ihr Bescheid von mir erwarten. Ich als alter und erfahrener Mann weiß schon, wie die Sache zu erledigen ist.“

Die Massen hörten tatsächlich auf seine Worte und zerstreuten sich allmählich. Der Oberkommandierende zog darauf auch wieder seine Truppen zurück.

Mit großer Erleichterung vernahm der „König“ die

Botschaft, daß die aufgebrachte Menge sich beruhigt habe. Sogleich begab er sich mit seiner „Braut" in die inneren Gemächer. Lin Dschih-yang mußte neben ihm Platz nehmen, und mit gierigen Blicken betrachtete er ihn von oben bis unten.

Seine zierlich schlanke Gestalt erregte das höchste Wohlgefallen „Seiner Majestät". Eine liebliche Schamröte überzog sein hübsches Gesicht, das durch den wehmütigen Ausdruck unter den leicht zusammengezogenen feinen Augenbrauenbögen nur um so anziehender wirkte. „Der König" konnte sich gar nicht satt sehen an ihm. Schließlich warf er einen Blick auf die Uhr, und mit zärtlich sanfter Stimme sagte er zu Lin Dschih-yang: „Nun haben wir einen Bund fürs Leben geschlossen. Warum solltest du denn traurig sein bei einem so freudigen Anlaß. Ich habe dich doch zur Ersten aller meiner Frauen auserkoren. Und wenn du mir später noch Söhne und Töchter schenkst, so wird deines Glücks bei mir nie ein Ende sein. Ist es nicht tausendmal besser für dich, endlich wieder Frauenkleider zu tragen und nicht mehr als Mann maskiert herumzulaufen! Genieße mit mir die Freuden deiner erhabenen Stellung. Komm, laß uns gemeinsam auf unser Glück trinken!" Auf Befehl „Seiner Majestät" wurden Speisen und Wein aufgetragen. Die „Hofdamen" gossen Wein in einen Becher und hielten ihn Lin Dschih-yang hin, der ihn der Majestät darreichen sollte. Aber Lin Dschih-yang dachte nur schmerzerfüllt an seine arme Frau und seine Tochter. Seit Tagen hatte er nichts gegessen und sich verzehrt vor Gram um seine Familie. Kraftlos und benommen nahm er den Becher in die Hand, die so zitterte, als trüge sie ein Gewicht von tausend Pfund. Obwohl er sich mit aller Kraft zusammennahm, war er einfach nicht imstande, den Becher hinüberzureichen. Er entglitt ihm, und klirrend fiel er auf den Tisch. Die „Hofdamen" wischten die Tafel ab und gossen ihm noch einen Becher voll. Aber auch diesmal verschüttete er den Trunk. So mußten sie schließlich für ihn dem „König“ den Becher reichen.

„Seine Majestät“ befahl nun den „Hofdamen“, auch Lin Dschih-yang den Hochzeitstrunk zu kredenzen. Zwei Becher mußte er leeren, als Symbol für das „Paar“, das er fortan mit dem „König“ bilden sollte. Vorsichtshalber gaben die „Hofdamen“ Lin Dschih-yang den Becher erst gar nicht in die Hand, sondern hielten ihn an seine Lippen und gossen ihm den Wein in die Kehle. Soviel Lin Dschih-yang auch sonst zu vertragen pflegte, auf nüchternen Magen und abgezehrt, wie er war, packte ihn sofort ein entsetzliches Schwindelgefühl. Beinahe wäre er vom Sessel geglitten. Der „König“ leerte noch vergnüglich ein paar Becher, dann befahl er, die Festtafel fortzutragen, und auf die Uhr blickend, sagte er mit trunkenem Lächeln: „Es ist schon spät geworden. Gehen wir schlafen.“

Die „Hofdamen“ zogen Lin Dschih-yang das Obergewand und den Rock aus und nahmen ihm den Schmuck ab. Auch der „König“ entledigte sich seines Ornats, und mit seinem zarten Händchen faßte er Lin Dschih-yang am Handgelenk und stieg mit ihm in das elfenbeinerne Prunkbett. Die Bettvorhänge wurden heruntergelassen.

Während Lin Dschih-yang sich mit seinem königlichen „Gemahl“ schon im Hochzeitsbett befand, wartete Tang Au im Gästehaus immer noch gutgläubig auf eine Nachricht von der Verschiebung der Hochzeit. Nach dem Abendessen wurde die Spannung unerträglich. Er wartete und wartete, und nichts rührte sich. Da kam eine Gruppe von Leuten aus dem Volk auf ihrem Rückweg vom Palast am Gästehaus vorbei. Auf seine Frage erzählten sie ihm von den Ereignissen vor den Palasttoren, wo sie von königlichen Truppen unter dem Befehl des Oberkommandierenden der Leibwache zurückgedrängt worden waren. Jetzt erst begriff Tang Au, welcher Selbsttäuschung er sich hingegeben hatte. Schreckensbleich starrte er vor sich hin.

„Ihr wart eben noch der Ansicht, Bruder Tang“, sagte Herr Do verbittert, „der König würde die Hochzeit verschieben. Und nun hat er sogar Waffengewalt gegen sein eigenes Volk angewendet! Da sieht man, was für ein geiles Weib dieser ‚König‘ ist! Dem ist das Wohl seiner Untertanen völlig egal! Jetzt werden wir also für ihn den Fluß regulieren müssen und ein bißchen Lohn dafür einstecken. Aber für Bruder Lins Freilassung können wir kaum noch etwas tun.“

Tang Au war der Verzweiflung nahe. Er brachte kein Wort heraus und kratzte sich nur unaufhörlich den Kopf.

Plötzlich erschien der „Kammerherr“ des königlichen „Oheims“ im Gästehaus, gefolgt von ein paar Dienern, die Bettzeug brachten und für das Wohlergehen der beiden Gäste sorgen sollten. „Der königliche Oheim hat mir aufgetragen, Euch seine allerherzlichsten Grüße zu übermitteln“, sagte der „Kammerherr“ höflich. „Leider ist es für ihn heute schon zu spät, persönlich zu erscheinen. Doch wird er morgen gleich nach der Audienz zu Euch kommen, um die Angelegenheiten der Flußregulierung mit Euch zu beraten. Er läßt um Entschuldigung für die dürftige Bewirtung bitten.“ Nach diesen nichtssagenden Worten verabschiedete sich der „Kammerherr“ wieder und verließ das Gästehaus.

Am nächsten Tag warteten die beiden vergeblich auf den angekündigten Besuch des königlichen „Oheims“. Es war schon spät in der Nacht, und immer noch ließ er nichts von sich hören. Herr Do begab sich schließlich auf die Straße, um Erkundigungen einzuziehen. Was er erfuhr, klang höchst bedenklich: Die Residenz des königlichen „Oheims“ war von einer unübersehbaren Menschenmenge belagert und völlig von der Außenwelt abgeschnitten.

Die ganze Nacht schloß Tang Au kein Auge. Als er sich am nächsten Morgen von seinem zerwühlten Lager erhob, trat Herr Do auf ihn zu und sagte mit bitterem Humor: „Wieder ist ein Tag um, Bruder Tang. Wenn das so weitergeht, werden wir bald Geschenke senden müssen."

„Was soll denn das heißen?" brummte Tang Au mißmutig.

„Na, jetzt schläft Bruder Lin schon die zweite Nacht bei seinem königlichen ‚Gemahl'. Und wenn er erst ‚schwanger' wird, dann müßt Ihr doch als Schwager wohl oder übel ein Geschenkchen senden, nicht wahr!"

Tang Au sah ihn grimmig an. Nichts konnte er tun als warten. Aber der so dringlich erwartete Besuch blieb aus.

Er konnte freilich nicht wissen, daß der königliche „Oheim" zwar, wie er dem Volk versprochen hatte, schon gestern frühmorgens bei Hof erschienen war, um die Freilassung der „Ersten Haremsdame" durchzusetzen, der „König" sich jedoch weigerte, ihn zu empfangen. Er ließ ihm einfach sagen, er sei krank und könne ihn nicht sprechen. Der königliche „Oheim" versuchte mehrmals im Palast zum „König" vorzudringen. Aber überall stieß er auf taube Ohren. In seiner Bestürzung und Ratlosigkeit vernahm er noch dazu die erschreckende Kunde, daß seine Residenz von den enttäuschten Volksmassen belagert sei, die eine Antwort auf ihre Bitte hinsichtlich der versprochenen Flußregulierung forderten. So wagte er es nicht, in seine Residenz zurückzukehren. Zugleich quälte ihn die Angst, Tang Au könnte ihm entschlüpfen. Schnell entsandte er Soldaten, um die Stadttore strengstens zu bewachen. Immer wieder schickte er Diener mit köstlichen Gerichten und dem besten Wein ins Gästehaus zu Tang Au, und auch die Leute auf dem Schiff der Fremden wurden mit Geschenken von Fleisch, Fisch und Gemüse überhäuft. Damit wollte er zumindest den Anschein erwecken, als ob die Beziehungen zu Tang Au und seinen Leuten die besten wären. Er selbst verbrachte wohlweislich die Nacht im Palast.

Am nächsten Morgen erhob sich der „König“ schon im ersten Morgendämmer und ließ sofort den königlichen „Oheim“ kommen. In sehr übler Laune fragte ihn „Seine Majestät“: „Ist das Weib, das die Bekanntmachung heruntergerissen hat, noch im Lande?“

„Sie ist noch im Gästehaus. Aber heute wird sie wohl wieder abreisen, da Euer Majestät noch keine diesbezügliche Verfügung zu treffen beliebte.“

„Wenn sie wirklich imstande sein sollte, die Flußregulierung erfolgreich durchzuführen, so will ich, eingedenk der ernsten Verpflichtungen, die ich dem Wohl meines Volkes gegenüber habe, mein gnädiges Einverständnis geben, besagte Erste Haremsdame freizulassen. Doch wollen wir damit warten, bis jenes Weib den Beweis dafür erbracht hat, daß sie sich auf ihre Arbeit wirklich versteht. Die Erste Haremsdame wird erst freigelassen, wenn das Werk vollendet ist. Andernfalls bleibt sie hier als Pfand. Wir wollen unser Geld ja schließlich nicht sinnlos verschwenden. Erst wenn ein entsprechendes Lösegeld für sie erlegt worden ist, lassen wir sie frei. Was denkt Unser Oheim von dieser Verfügung?“

Der königliche „Oheim“ traute seinen Ohren nicht. „Da hat Majestät zwei Fliegen mit einem Schlag erledigt!“ rief er entzückt. „Wir gehen damit kein Risiko für unsere Staatskasse ein und beruhigen zugleich die aufgeregten Gemüter unseres Volks. Und sollte die Flußregulierung wirklich gelingen, so hätten wir ein für allemal das größte Unheil unseres Landes beseitigt.“

„So handelt also nach meinen Weisungen“, sagte der „König“, und damit war die Audienz beendet.

Der königliche „Oheim“ eilte sofort zum Gästehaus und machte Tang Au seine Aufwartung. Mit einem Stimmchen, das an einen Eunuchen gemahnte, unterhielt sich der „Oheim“ – eine Dame in den späten Vierzigern – mit Tang Au zunächst ein Weilchen über das Wetter und andere unverfängliche Dinge, und erst als sie ihren Tee ausgetrunken hatten, tastete er sich zu seinem eigentlichen Anliegen vor. „Vorgestern versammelte sich vor den Palasttoren eine große Menschenmenge, die ausführlich von Eurem freundlichen Vorhaben berichtete, unserem unwürdigen Land bei der Beseitigung der Überschwemmungsgefahr behilflich sein zu wollen. Unglücklicherweise war ich zu jenem Zeitpunkt durch dringliche Geschäfte bei Hof verhindert, sofort zu Euch zu eilen, wofür ich tausendmal um Entschuldigung bitte. Hinsichtlich Eurer hochgeschätzten Verwandten, die im Palast ihre Waren zum Verkauf anbot, gestatte ich mir, Euch mitzuteilen, daß sie zu unserem größten Bedauern plötzlich von einer schweren Krankheit befallen wurde, von der sie bis jetzt noch immer nicht ganz genesen ist. Doch das Gerede von ihrer Ernennung zur Ersten Haremsdame Seiner Majestät ist die reinste Erfindung! Es handelt sich hierbei lediglich um ein unsinniges Gerücht, das der Pöbel verbreitet hat und dem Ihr durchaus keinen Glauben schenken dürft. Doch nun zur Frage der Flußregulierung. Ich wäre Euch dankbar, wenn Ihr mir Eure geschätzte Meinung dazu sagen würdet."

Tang Au schöpfte neue Hoffnung. Mit gewichtiger Miene erwiderte er: „Im Augenblick darf ich mir kaum erlauben, eine feste Meinung darüber zu äußern, da ich mich noch nicht mit eigenen Augen überzeugen konnte, aus welchen Gründen der Fluß Eurem werten Lande Unheil bringt. Immerhin wissen wir aus der Geschichte, daß kein anderer sich jemals besser auf das Regulieren von Flüssen verstanden hat als der berühmte Kaiser Yü, der vor alters den Neun Strömen einen freien Abfluß schaffte. ‚Freien Abfluß schaffen', das ist das Herzstück aller Regulierungsarbeiten. Wenn ein Fluß in seinem ganzen Lauf frei dahinfließen kann, ohne gehemmt zu werden und Ablagerungen aufzuschwemmen, so wird er natürlicherweise kein Unheil anrichten. Das ist vorläufig meine bescheidene Meinung. Wenn wir nachher den Fluß inspiziert haben, werde ich mir gestatten, Euch um weitere Instruktionen zu bitten."

Der königliche „Oheim" hatte ihm mit wohlwollendem Kopfnicken zugehört.

Und willst du, lieber Leser, wissen, wie die Geschichte weitergeht, im Folgenden wird ausführlich darüber berichtet.

5

Der königliche „Oheim" hatte also Tang Aus Worte mit sichtlichem Wohlgefallen aufgenommen, und immer noch mit dem Kopfe nickend, sagte er: „Mit Euren Ausführungen über die Schaffung eines freien Abflusses habt Ihr in die Dunkelheit meines Unwissens jäh Erleuchtung gebracht. Eure Ansichten verraten fürwahr einen großen Geist. Ich denke, daß unser unwürdiges Land mit Eurer Hilfe bald für immer vom Fluch der Überschwemmungsgefahr erlöst sein wird. Doch jetzt muß ich Seiner Majestät darüber Bericht erstatten. Verzeiht mir bitte, daß ich Euch nicht weiter Gesellschaft leisten kann. Aber morgen komme ich bestimmt wieder, um mit Euch den Fluß zu besichtigen."

Der königliche „Oheim" befahl noch den Dienern, ein gutes Mahl für die Gäste zu bereiten und in jeder Hinsicht für ihr Wohl zu sorgen. Nachdem er wieder seine Sänfte bestiegen hatte und davongeeilt war, sagte Herr Do heimlich zu Tang Au: „Vorgestern, als die Soldaten gegen das Volk losgingen, sah es ganz danach aus, als ob für unsern Bruder Lin keine Hoffnung mehr bestünde. Doch nach dem, was der königliche ‚Oheim' eben vorbrachte, könnte man fast meinen, Bruder Lin würde über kurz oder lang wieder zu uns zurückkehren. Vielleicht hat die Vermählung doch nicht stattgefunden. Aber so richtig klug wird man aus dem Gefasel nicht."

„Was unserer Sache geholfen hat", erwiderte Tang Au,

„war aller Wahrscheinlichkeit nach doch nur das Eingreifen des Volkes. Der König scheint Angst davor gehabt zu haben, daß es zu einem Umsturz kommt. Das wird es wohl gewesen sein.“

„Nach den wahren Hintergründen können wir uns ja später noch erkundigen“, bemerkte Herr Do. „Aber die Flußregulierung dürfen wir nicht auf die leichte Schulter nehmen. Wenn da etwas schiefgeht, ist nicht nur Bruder Lin verloren, die Sache könnte auch für uns schlimm enden. Was gedenkt Ihr denn eigentlich zu tun, Bruder Tang, wenn Ihr morgen mit dem königlichen ‚Oheim‘ den Fluß besichtigen werdet?“

„Nur keine Angst!“ entgegnete Tang Au. „Im Grunde genommen ist es völlig gleichgültig, ob ich mir den Fluß ansehe oder nicht. Ich habe mir schon längst alles zurechtgelegt. Zu Überschwemmungen kommt es im allgemeinen doch nur, wenn ein Fluß durch Ablagerungen in seinem Lauf gehemmt ist. Wir werden eben das Flußbett vertiefen und die Abflußmöglichkeiten durch entsprechende Erweiterungen erleichtern.“

„Wenn es gar so leicht wäre, einen Fluß zu regulieren, denkt Ihr, daß die Leute hier nicht auch schon längst daraufgekommen wären?“

„Ihr habt dabei eines nicht bedacht“, beruhigte ihn Tang Au, „und zwar, daß Kupfer und Eisen in diesem Lande eine Seltenheit sind. Das habe ich, als Ihr aufs Schiff zurückgingt, von den Dienern herausbekommen. Überdies ist der Besitz von Waffen hierzulande strengstens verboten, um den Widerstand gegen die Obrigkeit unmöglich zu machen. Selbst Messer werden hauptsächlich aus Bambus hergestellt. Nur die Reichen können sich Messer aus Silber leisten. Darum gibt es hier auch keine vernünftigen Geräte, die für großangelegte Grabungsarbeiten taugen. Aber wir haben zum Glück noch eine Menge Roheisen auf dem Schiff. Ich werde also morgen Zeichnungen von dem Werkzeug machen, das wir brauchen, und es nach meinen Vorlagen schmieden lassen. Damit müßte die Sache eigentlich für uns doch ziemlich leicht zu bewältigen sein!"

Am nächsten Morgen verließ Tang Au gemeinsam mit dem königlichen „Oheim" die Stadt. Zwei Tage lang besichtigten sie den Lauf des Flusses. Nach ihrer Rückkehr erklärte Tang Au dem königlichen „Oheim": „Durch persönlichen Augenschein habe ich mich davon überzeugt, daß meine ursprüngliche Meinung richtig war. Einen freien Abfluß schaffen, das ist die einzige Möglichkeit, das Übel zu beheben. Das Flußbett ist nicht tief genug, um bei schweren Regenfällen die steigenden Fluten zu halten. So kommt es zu Durchbrüchen und Überschwemmungen. Bisher hat man aber immer nur für den Augenblick gesorgt – hier einen Damm gebaut, dort das Ufer ein wenig erhöht. Aber im voraus dafür zu sorgen, daß das Flußbett vertieft wird, das hat man außer acht gelassen. Die Abdämmungsarbeiten bei steigender Wasserzufuhr haben das Flußbett, statt es zu vertiefen, nur noch weiter gehoben. Man könnte das etwa mit einer Wanne vergleichen, die man aufs Dach gestellt hat: sobald sie voll ist, fließt sie über, und das Wasser strömt nach allen Seiten herab. Gräbt man sie jedoch tief in die Erde ein, so kommt es zu keinem Überfließen mehr. Nur so kann man Überschwemmungen verhüten."

„Das ist ein treffender Vergleich!" rief der königliche „Oheim" erfreut. „Ich sehe schon, daß Ihr auch in praktischen Dingen wohl bewandert seid. Erbarmt Euch unserer Nöte und helft uns, den Fluß zu bändigen. Dafür wird Euch nicht nur das Volk ewig dankbar sein, sondern auch unser königlicher Landesherr. Verzeiht mir bitte noch eine Frage: Welche Werkzeuge verwendet man bei Euch, im Reich der Himmlischen Dynastie, wenn ein Flußbett tiefer gegraben werden soll?"

„Dafür verwenden wir eine Vielzahl von Geräten aus Metall. Ohne diese Geräte könnte selbst ein Meister der

Flußregulierung wie der große Kaiser Yü nichts zustande bringen. In Eurem werten Lande mangelt es, wie ich höre, an Eisen. Zum Glück haben wir noch eine beträchtliche Menge davon an Bord unseres Schiffes. Für das Graben und Heben großer Erdmassen müßte man allerdings Hunderttausende von Menschen einsetzen, um schnell zum Ziele zu kommen. Dürfte ich wissen, ob Ihr so viele Leute auch zur Verfügung stellen könnt?"

„Da könnt Ihr unbesorgt sein!" sagte der königliche „Oheim". „Unser Volk hat genug durch den Fluß zu leiden gehabt. Wenn es erfährt, daß Ihr ihn regulieren wollt, dann werden sich sogar die gebildeten Stände und die Kaufleute zur Arbeit melden, geschweige denn das gemeine Volk, zumal wir ja noch Lohn und Beköstigung geben." Er bat Tang Au darauf, ihm auch über Versandungen, deren Beseitigung und Verhütung, Korrekturen des Flußlaufs und andere Einzelheiten genauere Auskunft zu geben, was Tang Au zur vollen Zufriedenheit des königlichen „Oheims" tat. „Ich habe aus Euren weisen Worten mehr gelernt, als ich je aus dem Studium der großen Werke über die Flußregulierung hätte entnehmen können", sagte der königliche „Oheim" schließlich voll ehrlicher Bewunderung. „Wollt Ihr bitte nun auch einen glückverheißenden Tag für den Beginn der Arbeit festsetzen, damit Seine Majestät den zuständigen Behörden den Befehl erteilen kann, die nötigen Vorbereitungen zu treffen."

„Das geht leider nicht, ehe wir die erforderlichen Werkzeuge geschmiedet haben", entgegnete Tang Au. „Sendet mir bitte morgen eine entsprechende Anzahl von Handwerkern. Den Tag des Arbeitsbeginns können wir erst festlegen, wenn wir das Werkzeug fertiggeschmiedet haben."

Der königliche „Oheim" gab sofort seinen Sekretären den Auftrag, alle nur verfügbaren Handwerker zusammenzurufen und sie morgen früh zur Arbeit antreten zu lassen. Sodann empfahl er sich, um seinen Geschäften nachzugehen.

Tang Au fertigte inzwischen Zeichnungen des Arbeitsgeräts an, während Herr Do zum Schiff zurückeilte, um das Eisen herbeischaffen zu lassen.

Am nächsten Morgen erschien tatsächlich eine große Zahl von Handwerkern. Tang Au zeigte ihnen seine Musterskizzen und unterwies sie im Herstellungsverfahren. Im Nu hatten sie Schmiedefeuer entfacht, und wenn es sich auch nur um Frauen in Männerkleidern handelte, so erwiesen sich diese „Handwerker" doch als bei weitem klüger und geschickter als so mancher ungeschlachte Schmiedeknecht. Sie begriffen schon bei der leisesten Andeutung, was Tang Au von ihnen wollte, und arbeiteten so flink, daß nach drei Tagen das gesamte Werkzeug fertig war. Der Tag für den Beginn der Regulierungsarbeiten wurde nun festgesetzt.

An jenem denkwürdigen Tag begab sich Tang Au gemeinsam mit dem königlichen „Oheim" zum Fluß. Er teilte die gefährdeten Stellen des Flußlaufs in Abschnitte ein, die er der Reihe nach eindämmen und ableiten ließ. Das Wasser des eingedämmten Abschnitts wurde mit Wasserrädern herausgepumpt, das Flußbett an den trokkengelegten Stellen durch Grabungen vertieft und sodann der Damm umgestoßen und der nächste Abschnitt in Angriff genommen. Die zahllose Schar von Arbeitern ermöglichte es, nicht nur die riesigen Erdmassen mit Körben und Flaschenzügen die Uferböschung emporzuschaffen, sondern auch die Grabungs- und Eindämmungsarbeiten an verschiedenen Abschnitten zugleich durchzuführen. So gelang es Tang Au, das große Werk innerhalb von zehn Tagen zu vollbringen.

Das Volk sah voll Bewunderung, mit welch unermüdlichem Fleiß sich Tang Au seiner Aufgabe widmete, daß er kaum noch schlief und Tag und Nacht die Bauarbeiten persönlich leitete und inspizierte. Ein paar einflußreiche Persönlichkeiten des Landes hatten sich deshalb zusammengetan und eine Menge Silbermünzen gesammelt, aus welchen sie ein lebensgroßes Ebenbild Tang Aus gießen ließen. In einem Tempelchen wurde es aufgestellt und darüber eine Inschrift in Goldlettern angebracht, auf der geschrieben stand: Unserer Wohltäterin, deren Gnade ewig strömt wie der Fluß.

Die Kunde von der Verehrung, die man Tang Au und seinem Werk zollte, war schließlich auch in die inneren Gemächer des Palasts gedrungen. So kam es, daß eines Tages der „Kronprinz" Lin Dschih-yang besuchte und ihm diese sensationellen Neuigkeiten mitteilte.

Als Lin Dschih-yang am Abend des Hochzeitstages mit dem „König" in das elfenbeinerne Prunkbett gestiegen war, hatte er sich fest vorgenommen, seinem „Gemahl" die abweisende Kälte einer Statue entgegenzubringen. Der Gedanke an Frau und Tochter erfüllte ihn mit einer so schmerzhaften Sehnsucht, daß ihm die Tränen aus den Augen quollen. Den „König" betrachtete er als seinen schlimmsten Feind. Denn hatte er ihm nicht die Füße verkrüppeln, die Ohren durchstechen, ihn mit dem Kopf nach unten aufhängen und brutal prügeln lassen? So hübsch auch die Larve des „Königs" im matten Schimmer des Bettlämpchens erscheinen mochte, so witterte er doch dahinter eine Grausamkeit, die trotz aller scheinbaren Sanftmut und Zärtlichkeit vielleicht sogar ärger war als die eines Räubers und Mörders. Angst und Abneigung ließen seinen Körper zu solcher Kälte erstarren, daß es dem „König", ungeachtet der zärtlichsten Liebesbemühungen, weder in dieser noch in der nächsten Nacht gelang, das Eis zum Schmelzen zu bringen. Wie erbittert der königliche „Gemahl" war, läßt sich unschwer denken. Dennoch wagte er es nicht, in Anbetracht der bevorstehenden Flußregulierung, sich für die erduldete Schmach an Lin Dschih-yang zu rächen. Nachdem er mit dem königlichen „Oheim" übereingekommen war, den

Fluß von Tang Au regulieren zu lassen, gelangte er nach längeren Überlegungen zur Überzeugung, daß er mit Lin Dschih-yang doch nichts anfangen könnte. Er ließ ihn wieder in sein früheres Gemach im Oberstock bringen, und selbst die tägliche Prozedur des Fußeinbindens, Schminkens, Puderns und so weiter wurde ihm fortan erlassen.

Lin Dschih-yang war heilfroh über diesen Gnadenakt. Obwohl er von den „Hofdamen" nicht herausbekommen konnte, ob und wann man ihn freilassen würde und was der Aufruhr am Tag seiner „Hochzeit" zu bedeuten hatte, so empfand er doch eine wahre Freude darüber, seine befreiten Füße wieder rühren zu können. Erst die heimlichen Mitteilungen des „Kronprinzen", der unter der Grausamkeit seines königlichen „Vaters" ebenfalls nicht wenig zu erdulden hatte, machten ihn mit den jüngsten Geschehnissen bekannt. Die „Hofdamen" hingegen zeigten immer weniger Interesse für die „Erste Haremsdame", die in Ungnade gefallen war und wahrscheinlich in das Reich der Himmlischen Dynastie zurückgeschickt werden würde. Bald gaben sie Lin Dschih-yang kaum noch genug zu essen und trinken. Zum Glück versorgte ihn der „Kronprinz" bei seinen täglichen Besuchen mit Tee und Speisen. Nach einem halben Monat hatten sich auch seine Füße wieder so weit erholt, daß ihm das Gehen kaum noch Schwierigkeiten machte. Nur waren sie immer noch zu knochig und dürr, um in Männerschuhe zu passen.

Eines Tages kam der „Kronprinz" ganz aufgeregt angelaufen und sagte zu ihm: „Liebe Mutter, die würdige Frau Tang Au hat das große Werk vollendet! Seine Majestät, mein Vater, begab sich heute selbst zum Fluß. Er war hocherfreut über den großartigen Erfolg. Auf seinen Befehl wurde Frau Tang Au von den höchsten Beamten und dem gesamten Hofstaat mit Trommeln und Musik im Triumph zum Schiff zurückgebracht. Auch eine Belohnung von zehntausend Unzen Silber hat sie zum

Dank erhalten. Aber eigentlich komme ich wegen einer wichtigen Nachricht, die ich eben vernahm, nämlich, daß Ihr, verehrte Mutter, morgen aufs Schiff zurückgeschickt werden sollt."

So fand Lin Dschih-yangs Martyrium ein Ende. Wieder als Mann gekleidet, wurde er am nächsten Morgen auf allerhöchsten Befehl in einer Sänfte zum Schiff zurückgetragen. Das war ein Wiedersehen mit Frau und Tochter, mit seinem Schwager Tang Au, dessen Kühnheit und Tatkraft er seine Rettung zu verdanken hatte, und seinem alten Freund, Herrn Do! Bald danach lichteten sie den Anker und verließen jenes Frauenreich, in dem der schöne Kaufmann Lin Dschih-yang um ein Haar die „Gemahlin" eines „Königs" geworden wäre ...

Gung Dse-dschen

Glossen zur „Heimstatt der kranken Pflaumenbäume“

Am Berg der Verknäulten Drachen bei Dschjang-Ning, am Deng-We-Berg bei Su-Dschou und an den Ufern des West-Flüßchens bei Hang-Dschou wuchsen wunderbare Pflaumenbäume. Man behauptet, Pflaumenbäume wären nur schön, wenn sie verkrümmt sind. Ein gerade gewachsener Pflaumenbaum wäre nicht elegant. Ebenso müßten Pflaumenbäume seitwärts geschwungen sein, um als schön zu gelten, und nur schüttere Äste und Zweige haben. Das freilich ist die Meinung der Literaten und Malkünstler; aber kein Erlaß oder Aufruf könnte jemals die Pflaumenbäume in dieser Welt dazu bringen, sich nach solchen Maßstäben zu richten. Und man könnte auch kaum die Menschen dazu verleiten, gerade Bäume niederzuhauen, das dichte Astwerk auszuschneiden und ebenmäßig gewachsene Bäume abzuhacken, um aus so einer Vergewaltigung und Verkrüppelung der Natur einen Beruf und ein Geschäft zu machen. Das Seitwärtsverbiegen, die Astverstümmelungen und die Verkrümmung von Pflaumenbäumen sind überdies Künste, welche die Einfallskraft ungebildeter Menschen, selbst wenn sie damit zu Geld kommen wollten, bei weitem überstiegen. So waren es also die Literaten und Malkünstler mit ihren seltsamen Neigungen und Verschrobenheiten, welche die Gärtner bis in alle Einzelheiten darin unterwiesen, wie sie mit gesunden, geradegewachsenen Pflaumenbäumen zu verfahren, die Äste seitwärts zu verbiegen, die Zweige zu lichten, den ebenmäßigen Wuchs zu zerstören und

das natürliche Wachstum dieser Bäume zu verhindern hätten, um damit hohe Preise für ihr Verkrüppelungswerk zu erzielen. So geschah es, daß alle Pflaumenbäume in den Provinzen Dschjang-Su und Dsche-Dschjang erkrankten und Krüppel wurden. Das Unheil, das Literaten und Malkünstler anzurichten imstande sind, kann also ein sehr erschreckendes Ausmaß erreichen!

Ich habe dreihundert Pflaumenbäumchen in Töpfen gekauft. Und nicht ein Bäumchen darunter war heil und gesund! Drei Tage lang weinte ich über ihr Mißgeschick. Dann schwor ich, sie zu heilen, sie wieder frei ihrer Natur folgen zu lassen. Die Töpfe zerschlug ich und pflanzte die Bäumchen in die Erde ein. Die Fäden, mit welchen man ihre Ästchen zu krummem, gekünsteltem Wuchs gezwungen hatte, nahm ich ab. Und in fünf Jahren werden sie sich sicherlich wieder erholt haben und richtige Pflaumenbäume sein.

Ich bin kein Literat und auch kein Malkünstler. So nehme ich willig die Flüche und Verwünschungen jener Leute auf mich, denen es zweifellos nicht gefällt, daß ich den kranken Pflaumenbäumen eine Heimstatt gegeben habe.

Ach, hätte ich doch nur mehr Muße und mehr Land, um den kranken Pflaumenbäumen überall in Dschjang-Ning, Hang-Dschou und Su-Dschou Unterkunft und Pflege bieten zu können! Gerne würde ich mein ganzes Leben dafür verschwenden, sie zu heilen!

Aus „Si Dschu Lju Guan Dschi Schih“

Drei Dokumente aus dem Opiumkrieg

Eilbotschaft des Präfekten von Ding-Hai an den Oberkommandierenden der Provinzstreitkräfte

Ehrerbietig melde ich in fliegender Hast: Am Sechsten dieses Monats näherten sich viele ausländische Schiffe der Präfekturhauptstadt meiner Wenigkeit. Ein Bote der Fremdlinge überbrachte ein Schreiben, das mit jedem Wort in empörender Weise gröblichst gegen alle Satzungen verstößt. Meine Wenigkeit steht mit den Truppen bereit. Überdies werden für die Verteidigung der Stadt Rekruten unter der Bevölkerung ausgehoben. Die Lage ist äußerst ernst. Respektvoll übersende ich das Original des Schreibens der Fremdlinge zur gefälligen Einsichtnahme und ersuche untertänigst Eure Exzellenz, ehestmöglich zu verfügen und entsprechende Schritte zu unternehmen. Zugleich bitte ich, den Gouverneur in Kenntnis setzen zu wollen. Nichts erwarte ich sehnlicher als Euren Befehl.

Letzte Botschaft des Polizeihauptmanns Tschüen Fu der Präfektur Ding-Hai an den Gouverneur der Provinz

Ehrerbietig gestatte ich mir mitzuteilen: Über die Umstände, unter welchen in diesen Tagen die Schiffe der rothaarigen Barbaren in den Hafen von Ding-Hai eingelaufen sind, wurde bereits von der Präfektur an Eure

Exzellenz schriftlich Meldung erstattet. Ich nehme daher an, daß Ihr gütigst davon Kenntnis genommen habt.

Die ausländischen Piraten haben mehrere Salven aus ihren Kanonen abgefeuert. Der Kommandant und viele Soldaten und Zivilisten wurden getroffen. Meine Wenigkeit inspizierte Tag und Nacht die Wachtposten auf den Stadtmauern. Dabei erlitt auch ich eine Verletzung an der linken Schulter. Der Präfekt beriet sich persönlich mit mir. Er äußerte die Ansicht, daß das dichtbesiedelte Gebiet von Tschüen-Au ein wichtiger Teil der Präfektur sei und ich mich dort hinbegeben sollte, um Verteidigungsmaßnahmen zu ergreifen und die Bevölkerung zu beruhigen. Meine Wenigkeit traf dort am Achten dieses Monats ein. Mit der Ankunft einer Amtsperson legte sich einigermaßen die Angst und Aufregung der Einwohner.

Ich gestatte mir untertänigst zu bemerken: Die Präfektur verfügt zwar über eine große Zahl regulärer Truppen, doch werden sie hauptsächlich für den Küstenschutz eingesetzt. Die Zuteilung für die Verteidigung der Städte genügt nicht, so daß die Garnisonen offensichtlich zu schwach sind, um dem Feind standhalten zu können. Ich erhoffe sehnlichst die Entsendung größerer Entlastungseinheiten. Doch liegt eine weite Meeresstrecke zwischen der Insel und dem Festland, und wer weiß, wann sie eintreffen werden.

Wie ich soeben erfahren habe, sind die Piraten bereits in die Präfekturhauptstadt eingedrungen und befinden sich auf dem Wege hierher. Das Volk zittert vor Angst. Es ist ein Jammer, Augenzeuge dieses Elends zu sein.

Sollten die Piraten angreifen, wird meine Wenigkeit ihnen entschlossen entgegentreten. Die Chancen zu überleben sind gering. Die Verbindung zur Präfektur ist unterbrochen. Wir erhalten keine Nachrichten mehr. Ich knie ehrfurchtsvoll in Richtung des Kaiserpalastes und des Gouverneurssitzes nieder und berühre mit der Stirne den Boden. Das Amtssiegel des Polizeihauptmanns der Präfektur Ding-Hai mit dem Schriftzeichen des Gouvernements Dsche-Dschjang und der Dienstnummer achtundachtzig habe ich meinem Diener übergeben und ihm aufgetragen, es nach dem Tode meiner Wenigkeit auf dem schnellsten Weg dem Gouvernement zu überbringen.

Den kleinen Beamtenposten, den ich innehabe, erwarb ich mir durch militärische Verdienste, die bewiesen, daß ich mein Leben aufzuopfern bereit war. Nun erwartet mich ein vorzeitiger Tod im Kampf. Wenn später die Gefallenen registriert und ihre Belange behandelt werden, bitte ich inständig, meines Sohnes Yü-ying zu gedenken. Wenn Ihr ihm Euren Schutz zuteil werden laßt, werde ich fürwahr ewig für Eure unermeßliche Gnade dankbar sein. Ferner habe ich im zweiten Monat des Lunarkalenders jemanden nach Gan-Su entsandt, um meine Familie holen zu lassen. Ich nehme an, daß sie zu Winterbeginn in Dsche-Dschjang eintreffen wird. Meine Familie war nie in Dsche-Dschjang und kennt dort keinen Menschen, der ihr helfen könnte. Ich ersuche daher Eure Exzellenz, ihr Euren Beistand angedeihen zu lassen und es zu ermöglichen, daß sie meinen Sarg zurück in die Heimat geleite. Hinsichtlich der Reisekosten und erforderlichen Dokumente bitte ich meine Amtskollegen, nach Möglichkeit Hilfe zu leisten, damit wir nicht alle in der Ferne sterben und als heimatlose Seelen umherirren müssen. Lebend oder im Grabe – immer bleibe ich Euch in Dankbarkeit verpflichtet.

In unserer bedrängten Lage fehlt es an gutem Papier und einem geeigneten Pinsel. Verzeiht die ungeziemende Form dieser Botschaft Eures Untergebenen.

Bericht über den Opfertod des Polizeihauptmanns Tschüen Fu der Präfektur Ding-Hai

Tschüen Fu stammte aus Wu-We im Gouvernement Gan-Su. Auf Empfehlung des Polizeihauptmanns von Ying-Dschi-Scha-Er wurde er zum Polizeihauptmann der Präfektur Ding-Hai im Gouvernement Dsche-Dschjang ernannt. Er trat sein Amt an, ohne seine Familie mitzunehmen. Tschüen Fu war ein Mann von hünenhaftem Wuchs und besaß ungewöhnliche Körperkräfte. Er liebte den Wein und war beherzt und mannhaft in seinem Gebaren.

Im zwanzigsten Jahr der Regierungsepoche Dau-Guang, am Achten des sechsten Monats, entsandten die Engländer, nachdem ihnen in Guang-Dung der Handel mit Opium untersagt worden war, die Anführer Bai-Mai und Bu-Er-Li mit einem Geschwader von über dreißig Schiffen in die Küstengewässer des Gouvernements Dsche-Dschjang. Die Insel Ding-Hai des Dschou-Schan-Archipels bot ihnen durch ihre isolierte Lage ein erwünschtes Angriffsziel. Die Schiffe der Fremdlinge steuerten geradewegs auf den Hafen zu und gingen vor Anker. In ihrer Übermacht gebärdeten sie sich äußerst anmaßend und unverschämt. Der Generalleutnant Dschang Dschau-fa mußte nach anfänglichem Widerstand seine Positionen räumen. Die Tore wurden auf Befehl des Präfekten Yau Huai-hsjang geschlossen und die Stadt zur Verteidigung bereitgemacht. Doch Soldaten und Volk stoben in wilder Flucht auseinander.

Als Tschüen Fu sah, daß die Lage hoffnungslos war, legte er in einer Botschaft an den Gouverneur neben einigen Bemerkungen zu seiner Person schriftlich seinen unbeugsamen Entschluß nieder, nach der Einnahme der Stadt im Kampf zu fallen. Das Schreiben steckte er zu sich. Zu diesem Zeitpunkt hatten sich alle Wachleute und Büttel der Präfektur bereits entfernt. Nur ein Diener war an seiner Seite geblieben. Er fragte ihn, ob er wüßte, wo Wein zu finden sei. Der Diener brachte ihm einen großen Weinkrug, der noch zur Hälfte gefüllt war. Tschüen Fu kleidete sich darauf in sein Staatsornat, gürtete sich sein Schwert um die Hüften und begab sich zum Gefängnis. Der Diener folgte ihm auf sein Geheiß mit dem Weinkrug. Vor dem Gefängnistor setzte er sich nieder und tat den Gefangenen kund: „Solange ich lebe, bleibt auch ihr am Leben. Wenn ich sterbe, so sterbt ihr mit mir. Unterlaßt jeden Fluchtversuch. Wer zu entkommen trachtet, wird mit seinem Blut mein Schwert röten.“ Bald danach hörte man den Donner der feindlichen Geschütze. Die Häftlinge brachen durch Löcher in den Lehmwänden und sprangen über die Mauern. Tschüen Fu vermochte nicht, sie zurückzuhalten. Er seufzte und sprach: „Nach dem Verlust der Stadt ist es meine Pflicht zu sterben; um so mehr noch jetzt nach dem Verlust der Gefangenen!“ Sodann ging er zum Amtsgebäude der Präfektur. Auf dem Wege begegnete er einem der flüchtenden Einwohner, den er von früher kannte. Er zog das Schreiben heraus und übergab es ihm mit der Bitte, sobald die Ordnung wiederhergestellt sei, es dem Gouverneur zu überbringen, damit er über die Umstände seines Todes unterrichtet werde. Der Mann nahm schluchzend das Schreiben entgegen.

Als Tschüen Fu in das Amtsgebäude kam, konnte er weder seine Amtskollegen noch den Präfekten finden. Er nahm auf dem erhöhten Richterstuhl in der Halle Platz und schöpfte sich mit einem Schöpflöffel Wein aus dem Krug. Dabei machte er seinem Ärger Luft. „Habt ihr denn nicht auch der Gnade des Kaiserhauses eure Ämter und Würden zu verdanken?“ schrie er. „Wenn ihr den Tod im Kampf gegen die Piraten fürchtet, wird es euch lieber sein, von der richtenden Hand des Gesetzes zu sterben?“ Sein Gesicht war rot angelaufen, seine weit aufgerissenen Augen funkelten vor Wut. Der Diener versuchte ihn zu überreden, sich doch noch in Sicherheit zu bringen. Tschüen Fu wies ihn barsch zurück.

Nicht lange danach fiel die Stadt. Eine Abteilung der Barbaren drang in das Amtsgebäude ein. Als sie in der Halle Tschüen Fu sitzen sahen, hielten sie vor Schreck und Erstaunen unentschlossen inne. Tschüen Fu schlug sein Schwert schmetternd auf den Amtstisch und schrie: „Ich bin Polizeihauptmann der Großen Tsching-Dynastie. Ich habe den Schwur abgelegt, Verbrecher zu töten. Sollte ich da Angst haben vor euch, armseliges Gesindel!"

Die Barbaren blickten sich erschrocken um. Als sie langsam vorrückten, sprang Tschüen Fu vom Podest herab und hieb auf die Piraten ein. Er tötete einen dunkelhäutigen Barbaren. Als die Barbaren dann gemeinsam auf ihn losstachen, brach er tödlich verwundet zusammen. Er starb im Alter von achtunddreißig Jahren.

Erst einige Tage später gelang es Einwohnern der Stadt, die geflohen waren, einen Sarg für Tschüen Fu zu beschaffen und die Kunde von seinem Tode weiterzugeben. Auch der Mann, der Tschüen Fus Schreiben zu sich genommen hatte, erfüllte seinen Auftrag und überbrachte es dem zuständigen Beamten des Gouvernements.

Der Präfekt Yau hat sich am selben Tag ins Meer gestürzt und ist ertrunken. Ebenso weigerte sich auch der Generalinspekteur des Gouvernements, dem Feind zu willfahren, und fand, wie bereits berichtet, einen gewaltsamen Tod. Auf allerhöchste Weisung wurden alle postum mit der Beförderung um einen Dienstgrad sowie durch Zuschüsse für ihre Beisetzung und den Unterhalt ihrer Familien ausgezeichnet.

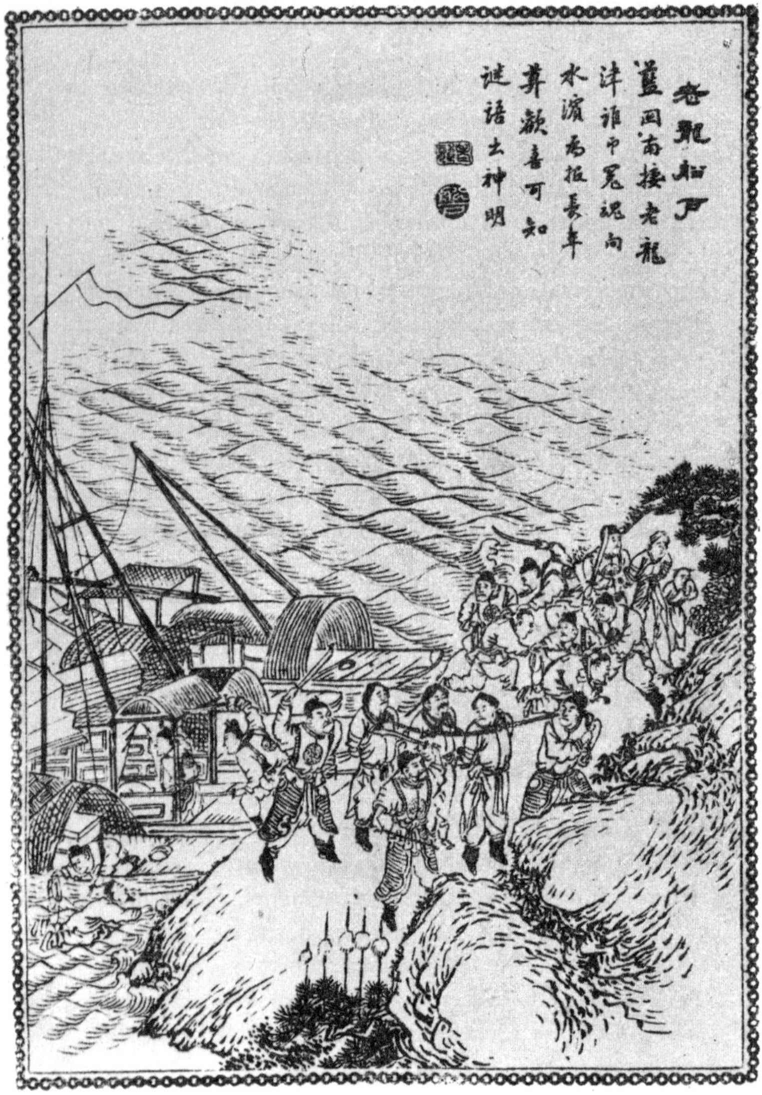
老龍船尸
蠶國南接老龍
津誰申冤魂向
水濱為振長年
葬歟喜可知
謎語出神明

Wan Da-hung

Kundmachung des Marschalls Wan Da-tschüen

Der dem Willen des Himmels gehorsame Chef des Generalstabs und Marschall des Himmlischen Reichs des Friedens Wan Da-tschüen tut hiermit hinsichtlich der Bestrafung der Gewaltherren und der Errettung des Volkes von diesen kund und zu wissen:

Wie bekannt, sind die Beamten im Reich in ihrer Gier nach Bereicherung ärger als Räuber und Diebe, und die Büttel der Ya-Men unterscheiden sich in ihrer Bestialität kaum von Tigern und Wölfen. Die Schuld dafür fällt auf die gewissenlosen und unfähigen Herrscher zurück, die edelgesinnte Männer von sich fernhalten, indes sie niedriggesinnten ihr Vertrauen schenken, mit Ämtern und Würden Schacher treiben, indes sie den Tüchtigen den Weg versperren. So wächst die Sucht nach Gewinn Tag für Tag, und die Beamten aller Ränge bürden dem Volk um die Wette Lasten auf. Die Vornehmen und Reichen dürfen ungestraft Frevel verüben, indes die Niedriggeborenen und Armen nirgendwo Gehör für das Unrecht finden, das man ihnen antut. Bei der bloßen Erwähnung dieser Zustände krampft sich das Herz in der Brust zusammen, und die Haare stehen zu Berge. Allein die Abgaben für den Reistransport sind in letzter Zeit um ein Mehrfaches erhöht worden; die Grundsteuer wurde für dreißig Jahre erlassen und hernach doch wieder eingehoben. Die Mittel des Volkes sind restlos erschöpft! Das Elend des Volkes hat den Gipfel erreicht! Uns, die wir für Güte und Gerechtigkeit eintreten, schmerzt der Anblick dieser Not. Wie sollten wir es da übers Herz bringen, die verbrecherischen Beamten und vertierten Büttel aller Präfekturen, Subpräfekturen und Kreise nicht mit Stumpf und Stil ausrotten und das Volk aus seiner Bedrängnis erretten zu wollen!

Zur Zeit ballen sich unsere Armeen wie Wolken zusammen. Guang-Hsi ist fest in unserer Hand; in Tschang-Scha ist die Ruhe wiederhergestellt. Wir befinden uns nun auf dem Vormarsch nach Dschjang-Hsi und sehen uns daher veranlaßt, im voraus kundzutun:

Für unser gesamtes Volk besteht durchaus kein Grund, sich zu ängstigen. Bauern, Handwerker und Kaufleute können weiterhin in Frieden ihrer Arbeit nachgehen. Sollten von der wohlhabenden Bevölkerung Getreidevorräte für die Proviantierung unserer Truppen zur Verfügung gestellt werden, so wird dafür nach Bekanntgabe der gelieferten Menge ein Schuldschein ausgefertigt, der zu einem späteren Zeitpunkt ohne jeden Abzug eingelöst werden kann. Sollten sich mutige und kräftige Männer mit Herz und Sinn unserer gerechten Sache anschließen, so soll ihnen nach Wiederherstellung des Friedens je nach ihren Verdiensten ehrender Lohn zuteil werden.

Alle Beamten der Präfekturen, Subpräfekturen und Kreise, die sich uns widersetzen, verfallen dem Schwert; jenen, die sich fügen, wird nach Übergabe ihrer Amtssiegel Rückkehr in ihren Heimatort gewährt. Alle übrigen Büttel und Schergen, die sich wie Schakale und Wölfe benommen haben, werden ohne Nachsicht geköpft und ihre abgeschlagenen Schädel öffentlich zur Schau gestellt.

Da sich möglicherweise Räuberbanden die Gelegenheit zunutze machen und Unruhe stiften könnten, wird Euch gestattet, diese anzuzeigen, damit ihrem Unwesen sogleich ein Ende bereitet werden kann.

Sollte es unter der Bevölkerung Leute geben, die es wagen, das verruchte Feindesgesindel bei seinen Gewalttaten zu unterstützen und unseren Truppen Widerstand zu leisten, so werden sie, ungeachtet ob es sich um Präfekturen, Subpräfekturen, Kreise oder Dörfer handelt, ausnahmslos und restlos ausgetilgt.

Nehmt dies zur Kenntnis, beherzigt unsere Ermahnungen und verstoßt nicht dagegen!

Zur besonderen Beachtung kund und zu wissen getan im ersten Monat des zweiten Jahres der Regierungsepoche Tjän-De.

Hsje Fu-tscheng

Notiz aus Paris

Im zweiten Monat des sechzehnten Jahres der Regierungsepoche Guang-Hsü besuchte ich das Wachsfigurenkabinett in Paris. Diese Figuren sind Nachbildungen wirklicher Menschen, denen sie in Körperhaltung, Haar- und Hautfarbe, Größe und Formung der Gestalt täuschend ähnlich sehen. Von Königen, Herzögen und Ministern bis zu Künstlern, Handwerkern und Leuten aus den verschiedensten Berufen sind alle namhaften Persönlichkeiten nahezu ausnahmslos durch ihr Ebenbild hier vertreten. Manche stehen, andere wieder liegen, sitzen, verbeugen sich, lachen oder weinen, trinken oder spielen Karten. Wenn der Blick sie streift, meint man jedesmal bestürzt und erstaunt, leibhaftige Menschen vor sich zu haben. Ich lobte voll Bewunderung die außerordentliche Kunstfertigkeit, die sich in diesen Figuren offenbarte.

Mein Dolmetscher erklärte mir, daß in den Künsten der Westländer an Vollkommenheit nichts ihre Ölgemälde überträfe, und schlug mir vor, zum Gemäldemuseum zu fahren, um mir die Darstellung der Schlacht zwischen Preußen und Franzosen anzusehen. Man hat dieses riesige Gemälde in einem runden Raum untergebracht, dessen Wände es rings bedeckt. Das Licht fällt durch eine Deckenöffnung herein. Stellt man sich in die Mitte des Raumes und läßt den Blick umherschweifen, so sieht man Städte, Befestigungen, Hügel, Bäche und Bäume in mannigfaltigen Formen malerisch aneinandergereiht. Die beiden Armeen sind verstrickt im Kampf: Kavallerie im Sturmangriff; getroffen Zusammenbrechende; fliehendes Fußvolk; dahinter die Verfolger; Schützen, das Gewehr im Anschlag; Kanoniere mit rauchenden Lunten; der Fähnrich, die flatternde Fahne in der Faust; Soldaten, die eine Kanone in Stellung bringen – in bunter Reihenfolge jagt eine Gestalt die andere. Wo Granaten bersten, schießen Feuergarben empor, und Rauchschwaden lagern qualmend über der Erde. Der Geschoßhagel hat Dächer weggefegt und Türme gekappt. Hütten brandgeschwärzt; zerschossene Mauern, gerötet im Flammenschein; dazwischen Soldaten mit zerschmetterten Armen und Beinen; Verwundete und Tote, hingestreckt in Lachen von Blut. Das Auge sträubt sich geradezu, solche Schrecknisse zu betrachten.

Blickt man empor, gewahrt man den Mond zwischen rötlichen Wolken; und blickt man nieder auf die Erde, so leuchtet einem das Gras entgegen wie ein grüner Teppich, der sich weit über die Ebene hinbreitet. Man glaubt fast, Augenzeuge einer Schlacht zu sein, und vergißt, daß man sich in einem geschlossenen Raum befindet. Erst wenn die Hand hinfaßt, empfindet man wieder Gewißheit, nur eine Wand vor sich zu haben, ein Gemälde, und man fühlt sich erleichtert, zu wissen, daß alles nur Blendwerk ist.

Ich hatte gehört, die Franzosen seien ein ehrgeiziges und stolzes Volk, und sprach daher meine Verwunderung über diese Darstellung der eigenen Niederlage aus, die dem Betrachter doch nur ein Gefühl der Demütigung geben kann. Mein Dolmetscher erwiderte darauf: „Das eben dient als ernste Mahnung. Das Volk wird dadurch zur Erbitterung gebracht und sinnt wieder auf Rache.“

So liegt also ein tieferer Sinn in diesem Gemälde. Der Preußisch-Französische Krieg ist zwar ein historisches Ereignis, glaubwürdig und nachweisbar, doch seine Spuren sind längst verblaßt. Ist nun dieses Gemälde etwas wirklich Wahres oder nur ein Trugbild? – oder ein Trugbild, das mit der Wahrheit eins ist? – oder Wahres, das sich des Trugbilds bedient? Wahrscheinlich liegt in alledem ein Stück Wahrheit.

Lju O

Die Käfige des Herrn Präfekten

1

Der fahrende Arzt Tjä Yin, ein Mann in den frühen Dreißigern, mit dem Beinamen Lau-tsan, war von der Provinzhauptstadt Dschi-Nan aufgebrochen und, nachdem er in Lo-Kou eine Dschunke gemietet hatte, nach viertägiger Fahrt auf dem Huang-Ho in Dung-Dschja-Kou angekommen. Die Nacht verbrachte er noch auf der Dschunke. Am nächsten Morgen bezahlte er den Schiffer und ließ sein Gepäck in einen Gasthof im Ort bringen.

Dung-Dschja-Kou liegt an der vielbefahrenen Landstraße zwischen Tsau-Dschou und Da-Ming. Darum fehlt es im Ort auch nicht an Gasthöfen für die Durchreisenden und Fuhrleute. Lau-tsan war im Gasthof eines gewissen Dung abgestiegen, der schon über Sechzig war und nur einen Gehilfen namens Wang San hatte. Eigentlich wollte er hier einen Karren mieten und nach Tsau-Dschou weiterfahren. Aber da er die Absicht hatte, sich auf seinem Weg ein wenig über die Amtstätigkeit des Präfekten von Tsau-Dschou, Yü Hsjän – zu dessen Distrikt auch Dung-Dschja-Kou gehörte –, zu erkundigen, verschob er vorläufig die Abreise.

Es war etwa acht Uhr morgens, und selbst die Langschläfer unter den Gästen hatten bereits den Gasthof verlassen. Der Gehilfe Wang San säuberte die Zimmer. Der Wirt hatte die Eintragungen in seinen Rechnungsbüchern beendet und saß müßig auf einer Bank vor dem Tor. Lau-tsan setzte sich zu ihm.

„Ich habe gehört, daß Euer Präfekt Raub- und

Diebstahlsprozesse ganz vorzüglich erledigen soll", hub er gemächlich an. „Wie macht er denn das eigentlich?"

Der Wirt seufzte. „Bestechlich ist unser erlauchter Herr Präfekt wahrlich nicht", sagte er leise. „Und daß er nicht fleißig bei der Sache ist, kann ihm auch keiner vorwerfen. Nur geht er doch etwas zu scharf vor. Anfangs hat er ja ein paar wirkliche Räuber abgeurteilt. Dann aber sind die Räuber dahintergekommen, wo er seine Schwächen hat, und seither ist unser erlauchter Herr Yü nur noch ein Mordinstrument in der Hand von Räubern."

„Wie ist denn das möglich?" fragte Lau-tsan mit wachsendem Interesse.

„Tja, das ist eine lange Geschichte", erwiderte der Wirt. „Im Südwesten unserer Ortschaft liegt das Dorf Yü-Dschja-Tun. Wohl zweihundert Familien wohnen dort. Der reichste Mann im Dorf war ein gewisser Yü Tschaudung. Er hatte zwei Söhne und eine Tochter, die alle längst verheiratet waren. Auch zwei Enkelkinder hatte er schon. Die Leute lebten behaglich in recht ansehnlichem Wohlstand. Nie hätten sie gedacht, daß sie ein solches Unglück befallen würde! Im vorigen Herbst nämlich hat man bei ihnen eingebrochen. Gestohlen wurde nicht viel: ein paar Kleidungsstücke und Schmucksachen. Aber sie haben den Diebstahl doch in der Präfektur gemeldet. Unser erlauchter Herr Präfekt nahm die Sache persönlich in die Hand. Und tatsächlich hat er auch zwei an dem Diebstahl beteiligte Burschen gefangen – kleine Fische allerdings, bei denen nur ein paar Baumwollkleider gefunden wurden. Der Hauptmann der Bande war längst über alle Berge. Aber es wurmte ihn doch, daß zwei seiner Leute erwischt worden waren.

In diesem Jahr im Frühling wurde von der Bande ein Haus in der Stadt ausgeraubt. Unser erlauchter Herr Präfekt tobte tagelang wie ein Rasender. Aber erwischt hat er keinen. Bald danach wurde wieder in der Stadt eingebrochen. Und nach dem Raubüberfall steckte die

Bande auch noch vor aller Augen ein paar Häuser in Brand. Ihr könnt Euch wohl vorstellen, daß sich unser erlauchter Herr Präfekt so etwas nicht gefallen ließ. Auf der Stelle rief er seine berittenen Soldaten zusammen und nahm die Verfolgung auf.

Die Räuber zogen mit lodernden Fackeln aus der Stadt. Sie waren mit ausländischen Gewehren bewaffnet, und wer hätte es da gewagt, sich ihnen in den Weg zu stellen! Ungehindert stürmten sie durchs Osttor in nördlicher Richtung davon. Sie waren schon über zehn Li von der Stadt entfernt, als plötzlich ihre Fackeln erloschen. Der erlauchte Herr Präfekt hatte inzwischen seine Reiter zusammengetrommelt und sprengte mit ihnen durch die Straßen der Stadt. Die Straßenvögte und Nachtwächter erstatteten ihm genau Bericht. Also jagte auch unser Herr Präfekt durchs Osttor zur Stadt hinaus. Von ferne sah er wieder die Fackeln der Räuber, und auch vereinzelte Schüsse waren zu hören. Daß ihn da die Wut packte, läßt sich leicht denken. Ein mutiger Mann ist er ja, unser Herr Präfekt, und mit zwanzig oder dreißig Reitern an seiner Seite, alle mit ausländischen Karabinern ausgerüstet, hatte er auch nicht viel zu fürchten. So verfolgte er die Bande weiter.

Als er mit seinen Reitern im ersten Morgengrauen zum Dorf Yü-Dschja-Tun kam, hatte er die Räuber schon beinahe eingeholt. Er verfolgte sie über das Dorf hinaus, sah aber plötzlich keine Fackeln mehr, und auch die Schüsse waren verstummt. Unser Herr Präfekt überlegte einen Augenblick, dann sagte er zu seinen Leuten: ‚Wir brauchen nicht mehr weiterzureiten. Die Räuber sind bestimmt in diesem Dorf!‘

Also kehrte er um. Vor dem Tempel des Kriegsgottes Guan Yü in der Hauptstraße des Dorfes machte er halt. Je zwei seiner Leute wurden an den vier Dorfausgängen postiert, um niemanden herein- oder hinauszulassen. Dann rief er den Vogt und die Dorfältesten zu sich.

Inzwischen war es bereits taghell geworden. Der erlauchte Herr Präfekt ließ seine Reiter absitzen und durchsuchte mit ihnen das ganze Dorf von Haus zu Haus. Von den Räubern war keine Spur zu finden. Noch einmal wurde das Dorf gründlich durchsucht, und diesmal entdeckten sie in einem ansehnlichen Gehöft drei Vogelflinten, ein paar lange Messer und ein Dutzend Stöcke. Unser erlauchter Präfekt erklärte darauf wutschnaubend: ‚Das ist bestimmt das Nest des Räubergesindels!‘ Sofort zitierte er den Vogt herbei. ‚Wer wohnt hier?‘ herrschte er ihn an.

‚Hier wohnt eine Familie Yü‘, stammelte der Vogt. ‚Der Hausherr heißt Yü Tschau-dung. Er hat zwei Söhne. Der ältere heißt Yü Hsüe-schih, der jüngere Yü Hsüe-li – beide Lizentiaten. Den Titel haben sie sich durch Kauf erworben.‘

Vater Yü und seine beiden Söhne wurden auf Befehl des Herrn Präfekten augenblicklich festgenommen und herbeigeschleppt. Was denkt Ihr, was solche Leute vom Lande gefühlt haben mochten, als man sie plötzlich vor den erlauchten Herrn Präfekten zerrte, dem man überdies noch auf den ersten Blick ansah, daß er vor Wut kochte! Die drei sanken in die Knie, am ganzen Leibe zitternd vor Angst.

‚Unverschämtes Gesindel‘, schrie sie der erlauchte Herr Präfekt an, ‚wo haltet ihr die Räuber versteckt?‘

Dem alten Yü hatte der Schrecken die Rede verschlagen. Sein jüngerer Sohn, der in der Stadt zwei Jahre studiert und etwas mehr von der Welt gesehen hatte, war nicht ganz so verstört. Er richtete sich auf den Knien ein wenig auf und antwortete für seinen Vater: ‚Unsere Familie gilt von jeher als rechtschaffen. Mit Räubern haben wir nie etwas zu tun gehabt. Wie sollten wir es wagen, ihnen Unterschlupf zu gewähren?‘

‚Wenn ihr mit Räubern nichts zu tun habt‘, schrie ihn der Herr Präfekt an, ‚woher kommen dann die Waffen?‘

‚Im vorigen Jahr wurde bei uns eingebrochen', erklärte Yü Hsüe-li, ‚und nachher gab es ständig Raubüberfälle im Dorf. Darum haben wir uns ein paar Stöcke besorgt und unsere Pächter und Knechte abwechselnd Wache halten lassen. Die Banditen haben ausländische Gewehre, die es bei uns nicht zu kaufen gibt. So haben wir uns von den Vogelfängern drei Flinten geholt. Nachts feuern wir ein paar Schüsse ab, um die Räuber einzuschüchtern.'

‚Du lügst!' brüllte der Präfekt. ‚Wo gibt's denn so etwas, daß ein anständiger Mann aus dem Volk Waffen in seinem Haus hat? Natürlich seid ihr alle Räuber!' Und auf seinen Befehl wurde das Haus der Familie Yü noch einmal gründlich durchsucht.

Die Leute des Herrn Präfekten kehrten im ganzen Haus das Oberste zuunterst, und was sie an Schmucksachen und dergleichen kleineren Wertgegenständen fanden, verschwand unauffällig in ihren Taschen. Aber sie konnten beim besten Willen nichts entdecken, das auf einen Gesetzesbruch schließen ließ. Erst in einem Schuppen im Hof, wo ausgedientes Ackergerät herumlag, kramten sie etwas hervor, das ihnen verdächtig schien: sieben oder acht alte Gewänder, zum Teil sogar aus Seide, die in einem Bündel zusammengeschnürt waren. Diesen Fund brachten sie dem erlauchten Herrn Präfekten. ‚Das haben wir in einem Schuppen versteckt gefunden', meldeten sie ihm. ‚Es sieht nicht danach aus, als ob die Gewänder der Familie gehörten.' Unser erlauchter Präfekt starrte das Zeug mit gerunzelten Brauen an. ‚Aha!' rief er plötzlich. ‚Jetzt erinnere ich mich. Vorgestern wurde doch eine Anzeige wegen eines Raubüberfalls in der Stadt gemacht. Dabei sollen Kleider gestohlen worden sein. Nehmt die Sachen mit in die Präfektur. Wir werden in der Verlustliste nachsehen, ob das die gestohlenen Kleider sind.' Er deutete mit dem Finger auf das Bündel und brüllte mit einem grimmigen Blick auf den alten Yü und seine Söhne: ‚Heraus mit der Sprache! Woher habt ihr die Gewänder?'

Die drei sahen sich verdattert an und wußten nichts darauf zu erwidern. Endlich raffte sich Yü Hsüe-li, der jüngere der beiden Söhne, zu einer Antwort auf. ‚Ich weiß wirklich nicht, wie diese Sachen zu uns gekommen sind', sagte er kleinlaut.

Der erlauchte Herr Präfekt erhob sich mit einem Ruck. Dem Dorfvogt und zwölf seiner Reiter gab er den Befehl, den alten Yü und seine Söhne zur Gerichtsverhandlung in die Stadt abzuführen. Man brachte ihm sein Pferd. Er schwang sich in den Sattel und ritt mit dem Rest seiner Leute voraus.

Die Familie Yü stand fassungslos weinend in einem Häufchen beisammen. Die zwölf Reiter, die den Alten und seine Söhne in die Stadt begleiten sollten, wurden ungeduldig. ‚Wir sind die ganze Nacht lang geritten', sagten sie unwillig. ‚Der Magen knurrt uns vor Hunger. Gebt uns schnell etwas zu essen. Ihr wißt doch, wie reizbar unser erlauchter Herr Präfekt ist. Wenn wir zu spät kommen, ist die Hölle los.' Auch der Dorfvogt war in aller Hast nach Hause geeilt, um seine Sachen zu packen. Vorher hatte er der Familie Yü noch schnell aufgetragen, ein paar Karren bereitzustellen. Bald danach war es soweit. Die drei Gefangenen und der Dorfvogt nahmen mit ihrem Gepäck in den Karren Platz, und von den Berittenen bewacht, traten sie den schweren Weg in die Präfektur an.

Die Frau des jüngeren Sohnes war die Tochter eines Herrn Wu, der bei den Beamtenprüfungen den Titel eines Bakkalaureus erworben hatte und als angesehener Mann in der Hauptstadt der Präfektur wohnte. Sie war jedenfalls nicht gewillt, dem drohenden Gerichtsverfahren gegen ihren Mann, ihren Schwiegervater und ihren Schwager tatenlos zuzusehen. Kaum waren die Karren davongerollt, wandte sie sich entschlossen an ihre Schwägerin: ‚Unser Schwiegervater und unsere beiden Männer haben in der Stadt niemanden, der sich um sie kümmert. Du kennst dich aus im Haushalt. Paß du aufs Haus auf, ich fahre schnell in die Stadt zu meinem Vater und bitte ihn, sich für sie zu verwenden.‘ Die Schwägerin stimmte ihr bei, und Yü Hsüe-lis Frau packte hastig ein paar Sachen zusammen, ließ zwei Ochsen vor einen leichten Wagen spannen und fuhr in die Stadt. Da ihr zweispänniger Wagen schneller war als die Karren, kam sie mit einem nicht unbeträchtlichen Vorsprung im Hause ihres Vaters an. Schluchzend berichtete sie ihm, was geschehen war. Der Bakkalaureus Wu geriet in eine furchtbare Aufregung. ‚Wer diesem Mordgesellen in die Hände fällt, dem ist kaum noch zu helfen‘, sagte er, bebend vor Wut und Angst. ‚Ich werde sofort hingehen und sehen, was sich machen läßt.‘ In großer Hast zog er sich an und eilte zur Präfektur. Sein Ersuchen um eine Audienz beim Präfekten wurde abgelehnt. ‚Unser erlauchter Herr läßt sagen‘, brachte der Diensthabende der Wache als Antwort zurück, ‚daß er jetzt eine Verhandlung in einem Raubprozeß zu führen hat. Er kann zur Zeit niemanden empfangen.‘

Der Bakkalaureus Wu suchte darauf den Kanzleivorstand für Strafsachen in seinem Amtszimmer auf und schilderte ihm den Hergang dieser haarsträubend ungerechten Verhaftung.

‚Tja, wenn ein anderer so einen Fall in die Hand bekommt‘, sagte der Kanzleivorstand sinnend, ‚so wäre durchaus nichts Schlimmes zu erwarten. Aber unser werter Herr Präfekt hält sich ja in seinen Prozessen nicht an die gesetzlichen Vorschriften! Falls die Angelegenheit mir zugeteilt wird, garantiere ich Euch, daß alles gut ausgeht. Nur befürchte ich, daß er sie nicht aus der Hand geben wird. Und dann kann ich leider auch nichts machen.‘

Der Bakkalaureus empfahl sich mit vielen Verbeugungen und der dringenden Bitte, sich der Sache nach Möglichkeit anzunehmen. Dann eilte er zum Osttor des Präfekturgebäudes, um auf die Ankunft seines Schwiegersohns zu warten.

Er hatte nicht viel länger gewartet, als man braucht, um eine Schale Tee zu leeren, da näherten sich auch schon die Karren mit ihrer Begleitmannschaft dem Tor. Der Bakkalaureus stürzte den drei Gefangenen entgegen. Ihre Gesichter waren kreideweiß und schreckverzerrt. Der alte Yü flehte ihn mit dünner Stimme an: ‚Schwager, bitte helft uns!' Die Tränen strömten ihm über die Wangen. Doch ehe der Bakkalaureus auch nur ein Wort erwidern konnte, drängten ihn die Reiter zurück. ‚Der Herr Präfekt wartet schon im Gerichtssaal', riefen sie mürrisch. ‚Er hat uns bereits Eilboten entgegengesandt, damit wir uns tummeln. Vorwärts! Gefackelt wird hier nicht!'

Die Karren rollten, ohne auch nur für einen Augenblick anzuhalten, weiter. Der Bakkalaureus lief nebenher und rief keuchend dem alten Yü zu: ‚Schwager, seid unbesorgt. Wenn es auch durch Feuer oder Wasser gehen heißt, was immer nur möglich ist, werde ich für euch tun!'

Sie waren inzwischen vor dem Tor der Präfektur angekommen, wo schon ein paar Beamte auf sie warteten. ‚Bringt sie auf der Stelle in den Gerichtssaal!' schrien sie ungeduldig. Büttel stürzten auf die Gefangenen zu und legten ihnen Ketten an. Man zerrte sie hinein. Sie sanken in die Knie.

Und der erlauchte Herr Präfekt schwang höhnisch das Verzeichnis der geraubten Gegenstände in der Hand, das er ihnen hinunterreichen ließ. ‚So, und ihr wollt vielleicht noch leugnen!' brüllte er drohend.

Der alte Yü und seine Söhne konnten nur noch angstzitternd ein ‚Wir sind unschuldig!' stammeln, da sauste schon der Richterstab dröhnend auf den Amtstisch nieder. ‚Corpus delicti und Delinquenten wurden ordnungsgemäß eruiert und sichergestellt. Und ihr habt noch die Frechheit, die Schuld zu leugnen! In den Käfig mit ihnen!'

Die drei wurden von starken Fäusten gepackt und hinausgezerrt."

Und willst du, lieber Leser, wissen, was danach geschah, im Folgenden wird ausführlich darüber berichtet.

2

Der Wirt erzählte also Lau-tsan die Geschichte weiter.

„Als der Herr Bakkalaureus Wu in die Präfektur eilte, um eine Audienz beim Herrn Präfekten zu erbitten, kam seine Tochter, Yü Hsüe-lis Frau, gleich hinter ihm her. In einer Apotheke gegenüber dem Amtsgebäude wartete sie auf Nachrichten. Als sie erfuhr, daß der Präfekt ihren Vater nicht empfangen wollte und daß dieser auch schon beim Kanzleivorstand für Strafsachen gewesen war, wußte sie sogleich, daß die Sache schlecht stand. Kurz entschlossen ließ sie durch einen Boten den Vorstand der Amtsläufer, Büttel und Gefängniswärter, einen gewissen Tschen Ren-me, der in der Präfektur Tsau-Dschou den Ruf eines fähigen Beamten genoß, zu sich in die Apotheke bitten. Tschen Ren-me kam auch sofort, und Yü Hsüe-lis Frau legte ihm das schreiende Unrecht, das ihrer Familie geschehen war, ausführlich dar. Auf ihre Bitte, den drei unschuldig Gefangenen zu helfen, wiegte Tschen Ren-me nachdenklich den Kopf. ‚Das ist eindeutig ein Streich, den Euch die Räuber gespielt haben, um Rache zu nehmen. Aber Ihr habt doch auf Eurem Gut genügend Leute, die Nachtwache halten und das Haus beschützen sollen. Wie konnten die Banditen da nur die gestohlenen Sachen heimlich in Euren Schuppen schaffen? Daß das eine unverzeihliche Nachlässigkeit ist, kann man wohl sagen!‘

Yü Hsüe-lis Frau zog ein schweres Goldarmband vom Handgelenk und steckte es Tschen Ren-me zu. ‚Ich bitte Euch, Herr Vorstand, tut, was Ihr nur könnt! Wenn es Euch gelingt, das Leben der drei zu retten, gebe ich Euch soviel Geld, wie Ihr nur wollt. Unsere Äcker, unser Hab und Gut und alles will ich gern verkaufen, und wenn wir auch betteln gehen müßten – ich gebe alles her, wenn sie nur am Leben bleiben!'

‚Ich will Euch gerne helfen, junge Frau', sagte Tschen Ren-me. ‚Hoffentlich haben wir Glück. Wenn nicht, bitte grollt mir nicht, das müßt Ihr mir schon versprechen. Ich werde alles versuchen, was in meiner Macht steht. Wahrscheinlich sind die drei bereits angekommen. Der Herr Präfekt wartet auf sie im Gerichtssaal. Ich gehe schnell einmal hinein und sehe nach, wie die Sache steht. Wartet hier auf mich.'

Tschen Ren-me ging vorerst in die Stube der Büttel und Amtsdiener. Er warf das Goldarmband auf den Tisch. ‚Brüder, der Fall der Familie Yü ist klar und eindeutig ein Gerichtsverfahren gegen Unschuldige', sagte er mit Nachdruck. ‚Strengt eure Köpfe an und denkt nach, wie wir ihnen helfen können. Wenn wir das Leben der drei retten, haben wir nicht nur eine gute Tat getan, für jeden von euch gibt es obendrein auch noch ein paar Silbertaels als Belohnung. Das Armband hier gehört dem, der einen rettenden Ausweg findet.'

‚Wer könnte da schon im voraus mit einem todsicheren Plan aufwarten!' riefen die Büttel kopfschüttelnd. ‚Wir müssen eben warten, bis sich eine günstige Gelegenheit bietet.' Darauf gingen sie in den Gerichtssaal und flüsterten ihren diensthabenden Amtsbrüdern zu, daß sie die Angeklagten möglichst schonungsvoll behandeln sollten.

Der erlauchte Herr Präfekt hatte inzwischen seine drei Opfer zum langsamen Strangulierungs- und Hungertod im Käfig verurteilt, und die Büttel waren gerade dabei, sie mit Gewalt hinauszuzerren. Da trat der Oberbüttel vor den Richtertisch, beugte ein Knie vor seinem Herrn und meldete: ‚Alle Käfige sind schon besetzt. Darf ich den erlauchten Herrn Präfekten um anderweitige Weisung bitten.'

烈婦有心
殉節
曹州府

‚Red keinen Unsinn!' schrie unser erlauchter Herr wütend. ‚Ich weiß doch, daß ich in den letzten zwei Tagen niemanden in den Käfig stecken ließ!'

Der diensthabende Oberbüttel entgegnete ruhig: ‚Wir haben nur zwölf Käfige, und die sind alle besetzt. Darf ich den erlauchten Herrn Präfekten bitten, die Strafvollzugsliste einzusehen.'

Der Präfekt zog die Liste hervor und fuhr mit dem Zeigefinger die Eintragungen entlang. ‚Eins, zwei, drei – gestern waren es drei', murmelte er vor sich hin. ‚Eins, zwei, drei, vier, fünf – vorgestern insgesamt fünf. Eins, zwei, drei, vier – vorvorgestern – hm! – vier. Da hast du recht. Keine Käfige frei im Augenblick.'

Der Oberbüttel nahm sofort die Gelegenheit wahr. ‚Könnten wir sie dann nicht vielleicht vorläufig in den Kerker sperren? Wenn morgen wieder ein paar gestorben sind und Käfige leer werden, stecken wir sie gleich hinein. Darf ich den Herrn Präfekten bitten, eine diesbezügliche Anweisung zu erteilen.'

Der erlauchte Herr Präfekt dachte einen Augenblick nach. ‚Nein!' rief er grimmig. ‚Diese widerwärtigen Schurken! Das könnte ihnen so passen, daß wir sie in den Kerker sperren! Dann leben sie einen Tag länger. Auf keinen Fall! Holt mir die Kerle her, die ich vorvorgestern in den Käfig stecken ließ!'

Ein paar Büttel eilten hinaus und öffneten die Halslöcher der vier Käfige. Die Verurteilten sackten zu Boden und wurden in den Gerichtssaal geschleift. Der erlauchte Herr stieg von seinem Richterstuhl herab und befühlte höchstpersönlich ihre Nasen. ‚Ein bißchen atmen sie noch', stellte er fest. Dann nahm er wieder am Richtertisch Platz und donnerte in den Saal: ‚Jedem zweitausend Stockschläge! Den möchte ich sehen, der das überlebt!'

Ein paar Dutzend Hiebe genügten, um ihnen den Rest zu geben. Den Bütteln blieb also nichts übrig, als den alten Yü und seine Söhne in die leergewordenen Käfige zu sperren. Um ihnen das Hängen im Halsloch durch eine Stütze zu erleichtern, schoben sie jedem drei große Ziegelsteine unter die Füße. Erfahrungsgemäß konnte man so die Verurteilten noch drei, vier Tage am Leben erhalten. Nur mußte eben schleunigst ein Weg gefunden werden, sie zu retten. Aber was man auch unternahm, es kam nichts dabei heraus!

Die Tochter des Herrn Bakkalaureus Wu war wirklich eine Gattin, wie sich keiner eine bessere wünschen könnte. Immer wieder ging sie zu den Käfigen hin und flößte den armen Teufeln Ginsengbrühe ein. In ihrem Jammer flehte sie alle an, die ihr möglicherweise irgendwie hätten helfen können, und wer weiß wieviel tausendmal sie ihre Stirn gegen den Boden schlug und mit ihren Klagen Beamtenseelen zu erweichen suchte! Aber was half das alles schon! Gegen den Starrsinn unseres erlauchten Präfekten war nichts zu machen!

Yü Tschau-dung, der Vater, hatte schließlich ein paar Jahre mehr auf dem Buckel, und darum war er auch der erste, der daran glauben mußte. Am dritten Tag starb er. Am vierten röchelte auch Yü Hsüe-schih nur noch ganz schwach. Yü Hsüe-lis Frau löste den Leichnam ihres Schwiegervaters aus und sorgte selbst für die Aufbahrung. Sie legte Trauerkleider an und bat ihren Vater, sich um die Bestattung ihres Mannes und ihres Schwagers zu kümmern. Dann ging sie zum Tor der Präfektur und kniete vor Yü Hsüe-lis Käfig nieder. Mehrmals verlor sie die Besinnung, so bitterlich weinte sie in ihrem grenzenlosen Schmerz. Und schließlich rief sie zu ihrem Mann in den Käfig hinein: ‚Warte noch ein Weilchen! Ich gehe dir voran hinunter ins unterirdische Reich und richte alles für dich her.‘ Blitzschnell zog sie ein Messer aus dem Ärmel und schnitt sich die Kehle durch. Sie starb auf der Stelle.

Der Vorstand der Amtsläufer und Büttel, jener Tschen Ren-me, hatte das alles selbst mit angesehen. Er rief seine Leute zusammen und sagte:

,Werte Freunde, diese aufopferungsvolle Tat der jungen Frau Yü verdient, daß man eine öffentliche Ehrung für sie beantragt. Ich denke, daß Yü Hsüe-li vielleicht noch zu retten wäre, wenn er sofort heruntergelassen wird. Was haltet ihr davon, wenn wir diesen gewichtigen Grund zum Anlaß nehmen und um Begnadigung ersuchen?' Alle stimmten ihm zu. Tschen Ren-me ging sogleich zum Sekretär der Präfektur und berichtete ihm, daß die Frau des Angeklagten Yü Hsüe-li sich eben als wahres Musterbild ehelicher Tugend für ihren todgeweihten Mann selbst aufgeopfert habe. Er fügte noch wohlweislich hinzu: ,Im Volk ist man der Meinung, daß der Selbstmord dieser tugendhaften Frau bewundernswert und des Mitgefühls würdig ist. Könnte man nicht den erlauchten Herrn Präfekten bitten, dem Mann der Frau Yü die Strafe zu erlassen, um der Seele der Dahingeschiedenen Trost zu spenden?'

Der Sekretär erwiderte: ,Das ist ein durchaus einleuchtender Grund. Ich werde sofort Euer Ansuchen weiterleiten.'

Feierlich setzte er seine Amtskappe auf und begab sich persönlich zum Herrn Präfekten, dem er über die tugendhafte Tat der Frau des Yü Hsüe-li und die Stimmung im Volke ausführlich Bericht erstattete. Dabei betonte er insbesondere die allseitige Bitte um Begnadigung des Angeklagten.

Doch unser erlauchter Herr Präfekt lachte nur. ,Ihr seid mir die Richtigen!' sagte er. ,Plötzlich hat euch das Mitgefühl gepackt! Für diesen Yü habt ihr Mitgefühl, für euren Herrn aber anscheinend nicht! Ganz abgesehen davon, ob der Kerl schuldig oder unschuldig ist, wenn wir ihn freigeben, wird er die Sache sicherlich nicht auf sich beruhen lassen. Und dann setze ich vielleicht in Zukunft auch noch meine eigene Karriere aufs Spiel! Im Sprichwort heißt es nicht zu Unrecht: Wer sich des Grases entledigen will, muß es samt der Wurzel ausreißen. Und außerdem ist diese Yü ein ganz besonders widerwärtiges Aas! Die scheint nichts anderes im Hirn gehabt zu haben, als daß ich ihrer gesamten werten Familie ein schreckliches Unrecht angetan habe. Ihr Glück, daß sie ein Frauenzimmer ist, sonst hätte ich ihr selbst als Leiche noch zweitausend Stockhiebe versetzen lassen, um meinen Ärger loszuwerden! Gebt in meinem Namen die Nachricht weiter: Wer für die Familie Yü Gnadengesuche stellt, überführt sich damit selbst des Verbrechens der Bestechlichkeit. Das Gesuch dient als Beweis. Ihr braucht mir die Sache auch gar nicht erst zu melden. Der Bittsteller ist unverzüglich in den Käfig zu sperren! Und damit Schluß!'

Der Sekretär schlich sich kleinlaut aus dem Amtsraum des Herrn Präfekten und berichtete wortgetreu Tschen Ren-me und den anderen, was er eben zu hören bekommen hatte. Keiner sagte darauf ein Wort, und seufzend gingen sie auseinander.

Der Bakkalaureus Wu hatte inzwischen Särge besorgt und alles für die Aufbahrung vorbereitet. Gegen Abend starb Yü Hsüe-schih, kurz danach auch Yü Hsüe-li. Die Särge des alten Yü, seiner beiden Söhne und seiner Schwiegertochter wurden vorläufig im Guan-Yin-Tempel vor dem Westtor der Stadt untergestellt. Im Frühjahr, als ich einen Besuch in der Stadt machte, bin ich noch eigens hingegangen, sie zu sehen."

„Und was wurde dann aus der Familie Yü?" fragte Lau-tsan erschüttert. „Haben sie denn nichts unternommen, um sich zu rächen?"

„Wie hätten sie denn das anstellen sollen?" erwiderte der Wirt mit einem wehmütigen Blick. „Welche Möglichkeit steht denn uns Leuten aus dem Volk noch offen, als alles geduldig zu ertragen, wenn uns die Beamten die Hölle heiß machen! Und angenommen, man wendet sich mit einer Klage an eine höhere Instanz, so wird der Fall ja doch an das ursprüngliche Amt zur Nachuntersuchung zurückgeleitet. Und was dann? Dann trifft es nur noch einen mehr! Der Schwiegersohn des alten Yü ist ein Hsju-tsai – ein Mann mit einem Titel immerhin. Und die Frau von Yü Hsüe-schih hat sich auch an ihn gewandt, nachdem die vier gestorben waren. Aber alle verständigen Leute haben ihm abgeraten, die Sache weiter zu betreiben. Als Kläger kommt nur ein naher Verwandter in Frage. Und hätte Yü Hsüe-schihs Frau die Klage eingereicht, was wäre dann mit dem ganzen Familienbesitz geschehen, und wer hätte sich um die Kinder gekümmert, wenn es auch ihr ergangen wäre wie den anderen? Nichts wäre dabei herausgekommen als ein unschuldig Ermordeter mehr in den Käfigen unseres erlauchten Herrn Präfekten!“

Kang Yo-we

Eingabe über die Notwendigkeit eines allgemeinen Verbots des Fußeinbindens

Diese Eingabe richtet sich ehrfurchtsvoll an Seine Majestät mit dem Ersuchen, durch allerhöchsten Entscheid das Einbinden der Füße von Personen weiblichen Geschlechts zu verbieten, um deren Gesundheit zu erhalten und die Sittlichkeit zu fördern.

Ich gestatte mir, untertänigst zu bemerken, daß zur Zeit der Han-Dynastie der Minister Dschja I in seiner „Denkschrift über Ordnung und Frieden“ sagte: „Die hohen Würdenträger sehen ihre Hauptaufgaben nur in der Bearbeitung von Akten und in dem Abhalten von Ratssitzungen, zeigen aber keinerlei Erstaunen darüber, wenn sich die Moral lockert und die Sitten verfallen.“ Das sind wahrlich Worte, die Kenntnis der wesentlichen Ursachen von Ordnung und Wirrnis im Staate zeigen.

Das höchste Prinzip der Regierung liegt in der umfassenden Behandlung grundlegender Fragen und deren Auswirkungen. Doch nichts ist wichtiger als die Sorge für das Wohlergehen des Volks. Die erhabene Wirkung des heiligen Einflusses Seiner Majestät erstreckt sich zwar auch auf die geringsten Dinge. Doch nichts ist dringlicher als die Reinigung der Sitten und Bräuche.

In jüngster Zeit besteht ein reger Verkehr zwischen den zahllosen Staaten der Welt; sie vergleichen ihre Regierungsmaßnahmen und Sitten untereinander; und wo Unzulänglichkeiten oder Fehlschläge auftreten, erntet man Spott und Mißachtung. Die Zeiten, da China ein in sich geschlossenes Reich war, das seine Eingangspforten sperren konnte, sind vorbei. In unserem Land wohnen die meisten Menschen in ärmlichen Hütten; überall trifft man auf zerlumpte Gestalten. Zudem hat das Übel des Opiumrauchens um sich gegriffen. Bettler säumen die Straßen. Die Fremden photographieren diese Bilder des Elends und verbreiten sie, um uns zum Gespött zu machen. Längst schon verhöhnt man uns als ein unzivilisiertes Volk. Nichts aber bringt uns größeres Gespött und ärgere Beleidigungen ein als die Gewohnheit des Fußeinbindens bei Mädchen und Frauen! Euer Untertan gestattet sich, in seinem Herzen darüber tiefste Beschämung zu empfinden.

Die Verstümmelung der Füße war in alten Zeiten eine der fünf schweren Körperstrafen. Diese Strafen wurden zu einer feststehenden Einrichtung, bis Kaiser Wen der Han-Dynastie in der Befürchtung, Unschuldige könnten darunter zu leiden haben, sie abschaffte. Sein Name wird deshalb in der Geschichte gepriesen. Welches Verbrechen aber haben die Mädchen und Frauen begangen, daß sie von Kindheit an mit der Verstümmelung ihrer Füße bestraft werden und ihr ganzes Leben lang darunter zu leiden haben? Das ist fürwahr eine Einrichtung, die sich in keinem anderen Staat der Welt finden läßt, und darum darf sie um so weniger unter der Regierung unseres heiligen Herrschers geduldet werden!

Es liegt in der Natur des Menschen, daß die Eltern ihre Kinder mit Liebe und Sorgfalt pflegen. Aber noch sorgsamer als ihre Söhne müßten sie ihre Töchter pflegen, deren Körper ja auch zarter ist. Doch kaum sind die kleinen Mädchen der Mutterbrust entwöhnt, so werden ihnen, trotz der noch ungefestigten Sehnen und Knochen, mitleidlos und unbarmherzig die Füßchen geschnürt und mit langen Lappen und Bandagen eingewickelt. Die Zehen werden verkrümmt, die Knochen verbogen, daß sie mit ihren verkrüppelten Füßchen kaum noch trippeln können.

Die armen Kinder wimmern und weinen Tag und Nacht vor Schmerz. Die wunden Füße werden mit Wässerchen behandelt, mit Duftstoffen beräuchert; die viel zu engen Socken und Schühchen müssen sie selbst nachts anbehalten, damit der Fuß verkrümmt, klein und schwach bleibt und sich nur ja nicht strecken läßt und kräftig wird. Die Mädchen müssen sich auf das Bett stützen, wenn sie aufstehen wollen, mühsam tasten sie sich an den Wänden entlang, wenn sie durch das Zimmer gehen. Für die Töchter der Reichen ist das schon eine große Qual, viel mehr aber noch für die Mädchen und Frauen aus armen Familien. Mit ihren verkrüppelten Füßen holen sie Wasser vom Brunnen, kochen, waschen, versorgen die Kinder, dienen den Schwiegereltern und Pflegebedürftigen in der Familie. Unablässig, rastlos müssen sie arbeiten, seufzend betasten sie die schmerzenden Füße, mit vergrämter Miene, kaum imstande, die Tränen zurückzuhalten. Und schon manche Frau ist ihrer eingebundenen Füße wegen von der Treppe oder Leiter herabgestürzt oder hat als Folge ihrer Fußverkrüppelung auf andere Art den Tod gefunden. Und bricht ein Brand aus, tritt eine Überschwemmungskatastrophe ein, so daß man sich nur durch die Flucht retten kann, müssen die Frauen die Kranken stützen, die Kinder tragen und auch noch ihre Habseligkeiten mit sich schleppen. Jedes Bächlein ist für ihre trippelnden Schritte ein unüberwindbares Hindernis; Berge und Höhen sind unersteigbar; Felsblöcke und Gestrüpp machen jeden Schritt zur Qual, so daß schon viele dieser unglücklichen Frauen sich an Bäumen erhängt oder von Türmen herabgestürzt haben, um ihrem unerträglichen Leben ein Ende zu machen. Und selbst in Zeiten tiefsten Friedens, selbst in den reichsten Familien, wo den vornehmen Frauen Scharen von Mägden und Dienerinnen zur Verfügung stehen und sie in Muße ihr Leben verbringen können, müssen sie den Riten und Anstandsregeln der Familie und Sippe entsprechend viele

Verpflichtungen auf sich nehmen. Immer wieder gibt es Kranke im Hause, die man pflegen muß. Auch sie müssen ihren Schwiegereltern dienen und sich um ihre Kinder kümmern, Verwandte und Freunde des Hauses empfangen und bewirten. Wie sollten ihnen da Mühen und Sorgen erspart bleiben! Aber diese Mühen und Sorgen sind nichts im Vergleich zu den ernsten Folgen für die Gesundheit, die ihnen ihre verkrüppelten Füße verursachen. Der Kreislauf ist gestört und stockt; der Körper mit seinen Lebenskräften verkümmert, verfällt, verfault; häufige Erkrankungen der Füße schwächen allmählich den gesamten Organismus. Und diese Schwächung wirkt sich auch auf die Kinder und Kindeskinder aus, so daß die kommenden Generationen immer mehr an Kraft einbüßen. Und sie alle sind Bürger des Staates! Wenn diese Schwächung und Verkümmerung weitergeht, wo sollte der Staat dann Soldaten hernehmen!

Betrachtet man hingegen die Europäer und Amerikaner, so findet man, daß sie hochgewachsen sind und kräftige Körper haben. Der Grund liegt wohl darin, daß ihre Mütter keine eingebundenen Füße haben und sich die Rasse daher ungehemmt und kraftvoll entwickeln konnte. Blickt man nun auf unser Volk, so findet man, daß es schwach und kraftlos ist und eine gekrümmte Haltung hat. Der Grund hierfür liegt wohl darin, daß die Füße der Mütter eingebunden werden und sich die Rasse daher schwerlich kraftvoll entwickeln konnte. Ist diese Schwäche unserer Rasse nicht in höchstem Maß besorgniserregend, wenn man bedenkt, daß in diesen Zeiten das ganze Land zu den Waffen gerufen werden sollte, um im Wettstreit mit den anderen Staaten bestehen zu können!

Wäre es möglich, daß Eltern, die ihre Kinder wirklich lieben, mit Freude eine so grausame Strafe an ihren Töchtern vollziehen? Sie tun es nur, weil diese unsägliche Sitte einmal in Mode gekommen ist und sich bis heute erhalten hat, weil ein Mädchen, das seine Füße nicht eingebunden hat, nicht geschätzt wird, in eine respektable Familie nicht einheiraten darf, ja, selbst noch als Konkubine und Magd mißachtet wird. Darum verstümmelt man lieber sein eigenes Kind, als daß man ihm seine Zukunft raubt! Als Angelegenheit eines Menschen, einer Familie ist dies fürwahr bitter genug, und es mag zugleich unvermeidbar scheinen. Doch in den Zeiten einer Heiligen Dynastie gilt alle Sorge dem geringen Volk. Die Verfehlung jedes einzelnen Mannes wird als eigene Schuld angesehen; jede Vergeudung menschlicher Fähigkeiten wird dem eigenen Gewissen zur Last gelegt. Sollte da nicht die Verstümmelung der Füße von zweihundert Millionen schuldloser Mädchen und Frauen, die Schwächung der chinesischen Rasse für alle kommenden Generationen als einer wahren Vorsorge für das Volk unwürdig, als grober Verstoß gegen eine wahrhaft gütige Regierung betrachtet werden? Wie könnte Seine erhabene Majestät da nicht mit tiefstem Mitleid, mit größtem Kummer auf diese Mißstände herabsehen?

Euer Untertan hat den Versuch unternommen, den Ursprung dieses üblen Brauchs aufzudecken, ohne jedoch feststellen zu können, woher er eigentlich stammt. In den „Historischen Aufzeichnungen" des Si-ma Tschjän werden zwar sogenannte „Spitzschuhe" erwähnt, doch handelt es sich dabei nur um eine Art spitzzulaufender Tanzschuhe. In den Gedichten der Tang-Zeit wird nirgendwo von eingebundenen Füßen gesprochen. Doch zur Zeit der Sung-Dynastie war diese Sitte bereits weit verbreitet; und sie blieb es bis in unsere Tage. Jemand behauptete zwar, der letzte Kaiser der Südlichen Tang-Dynastie, Li Yü, hätte das Fußeinbinden in Mode gebracht, doch mag er nur von diesem üblen Brauch verleitet und angespornt worden sein. In der Sung-Zeit hieß es, daß allein der Philosoph Tscheng I das Fußeinbinden in seiner Familie nicht duldete. Daraus läßt sich ersehen, wie weit verbreitet dieser Brauch damals bereits war. Von den

ältesten Zeiten bis zur Gegenwart gab es in China und in allen anderen Ländern wohl niemals eine so üble Sitte der Körperverstümmelung, die sich ohne irgendwelchen gesetzlichen Zwang über ein ganzes Land verbreitet und über ein Jahrtausend hinweg gehalten hätte! Was könnte erschreckender sein als dieser Gedanke!

Nach den Rechtsnormen des Staates beurteilt, ist das Fußeinbinden die mißbräuchliche Anwendung einer schweren Körperstrafe gegenüber unschuldigen Personen. Nach den moralischen Grundsätzen des Familienlebens beurteilt, ist es eine ernste Verletzung des auf Güte und Liebe beruhenden Verhältnisses der Eltern gegenüber ihren Kindern. Nach den Grundsätzen der Gesundheitslehre beurteilt, ist es eine sinn- und nutzlose Verkrüppelung der Knochen, die zu Erkrankungen des Körpers führt. Nach den Erfordernissen des militärischen Wettkampfes beurteilt, bedeutet das Fußeinbinden eine Schwächung unserer Rasse, die verderbliche Folgen für kommende Generationen nach sich ziehen muß. Von den ästhetischen Grundsätzen der Völkersitten aus betrachtet, stempelt uns das Fußeinbinden zu Barbaren und macht uns lächerlich in den Augen anderer Völker. Wenn wir eine solche Schmach erdulden können, was könnten wir dann nicht erdulden!

Ferner wäre zu bemerken, daß mit dem drachengleichen Aufstieg unserer kaiserlichen Dynastie das Fußeinbinden eigentlich streng verboten wurde und darum die mandschurischen Frauen und Mädchen Wert darauf legen, die natürliche Gestalt ihrer Füße zu erhalten. Das gesamte Volk in unserem Reich genießt den himmlischen Schutz Seiner Majestät; insbesondere aber bedürfen die Mädchen und Frauen des huldreichen Mitgefühls unseres erhabenen Kaisers.

Im übrigen erfordert das Gesetz unbedingte Einheitlichkeit, ebenso wie auch die Sitten und Gebräuche einheitlich sein müssen. Möge Seine erhabene Majestät auf die armen, schwachen Mädchen mitleidsvoll herabblicken und diese Schuldlosen von ihren Qualen befreien. Es wäre dringend angezeigt, ein Verbot dieses unmenschlichen Brauchs zu erlassen und ihn endgültig zu beseitigen. Ich flehe Seine Majestät an, das Binden der Füße von Frauen und Mädchen strengstens zu untersagen. Jene, deren Füße bereits gebunden worden sind, sollten jede weitere Einschnürung unterlassen. Bei Mißachtung dieser Verordnungen sollten den Gatten oder Söhnen der betroffenen Frauen, falls sie dem Beamtenstand angehören, alle Ehrentitel entzogen werden. Sind sie nicht Beamte, so sollten ihnen Geldstrafen auferlegt werden. Ebenso wären die Eltern von Mädchen unter zwölf Jahren, deren Füße eingebunden worden sind, mit hohen Geldbußen zu bestrafen.

Auf diese Weise wird sich das Volk dem Willen Seiner Majestät beugen wie Gras, über das der Wind streicht, und die üble Sitte wird wie von selbst aufhören. Die Mädchen im ganzen Reich werden nicht mehr verstümmelt werden und können fortan ihren Leib gesund erhalten. Die chinesische Rasse wird sich ungeschädigt fortpflanzen können und allmählich wieder erstarken. Und der Spott der Ausländer, daß wir ein unzivilisiertes Volk seien, wird nachlassen. Wäre dies etwa ein geringer Gewinn, den Seine Majestät mit Ihrem Heiligen Einfluß erwirken könnte?

Möge Seine Majestät in Ihrer Hohen Weisheit über diese Eingabe urteilen, die ich hiermit ehrfürchtig zur Einsicht unterbreite.

Manifest der Gesellschaft zur Förderung des Lernens

Rußland äugt von Norden herab; England lauert im Westen; Frankreich stiert uns von Süden, Japan starrt uns von Osten an. Wahrlich, in höchster Gefahr schwebt China inmitten dieser vier mächtigen Staaten! Und dazu gibt es noch mehr als zehn andere, die mit gebleckten Zähnen und wässerndem Mund nur darauf warten, aufzuteilen, was von China übrigbleiben sollte. Bedrückt und verängstigt sind die Menschen, und die Lage ist so bedrohlich, daß das Ende zu nahen scheint.

In früheren Zeiten war Indien ein weitberühmtes Land in Asien. Es klammerte sich an das Alte und scheute vor Veränderungen zurück. So gelang es zur Zeit des Kaisers Tschjän-Lung den Engländern mit ihrer Handelsgesellschaft, die über hundertzwanzigtausend Unzen Gold verfügte, in Indien einzudringen, es in fünf Provinzen aufzuteilen und sich zu unterwerfen. Früher war die Türkei ein mächtiges Reich der Mohammedaner, dessen Grenzen sich über Asien, Europa und Afrika erstreckten. Auch die Türkei klammerte sich an das Alte und scheute vor Veränderungen zurück, bis sechs Staaten in ihre Regierungsangelegenheiten eingriffen, Gebiete abtrennten und ihren Herrscher absetzten. Und Annam, Burma, Korea, Riu-Kiu, Siam, Persien, Afghanistan, Belutschistan, die Inselstaaten des Pazifischen Ozeans und die Länder Afrikas – alle sind heute entweder in ihrer Freiheit beschnitten oder bereits gänzlich vernichtet! Von all den Staaten des Erdballs, die sich an das Alte klammerten, gibt es keinen, der verschont und heil geblieben wäre!

Unser China liegt geschwächt darnieder inmitten einer Schar von Mächtigen; schnarchend schlummert es auf einem lodernden Stapel Brennholz. Die Regierung sucht nur Fehler zu vermeiden, nicht aber neue Werke zu schaffen; die Beamten bemühen sich nur, die alten Gesetze zu wahren, nicht aber die neue Zeit zu begreifen. Die Gelehrten beharren auf der Ergründung des Altertums; für die Erforschung der Gegenwart fehlt ihnen jegliches Interesse. Das Volk hält sich nur an das Nächstliegende; weitreichende Pläne vermag es nicht auszuführen.

Sagte doch der Philosoph Meng Dse: Nur ein Staat, der sich selbst bekriegt, wird von anderen bekriegt werden. Von der Mongolei, Feng-Tjän, Dschi-Lin, Tsching-Hai, Hsin-Dschjang, Tibet bis zu den Stammesfürstentümern der Randgebiete ist alles fremder Boden geworden. Von Schan-Dung bis Fu-Dschjän, Dsche-Dschjang, Dschjang-Su, Hu-Nan, Se-Tschuan, Kuang-Dung, Gue-Dschou sind die fruchtbarsten Gebiete mit all ihren Bodenschätzen in die Hände fremder Räuber gefallen. So sind auch wir nicht mehr fern vom Schicksal der Türken und Afrikaner!

Die Leute aus dem Westen unterscheiden äußerst streng zwischen den Rassen. Sie blicken haßerfüllt auf andersartige Menschen herab. In Vietnam haben die Franzosen für Vietnamesen die Beamtenprüfungen aufgehoben und damit diesen Weg zu Reichtum und Ehren gesperrt. Die hohen Beamten von einst sind Seidenhändler geworden. Die Engländer halten schon seit hundert Jahren Indien besetzt, aber erst im fünfzehnten Jahr der Regierungsepoche Guang-Hsü wurde es einem Inder gestattet, Abgeordneter zu werden. Die übrige einheimische Bevölkerung wird wie Arbeitsvieh gehalten! Wenn wir nicht beizeiten Pläne zur Stärkung des Reiches machen, so werden bei einer plötzlichen Aufteilung Chinas sowohl die tatendurstigen und schlauen Freunde der Ausländer wie auch die alten und edlen Geschlechter des Landes Barbarenkleidung anlegen müssen; die treuen und kampfesmutigen Helden werden zu Knechten herabgewürdigt werden; und wollte man auch viele Tage und Nächte lang weinend um Hilfe für die Rettung unseres

Reiches flehen, wie es einst Schen Bau-hsü für sein Heimatland Tschu am Hofe des Fürsten von Tschin getan hatte, alle Mühe wäre vergeblich; und selbst ein Fleckchen reine, unversehrte Erde, wie sie Tau Yüen-ming im Pfirsichblütenquell beschrieb, ließe sich nicht mehr finden. Zerschmettert lägen unsere Soldaten auf den Feldern; befleckt und besudelt würden unsere Edelsten im Schlamm ersticken. Ach, unser geheiligtes, hochbegabtes Volk – Unaussprechliches würde ihm geschehen! Unaussprechliches!

In dieser Welt hat die heilige Weisheit Chinas sich in ununterbrochener Fortdauer erhalten; darum genießt es den größten Ruhm unter allen Ländern. Mit seiner Sittenlehre, seinen staatlichen Institutionen und seinen Kulturgütern ist es allen anderen Staaten innerhalb der Vier Meere überlegen. In der Größe des Landes steht es an dritter, in der Höhe der Bevölkerungszahl an erster Stelle in der Welt. Es hat ein gutes, gemäßigtes Klima; sein Volk ist klug und gesittet; sein Boden ist reich und fruchtbar. Deshalb gibt es wohl keines unter den zahllosen Ländern der Welt, das an China heranreichen könnte. Und nur, weil sich der Sinn für das Neue noch nicht durchgesetzt hat, weil es an Talenten für die Erneuerung fehlt, muß China mit gebundenen Händen Demütigungen über sich ergehen lassen...

Jedes Studium erfordert Anstrengungen, um Meisterschaft zu erlangen; jedes Talent bedarf der Übung und des Schliffs, um Erfolge zu erringen. Sollten sich talentierte und einflußreiche Männer in großer Zahl zusammenfinden, so wird es ein leichtes sein, Bücher und Schriften für die Gründung einer Bibliothek zu sammeln. Sollten sich Wille und Geisteskraft vieler zusammentun, so wird es ein leichtes sein, Erfahrung und Wissen zu erweitern. Heißt es doch im „Buch der Wandlungen“: „Der edle Mensch schult sich durch seine Freunde.“ Und in den „Gesprächen des Kung Fu-Dse“

heißt es: „Die Handwerker arbeiten alle in ihren Werkstätten, daß jeder sein Werk vollende; der edle Mensch studiert, damit er seine Prinzipien verwirklichen kann."

Aufgewühlt wogen die Meere dieser Welt. Das Ohr hört selbst noch im Traum den Donner der Geschütze. Edle Männer, könntet ihr den Schmerz ertragen, den Fremden als Beute zum Opfer zu fallen? Wollt ihr euch nicht wehren gegen die Entehrung unseres Namens? Ihr Männer, die ihr die Tore des Landes verschließen möchtet, welche Fähigkeiten besitzt ihr, um von einer Wiederherstellung der Würde des Herrscherhauses und der Vertreibung der Barbaren zu reden? Handelt es sich etwa nur um unsere heilige Tsching-Dynastie? Oder steht nicht auch das Schicksal der Lehren unserer weisen Herrscher des Altertums und des Kung Fu-Dse, das Schicksal von vierhundert Millionen Chinesen auf dem Spiel?

Wu Wo-yau

Der Kanzler und die kaiserliche Konkubine

1

Als sich das Große Chaos teilte, bildeten sich daraus Himmel und Erde. Auf der Erde entstanden die fünf Kontinente, auf deren Boden nebeneinander Staaten errichtet wurden. Die Lehre von den Fünf Kontinenten war zwar im Altertum bei uns noch unbekannt, doch Länder und Staaten gab es damals schon; und dort, wo es Staaten gibt, kommt es auch zum Kampf um die Vormacht. Der Stärkere siegt, der Schwächere unterliegt; und daß man sich dabei innerer Wirrnisse bedient und dem Unterlegenen allerlei Schmach zufügt, braucht man wohl nicht weiter zu erwähnen. Doch solange der Bürger den Staat als seine Heimat betrachtet, gehört er tot oder lebendig, als Mensch oder als Geist seinem Heimatland an. Und mögen die Feinde noch so grausam oder ihre Versprechungen noch so verlockend sein, ein aufrechter Mann wird sich nie dazu hergeben, gegen sein Gewissen zu handeln, nie wird er den Stamm, dem er entsprossen, vergessen und Fremdlingen unterwürfig seine Dienste anbieten. Solange wir uns so verhalten, kann auch der mächtigste Feind unserem Staat nichts anhaben. Und sollte er ihn durchaus vernichten wollen, so müßte er erst alle Einwohner bis auf den letzten Mann restlos beseitigen. Dann bliebe ihm aber nichts als ein verwüstetes Stück Land, auf dem nirgendwo mehr vom Herde einer menschlichen Behausung Rauch zum Himmel aufsteigt.

Lieber Leser, lache nicht über diese Zeilen und nimm sie nicht als dummes Gerede eines einfältigen Geistes, indem du mir entgegenhältst, daß in der Geschichte der Menschheit weder in China noch in anderen Ländern, weder in alten noch in neueren Zeiten jemals die gesamte Bevölkerung aussterben mußte, damit ein Staat als vernichtet gelten konnte. Was ich damit sagen will, ist nur, daß jeder Bürger eines Landes einen unbeugsamen Willen haben muß, daß er entschlossen sein muß, sein Land nicht dem Verderben preiszugeben, ehe nicht der letzte Mann gefallen ist. Denn nur wenn jeder diesen Willen hat, wird sein Heimatland nie vernichtet werden können. Und angenommen, es sollte doch vernichtet werden, welcher Glanz würde bei der Schilderung seines Untergangs für immer seinen Namen in der Geschichte umgeben!

Doch wir wollen nun davon sprechen, wie sich die Sung-Dynastie, nachdem Kaiser Gau-Dsung über den Yang-Dse gesetzt und Lin-An zur neuen Hauptstadt des Reiches erklärt hatte, in einen Winkel im Süden des ehemaligen Großreichs verkroch und unwürdig ein friedliches Dasein erkaufte. Die Entführung des Kaisers Tschin-Dsung und seines Vaters, des Kaisers Hue-Dsung, durch die Dschurdschen nach dem Norden schien man einfach vergessen zu haben. Ja man hatte sogar die Unverfrorenheit, zu behaupten, das Reich erlebe unter diesem so unglaublich vergeßlichen Kaiser Gau-Dsung eine neue Blütezeit – unter einem Kaiser, der seine getreuesten und tüchtigsten Würdenträger hinrichten ließ, während er einem Verräter wie Tschin Kue sein Vertrauen schenkte und ihn zum Kanzler erhob! Darum war auch die Südliche Sung-Dynastie von Anfang an rettungslos verloren und zum Untergang verdammt.

Als sechster Nachfolger Kaiser Gau-Dsungs kam Kaiser Du-Dsung auf den Thron, zu dessen Regierungszeit das Kitan-Reich, Ljau, das Dschurdschen-Reich, Dschin, und das Tanguten-Reich, Hsja, bereits von den Mongolen vernichtet waren. Alle drei Reiche hatten die Mongolen unterworfen und verschluckt, sie an ihr Reich angegliedert und in ihrem Siegerstolz auch des öfteren Einfälle auf das Territorium der Sung-Dynastie im Süden unternommen. Nachdem die Mongolen den gesamten Norden Chinas erobert hatten, rückten sie nach Se-Tschuan vor, belagerten Hsjang-Yang und bedrohten die Gebiete zwischen dem Yang-Dse und dem Huai-Fluß. Fortan gab es keinen Tag mehr, der in Frieden verging.

Die Mongolen hatten ursprünglich nur Häuptlinge. Im zweiten Jahr der Regierungsepoche Kai-Hsi des Sung-Kaisers Ning-Dsung aber ernannte sich ein gewisser Temudschin selbst zum Kaiser. Nun, lieber Leser, mußt du wissen, daß die Mongolen ein Nomadenvolk waren, und darum verstand Temudschin, wenn er sich auch Kaiser nannte, damals noch gar nicht, was ein Kaiser eigentlich darstellt. Trotzdem ließ er alle möglichen Insignien wie die neunschwänzige Standarte, das Achter-Banner und dergleichen mehr anfertigen, als er am Onon-Fluß den Thron bestieg. Seine Würdenträger nannten ihn Dschingis-Khan, was in der Sprache der Mongolen soviel wie Erlauchte Majestät oder Kaiser heißt. Diese kaiserliche Titulatur hatte er zwar den Chinesen abgeguckt, aber daß ein Kaiser die Jahre seiner Herrschaft nach Regierungsepochen zu benennen hat, von solchen grundlegenden Dingen verstand er freilich nichts. Später unterwarfen sich allmählich einige ganz und gar ehrlose und verkommene Chinesen dem Mongolenkhan, wurden Beamte im Dienste des Feindes, von dem sie nun ihren Sold bezogen, und dachten nun, wunder was für Gnaden der Barbarenherrscher ihnen erwiesen habe. So erfüllten sie das alte Gebot eines rechtschaffenen Untertanen – „in Treue dem Kaiser ergeben, alles für das Vaterland!“ – nicht im Dienste Chinas, sondern im Dienste des Mongolenreichs, das China ausplündern und vernichten wollte. Durch diese Verräter übernahmen die Mongolen mit der

Zeit ein gut Teil der Kultur Chinas. Aber erst der vierte Herrscher auf dem Mongolenthron, ein gewisser Kubilai, begriff, daß ein Kaiser seine Regierungszeit auch nach Regierungsepochen zu benennen hat.

Im achten Jahr der Regierungsepoche Dschih-Yüen – Höchster Anfang – eben dieses Mongolenherrschers Kubilai wurde schließlich das Wort Mongolen aus der offiziellen Bezeichnung ihres Reiches gestrichen und dafür das chinesische Zeichen Yüen – Anfang – gesetzt. Warum, wird man fragen, suchten sie sich für ihren dynastischen Namen nicht ein Wort aus, das ihre Abstammung bekundete? Das kam daher, weil ein gewisser Lju Bing-dschung, der dem Kubilai als Kämmerer, Geheimrat und Kaiserlicher Sekretär diente, in diesen Dingen seine Hand im Spiele hatte. Schon seit ein paar Generationen hatten sich die Vorfahren dieses feinen Herrn den Kitan der Westlichen Ljau-Dynastie und später den Dschurdschchen der Dschin-Dynastie als hohe Beamte gefügig erwiesen, obgleich sie ursprünglich einer in Rue-Dschou ansässigen chinesischen Sippe angehörten. Mit Lju Bing-dschung nahm das Schicksal der Familie eine neue Wendung: er unterwarf sich zur Abwechslung den Mongolen, wo er es gleichfalls zu beachtlich hohen Posten brachte.

Eines Tages kam diesem Lju Bing-Dschung in den Sinn, daß es sich doch gehöre, „in Treue dem Kaiser ergeben, alles für das Vaterland" zu tun. So verfaßte er sogleich eine gewichtige Eingabe an den Thron, in der es hieß: „Sollten Euer Majestät die Absicht hegen, ganz China zu vereinigen, müßte die Regierung den Gepflogenheiten der chinesischen Überlieferung folgen; das gesamte Zeremoniell, die Riten und die rituelle Hofmusik müßten den Regeln der chinesischen Herrscher Yau und Schun aus dem Altertum nachgebildet werden. Seit den ältesten Zeiten haben alle regierenden Häuser einen dynastischen Titel angenommen. Nun verfügen Euer Majestät, ausgezeichnet durch göttliche Fähigkeiten in den zivilen und militärischen Künsten, über eine so gewaltige Macht, daß ihr kein Feind zu widerstehen vermag. Zweifellos wird ganz China bald von Euch erobert werden. Darum wäre es angezeigt, schon vorher einen dynastischen Titel zu bestimmen. Nach dem chinesischen ‚Buch der Wandlungen' stehen die beiden himmlischen Zeichen Tschjän und Yüen, die darin den erhabensten Platz einnehmen, zugleich als Symbol für die Macht des Herrschers und für den Anfang oder das Haupt. Darum sollten Euer Majestät als dynastischen Titel das Zeichen Yüen wählen."

Kubilai war höchst erfreut über diese Eingabe, und sogleich erließ er den Befehl, fortan für seine Dynastie nicht mehr das Wort mongolische, sondern nur die chinesische Bezeichnung Yüen zu verwenden. Ferner wurde auf Kubilais Befehl Lju Bing-dschung der Auftrag erteilt, das Hofzeremoniell, die Beamtentitel und alles, was sonst noch zu einer respektablen Hofhaltung gehört, festzulegen, was dieser auch mit Freuden tat. Zugleich fiel ihm die Aufgabe zu, einen prächtigen Palast für den ersten Herrscher der Yüen-Dynastie zu errichten. Nach einigen Jahren war der Bau fertiggestellt – mit einem ungeheuren Kostenaufwand. Doch Kubilai war entzückt über die pompösen Gebäude. Ein glückverheißender Tag wurde ausgewählt, an dem dann der Kaiser höchstpersönlich in der neuen Thronhalle die Huldigung seiner obersten Würdenträger entgegennahm. Doch wie peinlich genau man auch bei der Ausschmükkung des Palastes und beim Hofzeremoniell die Überlieferungen der glänzendsten aller chinesischen Dynastien, der Han- und Tang-Dynastie, befolgte, merkte man nichtsdestoweniger bei der prunkvollen Huldigungszeremonie recht wohl, daß die neuen Herren Nomaden geblieben waren; und trotz der Duftwolken, die aus den Räucherbecken emporstiegen, verpesteten immer noch die widerwärtigen Ausdünstungen der Barbaren, die nach Hammel und ranziger Butter rochen, die Luft in den reichgeschmückten Hallen.

Seitdem der Yüen-Kaiser in solcher Pracht von seinen Untertanen geehrt und gepriesen worden war, empfand er erst recht, welches Vergnügen es ist, ein Kaiser zu sein. Damit stieg auch sein Verlangen, sich ganz China anzueignen. Zu diesem Zweck entsandte er Offiziere und Beamte nach Se-Tschuan, um die fruchtbaren Distrikte des Südwestens fester in die Hand zu bekommen, und ließ zugleich durch Boten seinen Generälen in der Gegend von Hsjang-Yang befehlen, die belagerte Stadt schnellstens zur Übergabe zu zwingen. Zwei Armeen wurden zum Angriff ins Gebiet zwischen dem Yang-Dse und dem Huai-Fluß abkommandiert. Die Offiziere vernahmen mit Freuden die kaiserlichen Anordnungen und gingen sogleich frisch ans Werk.

Der Kaiser Du-Dsung der Südlichen Sung-Dynastie aber verbrachte weiter seine Tage in Luxus und Ausschweifungen und überließ die Staatsgeschäfte nach wie vor den größten Schurken unter seinen Hofleuten. Das Reich war für ihn gleichsam zusammengeschrumpft zu dem Wu-Hügel und dem Westsee seiner Hauptstadt Lin-An. Dort hatte er sein kleines Feenreich gefunden; daß aber die militärische Lage in den Grenzgebieten sich zusehends verschlechterte, daß fast jeden Tag eine Stadt oder sogar ein ganzer Distrikt an den Feind verlorenging, kümmerte ihn nicht im geringsten. Im Palast übte der Obereunuch Wu Dschung in seinem Namen alle Macht aus; alle übrigen Staatsgeschäfte führte und entschied der Kanzler Dschja Si-dau.

Dschja Si-dau war durch seine Schwester, die Favoritin des früheren Kaisers Li-Dsung, an den Hof gekommen. Sie hatte die Stunden allerhöchster Huld wohl auszunutzen verstanden, um ihrem kaiserlichen Herrn das Schicksal ihres Bruders ans Herz zu legen. Alsbald erfolgte auch Dschja Si-daus Ernennung zum Verwalter der

Kaiserlichen Ritualfelder, auf welchen der Kaiser jedes Jahr mit einer symbolischen Handlung eigenhändig das Frühlingspflügen einleitete. Später stieg Dschja Si-dau allmählich zum obersten Verwalter des Gebiets der kaiserlichen Hauptstadt, der Provinzen Hu-Nan, Hu-Be und Se-Tschuan auf. Überdies schickte man ihn einmal als Bevollmächtigten des Kaisers zu den Mongolen, um Friedensverhandlungen zu führen. Nach seiner Rückkehr wurde er zum Direktor des Militärrats ernannt, und damit erreichte er zugleich den Gipfel des Beamtentums, das Amt des Kanzlers.

Es ist doch eigentlich eine merkwürdige Sache, daß jene Chinesen, die sich den Eindringlingen unterworfen haben, durchaus willens sind, „in Treue dem Kaiser ergeben, alles für das Vaterland" zu tun, indes Chinesen in ihrer eigenen Heimat nicht nur nicht bereit sind, „in Treue dem Kaiser ergeben, alles für das Vaterland" zu tun, sondern sich im Gegenteil gar noch mit dem Verkauf ihres Vaterlands Ruhm erwerben wollen. Dagegen scheint offenbar kein Kraut gewachsen zu sein!

Kein Mensch weiß zu sagen, welche Bestechungssummen Dschja Si-dau bei seinen Friedensverhandlungen von den Mongolen zuflossen, damit er ihnen seine Heimat mit Land und Leuten verkaufe. Der Autor hatte jedenfalls nicht das Glück, für ihn die Kassenbücher zu führen, darum hat er auch jetzt nicht das Recht, Gerüchte über ihn auszustreuen. Den genauen Betrag wüßte er also nicht anzugeben.

Bekannt ist ihm nur, daß Dschja Si-dau nach seiner Rückkehr von den Mongolen ein paar hundert Mu Land außerhalb der Tore von Lin-An kaufte, und zwar am Hang jenes berühmten Hügels, auf dem einst der Alchimist Go Hung den Stein der Weisen suchte. Dort ließ er sich inmitten prächtiger Gartenanlagen ein Landhaus erbauen, das er Halle der Halbmuße nannte. Sodann beauftragte er Bildschnitzer, ein lebensgroßes Ebenbild

seiner Person anzufertigen, dessen Arme und Beine durch einen eingebauten Mechanismus beweglich sein sollten. Die Statue wurde auf sein Geheiß in der Halle der Halbmuße aufgestellt und je nach der Jahreszeit mit Pelzen oder leichteren Gewändern bekleidet. Gruppen von Musikantinnen unterhielten die Kanzlerpuppe den ganzen Tag lang mit ihrem Spiel. Das war doch wohl der Gipfel der Genußsucht! Es genügte ihm anscheinend noch nicht, daß er selbst alle Genüsse auskostete; er mußte noch ein stellvertretendes Ebenbild für die Genüsse haben, die er selbst nicht mehr bewältigen konnte.

Dschja Si-dau hatte außerdem eine Vorliebe für Ziergegenstände aus Gold und Jade, für allerlei Antiquitäten und dergleichen Dinge mehr. Um diese Kostbarkeiten, die man ihm als Bestechung von allen Seiten zusteckte, entsprechend zur Geltung zu bringen, ließ er einen Pavillon der Kleinodien in seinem Lustgarten errichten. Dorthin ging er jeden Tag, um sein kostbares Spielzeug zu betrachten und zu betasten.

So sah also die „Amtstätigkeit" des Kanzlers aus. Dafür hatte er Interesse. Ernste militärische Fragen hingegen waren ihm völlig gleichgültig. Und nicht nur, daß sie ihm gleichgültig waren, er schüchterte auch noch sämtliche Beamte am Hof dermaßen ein, daß sie dem Kaiser Du-Dsung gegenüber die genaue militärische Lage wohlweislich verschwiegen. Der Kaiser erfuhr mit keinem Wort, wie es in Wirklichkeit um sein Reich stand. Ansehen und Macht des Kanzlers aber wuchsen von Tag zu Tag. Nur einmal in zehn Tagen mußte er bei den Audienzen des Kaisers erscheinen. Die zeremoniellen Verbeugungen vor dem Thron waren ihm als „Lehrer des Kaisers" erlassen worden. Wer von all den zivilen und militärischen Beamten am Hof sollte ihn da nicht fürchten und vor ihm zittern! Ein Wort von Dschja Si-dau galt mehr als ein Erlaß des Kaisers. Darum wagte auch keiner, dem Kaiser die Wahrheit zu sagen. Und wie hätte da

Kaiser Du-Dsung nicht seinen Traum von Frieden und Glück weiterträumen sollen!

Der stellvertretende Direktor des Militärrats war ein gewisser Lju Meng-yän, der zwar die Prüfungen für den höchsten literarischen Grad mit Erfolg bestanden hatte, in allem aber, was wirklich Verstand erforderte, ein ausgesprochener Nichtskönner war. Zu seinem Glück hatte er die Bekanntschaft des Kanzlers Dschja Si-dau gemacht, der ihn mit Nachdruck die Stufenleiter des Beamtentums emporschob, bis er schließlich zu seinem Stellvertreter im Militärrat aufgerückt war. Kein Wunder daher, daß er mit kriecherischer Unterwürfigkeit Dschja Si-dau umschmeichelte und alles, was ihm sein Gönner und Vorgesetzter auftrug, mit blindem Gehorsam ausführte. So gewann er allmählich das höchste Vertrauen des Kanzlers.

Dschja Si-dau saß wieder einmal in seinem Pavillon der Kleinodien und befingerte mit Wohlgefallen den halbentblößten Leib eines aus Jade geschnitzten Mädchens von ungewöhnlicher Schönheit, als ihm der Besuch seines Stellvertreters Lju Meng-yän gemeldet wurde. Dschja Si-dau empfing ihn in seinem bequemen Lehnstuhl und neigte sich nur ein wenig vor, um Lju Meng-yän mit einem kurzen „Bitte!“ einen Platz anzubieten. Dieser war mit zum Gruß erhobenen Händen hastig vor seinen Gönner getreten und ließ sich nun nach dessen Aufforderung behutsam an seiner Seite nieder.

„Verehrter Freund“, eröffnete Dschja Si-dau das Gespräch, „ich sehe, Ihr kommt nicht ohne Grund. Darf ich wissen, womit Ihr mich zu belehren gedenkt?“

Lju Meng-yän verneigte sich. „Eben ist ein Schreiben aus Hsjang-Yang mit der dringenden Bitte um Entsatz eingetroffen. Darin heißt es, daß die Stadt kurz vor dem Fall steht. In noch größerer Gefahr soll sich Fan-Tscheng befinden. Deshalb komme ich, um Euch ergebenst um Rat zu bitten.“

„Weiß noch irgend jemand von diesem Schreiben?“ fragte Dschja Si-dau gespannt.

„Niemand, Euer Gnaden“, erwiderte Lju Meng-yän diensteifrig.

„Auch keiner von den Zensoren?“

„Ich nehme an, daß auch sie nichts davon wissen.“

„Na, dann ist ja alles in Ordnung“, rief der Kanzler sichtlich erleichtert. „Wozu sich damit Scherereien machen? Ich bin der Meinung, die Herren Generäle, die im Felde stehen, müssen schon selbst wissen, was sie zu tun haben. Um solche Sachen brauchen wir uns wahrlich nicht zu kümmern. Sollen sie nur sehen, wie sie zurechtkommen! Das entspricht ja auch dem Leitsatz im ‚Handbuch der Stragegie‘: ‚In der gefährlichsten Lage dem Tode ausgesetzt, findet sich erst der rettende Ausweg.‘ Wie sich die Herren das wohl vorstellen! Heute sollen wir Verstärkungen dorthin zum Entsatz schicken, morgen wieder dahin – da bliebe uns ja in dem Trubel der Geschäfte nicht einmal mehr Zeit fürs Essen! Wenn nur Seine Majestät nichts davon erfährt, können wir uns ruhig weitervergnügen, wie es uns paßt.“

„Sehr richtig! Sehr richtig!“ pflichtete ihm Lju Meng-yän eifrig bei und verneigte sich bei jedem Wort. Da fiel sein Blick auf die Jadefigur in der Hand des Kanzlers. „Ihr habt es doch nicht nötig, Eure Gunst einer leblosen Schönen zu schenken“, sagte er verschmitzt lächelnd.

Auch Dschja Si-dau schmunzelte vergnügt. „Das hat mir der Verwalter des Gebiets östlich vom Huai-Fluß vorgestern zugesandt. Ich habe meinen Spaß daran, weil der Schnitzer wirklich sehr geschickt und findig die Eigenheiten des Materials ausgenutzt hat.“ Mit diesen Worten reichte er Lju Meng-yän das Kunstwerk herüber, der es ehrerbietig in Empfang nahm und von allen Seiten betrachtete. Die Jadeschöne war etwa einen Fuß hoch. Die türkisblauen Schichten des Steins waren so herausgearbeitet, daß sie sich als Rock um den Leib schmiegten, während Gesicht, Arme, Beine, Bauch und Rücken in zarten Formen aus dem schneeweißen Kern geschnitzt waren. Besondere Sorgfalt hatte der Künstler dem Gesicht des Mädchens gewidmet, das von einer berückenden Schönheit war und so natürlich im Ausdruck, daß man hätte meinen können, es wäre mit Leben beseelt.

Nachdem Lju Meng-yän die Figur genau betrachtet hatte, reichte er sie dem Kanzler mit beiden Händen respektvoll zurück. „Schön ist sie!“ bemerkte er sinnend. „Wunderbar schön! Schade nur, daß sie nicht lebt!“

„Verehrter Freund“, entgegnete Dschja Si-dau lächelnd, „Ihr verlangt wohl ein bißchen zuviel. Wo auf Erden wollt Ihr denn unter den tatsächlich lebenden Schönen so ein anmutiges Gesichtchen finden?“

Lju Meng-yän antwortete nicht sogleich. Er schien ganz in Gedanken versunken zu sein. Plötzlich sagte er mit ernster Miene: „Doch! Eine Schönheit wie diese gibt es auch unter den Lebenden. Aber was nützt das schon! Sie bleibt ja dennoch unerreichbar!“

„Von wem sprecht Ihr?“ fragte Dschja Si-dau ungestüm. „Und warum unerreichbar?“

„Meine Wenigkeit dachte eben an die Tochter eines Kaufmanns in der Nachbarschaft. Die Familie heißt Yeh. Meine Wenigkeit hat sie mit eigenen Augen erblickt. Sie hat herrlich geschwungene Brauen, Augen wie der Wundervogel Phönix, Wangen wie Pfirsiche. Selbst unter den Feen, die zu den Menschen herabsteigen, würde sich wohl kaum ein liebreizenderes Gesichtchen finden lassen, von den irdischen Mädchen wollen wir erst gar nicht reden!“

„Und warum ist sie unerreichbar?“ forschte der Kanzler begierig weiter.

„Weil bei der Auswahl schöner Mädchen für den Dienst im Palast im ersten Monat dieses Jahres auch sie ausgesucht wurde. Wie könnte sie da noch für unsereins erreichbar sein?“

Der Kanzler lächelte hämisch. „Die bekomme ich schon heraus, wenn ich will, und mag sie zehnmal im Palast stecken oder sonstwo!“ Lju Meng-yän schüttelte ungläubig den Kopf. „Das ist leichter gesagt als getan.“

„Ja, wenn sie die Mongolen fortgeschleppt hätten“, sagte Dschja Si-dau, „dann, gebe ich zu, bekäme man sie kaum noch zu fassen. Aber sie steckt ja nur hier bei uns im Palast. Da läßt sich schon noch etwas machen.“

Lju Meng-yän äußerte weiter behutsam Zweifel an den Aussichten eines solchen Unternehmens und schüttelte bedenklich den Kopf.

Der Kanzler ließ ein Mahl und Wein in der Küche bestellen und beauftragte einen Diener, mit seiner Visitenkarte zum Obereunuchen Wu Dschung zu eilen und diesen zu bitten, sich schleunigst zu ihm zu begeben. Nach einer Weile erschien ein Knabe und meldete, daß Speisen und Wein bereits im Pavillon der hundert Blumen aufgetragen seien.

Der Kanzler lud darauf Lju Meng-Yän ein, ihm zu folgen. Gemeinsam stiegen sie die Treppen des Pavillons der Kleinodien hinab und gingen zu Fuß durch den herrlichen Park zum Pavillon der hundert Blumen. Einander gegenüber, ließen sie sich zum Mahle nieder, umgeben von hübschen Musikantinnen und Tänzerinnen, die mit Sang und Klang und Tanz den Genuß des Weines und der Speisen würzten. Sie hatten erst ein paar Becher Wein getrunken, als ein Diener von der Pforte her die Ankunft des Obereunuchen meldete. Der Kanzler ließ ihn sofort hereinbitten. Und bald danach kam er auch schon hereingetänzelt und piepste grinsend und kichernd: „So, da amüsieren sich die beiden erlauchten Herren bei Wein und Musik! Haben sie mich vielleicht eingeladen, um auszuprobieren, ob ich auch ein Feinschmecker bin? Offen gestanden, ich war Seiner Majestät oft genug bei Dero Tafelfreuden zu Diensten. Ein Leckermaul bin ich nie gewesen!“

Der Kanzler und Lju Meng-yän hatten sich beim Erscheinen des Obereunuchen erhoben und ihn gebeten, sich zu ihnen zu setzen. Die angefangenen Gerichte wurden abgeräumt und andere Schüsseln aufgetragen. Der Kanzler nötigte den Obereunuchen, den Ehrenplatz einzunehmen. Und so begann das Mahl von neuem.

Während die Herren speisten, fragte der Obereunuch beiläufig, ob es einen Grund gebe, daß man ihn gerufen habe. Darauf erwiderte der Kanzler: „Ihr habt schon recht. Ich hätte nicht gewagt, Euch hierherzubemühen, wenn ich nicht ein Anliegen hätte. Und außer Euch kann mir dabei wirklich niemand helfen. Dürfte ich mir also erlauben, Euch um Euren werten Beistand zu bitten?"

„Was immer in meinen Kräften steht, werde ich für Euch tun", versicherte ihm der Obereunuch. „Dürfte ich Euch daher bitten, mir gütigst zu sagen, worum es sich handelt."

Der Kanzler wiederholte nun alles, was ihm Lju Meng-yän über jene schöne Nachbarstochter erzählt hatte. „Es wäre doch wirklich jammerschade", schloß er seinen Bericht, „wenn so ein wunderschönes Mädchen für nichts und wieder nichts im Palast verkümmern sollte. Darum hege ich die Absicht, sie aus dem Palast herauszuholen und sie unter meine Konkubinen einzureihen. Was denkt Ihr, läßt sich das schaffen?"

Der Obereunuch Wu Dschung überlegte ein Weilchen. „Man müßte zunächst einmal wissen, in welchem Teil des Palastes sie Dienst tut und was sie dort überhaupt macht", sagte er sinnend. „Vor allem aber müßte man herausfinden, ob der Kaiser sie schon beglückt hat. Sollte er sie bereits beglückt haben oder sollte sie in seiner unmittelbaren Nähe untergekommen sein, so würde uns die Angelegenheit schon eine harte Nuß zu knacken geben. Hat der Kaiser sie aber noch nicht beglückt und hat sie auch keinen besonderen Dienst in seiner Nähe zu verrichten, so wäre das alles gar nicht so schwer zu

erledigen. Laßt mich vorerst einmal auskundschaften, wo man sie eingestellt hat, dann reden wir über die Sache weiter."

„Und wenn sie nun in der Nähe Seiner Majestät Dienst tut", fragte der Kanzler hitzig, „was dann?"

„Tja, dann müßte man die Sache eben im Auge behalten und eine günstige Gelegenheit abwarten", erwiderte der Obereunuch bedächtig. „Wenn sie aber dem Kaiser noch gar nicht nahegekommen ist, brauchte ich sie nur heimlich in eine Sänfte zu packen und bei Euch abzuliefern. In der Namensliste der Frauengemächer genügt die Streichung des besagten Fräulein Yeh mit der zusätzlichen Bemerkung ‚An einer Krankheit verschieden'."

Der Kanzler klatschte vor lauter Freude in die Hände. „Ein großartiger Plan!" rief er entzückt. „Ich wäre Euch unendlich dankbar, wenn Ihr die Sache möglichst bald in Angriff nehmen würdet."

Der Obereunuch geizte nicht mit Beteuerungen, daß er sein Bestes zu tun gedenke. Damit war der Fall vorläufig erledigt, und die Herren tranken fröhlich weiter, bis die hereinbrechende Dämmerung die Gäste zum Aufbruch mahnte. Der Obereunuch und Lju Meng-yän waren gerade dabei, sich zu verabschieden, als plötzlich ein Diener mit einem guten Dutzend Amtsbriefen in der Hand an der Tür erschien und meldete: „Das wurde eben vom Kurier gebracht. Weil er den Herrn Kanzler mit den erlauchten Gästen noch dem Wein zusprechen sah, wagte er nicht zu stören. Darf ich sie Euch hiermit zur gefälligen Einsicht vorlegen?"

„Warum hat er sie denn nicht beim Militärrat abgegeben?" herrschte Dschja Si-dau ihn an.

„Euer nichtswürdiger Knecht hat ihn ja auch schon deshalb zur Rede gestellt. Aber wie der Kurier sagt, hat er niemanden im Militärrat angetroffen. Weil es sich dabei um dringende Angelegenheiten handelt, hat er sie eigens deswegen schnellstens hierhergebracht."

Mißmutig nahm der Kanzler dem Diener die Amtsschreiben aus der Hand. Sein Blick flog lässig über die Umschläge der Schriftstücke. Da gab es Briefe aus den bedrohten Gebieten östlich und westlich des Huai-Flusses und auch aus den Provinzen Hu-Nan und Dschjang-Hsi. Der Kanzler wußte recht wohl, daß er hier ausschließlich Meldungen über drohende Gefahren und dringliche Gesuche um Truppenverstärkungen vor sich hatte. Aber er dachte gar nicht daran, die Schreiben zu öffnen oder gar zu lesen. Den ganzen Stoß übergab er einfach seinem Stellvertreter und Busenfreund Lju Meng-yän mit den Worten: „Dürfte ich Euch bitten, morgen für jedes dieser Gesuche einen Kaiserlichen Erlaß aufzusetzen. Sie müssen allesamt schärfstens zurückgewiesen werden! Denjenigen, die Truppen für ihre belagerten Städte anfordern, schreibt einfach, daß sie verpflichtet sind, aus eigener Kraft durchzuhalten. Meldungen über das Heranrücken des Feindes sind mit dem Befehl zu beantworten, Vorbereitungen für den Vormarsch zu treffen. Ich bin keineswegs dazu aufgelegt, mich auch noch mit dem Kram abzugeben!"

Lju Meng-yän beteuerte unterwürfig, daß er ganz in diesem Sinne die Gesuche beantworten werde.

Dschja Si-dau hatte sich inzwischen wieder dem Obereunuchen zugewandt. „Also in jener gewissen Angelegenheit muß ich Euch leider belästigen", sagte er augenzwinkernd. „Nur bitte ich Euch dringend, im Palast nichts davon ruchbar werden zu lassen!"

„Niemand wird ein Sterbenswörtchen erfahren!" versicherte Wu Dschung mit einem Anflug von Gereiztheit, und mit besorgter Miene fuhr er fort: „Nun möchte ich aber auch gerne in einer anderen Frage von Euch belehrt werden, Euer Gnaden. Die mongolischen Armeen scheinen jetzt nämlich allen Ernstes äußerst gefährlich geworden zu sein. Was sollen wir denn machen, wenn sie eines Tages in Lin-An einmarschieren?"

Zum größten Erstaunen des Eunuchen brach der Kanzler in ein schallendes Gelächter aus. „Nein, jetzt kommt Ihr mir noch mit so kindischen Fragen, hochverehrter Meister Wu! Kennt Ihr denn nicht das Sprichwort: Ein kluger Vogel wählt den Baum fürs Nest; ein kluger Diener sucht sich seinen Herrn? Wenn wir ehrlich miteinander reden, werdet Ihr doch zugeben, daß die Sung-Dynastie seit ihrer Flucht nach dem Süden vorerst einmal die Hälfte des Reichs verloren hat. Und unter der Regierung unserer letzten paar Kaiser, die sich alle nicht gerade durch Klugheit auszeichneten, gingen davon noch gute zwei Drittel allmählich verloren. Wir brauchen uns doch nichts vorzumachen: unsere Dynastie herrscht nur über ein kleines Land. Hier gelte ich zwar sozusagen als großer Mann. Doch etwas Ehrgeiz und Stolz besitze ich immer noch, zum Unterschied zu jenen Knechtseelen, die auch nach der Zerstückelung unseres Reichs gerne große Leute in einem kleinen Staat bleiben möchten. Ich für meine Person bin da anderer Meinung. Zunächst einmal leben wir fröhlich in den Tag hinein, solange es geht. Und sind dann eines Tages die mongolischen Armeen bis zu uns vorgedrungen, so werde ich mir erlauben, ihrem Oberbefehlshaber untertänigst eine Kapitulationserklärung zu überreichen. Die guten Mongolen, die das Reich ja erst seit kurzem in ihre Gewalt bekommen haben, werden in der Regierung überall dringend erfahrene Leute benötigen, um die Ordnung herzustellen und zu bewahren. Und da sollte sich etwa für mich kein Posten finden! Dann erst werde ich auch ein großer Mann in einem richtigen großen Staat sein! Wir werden immer noch zu den Mächtigen im Lande zählen und hundertmal mehr zu sagen haben als unser einfältiger Kaiser, der schön brav abdanken wird und bestenfalls dem Namen nach ein Fürst bleibt, wenn er überhaupt so glimpflich davonkommt!"

Dem Obereunuchen, der andächtig dieser hochtrabenden Rede gelauscht hatte, schien es die Sprache verschlagen zu haben. Es dauerte eine geraume Weile, ehe er Worte fand. „Ich verstehe, der Herr Kanzler plant also, sich auf diese Weise einen recht vorteilhaften Abgang zu verschaffen. Aber was soll denn mit unsereins geschehen, die wir nichts zu bieten haben?"

„Da könnt Ihr ganz unbesorgt sein!" tröstete ihn Dschja Si-dau großmütig. „Wenn unser Oberherr, Seine Majestät, der Herrscher der Mongolen, ganz China in seiner Hand vereinigt hat, dann wird er doch wohl auch Eunuchen brauchen! Das gesamte Hofzeremoniell und was sonst noch dazugehört wird zwar von uns Literaten und Gelehrten festgelegt, doch in die Frauengemächer und die kaiserlichen Privaträume einzutreten schickt sich nicht für uns. Diesen Teil des Zeremoniells werdet wohl Ihr mit den Damen einstudieren müssen. Denn ich verspreche Euch: An allererster Stelle werde ich Euch dem Kaiser empfehlen!"

Der Obereunuch hatte diese trostreiche Zukunftsschilderung mit eifrigem Kopfnicken angehört. Er war zufriedengestellt. Lju Meng-yän ergriff die günstige Gelegenheit beim Schopf. Mit einer tiefen Verbeugung sagte er zu Dschja Si-dau: „Wenn es dann einmal soweit ist, vergeßt bitte auch Euren ergebenen Schüler nicht!"

Die drei hatten sich eben wieder in die beste Stimmung hineingeredet, als draußen dröhnende Gongschläge die Ankunft einer wichtigen Persönlichkeit verkündeten. Im nächsten Augenblick kam auch schon die Torwache angelaufen und meldete: „Ein Bote des Kaisers! Würden Euer Gnaden sich hinausbegeben, um die Botschaft im Vorraum in Empfang zu nehmen?"

„Die Amtszeit ist vorbei", murmelte Dschja Si-dau griesgrämig. „Jetzt ist schon Abend! Was ist denn Seiner Majestät da schon wieder eingefallen?" Und sich zur Torwache wendend: „Wer überbringt die Botschaft?"

„Ein Eunuch."

„Dann soll er nur einmal hereinkommen!" rief der

Kanzler unwirsch. „Ich hab schon zu viel Wein in mir. Das könnte mir noch fehlen, dem Boten entgegenzugehen!"

Die Torwache eilte mit dem Bescheid zurück. Bald danach erschien auch ein Palasteunuch vor dem Kanzler, der ihn mürrisch anherrschte: „Was ist denn das für ein Erlaß des Kaisers? Gebt ihn mir!"

„Ich habe kein Schreiben von allerhöchster Hand zu überbringen", entgegnete der Eunuch. „Seine Majestät schickt mich, um Euer Gnaden mitzuteilen, daß deren Präsenz im Palast erwünscht sei."

„Wißt Ihr, worum es sich handeln könnte?" fragte der Kanzler.

„Ich wüßte es wirklich nicht zu sagen", erwiderte der Eunuch. Dschja Si-dau druckste eine Weile herum. „Na schön. Ich komme", rief er schließlich, worauf sich der Eunuch wieder auf den Weg machte. Für die beiden Gäste des Kanzlers war es nun auch höchste Zeit zu gehen, denn Dschja Si-dau mußte ja vor seinem Erscheinen im Palast noch schnell sein Hofkleid anlegen.

Wenn du, lieber Leser, wissen möchtest, um welche Angelegenheit es sich bei Hof handelte, dann lies das Folgende, wo Näheres darüber berichtet wird.

2

Wir berichteten also, daß Dschja Si-dau, nachdem er die beiden Gäste verabschiedet hatte, sein Hofornat anlegte. Dann stieg er in seine Sänfte und ließ sich zum Palast tragen. Vor dem Tor mußte er allerdings dem Zeremoniell gemäß aussteigen und zu Fuß weitergehen. Kaiser Du-Dsung empfing ihn auf seinem Thronsessel in der Halle der Goldglöckchen. Das Antlitz des Kaisers war von einer Röte überzogen, die verriet, daß auch er dem Wein kräftig zugesprochen hatte. Dschja Si-dau war laut Kaiserlichem

Erlaß der Verpflichtung enthoben, vor dem Thron Kotau zu machen. Darum trat er jetzt nur mit einer Verbeugung vor den Kaiser. „Euer Majestät haben mich rufen lassen. Darf ich wissen, um welche Staatsangelegenheit es sich handelt?“

Der Kaiser starrte ihn mit dem verschwommenen Blick des Trunkenen an. „Wir haben eben erfahren, daß das Gebiet von Se-Tschuan bereits von den Mongolen überrannt ist. Die Stadt Hsjang-Yang soll schon seit drei Jahren belagert sein. Wie steht es denn damit?“

Dschja Si-dau schrak unwillkürlich zusammen, ließ sich aber nichts anmerken. „Ich fürchte, das muß wohl ein unverantwortliches Gerücht sein“, erwiderte er, krampfhaft bemüht, die Ruhe zu bewahren. „Wenn das wirklich stimmte, warum hätte dann Euer Untertan, der täglich im Militärrat amtiert, bisher nichts davon erfahren?“

„Das ist eine Angelegenheit, die das Wohl und Weh des Staates betrifft“, sagte der Kaiser schroff. „Wer würde es wagen, solche Gerüchte auszustreuen!“

„Woher haben Euer Majestät diese Nachricht erhalten?“ erkundigte sich Dschja Si-dau vorsichtig.

„Eine unserer Konkubinen hat mir die Nachricht gebracht.“

Der Kanzler zwang sich zu einem spöttischen Lächeln. „Die Konkubinen Eurer Majestät sind doch jahraus, jahrein an ihre Gemächer gebunden, um Euer Majestät jederzeit zu Diensten zu sein. Wie sollten sie da etwas über die Lage im Grenzgebiet wissen? Ich bin überzeugt, das können nur Gerüchte sein. Euer Untertan hat in der letzten Zeit immer wieder Meldungen von unseren Armeen bekommen, in denen es heißt, daß die mongolischen Soldaten nach ihrem Vormarsch in südliche Gebiete das Klima nicht vertragen und häufig erkranken. Es ist schon eine gute Weile her, seitdem sie sich wieder ganz und gar zurückgezogen haben. Das zeigt doch gerade, daß der Himmel der Großen Sung-Dynastie schützend beisteht! Euer Majestät haben wirklich keinen Grund, sich mit Zweifeln zu quälen."

Aber Kaiser Du-Dsungs Argwohn war damit keineswegs beseitigt. „Nun, wenn es sich so verhält", sagte er langsam und gedehnt, „dann mögt Ihr Euch wieder zurückziehen." Auf seinen Befehl wurden Dschja Si-dau zwei kaiserliche Lampionträger auf den Heimweg mitgegeben. Der Kanzler verließ den Palast, so schnell er konnte, und auch Kaiser Du-Dsung stieg vom Thron herab, um sich von den Sänftenträgern in seine Gemächer zurückbringen zu lassen.

Dschja Si-dau war, als er durchs Palasttor hereinkam, dem Obereunuchen Wu Dschung begegnet. Daß der Kaiser den Kanzler zu so ungewöhnlicher Stunde rufen ließ, hatte auch ihn beunruhigt. Nachdem er noch vor Lju Meng-yän das Haus Dschja Si-daus verlassen hatte, begab er sich eilends in den Palast zurück, schlich sich in den Thronsaal und belauschte, hinter dem Thron versteckt, unbemerkt das Geplänkel zwischen Kaiser und Kanzler. Er hörte genau, was da gesprochen wurde, und unwillkürlich beschlich ihn ein gruseliges Gefühl. Ein Glück, daß ich noch anwesend war, als er die dringenden Gesuche von den Frontkommandanten erhielt! sagte er sich im stillen. Sonst hätte er womöglich gar noch mich verdächtigt, daß der Kaiser Wind davon bekommen hat.

Nachdem Dschja Si-dau gegangen war, zog er sich behutsam von seinem Horchposten zurück, kam dann von der anderen Seite wieder herein und tat so, als wollte er den Kaiser abholen. Als dieser den Obereunuchen erblickte, wandte er sich vertrauensselig an ihn: „Wenn Eure Amtsobliegenheiten sich auch nur auf das Palastinnere beschränken, so führen die Geschäfte Euch doch recht häufig aus den Mauern des Palastes hinaus. Nun haben wir vernommen, daß Se-Tschuan schon seit langem an den Feind verlorengegangen sein soll und

Hsjang-Yang seit drei Jahren belagert wird. Habt Ihr draußen nicht auch etwas davon gehört?"

„Euer nichtswürdiger Sklave hat niemals dergleichen gehört!" beteuerte der Obereunuch mit der treuherzigsten Miene. „Ich hörte draußen die Leute nur davon sprechen, daß die Mongolen aus dem Norden unser südliches Klima nicht vertragen. Mehr als die Hälfte ihrer Soldaten soll erkrankt sein. Darum haben sich die mongolischen Armeen auch schon längst wieder zurückgezogen."

Kaiser Du-Dsung seufzte: „Ich glaube kaum, daß das stimmt. Warum hat man mir bisher nie etwas davon gemeldet, wenn es wirklich so gute Nachrichten zu melden gibt?"

Der Obereunuch fand es nicht ratsam, auf dieses Thema näher einzugehen. Schweigend verharrte er an der Seite des Kaisers, bis dieser schließlich die Halle verließ. Er wartete, bis der Kaiser außer Sichtweite war, dann kehrte er in seine eigenen Gemächer zurück, wo er sofort zwei seiner zuverlässigsten jungen Eunuchen kommen ließ. Diesen erteilte er den Auftrag, sich gleich am nächsten Morgen zu erkundigen, welche Dienste man einer Hofdame namens Yeh, die im ersten Monat dieses Jahres in den Palast aufgenommen worden sei, zugewiesen habe.

Nachdem die beiden gegangen waren, putzte der Obereunuch geistesabwesend den Lampendocht, brütete eine Weile vor sich hin, nahm noch schnell einen kleinen Imbiß zu sich und ging dann zu Bett. Er war kaum eingeschlafen, als er durch das Getrappel und Gemurmel hastig vorbeieilender Menschen geweckt wurde. Und das mitten in der Nacht! Es war erst die Stunde des dritten Trommelschlags! Der Lichtschein vieler Lampen huschte flakkernd bald in dieser, bald in jener Richtung über die Papierbespannung seines Fensters. Er überlegte gerade, ob er aufstehen sollte, als jemand heftig an seine Tür pochte. „Ehrwürdiger Herr Wu, seid Ihr wach?"

„Ja. Was ist denn los?"

„Seiner Majestät geht es nicht gut! Man hat schon die Hofärzte gerufen!“

Der Obereunuch war mit einem Satz aus dem Bett. „Wo befindet sich Seine Majestät?“

„In der I-Luan-Halle. Beeilt Euch! Die Kaiserinmutter ist auch schon dort!“

Dann hörte er nur noch das Geräusch sich schnell entfernender Schritte. Der Obereunuch strich sich flüchtig übers Haar, warf sein Gewand über und stürzte hinaus. Auf dem Weg zur I-Luan-Halle begegnete er dem Präzeptor Yü Hsju-rung, der den noch nicht einjährigen Prinzen Bing im Arm trug. Er wich zur Seite und gab dem Prinzen den Weg frei. Als er hinter Yü Hsju-rung in die Palasthalle trat, saß die Kaiserinmutter in der Mitte des Raumes, neben ihr die Kaiserin Tschüen. Eine Amme stand an ihrer Seite, den Prinzen Hsjän im Arm, der eben sein erstes Lebensjahr vollendet hatte. Kurz darauf kam auch die Konkubine Yang Dschjau mit dem fünfjährigen Prinzen Schih hereingeeilt. Dann erschienen noch weiß der Himmel wie viele Konkubinen und Hofdamen, was für unsere Geschichte aber belanglos ist und daher übergangen wird.

In der Halle herrschte eine bedrückende Stille, bis endlich die Ankunft der Hofärzte gemeldet wurde. Die Kaiserinmutter befahl, sie sofort hereinzuführen. Sechs an der Zahl traten sie im Gänsemarsch zur Tür herein und machten einer nach dem anderen ihre Verbeugungen zuerst vor der Kaiserinmutter, dann vor der Kaiserin. Die Kaiserinmutter befahl den diensthabenden Eunuchen, die Ärzte sogleich in das Schlafgemach des Kaisers zu geleiten, um nach den drei Pulsen des linken und rechten Arms die Diagnose zu stellen. Eine endlos lange Zeit schien verstrichen zu sein, bis die Ärzte wieder im Gänsemarsch aus dem kaiserlichen Schlafgemach zurückkamen und der Kaiserinmutter Bericht erstatteten. „Es ist nur eine Magenverstimmung“, sagten sie. „Ernste Folgen sind nicht zu erwarten.“ Die Kaiserinmutter ermahnte sie, nach bestem Wissen ein entsprechendes Rezept für den Kaiser zusammenzustellen, was die sechs Ärzte auch untertänigst gelobten, um sogleich wieder dem Rang gemäß, einer nach dem anderen, die Halle zu verlassen. Wieder verstrich eine schier endlos dünkende Zeit, bis das Rezept von einem Eunuchen hereingebracht und der Kaiserinmutter zur Begutachtung vorgelegt wurde. Auch die Kaiserin mußte Einblick nehmen. Erst nachdem die beiden erlauchten Damen ihre Zustimmung erteilt hatten, ging man daran, die verschiedenen Ingredienzen zu einem Tränklein zusammenzubrauen.

Der Obereunuch Wu Dschung sah bald, daß es hier für ihn nichts weiter zu tun gab, und so zog er sich unauffällig zurück. Von einem Eunuchen dieses Palastteils erfuhr er, daß der Kaiser, als er abends von der Halle der Goldglöckchen zurückgekommen sei, über Kopfschmerzen geklagt habe. Dann habe er sich übergeben und nachher gejammert, daß er ein beklemmendes Gefühl in der Herzgegend verspüre. Sonst wäre nichts weiter zu bemerken gewesen. Daraus entnahm Wu Dschung, daß die Krankheit des Kaisers kaum etwas Ernstes sein konnte. Als er jetzt die Halle verließ, wußte man bereits überall im Palast von der Erkrankung des Kaisers. Niemand schlief mehr, und unzählige Lampen und Kerzen erleuchteten die Gänge und Fenster der Palastgebäude. Auf dem Rückweg sah er einen seiner beiden Vertrauten unter den jungen Eunuchen auf ihn zueilen. „Hochwürdiger Herr Wu“, sprach ihn jener an, „gut, daß ich Euch treffe! Ihr habt mir doch aufgetragen, bis morgen abend herauszufinden, wo sich die Hofdame Yeh aufhält. Ich kann es Euch schon jetzt melden: in der Halle der Barmherzigkeit und des Friedens. Ich war eben auf der Suche nach Euch.“

Der Obereunuch machte sich sogleich auf den Weg zu besagter Palasthalle. Doch seine persönliche Nachfrage ergab, daß jene Neueingetroffene namens Yeh eine Dame

in den Dreißigern und durchaus keine Schönheit war. Verdutzt starrte er vor sich hin. Was mag wohl Lju Meng-yän an diesem Frauenzimmer so großartig gefunden haben? fragte er sich im stillen. Und so etwas preist er noch dem Kanzler Dschja Si-dau an!

Nähere Erkundigungen jedoch ließen die Sache in einem anderen Licht erscheinen: diese ältliche Dame Yeh war nämlich schon vor über zehn Jahren in den Palast gebracht worden und keineswegs die Neuangekommene. Wu Dschung war wütend. Er erfand schnell ein paar Ausflüchte und verabschiedete sich schleunigst. Sein nächstes Ziel war die Kammer jenes Eunuchenjünglings, der noch wach in seinem Bett lag, als sein Herr und Vorgesetzter eintrat. Der Obereunuch starrte ihn grimmig an und spuckte ihm ins Gesicht.

„Was für ein Idiot bist du!" schrie er, kochend vor Wut. „Ich hab dir doch gesagt, du sollst dich nach einer Yeh erkundigen, die im ersten Monat dieses Jahres für den Dienst im Palast ausgewählt wurde! Und du willst mich mit einem Weibsstück abspeisen, das schon seit zehn Jahren hier ist! Du wirst doch wohl wissen, daß Yeh ein häufiger Name ist! Ganz umsonst bin ich den Weg zur Halle der Barmherzigkeit und des Friedens hin- und zurückgelaufen! Gar so nah ist es ja auch nicht bis dorthin!" Und immer noch fluchend, verzog er sich in sein Schlafgemach.

Doch kaum hatte der Obereunuch sich auf seinem Bett ausgestreckt, begannen draußen auch schon die Vögel zu zwitschern. Er öffnete die Augen und hob den Kopf vom Kissen. Durchs Fenster schimmerte bereits dämmrig das erste Licht des Morgens herein. An Schlaf war nicht mehr zu denken. Er wusch sich das Gesicht, kämmte sein Haar und begab sich dann wieder zur I-Luan-Halle, um seinen Namen in die Anwesenheitsliste der Hofbeamten einzutragen. Wie er hörte, war der Kaiser gestern nacht friedlich eingeschlafen, nachdem man ihm den frischgebrauten Trank nach dem Rezept der Ärzte verabreicht hatte. Zur Zeit schlief er immer noch. Es war also nichts zu befürchten, und Wu Dschung sah auch keinen Grund, hier länger seine Zeit zu vertrödeln.

Als er aufs Geratewohl durch die Palastgärten schlenderte, fand er sich mit einemmal vor der Halle der strahlenden Wunderkraft und entschloß sich, einen Blick hineinzuwerfen. In dieser Halle wurden die Drei Himmlischen Reinen der Dauisten verehrt. Den Dienst verrichteten nur ein paar Eunuchen und Hofdamen. Kaiserliche Konkubinen gab es hier nicht. Er wurde von zwei diensthabenden Eunuchen mit gebührendem Respekt empfangen. Man nötigte ihn, Platz zu nehmen, und servierte sogleich Tee.

„Was führt den hochwürdigen Herrn zu uns?" fragte man ihn höflich. Der Obereunuch mußte schnell einen Grund erfinden. „Seine Majestät ist seit gestern unpäßlich", erklärte er feierlich, „darum habe ich den Schwur getan, den Drei Himmlischen Reinen heute ein Weihrauchopfer darzubringen, damit sie den Leib unseres kaiserlichen Herrn vor allem Ungemach bewahren mögen. Wie anders sollten denn wir unwürdigen Geschöpfe unsere Treue für das Kaiserhaus bezeigen!"

„Eure hingebungsvolle Treue ist wirklich bewundernswert!" riefen die beiden wie aus einem Munde. „Kein Wunder, daß Seine Majestät Euch so zugetan ist! In allen Angelegenheiten schenkt Majestät Euch das größte Vertrauen. Möchte der ehrwürdige Herr sich jetzt zum Altar begeben und die Weihrauchstäbe anzünden?"

Wu Dschung blieb also nichts anderes übrig, als vor die Standbilder der drei Gottheiten zu treten und mit gespielter Andacht drei Weihrauchstäbe anzuzünden. Während dieser feierlichen Handlung hämmerte einer der Eunuchen mit dem Holzklöppel gegen die Tempelglocke, der andere schlug dazu die Gebetstrommel. Der plötzliche Spektakel scheuchte die dösenden Eunuchen und Hofdamen auf. Alles kam herbeigestürzt, um die Ursache der ungewohnten Störung zu erkunden. Und da gewahrte der Obereunuch unter den herantrippelnden Hofdamen eine, die tatsächlich der Schilderung Lju Meng-yäns vollauf zu entsprechen schien. Sie war höchstens achtzehn Jahre alt; ihr liebreizendes Gesichtchen mit den zartroten Wangen zierten herrlich geschwungene Augenbrauen. Mit einem Wort: eine vollendete Schönheit!

Nun wechselte Wu Dschung mit den Damen und Eunuchen ein paar belanglose Höflichkeiten, dann zog er sich allmählich zurück und fragte beiläufig, wer denn jene junge Hofdame sei. Und wie es sich nun herausstellte, hatte ihn der Zufall gut geleitet: das war sie, jene im ersten Monat dieses Jahres für den Dienst im Palast ausgewählte Hofdame Yeh! Der Obereunuch konnte im Augenblick nichts weiter tun. Er ließ sich auch nichts anmerken und verabschiedete sich, nachdem er noch höflichkeitshalber ein Weilchen mit den beiden Eunuchen über ein paar unwichtige Dinge geplaudert hatte. Aber kaum war er aus dem Palasttor getreten, schwang er sich auf sein Pferd und peitschte es zur Eile an. Vor Dschja Si-daus Landhaus machte er halt. Die Torwache meldete ihn, und im Nu kam die Antwort: „Der Herr Kanzler läßt bitten!“ Ein Pförtner geleitete ihn auf verschlungenen Gartenpfaden zur Halle der Halbmuße, wo Dschja Si-dau ihn empfing. Der Kanzler hockte auf einer Matte am Boden, umringt von einer Schar bunt herausgeputzter Mädchen, unter ihnen sogar zwei niedliche Nönnchen mit korallroten Lippen und blendend weißen Zähnen. Die malerische Gruppe ergötzte sich eben an dem wütenden Gefecht wohlgenährter Kampfgrillen.

Der Kanzler erhob sich erst, als der Obereunuch schon eingetreten war. „Das Geschwätz gestern abend hätte mich um ein Haar zur Raserei gebracht!“ rief ihm Dschja Si-dau entgegen, ohne, wie es dem Anstand entsprach, mit ihm erst über Nebensächlichkeiten zu plaudern. „Wißt

Ihr, was vorgefallen ist?“ fragte er, die Augen rollend, und bedeutete mit einer Handbewegung den Mädchen, sich zu entfernen. Ein Diener kam herein und servierte den beiden Herren Tee.

„Ich bin gestern auch gleich in den Palast zurückgeeilt“, sagte Wu Dschung. „Ich hatte mich hinter dem Wandschirm in der Thronhalle versteckt und habe Euer Gespräch belauscht.“

„So brauche ich Euch also die Einzelheiten nicht noch einmal zu wiederholen“, sprach Dschja Si-dau hastig weiter. „Aber wer könnte dem Kaiser das gesteckt haben? Er sagte, es wäre eine Konkubine gewesen. Welche aber? Könntet Ihr das herausfinden?“

„Da brauchte man doch nur die Diener vom gestrigen Festmahl zu fragen“, erwiderte der Obereunuch. „Erkundigungen hintenherum sind da gar nicht nötig!“

„Ich bestehe darauf, daß diese Person hart bestraft wird!“ sagte Dschja Si-dau grimmig. „Und Ihr, hochwürdiger Herr, werdet mir doch dabei behilflich sein, nicht wahr?“

„Und wie wollt Ihr sie bestrafen?“

„Nun, der Kaiser ist doch gestern plötzlich erkrankt.“

„Ja, leider. Auch mich hat das den Schlaf gekostet!“

Dschja Si-dau rückte ganz nahe an den Obereunuchen heran und flüsterte ihm etwas ins Ohr, was der andere mit emsigem Kopfnicken beantwortete. Darauf ging der Kanzler in einen kleinen Nebenraum und schrieb einen Zettel, den er sofort durch einen Diener dem Kollegium der Hofärzte zuschicken ließ. Darauf stand: „Die Krankheit, die Seine Majestät gestern abend plötzlich befiel, ist durch einen Schock hervorgerufen worden. Der diensthabende Arzt wird ersucht, in den Krankheitsbefund eine diesbezügliche Erklärung einzufügen. Anderenfalls setzt er sich der Gefahr aus, bei einer eventuellen Verschlimmerung des Krankheitszustandes zur Verantwortung gezogen zu werden." Was so ein Zettelchen von der Hand Dschja Si-daus für einen Hofmedikus bedeutete, bedarf wohl keiner zusätzlichen Erläuterung. Wir wollen hier nur noch erwähnen, daß im weiteren Verlauf des Gesprächs der Obereunuch dem Kanzler natürlich auch berichtete, er habe bereits festgestellt, wo sich jene schöne neue Hofdame namens Yeh gegenwärtig aufhalte. Er stimmte sodann eine wahre Lobeshymne auf ihre Reize an, verglich ihr Antlitz mit der strahlenden Schönheit von Blumen und Jade und behauptete, es gäbe kein anderes Mädchen in dieser Welt, das sich an Lieblichkeit mit ihr messen könnte. Bei dieser reizvollen Schilderung wich allmählich der grimmige Ausdruck aus Dschja Si-daus Antlitz und machte einem immer freundlicher werdenden Lächeln Platz, bis sich schließlich der Kanzler sogar zu einer tiefen Verbeugung vor dem Obereunuchen herabließ und diesen geradezu bat: „Ich hoffe von ganzem Herzen, ehrwürdiger Herr, daß Ihr alles versuchen werdet, mir ehestmöglich die große Gnade zu erweisen, die Schöne zu mir zu senden. Seid versichert, daß ich Euch ewig dafür dankbar sein werde."

„Und womit gedenkt der erlauchte Herr Kanzler mir seine Dankbarkeit zu beweisen?" fragte Wu Dschung verschmitzt lächelnd.

Dschja Si-dau beugte sich zu ihm hinüber und wisperte ihm ins Ohr: „Als ich gestern vom Palast zurückkehrte, traf gerade eine vertrauliche Mitteilung vom Oberkommandierenden der mongolischen Südarmee, Marschall Bayan, ein. Der Bote wartete auf sofortige Antwort. In meinem Schreiben habe ich Euch bereits den Mongolen aufs wärmste empfohlen."

„Ah! So!" rief der Obereunuch verblüfft. „Ihr wechselt also schon Botschaften miteinander aus! Was stand denn Interessantes in dem Brief des Mongolenfeldherrn?" – „Er drängt mich, den provisorischen Präfekten von O-Dschou, Dschang Schih-dschje, möglichst schnell zu versetzen", flüsterte der Kanzler. „Ich hatte ihm das schon längst versprochen, aber dummerweise habe ich es dann irgendwie vergessen. Jetzt dringt er in mich, Dschang Schih-dschje endlich von O-Dschou fortzuschaffen. Von diesen Dingen habe ich bisher keinem Menschen ein Sterbenswörtchen gesagt. Doch zwischen uns dürfte es wirklich keine Geheimnisse geben. Darum spreche ich auch ganz offen mit Euch."

Die beiden unterhielten sich angeregt weiter, und als man gerade das Essen auftrug, wurde plötzlich die Ankunft des stellvertretenden Direktors des Militärrats Lju Meng-yän gemeldet. Auch ihn ließ Dschja Si-dau sogleich hereinbitten.

Schon in der Tür rief Lju Meng-yän, der selbst die üblichen Begrüßungsworte vergessen zu haben schien, ganz aufgeregt: „Ich komme, um den beiden Herren eine sehr seltsame Nachricht zu übermitteln!"

„Was denn?" rief Dschja Si-dau nicht minder aufgeregt.

„Die Eilbotschaften, die Ihr mir gestern übergabt, sind zum größten Teil, wie Ihr richtig vermutet habt, Ersuchen um Entsatztruppen und militärische Hilfe. In einem Schreiben wird der Fall der Städte Hsjang-Yang und Fan-Tscheng gemeldet. Aber da ist noch ein Brief, in dem von einem Sieg des Dschang Schih-dschje in O-Dschou berichtet wird. Er soll tausend Mongolen gefangen, hundert Schlachtrosse und fünfzig Kriegsdschunken erbeutet haben."

Ehe er noch ausgeredet hatte, stampfte Dschja Si-dau schon wütend mit dem Fuß auf den Boden. „Genug!" rief er. „Das hat uns gerade noch gefehlt!" Dann starrte er mit gerunzelten Brauen vor sich hin und seufzte. Offensichtlich war er im Augenblick nicht zum Reden aufgelegt. Die beiden Gäste wußten wohl, daß es bei einer so gereizten Stimmung des Kanzlers sinnlos war, länger zu verweilen, und empfahlen sich.

Nachdem er die Gäste hinausbegleitet hatte, stierte der Kanzler mit finsterer Miene und zusammengekniffenen Lippen vor sich hin. Seine Konkubinen und Hausmädchen hatten die Gäste gehen sehen und wagten sich allmählich wieder hervor. Mit den niedlichen Schächtelchen, in denen sie ihre Kampfgrillen aufbewahrten, kamen sie herein und setzten die Grillenkämpfe fort, wobei jede mit doppeltem Eifer bemüht war, Dschja Si-dau mit reizvollen Gebärden zu bestricken, um seinen Kummer zu zerstreuen. Und es dauerte auch gar nicht lange, da war der Kanzler, von ihrer Heiterkeit angesteckt, schon wieder lebhaft mit den kämpfenden Grillen und ihren schönen Betreuerinnen beschäftigt.

Am Nachmittag übersandte Lju Meng-yän dem Kanzler durch einen Eilboten des Militärrats ein Schreiben, das Dschja Si-dau ungeduldig aufbrach. Darin stand: „Unter den gestern mit übergebenen Meldungen fand sich auch ein Brief, in dem um militärischen Beistand angesichts einer ernsten Bedrohung des Gouvernements Dschjang-Hsi durch die Mongolen nachgesucht wird. Ich habe demzufolge bereits einen Kaiserlichen Erlaß aufgesetzt, dahin gehend, daß Dschang Schih-dschje nach eigenem Ermessen einen Teil seiner Truppen zum Schutz von Huang-Wu und O-Dschou zurückzulassen und sich mit dem Gros seiner Armee unverzüglich zur Entlastung des bedrohten Gebiets nach Dschjang-Dschou zu begeben habe. Ich bitte um Weisung, ob diese Verfügung den Erfordernissen entspricht und weitergeleitet werden darf ..."

Der Kanzler fand diese Lösung gar nicht übel und gab das Dokument mit dem Zusatz „genehmigt" und seiner Unterschrift an den Boten zurück. Vom nämlichen Augenblick an besserte sich seine Laune zusehends.

Einen Tag danach erschien der Obereunuch Wu Dschung wieder bei dem Kanzler. Auch er hatte Erfreuliches zu melden. „Im Krankheitsbefund haben die

Ärzte gestern bereits die gewünschte Eintragung gemacht", berichtete er dem Kanzler. „Es heißt darin: ‚Wahrscheinlich durch einen Schock nach dem Genuß von Wein verursacht.' Auch habe ich bereits herausbekommen, wer dem Kaiser all das Zeug über die militärische Lage gesteckt hat. Es war die Konkubine Dschang, die allerdings sehr hoch in der Gunst des Kaisers steht. Gegen sie wird sich also kaum etwas unternehmen lassen."

Dschja Si-dau druckste herum. „Wenn sich der Krankheitszustand nach der Ansicht der Ärzte in ein, zwei Tagen gebessert hat", entgegnete er schließlich, „wird zweifellos nach der Ursache dieses Schocks gefragt werden. Dann braucht Ihr nur der Kaiserinmutter eine unmißverständliche Andeutung über besagte Konkubine Dschang zu machen und die Sache noch ein wenig aufzubauschen, und alles Weitere ergibt sich von selbst."

Wu Dschung versprach, die nötigen Schritte zu unternehmen, worauf Dschja Si-dau schnell das Thema wechselte und sich nach jener schönen Hofdame Yeh erkundigte.

„Erlauchter Herr Kanzler, Ihr müßt schon noch ein bißchen Geduld haben", beschwichtigte ihn der Obereunuch. „Laßt mich nur zunächst mit ihr näher bekannt werden. Habe ich erst einmal ihr Vertrauen, so läßt sich alles mit ihr in Ruhe bereden. Das ist freilich der sicherste Weg. Natürlich könnte ich sie einfach in eine Sänfte packen und zu Euch tragen lassen. Nichts einfacher als das! Aber wenn sie sich sträuben sollte oder gar schreien, was dann? Wir würden uns nur selber alles verderben!" So mußte sich Dschja Si-dau wohl oder übel gedulden.

Vom Landhaus Dschja Si-daus begab sich der Obereunuch auf dem schnellsten Weg zur Halle der strahlenden Wunderkraft. Denn nichts lag ihm im Augenblick mehr am Herzen, als sich durch die Person jener schönen Yeh noch weiter beim Kanzler einzuschmeicheln. Zweimal am Tage erschien er nun in der Halle der strahlenden Wunderkraft, angeblich, um bei einem Weihrauchopfer für die baldige Genesung des Kaisers zu beten; dabei versäumte er natürlich keine Gelegenheit, mit der schönen Yeh zu plaudern. Und das unschuldige Geschöpf, das keine Ahnung hatte, was hier gespielt wurde, glaubte wirklich schon nach ein paar Gesprächen, daß sie in ihm einen vertrauenswürdigen Freund gefunden hätte. Als der Obereunuch sie wieder einmal besuchte, traf es sich, daß sie allein den Dienst in der Halle besorgte. Er nahm sie freundlich bei der Hand und setzte sich mit ihr zu Füßen der drei Gottheiten nieder. Diesmal konnte er ohne äußere Hemmnisse auf sein Ziel zusteuern. „Schwesterchen“, begann er bedachtsam, „jetzt seid Ihr bereits ein gutes halbes Jahr im Palast, habt Ihr Euch schon ein bißchen an das einsame Leben gewöhnt?“

„Ich habe hier doch viele Gefährtinnen! So einsam fühle ich mich ja gar nicht!“

„So habe ich's ja auch nicht gemeint“, fuhr der Obereunuch behutsam fort. „Ich meine nur, Ihr seid gerade in der schönsten Blüte Eurer Jugend. Wenn Ihr nicht für den Dienst im Palast ausgewählt worden wärt, hättet Ihr wahrscheinlich bereits Eure Hochzeit gefeiert und führtet auch sonst ein ganz anderes Leben. Ihr wärt mit Euren Eltern beisammen und hättet auch immerhin Verwandte um Euch, auf die Ihr Euch Euer ganzes Leben lang stützen könntet. Nun seid Ihr in den Palast gebracht worden und werdet augenscheinlich hier versauern. Grämt Ihr Euch nicht ein wenig darüber?“

„Daß ich meine Eltern nicht sehen kann, macht mich oft recht unglücklich“, entgegnete die schöne Yeh. „Aber den Dienst in dieser Halle würde ich doch nicht ein Versauern nennen. Das Schicksal hat es eben so gewollt. Da ist nicht daran zu rütteln. Warum sollte ich mich also grämen?“

„Angenommen, jemand könnte einen Weg für Euch

finden, aus dem Palast hinauszugelangen", bohrte der Obereunuch beharrlich weiter, „und Ihr würdet einen reichen und vornehmen Herrn heiraten, könntet Eure Eltern sehen, wann Ihr wollt, na, was würdet Ihr dazu sagen?"

„Der hochwürdige Herr beliebt wohl zu scherzen", rief die schöne Yeh lächelnd. „Wo auf Erden ist jemals so etwas möglich gewesen?"

„Eben deshalb, weil es auf Erden solche unmöglichen Dinge gibt, frage ich Euch ja!"

„Und selbst wenn es so etwas gäbe, würde ich nie einwilligen", erwiderte das Mädchen bestimmt. „Ihr wißt doch, im Sprichwort heißt es: Die Henne folgt dem Hahn, die Hündin dem Hund. Und von alters her gilt das Gebot: Die Frau folgt bis zum Lebensende einem Mann! Obwohl ich nicht wirklich als verheiratet gelten kann, so hat man mich doch für den Kaiser ausgewählt. Und daß ich hier zum Dienst eingeteilt wurde, habe ich der himmlischen Gnade Seiner Majestät zu verdanken. Wie dürfte ich da abtrünnig werden und selbst Pläne für meine Zukunft schmieden!"

„Ich wollte ja nur wissen, ob Euch das gefallen würde, wovon ich eben sprach", tastete sich der Obereunuch weiter.

„Ja, wenn Seine Majestät in Ihrer himmlischen Güte mich zu meinen Eltern zurückkehren ließe, das wäre freilich ein großes unerwartetes Glück!" entgegnete die schöne Yeh sinnend. „Aber außer einem solchen Zufallsglück gibt es nichts, das mich bewegen könnte, den Palast zu verlassen."

Der Obereunuch sah ein, daß er mit Worten hier nichts ausrichten konnte. So lenkte er das Gespräch geschickt auf ein anderes Gebiet und verabschiedete sich bald danach. Bei der Kaiserinmutter wollte er die Sache ebenfalls weiter betreiben – wie, das wußte er selbst noch nicht recht. – So lächerlich es klingen mag, Wu Dschung machte all diese verzweifelten Anstrengungen, ein Mädchen für den Kanzler zu ergattern, aus keinem anderen Grund, als sich damit einen Eunuchenposten am Hof einer fremden Dynastie zu sichern! Einen Tag später kam ihm ganz plötzlich ein glänzender Einfall. Er trug seinen beiden zuverlässigsten jungen Eunuchen auf, eine Sänfte vor dem Palasttor bereitzustellen. Auf Fragen der Torwache brauchten sie nur zu antworten, sie handelten in höherem Auftrag. Zugleich sandte er einen seiner Untergebenen zur Halle der strahlenden Wunderkraft, um die schöne Yeh holen zu lassen. Als Vorwand sollte man ihr sagen, die Kaiserin Tschüen hätte angeordnet, daß sie beim Obereunuchen zu erscheinen habe, um weitere Weisungen entgegenzunehmen.

Das unerfahrene Mädchen witterte natürlich keinerlei Gefahr. Sie zog sich um und meldete sich beim Obereunuchen, wie es die Kaiserin angeblich befohlen hatte.

„Na, Schwesterchen“, empfing sie Wu Dschung freundlich lächelnd, „ein Wort des Dankes könntet Ihr mir schon sagen!“

„Des Dankes? Wofür denn, hochwürdiger Herr?“

„Nun, der Onkel der Kaiserin Tschüen ist kürzlich erkrankt, und eben hat die Kaiserin mich beauftragt, ihm in ihrem Namen einen Krankenbesuch abzustatten. Seiner Gemahlin soll jemand die Grüße der Kaiserin übermitteln, und zwar soll es eine der Hofdamen sein, denn unsereins erweckt leicht Mißtrauen bei den Frauensleuten, weil man immer noch als Mann gilt, obgleich man doch verschnitten ist. Ich habe gleich an Euch gedacht und Euch der Kaiserin empfohlen. Darum dürft Ihr jetzt mit mir kommen.“

„Das ist ein Auftrag wie jeder andere!“ erwiderte die schöne Yeh durchaus nicht erfreut. „Davon habe ich doch nichts! Warum sollte ich Euch denn dafür danken?“

„Seid Ihr ein Dummchen!“ widersprach der Obereunuch verschmitzt grinsend. „Ihr könnt doch bei dieser

Gelegenheit einen kleinen Abstecher zu Euren Eltern machen! Na, das wäre doch etwas, nicht wahr?"

Die Augen der schönen Yeh leuchteten auf. „Ja, wenn das so ist, dann muß ich Euch wirklich herzlichst danken, ehrwürdiger Herr!"

Da kamen auch schon die beiden jungen Eunuchen und meldeten, daß die Sänfte draußen bereitstünde.

„Nun, dann gehen wir also!" rief der Obereunuch vergnügt.

Das Mädchen zögerte. „Ich muß doch erst die Kaiserin um nähere Weisungen bitten!"

„Gar nicht nötig!" schnitt ihr Wu Dschung schnell das Wort ab. „Ihr braucht die Dame nur zu fragen, was sie der Kaiserin mitteilen möchte. Das merkt Euch dann ganz genau, um es nachher der Kaiserin wortgetreu zu berichten!" Und ohne auf eine Erwiderung zu warten, hastete er, von den beiden jungen Eunuchen und der schönen Yeh gefolgt, dem Palasttor zu. Der wachhabende Offizier ließ sie natürlich passieren, nachdem Wu Dschung seine Frage mit einem lässigen „Auf Befehl der Kaiserin!" beantwortet hatte. Vor dem Tor stieg das Mädchen in die wartende Sänfte; für die drei Eunuchen standen Pferde bereit. Und dann ging es geradewegs zum Landhaus des Kanzlers.

Dschja Si-dau strahlte vor Freude, als man ihm die Ankunft der Sänfte meldete. Er ging dem Obereunuchen persönlich entgegen, der schnell nach seiner Hand griff und ihm zuflüsterte: „Gratuliere! Es hat geklappt! Aber schafft sie schleunigst ins Empfangszimmer. Ihr Oberkleid soll sie drinnen ablegen. Das werden wir noch brauchen!" Unterdessen waren sie in Dschja Si-daus Studierzimmer angekommen. Die Diener und Dienerinnen entfernten sich auf einen Wink ihres Herrn. „Habt Ihr irgendeine gewöhnliche Magd, an der Euch nicht viel liegt?" fragte der Obereunuch grinsend. „Aber natürlich!" sagte Dschja Si-dau und ließ auf der Stelle vier oder fünf seiner Mägde antreten. Der Obereunuch suchte sich eine heraus, die von ähnlicher Statur wie die schöne Yeh war. „Diese können wir gebrauchen“, flüsterte er dem Kanzler zu. „Die bleibt hier. Die anderen könnt Ihr wieder gehen lassen.“ Nach einer Weile wurde von einer Dienerin aus dem Empfangszimmer das Gewand der schönen Yeh hereingebracht. Der Obereunuch hieß die Magd, die fassungslos vor Erstaunen alles mit sich geschehen ließ, das prächtige Gewand überziehen und erzählte ihr dabei, daß er wunder was mit ihr vorhabe. Und erst jetzt klärte er den Kanzler darüber auf, unter welchem Vorwand er die schöne Yeh aus dem Palast geschmuggelt hatte. „Wir warten noch, bis die Sonne gesunken ist“, fügte er schmunzelnd hinzu, „dann bringen wir die da zurück.“ Er wies mit einer Kopfbewegung in die Richtung des Nebenzimmers, wohin sich die Magd im prächtigen Gewand der Hofdame zurückgezogen hatte. „Ihr könnt Euch darauf verlassen, kein Mensch wird etwas merken!“ fuhr er vergnügt fort. „Wenn wir sie dann einmal im Palast haben, wird so ein kleines Zauberkunststückchen gemacht, und kommt sie wieder raus, ahnen selbst die Götter nicht, was geschehen ist.“

Dschja Si-dau bedankte sich immer wieder bei dem Obereunuchen für die schnelle und erfolgreiche Erledigung seines Auftrags. Er ließ Wein und Speisen bringen und trank seinem Gast in heiterster Stimmung ein ums andere Mal zu. Als die Dämmerung hereinbrach, erhob sich der Obereunuch und verabschiedete sich mit den Worten: „Ihr habt noch eine andere gute Nachricht zu erwarten – eine wahre Freudenbotschaft für Euch, die mit den Freuden, die Ihr heute abend noch genießen werdet, allerdings nichts zu tun hat. Erlauchter Herr Kanzler, werft nur morgen früh einen Blick in das ‚Amtsblatt der Kaiserlichen Residenz- und Hauptstadt‘, und Ihr werdet alles Weitere erfahren!“

Dschja Si-dau war so verblüfft, daß es ihm im ersten Augenblick die Sprache verschlug. Als er weitere Fragen stellen wollte, hatte der Obereunuch schon die Magd aus dem Nebengemach geholt und geleitete sie, eskortiert von den beiden jungen Eunuchen, zur Tür hinaus.

Die arme Magd! Aus keinem anderen Verschulden als einer entfernten äußeren Ähnlichkeit wurde sie vom Obereunuchen in den Palast gebracht und dort, weiß der Himmel wie, ermordet, um die schöne Yeh aus der Namensliste der Palastdamen streichen zu können. „An einer Krankheit verstorben" stand fortan unter ihrem Namen.

Die schöne Yeh hatte indessen auch wundersame Dinge erlebt. Als Dschja Si-dau ihr und dem Obereunuchen persönlich zum Empfang entgegenkam, dachte sie zuerst, er sei jener erkrankte Onkel der Kaiserin. Stutzig wurde sie erst, als man sie im Empfangszimmer aufforderte, ihr Hofgewand abzulegen, und ihr statt dessen mit größter Dienstbeflissenheit ein Gewand anzog, das verdächtig nach einem Hochzeitskleid aussah. Als sie sich nach der Tante der Kaiserin erkundigte, kicherten die Mädchen, die sie bedienten, tuschelten auch miteinander, aber eine Antwort auf ihre Frage bekam sie nicht. Ihr wurde immer unbehaglicher zumute. Schon war sie nahe daran, die Dienerinnen zu schelten, dachte dann aber, sie könnte damit den Onkel der Kaiserin verletzen, und beherrschte sich, so gut sie es vermochte. Sie wollte sich beklagen, wenn der Onkel der Kaiserin wieder in das Empfangszimmer kommen würde.

Endlich war es soweit! Der vermeintliche Onkel der Kaiserin trat ein. Die schöne Yeh erhob sich respektvoll. Doch ehe sie sich bei ihm über das merkwürdige Verhalten der Dienerinnen beschweren konnte, stürzten diese schon auf Dschja Si-dau zu und gratulierten ihm um die Wette zum Hochzeitsfest, wobei sie noch halb neckend, halb schmollend hinzufügten, er möge künftig nicht der schönen Braut wegen seine treuen Dienerinnen gänzlich vernachlässigen. Dem armen Mädchen fuhr der Schreck in die Glieder. Mit aller Gewalt riß sie sich zusammen und sagte mit erhobener Stimme: „Ich bin auf Befehl der Kaiserin im Hause ihres Onkels erschienen, um seiner Gattin die Grüße meiner kaiserlichen Herrin zu übermitteln. Wer wagt es in so unverschämter Weise, mich daran zu hindern! Wer seid Ihr überhaupt? Ihr werdet für Euer unhöfliches Benehmen zur Rechenschaft gezogen werden!"

Der Kanzler maß sie mit gierigen Blicken. Er trat auf sie zu und faßte sie bei der Hand; und wenn sich die schöne Yeh auch wehren wollte, sie vermochte es nicht mehr; völlig benommen ließ sie sich von ihm zu einem Armstuhl geleiten, auf den er sie niederzwang. Jetzt erst stellte er sich mit seinem wahren Namen vor und erzählte ausführlich, wie sein Stellvertreter Lju Meng-yän von ihr geschwärmt und ihre einzigartige Schönheit gerühmt hätte, wie er selbst seitdem unaufhörlich habe an sie denken müssen, bis er schließlich einfach nicht mehr anders konnte, als den Obereunuchen mit Bitten zu bestürmen, diese ungewöhnliche Schönheit auf irgendeine Weise von ihrem eintönigen Dasein im Palast zu befreien und, da er sie so innig liebe, zu ihm zu bringen. In diesen zärtlich beruhigenden Monolog wußte er sehr geschickt versteckte Drohungen einzufügen, um das Mädchen schon im voraus gefügig zu machen.

Die schöne Yeh war wie aus den Wolken gefallen. Ihr Wille war wie gelähmt; jeder Versuch zu entrinnen schien unmöglich; selbst die Tränen waren ihr vor Schreck und Wut versiegt; und niemand hätte seinen Zorn vor dem allmächtigen Kanzler zu zeigen gewagt! Hier war sie wie in einer Zange festgeklemmt; weder die Geister des Himmels noch der Erde hätten sie zu retten vermocht. Sie konnte an nichts mehr denken. Starr wie eine Holzpuppe saß sie da und ließ alles mit sich geschehen. Die Dienerinnen griffen ihr unter die Arme und führten sie zu Dschja

Si-dau, vor dem sie die zeremonielle Verbeugung der Neuvermählten verrichten mußte. Auf Befehl des Kanzlers wurde das Hochzeitsmahl aufgetragen. Man beglückwünschte ihn und die Braut und trank dem Paar zu. Was danach geschah, bedarf wohl keiner weiteren Schilderung.

Als Dschja Si-dau am Morgen nach der Hochzeitsnacht gerade aufgestanden war, brachte eine Dienerin die eben erschienene Nummer des „Amtsblattes der Kaiserlichen Residenz- und Hauptstadt" herein. Der Kanzler erinnerte sich plötzlich, daß Wu Dschung gestern abend etwas von einer Freudenbotschaft im „Amtsblatt" erwähnt hatte. Hastig nahm er der Dienerin das Blatt aus der Hand, um einen Blick hineinzuwerfen.

Nun, lieber Leser, wenn du wissen willst, was er darin fand, so lies gefälligst, was nun folgt.

3

Als die Dienerin dem Kanzler das „Amtsblatt der Kaiserlichen Residenz- und Hauptstadt" ins Zimmer brachte und er sich plötzlich an die merkwürdige Anspielung des Obereunuchen vom gestrigen Abend erinnerte, ging ihm blitzartig der Gedanke durch den Kopf: Das „Amtsblatt" enthält doch nur Nachrichten über Personalveränderungen der Beamtenschaft und dergleichen Dinge. Eventuelle Beförderungen hätte ich doch selbst vorher gewußt! Was kann es darin schon viel Neues für mich geben! Und doch griff er neugierig danach und schlug es auf. Ein roter Zettel zwischen der ersten und zweiten Seite erweckte seine Aufmerksamkeit. Sein Blick flog über die Zeilen:

Befehl der Kaiserinmutter!

Die Kaiserliche Konkubine Dschang hat durch die unsinnige Verbreitung von Gerüchten Seine Majestät böswillig erschreckt und damit in unverantwortlicher Weise eine Erkrankung des heiligen Leibes unseres Kaisers hervorgerufen, was als strafwürdige Handlung übelster Art betrachtet werden muß. Besagter Dschang wird hiermit der Titel einer Kaiserlichen Konkubine entzogen. Sie ist dem Hofgericht zu übergeben, auf daß sie enthauptet werde.

Im Namen Seiner Majestät!

Dschja Si-dau klatschte unwillkürlich in die Hände. „Da bin ich nun endlich dieses verfluchte Luder los!" murmelte er vor sich hin. „Das wird doch wohl die Freudenbotschaft sein, von der der Obereunuch gestern sprach. Na, wenn man das auch nicht die reine Freude nennen kann, leichter ums Herz wird es einem doch bei so einer Nachricht!" ...

Sun Yat-sen

Geleitwort für die erste Ausgabe der „Volkszeitung"

Die Gründung von Zeitschriften ist heutzutage beileibe keine Seltenheit. Man gefällt sich in eitlen Redensarten und erregt die Gemüter, ohne damit irgendein Ziel zu erreichen. Wie der Blinde mit seinem Stock sucht man, hilflos tappend, nach einem Weg, und findet man ihn nicht, so betrügt man sich selbst mit Ausflüchten. Vergeblich hielte man da nach Männern Ausschau, die sich ernsthaft mit den Übeln der Zeit auseinandersetzen und, wie es im Sprichwort heißt, die „Krankheit mit dem passenden Mittel zu bekämpfen" bereit sind. Und noch viel weniger könnte man erwarten, Menschen mit umfassendem Wissen und weitblickendem Verstand zu finden!

Der wahre Weg, das Volk zu leiten, besteht darin, mit den Volksmassen gemeinsam voranzuschreiten. Dabei ist es ungemein wichtig, die richtige Wahl zu treffen. Daß die Geschichte der Volksmassen so verschieden verlaufen kann, hängt zweifellos von der beschleunigenden oder verzögernden Wirkung, vom Voranschreiten oder Stehenbleiben der Klasse ab, die sie führt. Folgt man dem richtigen Weg, ohne abzuirren, so ergibt sich daraus die Grundlage für die Bildung einer Volksmeinung.

Ich bin der Ansicht, daß die fortschrittliche Entwicklung Europas und Amerikas auf drei Prinzipien zurückzuführen ist – die Prinzipien der nationalen Unabhängigkeit, der demokratischen Rechte und des Wohlstands des Volkes. Nach dem Untergang Roms erwachte das Nationalbewußtsein der Völker; und so errangen die Staaten Europas und Amerikas ihre Unabhängigkeit. Nachdem sie Monarchien geworden waren und die unteren Schichten den despotischen Druck des Absolutismus nicht mehr ertragen konnten, erhob sich die Forderung nach demokratischen Rechten für das Volk.

Zu Ende des achtzehnten und zu Beginn des neunzehnten Jahrhunderts brach der Absolutismus zusammen, und die konstitutionelle Monarchie entstand. Die Welt wurde zivilisiert, das Wissen der Menschen vergrößerte sich, und die Erzeugung von materiellen Gütern stieg in hundert Jahren gewaltiger an als sonst in einem ganzen Jahrtausend. Ökonomische Probleme lösten die politischen ab, und das Verlangen des Volkes nach Wohlstand begann sich merklich zu rühren. Das zwanzigste Jahrhundert wird also zwangsläufig eine Epoche sein, in der das Prinzip des Wohlstands für das Volk triumphiert. Diese drei Prinzipien haben alle ihre Grundlage im Volk...

Nun hat das seit Jahrtausenden unvermindert weiterwirkende Gift der Gewaltherrschaft China so weit gebracht, daß es von anderen Rassen ins Verderben gestürzt, von fremden Staaten arg bedrängt wird. Die Verwirklichung der Prinzipien der nationalen Unabhängigkeit und der demokratischen Rechte des Volkes darf daher nicht einen Augenblick länger aufgeschoben werden. Doch in der Frage des Wohlstands für das Volk war China weniger schädigenden Einflüssen ausgesetzt und vermag leichter Abhilfe zu schaffen als die Staaten Europas und Amerikas, welchen seit langem sich anhäufende und schwer zu überwindende Übelstände ernste Sorgen bereiten. Diese verhängnisvollen Folgen aus der Vergangenheit anderer könnten ebenso auch uns eines Tages großes Unglück bringen. So kommt es vor allem darauf an, bei der Leitung der Angelegenheiten unseres Volkes

immer zur gleichen Zeit auf das richtige Maß von Straffung und Lockerung zu achten!

Ach, wie kurzsichtig sind doch manche, die uns aus der Erniedrigung emporheben wollen! Besuchen sie die großen Städte dieser Welt, überwältigt sie der Anblick der schönen Kleider; und sie begehren danach, ohne daran zu denken, daß sie für ihren Leib gar nicht passen. Den Gipfel des Erstrebenswerten erblicken sie allein in dem, was ihnen die Gegenwart vor Augen hält. Viele hochherzige und entschlossene Männer unserer Tage reden sich die Zungen wund, um die Leute zu überzeugen, China müsse eine solche Macht erringen, daß es sich mit Europa und Amerika messen könne. Aber die Staaten Europas und Amerikas sind bereits mächtig; und dennoch befindet sich das Volk in diesen Staaten in Bedrängnis. Man braucht nur die Bestrebungen zu einer Großen Gemeinsamkeit, die Streiks und das tägliche Anwachsen der anarchistischen und sozialistischen Gruppen und Parteien zu betrachten, um zu erkennen, daß die soziale Revolution nicht mehr fern liegt. Hätte unser Land auch tatsächlich die Möglichkeit, sich mit Europa und Amerika an Macht zu messen, so könnten wir damit doch nicht die Notwendigkeit einer zweiten Revolution verhüten. Und überdies würde uns ein Nachstreben auf den Wagenspuren, die andere bereits ausgefahren haben, schließlich ja doch keinen Erfolg bringen.

Das soziale Unheil Europas und Amerikas lauert schon seit Jahrzehnten im verborgenen. Bald wird es offen zutage treten, und nichts kann es abwenden. Unser Land hingegen entwickelte als erstes Methoden zur Ordnung des Wohlstands des Volkes. Versteht man es, das Übel, ehe es zum Ausbruch kommt, im Keim zu erkennen, so wird mit der politischen Revolution zugleich die Schlacht geschlagen, die zum Sieg der sozialen Revolution führt. Im Vergleich mit einem solchen Erfolg wird Europa und Amerika uns gegenüber das Nachsehen haben!

Unser Vaterland – ein Land mit der größten Bevölkerung der Erde, mit einem so ungemein klugen und starken Volk – schlief einen tiefen Schlaf, aus dem es lange nicht erwachte. So verfiel alles und verdarb. Zum Glück haben die stürmischen Ereignisse der Zeit es aufgerüttelt und es aus seinem dumpfen Schlaf erweckt. Wenn sich die Tatkräftigen zur Tat aufraffen, ihre Kräfte zur Geltung bringen und unermüdlich im Kampfe stählen, so wäre es keine Übertreibung zu behaupten, daß uns der Erfolg früher beschieden sein wird, als wir vermuten.

In allen Völkern gibt es einige Leute von großer Ehrlichkeit und ausgezeichnetem Verstand, die befähigt sind, die Massen zum Fortschritt anzuspornen. Diese Führer wenden solche Regierungsmethoden an, die den Massen am besten entsprechen; und der Fortschritt unserer Volksmassen wiederum entspricht den Bedürfnissen der Welt. Dies ist die natürliche Aufgabe jener Menschen, die früher als andere die Wahrheit gefunden und erkannt haben. Die Gründung unserer „Volkszeitung" dient ebendiesem Zweck. Wir haben ungewöhnliche Pläne zur Erneuerung unseres Landes vor Augen. Wenn dieses Ideal, in die Herzen der Menschen übertragen, zu einer selbstverständlichen Erkenntnis wird, so ist die Zeit seiner Verwirklichung auch schon herangerückt. Das ist unsere Erwartung anläßlich des ersten Erscheinens der „Volkszeitung".

Anhang

Über die Verfasser

Bai Dschü-i (772–846) stammte aus einer armen Beamtenfamilie; er bekleidete hohe Ämter in der Hauptstadt Tschang-An, fiel in Ungnade und wurde verbannt, war später Präfekt von Hang-Dschou und Su-Dschou und schließlich sogar Justizminister. In einem berühmt gewordenen Brief an seinen Freund Yüen Dschen stellte er als Wertkriterien seines literarischen Programms Inhalt, Aktualität und soziale Wirkung in den Vordergrund. Dichtung wird somit bewußt zum Sprachrohr einer politisch-sozialen Mission. Er ist als Lyriker vor allem durch seine Balladen bekannt, in welchen er einen volkstümlichen Ton anschlug.

„Buch der Dokumente" (oder Buch der Urkunden; Schu-Dsching) behandelt in 58 Kapiteln bzw. Abschnitten, von welchen wahrscheinlich nur 28 authentisch sind, Geschehnisse aus dem Zeitraum von etwa 2200 v. u. Z. (der Zeit der legendären Urkaiser) bis zum Jahr 626 v. u. Z. Über die Autoren ist nichts bekannt; vermutlich waren es Hofchronisten der Dschou-Könige. – Eines der kanonischen Bücher der Konfuzianer.

„Buch der Riten" (Li Dschi) Eine Sammlung von Ritualtexten, die unter dem Han-Kaiser Hsüen (73–49 v. u. Z.) redigiert und auf 49 Kapitel festgelegt wurden. Einige Texte stammen aus der späten Dschou-Zeit oder aus noch früheren Zeiten (zumindest dem Inhalt nach), andere sind offenbar Zutaten der Han-Zeit. – „Über die große Gemeinsamkeit" (aus dem 9. Kapitel) ist wahrscheinlich nichtkonfuzianischen Ursprungs oder zumindest von dauistischen – oder mohistischen (nach Mo Dse) Gedanken stark beeinflußt. Seit der Han-Zeit gehörte das „Buch der Riten" zum unbedingten Pensum des konfuzianischen Eleven.

Dai Ming-schih (mit dem Beinamen Nan-Schan – Südberg; 1653–1713) stammte aus Tung-Tscheng (Provinz An-Hue, dem Ausgangspunkt der einflußreichen „Tung-Tscheng-Schule“, die eine neue Synthese von Inhalt und Form auf Grund alter Modelle zu erreichen suchte. Sein Interesse galt hauptsächlich historischen Fragen, die er von einem patriotischen Gesichtspunkt aus – im Sinne der gestürzten Ming-Dynastie behandelte, deren Geschichte er „privat“ zu schreiben beabsichtigte, was einem Staatsverbrechen gleichkam. Da er in seinem Werk „Südberg-Sammlung“ die kalendarischen Bezeichnungen der Regierungsepoche Yung-Li (1647–1662) eines noch Widerstand leistenden Mitglieds des Ming-Kaiserhauses gebrauchte, wurde er wegen „literarischen Hochverrats“ hingerichtet. In diesen „Literaturprozeß“ waren Dutzende von Literaten (darunter auch Fang Bau; s. d.) verwickelt. Seine Werke wurden verbrannt und erst mehr als hundert Jahre nach seinem Tode wieder gesammelt und herausgegeben.

Der Pavillon „dieses Edlen“ Aus der Sammlung des „Meisters der Romantischen Begebnisse in der Hauptstadt“ (Huang-Du Feng-Yüe Dschu-Ren; wahrscheinlich 12. Jh.), Pseudonym des Sammlers oder Herausgebers der „Neuen Geschichten vom grünen Fenster“ (Lü Tschuan Hsin Hua). Es handelt sich um eine Art Textbuch für Geschichtenerzähler, in dem über 150 Geschichten – meist Liebesgeschichten – in oft stark verkürzter, stichwortartiger Form aus anderen Büchern zusammengetragen sind.

„Diskurse der Staaten“ (Guo Yü) Eine Sammlung von Anekdoten, Diskursen und Erzählungen aus acht Staaten (Dschou, Lu, Tschi, Dschin, Dscheng, Tschu, Wu und Yüe), die zwar chronologisch geordnet ist, doch keineswegs den Charakter einer Chronik oder eines als zusammenhängende Darstellung gedachten Geschichtswerks erkennen läßt. Wahrscheinlich handelt es sich hier um eine Kompilation von Texten aus der späten Dschou-Zeit (300 v. u. Z.); herkömmlich wurde dieses Werk Dso-tschju Ming (vgl. „Dsos Kommentar“) zugeschrieben.

Dschang Schih stammte aus We-Ling und lebte wahrscheinlich zur Zeit der Nördlichen Sung-Dynastie (960–1126).

Dschau Bing-wen (1159–1232) bekleidete hohe Regierungsämter unter der Dschin-(Dschurdschen-)Dynastie; er wandte sich gegen die stereotype Modeliteratur seiner Zeit und schrieb selbst Gedichte von großer Originalität und Gestaltungskraft. Seine Prosa zeigt eine an Meng Dse (s. d.) gemahnende Vorliebe für treffsichere Argumente. Er war auch ein berühmter Kalligraph des „Gras-Stils".

Dschi Yün (1724–1805) war Minister für Ritualangelegenheiten und Hauptredakteur des „Büros für die Herausgabe der vollständigen Werke der kaiserlichen Bibliothek in vier Abteilungen" (umfassend die kanonischen, historischen, philosophischen und sonstigen Schriften); er schrieb bei der Katalogisierung und Redaktion dieser Bücher kritische Inhaltsangaben, die bis heute als wichtiges bibliographisches und literaturkritisches Material benutzt werden, und verfaßte auch zahlreiche Anekdoten und Notizen über interessante Begebenheiten, die von einem seiner Schüler unter dem Titel „Notizen vom Studierzimmer zur Betrachtung des Geringfügigen" (Yüe We Tsau-Tang Bi-Dschi) herausgegeben wurden.

Dschou Dun-i (1017–1073) stammte aus einer Beamtenfamilie und war Provinzbeamter mittleren Ranges; er gilt als Initiator der als Neokonfuzianismus bezeichneten philosophischen Strömung und begründete mit seinen beiden Hauptwerken, „Erläuterungen zur graphischen Darstellung des Ur-Endlichen" (Tai-Dschi Tu-Schuo) und „Grundwahrheit des ‚Buchs der Wandlungen'" (I Tung Schu), eine neue philosophische Richtung, die das ethische Grundgerüst des Konfuzianismus beibehielt und in ihre kosmogonischen und kosmologischen Betrachtungen dauistisches und buddhistisches Gedankengut mit einbezog.

Dschou Mi (1231–1298) war in den letzten Jahrzehnten der Südlichen Sung-Dynastie Provinzbeamter höheren Ranges.

Nach dem Sturz der Dynastie weigerte er sich, unter den Mongolen weiter als Beamter zu dienen. Er ist vor allem als Lyriker (im Tzi-Stil) und Kompilator bekannt; in „Erinnerungen an Wu-Lin“ (Wu-Lin Dschju-Schih; Wu-Lin: ein anderer Name für Hang-Dschou oder Lin-An) finden sich viele interessante Informationen aus dem Leben der ehemaligen Kaiserstadt.

Dschou Rung (1619–1679) trat nach dem Sieg der Mandschu über die Ming-Dynastie in ein Kloster ein; er wanderte viele Jahre im Lande umher und beging, als der Mandschu-Hof ihn seiner großen Gelehrsamkeit wegen in seinen Dienst zwingen wollte, aus Protest Selbstmord. – Er war auch Landschaftsmaler mit einem Hang zum Ungewöhnlichen und Bizarren.

Dschou Tsching-yüen (oder Dschou Dschi) lebte zu Ende der Ming-Zeit (um 1600); er schrieb auf der Grundlage älterer Geschichten und Überlieferungen zwei Sammelbände von Erzählungen, die alle thematisch eng mit dem Westsee bei Hang-Dschou verbunden sind; erhalten ist nur der zweite Band mit insgesamt 34 Erzählungen.

Dschuang Dse (oder Dschuang Dschou) lebte wahrscheinlich zwischen 370 und 280 v. u. Z. Die „Biographie“ dieses neben Lau Dse größten Dauisten des Altertums trägt offensichtlich legendäre Züge. Wahrscheinlich stammen von den 33 Kapiteln des „Buches Dschuang Dse“ nur die sog. „inneren Kapitel“ – die ersten 7 – von Dschuang Dse. Die übrigen Kapitel sind vermutlich größtenteils von Dauisten des 3. Jh. v. u. Z. in Anlehnung an Dschuang Dses Stil und Gedanken geschrieben und unter dem Namen des Philosophen in einem Sammelwerk zusammengefaßt worden.

Dschu Hsi (1130–1200) bestand mit 19 Jahren die Beamtenprüfung mit Erfolg und hatte mehrere Beamtenposten inne; trotzdem fand er Zeit, sich seinen philosophischen Studien zu widmen, und sammelte einen großen Schülerkreis um sich. Er faßte die Lehren seiner neokonfuzianischen Vorgänger

(Dschou Dun-i, Schau Yung, die Brüder Tscheng I und Tscheng Hau sowie Dschang Dsai) in einem System zusammen und gab dem Konfuzianismus die für die Ming- und Tsching-Dynastie gültige und offiziell anerkannte Form. Außer zahlreichen Prosaschriften, Gedichten und Briefen hinterließ er ausführliche Kommentare der kanonischen Bücher. Die von seinen Schülern niedergeschriebenen „Gesprächsaufzeichnungen" wurden in 140 Bänden oder Kapiteln gesammelt.

Dschu Ren-hu (2. Hälfte des 17. Jh.) überarbeitete ältere Romane und Novellen über die Sue- und Tang-Dynastie und schuf daraus ein zusammenhängendes Werk, das in 100 Kapiteln historische Ereignisse, vor allem aber das lasterhafte Leben und die Korruption an den Kaiserhöfen aus der Zeit von etwa 580 bis 760 beschreibt.

Dschu Yün-ming (1460–1526) bekleidete hohe Ämter am Hof und in der Provinz; er wurde als eines der „vier Talente von Wu" (Su-Dschou) von seinen Zeitgenossen als Dichter und Kalligraph in mehreren Stilarten hoch geachtet. In seinen Gedichten und Prosaschriften zeichnet er sich durch Themenreichtum und Originalität des Stils aus.

„Dsos Kommentar zu den ‚Frühling-und-Herbst-Annalen'" Die „Frühling-und-Herbst-Annalen", eine stichwortartige Chronik der Periode von 722 bis 481 v. u. Z. (nach diesem Werk „Frühling-und-Herbst"-Periode genannt), sollen auf der Grundlage einer Chronik des Staates Lu von Kung Fu-Dse (s. d.) durch „Richtigstellung der Namen" (Anwendung präziser Ausdrücke nach dem „Prinzip des Lobes oder Tadels" als ethische Werturteile über die Handlungsweise der Feudalherren) eigenhändig redigiert worden sein. Die dürftigen Aufzeichnungen dieser Chronik wurden durch Texte unbekannten Ursprungs kommentiert, die man einem Dsotschju Ming (angeblich ein Zeitgenosse des Kung Fu-Dse) zuschrieb und später „Dsos Kommentar" nannte. Textkritische Studien ergaben, daß es sich bei diesem Werk nicht um eine Fälschung aus der Han-Zeit, sondern vielmehr um die Kompilation echter Texte aus der späten Dschou-

Zeit zu einem „Kommentar“ handelt. Das Material in den „Annalen“ und dem „Kommentar“ ist chronologisch nach den Regierungsjahren der Herzöge von Lu angeordnet.

Dung Dschung-schu (179?–104? v. u. Z.) verhalf mit seinen Petitionen an den Han-Kaiser Wu und mit seinem Werk „Umfassende Exegese der ‚Frühling-und-Herbst-Annalen‘“ (Tschun-Tschju Fan Lu) dem Konfuzianismus in einer den Zeitumständen angepaßten Form zum Sieg über alle anderen philosophischen Schulen; 135 v. u. Z. wurde die konfuzianische Lehre von Kaiser Wu zur Staatsdoktrin erklärt. Dung Dschung-schu entwickelte eine Theorie der absoluten Macht des Kaisers, der als Himmelssohn und Besitzer einer mystifizierten Herrschertugend zugleich mit der gesamten Pyramide des Beamtentums als sakrosankt erklärt wird. Nur der Himmel kann durch Vorzeichen den Herrscher und die Herrschenden warnen und zurechtweisen. Das Volk schuldet der im Kaiser und seinen Beamten personifizierten „Güte“ des Himmels unbedingten Gehorsam. Dung Dschung-schu machte reichlich Gebrauch von den Lehren der Kosmologischen Schule über die Yin-Yang-Kräfte und die Fünf Elemente, von magischen Vorstellungen der Dschou-Zeit und anderem Gedankengut in der Formierung jener Abart des Konfuzianismus, die nach ihm – wenn auch mit gelegentlichen Modifikationen – als ideologisches Grundgerüst des zentralistischen Beamtenstaats vorherrschend blieb.

„Erzählung in Prosa und Vers von dem Mönch Tripitaka, der nach Indien zog, um die heiligen Schriften Buddhas zu holen“ Ein Werk, das den Übergang vom „Textbuch für den Geschichtenerzähler“ zur für den Leser bestimmten Novelle und zum Roman erkennen läßt. Wahrscheinlich erfolgte die Niederschrift zur Zeit der Südlichen Sung-Dynastie (1127 bis 1279).

Fan Dschung-yän (989–1052) erwarb sich als hoher Beamter Verdienste um die Festigung der Reichsgrenzen gegen Einfälle von fremden Völkern und war eine der führenden Gestalten in einer politischen Reformbewegung seiner Zeit.

Der tiefe Ernst seiner konfuzianischen Ethik prägte sowohl seine Lyrik wie auch seine hauptsächlich politische Themen behandelnde Prosa.

Fang Bau (1668–1749) stammte aus Tung-Tscheng (Provinz An-Hue) und war neben dem Gelehrten Yau Naï (1731 bis 1805) einer der bedeutendsten Vertreter der nach ihrem gemeinsamen Heimatort genannten „Tung-Tscheng-Schule". Er brachte es bis zu einem der höchsten Ämter im Ministerium der Riten. In den Prozeß gegen Dai Ming-schih (s. d.) verwickelt, wurde er ins Gefängnis geworfen und schilderte mit schonungsloser Offenheit in seinen „Aufzeichnungen aus dem Gefängnis" die erschreckenden Zustände im Gerichts- und Strafvollzugswesen, deren Augenzeuge er war. In seiner Interpretation der kanonischen Schriften folgte er der neokonfuzianischen Schule der Sung-Zeit.

Fang Hsjau-ru (1357–1402) vertrat die Lehren des Neokonfuzianismus, neigte jedoch in manchen seiner Ansichten zu eigenwilligen Extremen. Als Tscheng-Dsu (Yung-Lo) den Thron der Ming usurpierte, weigerte er sich, für den neuen Monarchen ein Dekret aufzusetzen, beschimpfte ihn persönlich und wurde zur Strafe grausam hingerichtet. – Seine Prosa erinnert in ihrer ungezwungenen Gewandtheit und Eleganz an den Stil Su Dung-pos (s. d.).

Feng Dsching (1652–1715) Exeget der kanonischen Schriften und Dichter; er war in seiner Beamtenkarriere erfolglos.

Feng Meng-lung (1574–1645?) erhielt erst mit 57 Jahren einen niederen Grad bei den Beamtenprüfungen, wurde mit 61 Präfekt und war noch mit 71 politisch aktiv gegen die einfallenden Mandschu. Er ist hauptsächlich als Kompilator und Redakteur alter Novellen und Opern bekannt. Mit seinen drei großen Novellensammlungen, „Geschichten zum Aufrütteln der Welt" (Hsing Schih Heng Yän), „Geschichten zur Warnung der Welt" (Dsching Schih Tung Yän) und „Geschichten zur Belehrung der Welt" (Yü Schih Ming Yän), sorgte er für die Verbreitung volkstümlicher Literatur.

„Frühling und Herbst des Lü Bu-we“ (Lü Schih Tschun-Tschju) Ein Sammelwerk, bestehend aus Abhandlungen über politische, militärische, rituelle, wirtschaftliche und andere Themen, das von einer Gruppe von Gelehrten unter Lü Bu-we verfaßt worden sein soll. Lü Bu-we war ein reicher Kaufmann, der unter König Dscheng von Tschin (der 221 v. u. Z. als „Erster Kaiser“ das Reich einigte) eine bedeutende politische Stellung einnahm, später in Ungnade fiel und sich 235 v. u. Z. der Verbannung durch Selbstmord entzog. – Dieses enzyklopädische Werk umfaßt 160 Essays mit über 170 000 Schriftzeichen, in welchen sich Lehren und Ansichten verschiedener philosophischer Schulen der späten Dschou-Zeit widerspiegeln.

„Frühling und Herbst des Yän Dse“ (Yän Dse Tschun-Tschju) Eine Sammlung von Anekdoten aus dem Leben des Staatsmannes Yän Ying, eines Zeitgenossen des Kung Fu-Dse (s.d.), der nacheinander drei Herzögen des Staates Tschi als Ratgeber diente. Wahrscheinlich wurde dieses Werk erst gegen Ende der Dschou-Zeit zu didaktischen Zwecken kompiliert, und zwar kaum von Anhängern der Schule des Kung Fu-Dse, da sich darin kritische Bemerkungen über die von den Konfuzianern besonders streng eingehaltenen Begräbnisriten finden.

Gan Bau (um 330) war Historiograph, Provinzgouverneur und schließlich persönlicher Berater des Dschin-Kaisers; Autor der verlorengegangenen „Annalen der Dschin-Dynastie“. Zwei Fälle von Scheintod, deren Augenzeuge er war, sollen ihn zur Kompilation des Werkes „Sammlung von Berichten über Geister“ (So Schen Dschi) veranlaßt haben.

„Geschichten über den Han-Kaiser Wu“ (Han Wu Gu-Schih) Die Autorschaft dieses in Bruchstücken erhaltenen Werkes wurde Ban Gu (32–92; berühmter Historiker der Han-Zeit) oder Wang Dschjän (452–489; Literat und Bibliograph) zugeschrieben. Dem Stil nach war der Verfasser eine gelehrte und künstlerisch hochbegabte Persönlichkeit. – Das Buch enthält Episoden aus dem Leben des Kaisers Wu von seiner

Geburt bis zu seinem Tod und Begräbnis; doch wird darin auch einer seiner Nachfolger erwähnt.

Gung Dse-dschen (1792–1841) bekleidete hohe Ämter, interessierte sich für Etymologie und Geschichte, bildete mit Lin Dse-hsü, dem tapferen Gouverneur Kuang-Dungs während des Ersten Opiumkrieges (1839–1842), und anderen eine Dichtergesellschaft, die sich auch mit politischen Fragen beschäftigte. – In seiner Lyrik und Prosa nimmt er eine betont sozialkritische Haltung ein, die in der Reformbewegung der späten Tsching-Zeit weiterwirkte.

Han-dan Tschun erwarb sich schon in seiner Jugend, im Jahre 151, durch eine unglaublich schnell improvisierte Gedenkschrift für das Mädchen Tsao O (ein Musterbeispiel aufopfernder Liebe für den Vater) einen Namen als Literat. Unter dem Kaiser Tsau Pi (s. d.) diente er am We-Hof. – Sein „Wald der Witze“ ist nur in Bruchstücken erhalten geblieben.

Han Fe Dse (280?–233 v. u. Z.) stammte aus dem Königsgeschlecht des Staates Han. Trotz vieler Eingaben an den König von Han gelang es ihm nicht, seine politischen Ansichten durchzusetzen. Als Han von dem mächtigen Nachbarstaat Tschin überrannt zu werden drohte, wurde Han Fe Dse an den Tschin-Hof entsandt, konnte seine Mission jedoch nicht erfüllen und beging im Gefängnis Selbstmord. Das „Buch Han Fe Dse“ besteht aus 55 Essays, die nicht alle von ihm selbst geschrieben wurden. Sein Stil zeichnet sich durch Prägnanz und Klarheit, durch Einfallsreichtum und scharfsinnige Argumentation aus.

Han Yü (768–824) war kaiserlicher Zensor und Lehrmeister an der höchsten staatlichen Schule; er wurde wegen einer gegen die kostspielige Überführung einer Reliquie Buddhas an den Hof gerichteten Eingabe degradiert und in die Provinz verbannt. Han Yü gilt neben Lju Dsung-yüen (s. d.) als Hauptvertreter der sogenannten „Bewegung zur Wiedereinführung der alten Literatur“. Ihm ging es neben der Überwindung literarischer Geziertheit und Manieriertheit vor allem darum, den ethischen Gehalt der konfuzianischen Lehre in sachlicher Form mit einer an dem Philosophen Meng Dse (s. d.) geschulten Überzeugungskraft und Eindringlichkeit zu übermitteln. – Seine Prosaschriften „Über den Ursprung des Dau", „Essay über den Lehrer" u. a. gehörten zur Pflichtlektüre des gebildeten Chinesen.

Hsi Kang (223–262) war Dichter, Philosoph und Musiker; als Dauist beschäftigte er sich auch mit Alchimie. Seine Kritik der brutalen Regierungsmethoden der mächtigen Si-ma-Sippe (die 265 den We-Thron usurpierte und ihre Dynastie Dschin nannte) lieferte ihn schließlich dem Scharfrichter aus. Er lehnte sich gegen den engherzigen Ritualismus der Konfuzianer, ja sogar gegen Kung Fu-Dse (s. d.) und die traditionell verehrten konfuzianischen Weisen des Altertums auf.

Hsje Fu-tscheng (1838–1894) verfaßte Memoranden wie „Über die Wiederherstellung von Ruhe und Ordnung", „Geheime Vorschläge für die Verteidigung der Küsten" u. a.; er ging in diplomatischer Mission nach England, Frankreich, Italien und Belgien und trat für die Errichtung von Industriebetrieben in China nach europäischem Muster ein. – In seiner ursprünglich von der „Tung-Tscheng-Schule" (vgl. Dai Ming-schih) beeinflußten Prosa entwickelte er einen Stil, der in seiner klaren Diktion den Erfordernissen eines neuen Zeitalters zu entsprechen suchte.

Huang Tschun-yau (1605–1645) diente als Beamter der Ming-Dynastie und erhängte sich gemeinsam mit seinem Bruder in einem Kloster, als die Mandschu-Armee seinen Heimatort überrannte. – Seine Prosa ist von einer verhaltenen Eleganz und herben Schlichtheit; seine Lyrik zeugt von ungekünstelter Gefühlstiefe. Von großer Kraft sind seine von Erbitterung erfüllten Anklagen gegen die Mißherrschaft des Hofes und der Beamtenschaft.

Hung Bjän (um 1500) war Herausgeber der „Novellensammlung der Berghalle des Reinen Friedens" (Tsching Ping

Schan-Tang Hua-Ben), die in ziemlich unverfälschter Gestalt Erzählungen aus der Sung-, der Yüen- und zum Teil auch aus der Ming-Zeit enthält.

Hu Tjän-yo (1696–1758) blieb in seiner Beamtenkarriere erfolglos; er war ein Meister im Stil der „Parallelsätze", schrieb aber auch einen Prosastil von sehr eigenwilliger Prägung, der bei seinen Zeitgenossen großen Anklang fand.

Kang Yo-we (1858–1927) verfaßte als Verfechter bürgerlicher sozialer Reformen Eingaben an den Tsching-Kaiser Guang Hsü, bis er und seine Mitstreiter 1898 mit der Durchführung eines Reformprogramms beauftragt wurden (der sogenannten „Reform der 100 Tage"), das noch im selben Jahr am Widerstand der Kaiserin-Witwe und der reaktionären Feudalclique am Hofe scheiterte. Er konnte sich in Sicherheit bringen, sechs seiner engsten Gefährten wurden hingerichtet. Sein „Buch von der Großen Gemeinsamkeit", eine utopische Synthese konfuzianischen, buddhistischen und dauistischen Gedankenguts und europäischer bürgerlicher Ideen, erweckte ebenso wie seine Neuinterpretation der konfuzianischen Lehre zu seiner Zeit großes Aufsehen. – Als eingefleischter Monarchist wandte er sich später gegen die Revolution Sun Yatsens (s. d.).

Kung Fu-Dse (wörtlich: Meister Kung; 551–479 v. u. Z.; latinisiert Konfuzius; eigentlich Kung Tschju) Die „Gespräche des Kung Fu-Dse" wurden von seinen Schülern wahrscheinlich erst nach dem Tode des Meisters aufgezeichnet. Kung Fu-Dse bemühte sich vergeblich, die Fürsten seiner Zeit von seinen ethischen Grundsätzen zu überzeugen. Er mußte sich auf die Weitergabe seiner Lehren an einen möglichst großen Schülerkreis beschränken. – In dem sog. Konfuzianismus späterer Zeiten, vor allem in der offiziellen konfuzianistischen Interpretation, findet sich Gedankengut anderer Schulen (der Legalisten, Dauisten, der Kosmologischen Schule usw.), das oft in krassem Gegensatz zu den in den „Gesprächen des Kung Fu-Dse" enthaltenen Lehren steht (vgl. Dung Dschung-schu).

„Kuriose Berichte“ (Lje I Dschuan) Dieses Buch, das nur durch Zitate in anderen Werken bruchstückweise erhalten ist, wurde fälschlich Tsau Pi (s. d.) oder Dschang Hua (232–300) zugeschrieben. Nach interner Evidenz zu schließen, dürfte es etwa um das Jahr 300 verfaßt oder kompiliert worden sein.

Lau Dse (wörtlich: der „Alte Meister“; auch Lau Dan) Er soll Autor des „Buches Lau Dse“ (Dau-De-Dsching) gewesen sein. Seine „Biographie“ in den „Historischen Aufzeichnungen“ Si-ma Tschjäns (s. d.) enthält kaum mehr als legendäre Überlieferungen. Wahrscheinlich wurde das „Buch Lau Dse“ im 4. Jh. v. u. Z. von Vertretern der dauistischen Schule als Kompendium nach mündlich übermittelten Lehren des (oder der) Meisters dieser Schule zusammengestellt. Der Text ist in 81 Kapitel gegliedert und besteht insgesamt nur aus rund 5000 Schriftzeichen.

Li Dau-yüen (um 500) bekleidete unter der Nördlichen We-Dynastie mehrere hohe zivile und militärische Ämter, wurde einmal wegen „Unbestechlichkeit und Fleiß in der Handhabung des Gesetzes“ befördert, aber auch wegen „Grausamkeit in der Aufrechterhaltung der Ordnung“ angeklagt und degradiert. Ein rebellierender Präfekt ermordete ihn, als er ein neues Amt antreten wollte. Seine Biographie in der „Geschichte der Nördlichen We-Dynastie“ ist der Rubrik der „Hartherzigen Beamten“ zugeordnet. Zugleich heißt es darin, daß er „von Kindheit an den Studien ergeben war und mit Eifer seltene Bücher las“.

Li Dschih (oder Li Dscho-wu; 1527–1602) bekleidete mehrere Beamtenposten niederen Ranges, bis er sich mit 54 Jahren enttäuscht aus dem Beamtenleben zurückzog. Seine Offenheit und ehrliche Kritik hatte ihm viele Feinde gemacht; unter falschen Anschuldigungen wurde er ins Gefängnis geworfen, wo er Selbstmord beging. Seine Bücher wurden auf kaiserlichen Befehl verbrannt. Er gehört zu den originellsten und kühnsten Denkern Chinas. Er bezeichnete sich selbst als „Ketzer“, der die Unfehlbarkeit der Lehren des Kung Fu-Dse (s. d.) zu bezweifeln wagte. Gegen die offizielle Meinung der Gelehrtenwelt seiner Zeit räumte er dem Drama und dem Roman in volkstümlicher Sprache einen hervorragenden Platz in der bis dahin ausschließlich vom „klassischen" Schrifttum beherrschten Literatur Chinas ein. Seine von ihm mit Annotationen versehenen Ausgaben volkstümlicher Romane erregten zu seiner Zeit großes Aufsehen.

Li Gung-dso (um 820) diente als Provinzbeamter und machte sich einen Namen durch seine geistreichen und unterhaltsamen Novelletten, von denen nur 4 erhalten geblieben sind.

Ling Hsüen wird herkömmlich als Autor der Geschichte von der „Fliegenden Schwalbe" angegeben. Wir haben sie hier in Ermangelung einer glaubwürdigen Datierungsmöglichkeit unter dem Namen des angeblichen Autors in die Werke der Han-Zeit (206 v. u. Z. – 220 u. Z.) eingereiht.

Li Ru-dschen (1763?–1830?) blieb in der Beamtenlaufbahn erfolglos; er war ein Meister auf den verschiedensten Gebieten wie Phonetik, Kalligraphie, Literatur, Astrologie, Medizingeschichte und Philosophie. Die vielseitigen Kenntnisse verleiteten offenbar den alternden, verbitterten und in Armut lebenden Gelehrten, seinen berühmten Roman „Blumen im Spiegel" (Dsching Hua Yüen; einige Kapitel daraus bilden die hier aufgenommene Geschichte „Der schöne Kaufmann im Frauenreich") mit einer übertriebenen Zurschaustellung seiner Gelehrsamkeit zu überladen.

Li Schang-yin (812–858?), hauptsächlich als Lyriker bekannt, bekleidete mehrmals höhere Regierungsämter, wurde dann aber in Hofintrigen verwickelt und aus der Beamtenkarriere verdrängt. – Die künstlerische Vollkommenheit seiner Verse hat ihn zu einem der am meisten nachgeahmten Vorbilder späterer Dichter gemacht.

Li Tai-bo (Li Bai; 701–762) war als Kind mit seinem Vater aus dem Westen (Turkestan?) nach Se-Tschuan eingewandert; seine Jugend verbrachte er mit Fechtübungen und literarischen Versuchen. Mit 40 Jahren wurde er als Hofdichter in die Hauptstadt Tschang-An berufen, bald aber wieder vom Hof verdrängt. Einen großen Teil seines Lebens verbrachte er auf Wanderschaft. Während der Rebellion des Heerführers An Lu-schan (754) schloß er sich den Truppen eines jüngeren Bruders des Kaisers an, der in Verdacht geriet, selbst nach der Krone zu streben. Der Dichter wurde schließlich ins Gefängnis geworfen, in den fernen Süden verbannt, dann aber begnadigt. Mit 61 Jahren entschloß er sich, mit General Li Gung-bi nun gegen die Rebellen zu marschieren; auf dem Wege erkrankte er und starb. – Li Tai-bo ist vielleicht der phantasievollste Dichter Chinas. In seinen Werken mischen sich ungestüme Lebensfreude und der Wagemut eines fahrenden Ritters mit gründlicher Gelehrsamkeit, dauistischer Naturliebe und einem romantischen Hang zur Flucht ins Reich der Genien und Feen.

Lju Dschi (1311–1375) bestand noch unter der Yüen-(Mongolen-)Dynastie die Beamtenprüfung; er wurde nach der Errichtung der Ming-Dynastie in die damalige Hauptstadt Nanking berufen, wo er eine ausführliche Denkschrift über „dringende Aufgaben der Regierung“ einreichte. Er begleitete den ersten Ming-Kaiser auf seinen Feldzügen, wurde zum Hofgeschichtsschreiber und Zensor ernannt und mit Ehren und Würden reich bedacht. Er zählte mit Sung Ljän (s. d.) zu den bedeutendsten literarischen Persönlichkeiten der frühen Ming-Zeit.

Lju Dsung-yüen (773–819) war eine Zeitlang kaiserlicher Zensor, fiel in Ungnade und wurde verbannt; als degradierter Beamter in der Provinz lernte er die Leiden des Volkes kennen. In Prosastücken wie „Der Schlangenfänger“ enthüllt er mit kaum verdecktem Haß die Unmenschlichkeit der Regierenden. Gemeinsam mit Han Yü (s. d.) trat er gegen den manierierten Stil der rhythmischen Prosa in „Parallelsätzen“ auf. Seine Landschaftsbeschreibungen sind von großer Plastizität und unübertrefflicher Schönheit. Auch als Lyriker und Fabeldichter nimmt er einen bedeutenden Platz in der chinesischen Literatur ein.

Lju Hsjang (77–6 v. u. Z.) erwarb sich als Gelehrter und Hofbibliothekar um die Erfassung und Katalogisierung des damaligen Buchbestands große Verdienste; er verfaßte auch viele lyrische Essays (Fu), die zum größten Teil verlorengegangen sind, und mehrere biographisch-anekdotenhafte Werke, darunter die „Biographien musterhafter Frauen".

Lju I-tsching (403–444) war ein Prinz aus dem Kaiserhaus der (Lju-) Sung-Dynastie; er versammelte berühmte Literaten seiner Zeit um sich und schrieb selbst mehrere Bücher. Seine „Aufzeichnungen über die dunklen und hellen Mächte" (Yo Ming Lu) sind als Gesamtwerk nicht erhalten, doch wurden später mehr als 200 Passagen aus Zitaten in anderen Werken von dem Schriftsteller und Gelehrten Lu Hsün (1881–1936) zusammengetragen. – Die „Sammlung neuer Anekdoten" (Schih Schuo Hsin Yü) mit ihren knappen, aber ausdrucksvollen Notizen über gelehrte, schlaue, skurrile und andere ungewöhnliche Persönlichkeiten aus den „gehobenen Ständen" gibt interessante Einblicke in das geistige Leben jener Zeit.

Lju O (1857–1909) war Mathematiker, Arzt, Wasserbauingenieur, Präfekt und Kaufmann; er erwarb sich große Verdienste bei der Verhütung einer Überschwemmungskatastrophe am Gelben Fluß (1888). Zur Zeit der „I-Ho-Tuan"-Bewegung (des sog. Boxeraufstandes; 1900) versorgte er die hungernden Armen mit Getreide, das er von den ausländischen Besatzungstruppen in Peking aus einem Staatsspeicher billig aufgekauft hatte. Dafür wurde er nach Hsin-Dschjang in die Verbannung geschickt, wo er auch starb. – Er ist auch als eifriger Sammler und Kenner chinesischer Altertümer (vor allem der „Orakelknochen") bekannt.

Lju Tschi (gest. 1117) wurde nach der Verleumdung und Ermordung seines Vaters durch einen korrupten Beamten mit seiner Familie verbannt. Zehn seiner Familienmitglieder erlagen in dem Verbannungsort einer Seuche. An den Hof zurückgerufen, vermochte er durch eine Petition an den Kaiser Hue-Dsung den Tod seines Vaters zu rächen. – Er schrieb eine klare, präzise und kraftvolle Prosa. In seiner Lyrik lehnte er sich stilistisch an den berühmten Tang-Dichter Du Fu (712–770) an.

Lo Yin (833–909) versuchte zehnmal vergeblich die Beamtenprüfung zu bestehen, bekleidete dann aber nach dem Zerfall des Tang-Reichs hohe Beamtenposten unter dem König Tschjän Ljau von Wu-Yüe. – Seine Gedichte und kurzen Prosastücke zeigen einen scharfen Intellekt und starke Emotionalität; er verstand es, in origineller Weise umgangssprachliche Ausdrücke literarisch zu verwerten.

Lu Dschju-yüen (mit dem Gelehrtennamen Lu Hsiang-schan; 1139–1192) bestand zwar mit Erfolg die Beamtenprüfungen, verscherzte sich aber offenbar die Gunst des Hofs durch seine damals unpopuläre patriotische Haltung gegenüber den Dschurdschen, die den Norden Chinas besetzt hielten. Er ist der Begründer der „Schule des Herzens (Geistes)“, die in der Sung-Philosophie den extremen subjektiven Idealismus (Solipsismus) vertrat. In den berühmt gewordenen „Diskussionen am Entensee (O-Hu)“, die er mit dem Hauptvertreter der Schule des objektiven Idealismus der Sung-Zeit Dschu Hsi (s. d.) hielt, erklärte er, daß für jemanden, der das Dau verstünde, die klassischen Schriften nur „Fußnoten“ des Ichs seien. Damit war der Bruch mit den Exegeten der klassischen Schriften, unter denen Dschu Hsi einen hervorragenden Platz einnimmt, endgültig. Doch auch Lu Dschju-yüens „Höchstes Prinzip“ ist im Grunde genommen nichts als eine die Grenzen von Subjekt und Objekt verwischende Verselbständigung der traditionellen ethischen Begriffe.

Lu Gue-meng (gest. vermutlich 881) diente eine Zeitlang als Provinzbeamter, zog sich dann nach Fu-Li (in der Provinz Dschjang-Su) zurück und lehnte eine Berufung an den Hof ab. Berühmte Dichter seiner Zeit suchten seine Freundschaft. Außer Landschaftslyrik und Stimmungsbildern schrieb er Satiren auf die Mißstände des verfallenden Tang-Reichs und seine korrupte Beamtenschaft.

Lu Yo (1125–1210) stammte aus einer alten Beamtenfamilie, die schon viele Literaten hervorgebracht hatte. Er hatte wenig Glück in seiner Beamtenlaufbahn und verbrachte, immer wieder aus dem Dienst entlassen, viele Jahre in seinem Heimatdorf in der Provinz Dsche-Dschjang. Lu Yo hinterließ über 10 000 Gedichte und gilt als einer der größten Lyriker Chinas. Auch seine Prosa verrät die Hand eines Meisters der sprachlichen Gestaltung. Er schrieb u. a. „Notizen aus dem Studierzimmer des alten Scholaren“ und eine Art Reisetagebuch, „Aufzeichnungen auf dem Weg nach Se-Tschuan“, als er in mittleren Jahren von seinem Freund, dem berühmten Dichter Fan Tscheng-da, damals Oberkommandierender der kaiserlichen Truppen in Se-Tschuan, als Berater in diese Provinz berufen wurde.

Meng Dse (wörtlich: Meister Meng; 372–289 v. u. Z.; latinisiert Menzius) Ebenso wie die „Gespräche des Kung Fu-Dse“ ist vermutlich auch das „Buch Meng Dse“ von den Schülern des Philosophen niedergeschrieben worden. Der Stil jedoch zeigt sehr deutlich individuelle Züge einer kraftvollen Persönlichkeit. Meng Dse gilt als der zweite große Exponent der konfuzianischen Philosophie. Auch er suchte vergebens mit seinen Lehren bei den Fürsten seiner Zeit Gehör zu finden und aktiv in das politische Leben einzugreifen. Sein unerschütterlicher Glaube an die angeborene Güte des Menschen wurde von dem dritten großen Konfuzianer der ausgehenden Dschou-Zeit Hsün Dse (298–238 v. u. Z.) in den Wirren der Zeit der „Kämpfenden Staaten“ kategorisch verneint. Hsün Dse postulierte im Gegensatz zu Meng Dse die „angeborene Schlechtigkeit“ des Menschen, die sich allerdings durch Belehrung und Riten „künstlich“ in Güte verwandeln läßt.

Mo Dse (wörtlich: Meister Mo; etwa 470–391 v. u. Z.; eigentlich Mo Di) war Gründer einer Schule, die zur Zeit der „Kämpfenden Staaten“ nicht nur starke geistige Impulse ausstrahlte, sondern trotz ihrer pazifistischen Haltung als organisierte Bruderschaft mit einem „Großmeister“ an der Spitze zu Unrecht Angegriffenen zu Hilfe eilte. Mo Dse predigte

„universale Liebe" (im Gegensatz zu der hierarchischen Feudalordnung und ihren Riten), Genügsamkeit und das Vermeiden aggressiver Handlungen in den zwischenstaatlichen und zwischenmenschlichen Beziehungen.

„Notizen aus der Westlichen Hauptstadt" (Hsi-Dsching Dsa-Dschi) Die Autorschaft dieses Werkes wurde Lju Hsin, dem berühmten Sohn Lju Hsjangs (s. d.) aus der Han-Zeit und neuerdings auch dem Verfasser des Nachworts, Go Hung (4. Jh.; Gelehrter, Alchimist und General), zugeschrieben. Eine genauere Datierung ist derzeit nicht möglich; wahrscheinlich wurden diese „Notizen" im 4. oder 5. Jh. zusammengestellt.

Ou-yang Hsju (1007-1072) wirkte lange Zeit in hohen Beamtenstellen am Kaiserhof. Im Alter nahm er gemeinsam mit Su Dung-po (s. d.) gegen Wang An-schihs (s. d.) Reformen Stellung. In seiner Lyrik und Prosa vertritt er jene Richtung, die zu einem natürlichen Fluß der Sprache und einer klaren Darstellungsweise tendiert (vgl. Han Yü).

Pu Sung-ling (1640–1715) wurde schon in jungen Jahren von berühmten Dichtern und Gelehrten seiner Zeit seiner literarischen Begabung wegen gerühmt; er fiel jedoch bei allen Prüfungen durch und erhielt erst mit 71 Jahren den Titel eines „Provinzkandidaten". Er verbrachte den größten Teil seines Lebens in Armut in seinem Heimatort in der Provinz Schan-Dung. An seiner Sammlung „Merkwürdige Aufzeichnungen aus meinem Studierzimmer" arbeitete er viele Jahre, bis jedes der darin enthaltenen Stücke zu einem wahren Wunderwerk der Kunst geraffter Darstellung und feingeschliffenen Stils wurde.

Schen Kua (1031–1095) galt als der gebildetste Mann seiner Zeit, dessen Interessen sämtliche Gebiete des damaligen Wissens umfaßten; er bekleidete hohe Ämter am Hof, erzielte als Diplomat eine günstige Grenzregelung mit dem Ljau-Reich, wirkte als Ingenieur, Mediziner, Astronom und Kommandeur. Sein Notizen über die verschiedensten

Wissensgebiete enthaltendes Werk „Pinsel-Gespräche vom Traum-Bach“ (Meng-Tschi Bi-Tan; Schen Kua gab seinem Ruhesitz den Namen „Traum-Bach“; Pinsel-Gespräche bedeutet etwa Aufzeichnungen oder Essays) ist eine Fundgrube für die Erforschung der Geschichte des chinesischen Geisteslebens, vor allem aber der Naturwissenschaften.

Si Dschu Lju Guan Dschi Schih (wahrscheinlicher Sinn dieses Titels: Merkbuch aus dem Studierzimmer der Alleserleuchtenden Kerze.) Über den Verfasser oder Kompilator dieser Aufzeichnungen aus dem Ersten Opiumkrieg (1839–1842) ist nichts bekannt.

Si-ma Tschjän (145?–90? v. u. Z.) war der Sohn des Hofgeschichtsschreibers Si-ma Tan, dem er 108 v. u. Z. im Amt folgte. In seinen „Historischen Aufzeichnungen“ unternahm er den Versuch, die Geschichte des gesamten chinesischen Kulturgebiets und darüber hinaus der gesamten damals bekannten Welt von der noch legendären Vorzeit bis in seine Epoche in einer systematischen und oft auch kritischen Darstellung zusammenzufassen. Die Gliederung des Stoffs – Geschichte der Dynastien mit Herrscherbiographien, chronologische Übersichtstafeln der wichtigsten Ereignisse, Traktate über Riten, Musik, Astronomie, Wirtschaft usw., Geschichte der einzelnen Feudalstaaten und Biographien bedeutender Persönlichkeiten – ist eine durchaus originelle Schöpfung Si-ma Tschjäns und blieb für alle späteren dynastischen Geschichtswerke beispielgebend. Auch sein prägnanter, das Wesentliche und Charakteristische betonender Stil fand immer wieder eifrige Nachahmer.

„Strategeme der Kämpfenden Staaten“ (Dschan Guo Tse) Ein von dem Han-Gelehrten Lju Hsjang (s. d.) aus Beständen der Hofbibliothek von Büchern und Manuskripten der Zeit der „Kämpfenden Staaten“ und vielleicht auch der frühen Han-Zeit zusammengestelltes und redigiertes Werk „diskursiver“ (rhetorischer) Art – wie die „Diskurse der Staaten“ –, das wie diese regional (insgesamt 12 Staaten) und chronologisch (nicht chronistisch) gegliedert ist.

Su Dung-po (eigentlich Su Schih; 1036–1101) bekleidete zeitweilig hohe Ämter in Bjän-Ljang, der Hauptstadt der Nördlichen Sung, wurde wegen Opposition zu Wang An-schis (s. d.) Reformen und wegen „poetischer Verleumdung des kaiserlichen Hofes“ nach Huang-Dschou, später nach Hang-Dschou, nach Hue-Dschou und schließlich in den äußersten Süden auf die Insel Hai-Nan verbannt. Als Provinzbeamter zeigte er Verständnis für die Leiden des Volkes. – Seine Dichtungen in Lyrik und Prosa zeichnen sich durch einen umfangreichen Themenkreis, Einfallsreichtum, Gefühlstiefe und sprachliche Schönheit aus.

Sun Dse Nach Si-ma Tschjäns „Biographien der Strategen Sun Wu und Sun Bin“ könnte jeder der beiden Strategen Autor des „Buches Sun Dse“ sein, doch ist eher anzunehmen, daß dieses Werk eine Sammlung von Texten verschiedener Militärexperten aus der Periode der „Kämpfenden Staaten“ (unter ihnen auch Sun Wu und Sun Bin) ist.

Sung Ljän (1310–1381) weigerte sich unter der Yüen-(Mongolen-)Dynastie, den hohen Posten eines Redaktors der Pinselwald-Akademie anzunehmen,und zog sich als dauistischer Mönch in ein Kloster zurück. Zu Beginn der Ming-Dynastie wurde ihm der Auftrag erteilt, die Geschichte der Yüen-Dynastie zu kompilieren; er machte sich auch um das Ritualsystem der neuen Dynastie verdient. Später fiel er in Ungnade und wurde verbannt. – Seine Stärke liegt in der Zeichnung der menschlichen Persönlichkeit; sein Prosastil galt lange als vorbildlich.

Sun Yat-sen (nach der kantonesischen Aussprache seines Beinamens; eigentlich Sun Wen oder Sun Dschung-schan; 1866–1925) leitete seit 1894 die bürgerlich-revolutionäre „Gesellschaft für das Wiedererstehen Chinas“, floh nach einem mißglückten Aufstand in Guang-Dung (Kanton) im Jahre 1895 nach Japan und gründete 1912 die Guo-Min-Dang. Als provisorischer Präsident der neugegründeten Republik von dem ehemaligen Tsching-General Yüen Schih-kai verdrängt, organisierte er im Süden Chinas den Widerstand gegen die partikularistischen Generäle und schloß 1923 ein Bündnis mit der Kommunistischen Partei Chinas. In seinem politischen Testament sprach er sich für eine enge Freundschaft Chinas mit der Sowjetunion aus.

Tau Yüen-ming (365 oder 372–427) war einer der bedeutendsten Lyriker Chinas, der wegen seiner Liebe für Chrysanthemen und Wein zu einer oft zitierten Gestalt in der chinesischen Literatur wurde (vgl. Pu Sing-ling, „Die Chrysanthemengenien" und Dschou Dun-i, „Rechtfertigung meiner Vorliebe für Lotosblumen"). Er besang die schlichten Freuden des Landlebens. Seine Idealvorstellungen von einer brüderlichen Menschengemeinschaft fanden im „Pfirsichblütenquell" eine künstlerische Gestaltung, die viele Generationen chinesischer Literaten inspirierte.

Tsau Dschih (192–232; ein Sohn Tsau Tsaus und jüngerer Bruder Tsau Pis) war der bedeutendste Dichter seiner Zeit, der auch noch vielen späteren Dichtergenerationen als Muster und Vorbild galt. Nach der Thronbesteigung seines älteren Bruders in seinem Tatendurst gehemmt und enttäuscht, schlug er in seinen Werken oft elegische Töne an. Seine innere Auflehnung verwandelte sich unter dem Druck der Verhältnisse in illusionistische Freiheitsträume, die – wie in „Zwiegespräch mit dem Totenschädel" – der dauistischen Gedankenwelt Dschuang Dses (s. d.) nahekommen.

Tsau Pi (187–226; war der zweitälteste Sohn Tsau Tsaus) bestieg 220 nach der Absetzung des letzten Han-Kaisers selbst den Thron als erster Kaiser der We-Dynastie (220–264). Er versammelte bedeutende Dichter um sich und schrieb neben Gedichten das erste literaturkritische Werk Chinas, in dem er dem literarischen Verdienst einen höheren Rang als dem politischen einräumt.

Tsau Tsau (155–220) war Staatsmann, Feldherr, Dichter und Verfasser strategischer Werke. Er schuf sich während der Kämpfe gegen die nach ihrem Erkennungszeichen „Gelbe Turbane" genannten aufständischen Bauern eine Militärmacht, mit deren Hilfe er sich schließlich als Kanzler des Han-Kaisers zum eigentlichen Herrn in Nordchina machte. Nach seinem Tod wurde er als Gründer der We-Dynastie postum zu ihrem ersten Kaiser (Wu Di) ernannt. Tsau Tsau liebte Musik und Dichtkunst und scharte die größten literarischen Talente seiner Zeit um sich. Er schrieb überdies auch einen Kommentar zum „Buch Sun Dse".

Tscheng I (oder Tscheng I-tschuan; 1033–1107) zählt gemeinsam mit seinem Bruder Tscheng Hau (1032–1085) zu jenen fünf Philosophen (vgl. auch Dschou Dun-i), die dem Neokonfuzianismus der Sung-Zeit seine Prägung gaben. Im Unterschied zu seinem Bruder, der als Zensor und Provinzbeamter ein geschäftiges Leben führte, verbrachte Tscheng I sein Leben zurückgezogen mit Studien. Der Kern der Lehre der beiden Tscheng ist eine Identifizierung des Dau, des „Weltprinzips" (Li) und des menschlichen Verstandes mit einem abstrakten Prinzip des „Guten", das als Substrat und zugleich Triebkraft sowohl der Materie wie auch dem Geist zugrunde liegt. In Wirklichkeit handelt es sich bei diesem Begriff des „Guten" um eine philosophische Verschleierung und Rechtfertigung der feudalen Moralbegriffe – Pietät und Loyalität gegenüber den autoritären Mächten. In ihren naturphilosophischen Ansichten äußerten die beiden Brüder dem „Buch der Wandlungen" entlehnte dialektische Gedanken.

Tschen Hsüen-yo Über den Autor ist nur bekannt, daß er zur Zeit des Tang-Kaisers Dai (762–780) lebte.

Wan Da-hung Sein ursprünglicher Name war Dschjau Da, nannte sich als Anführer der „Himmel-und-Erd-Gesellschaft" (Tjän-Di Hue) Wan Da-hung (die Schriftzeichen Wan und Hung – „zehntausend" und „gewaltig" – galten bei dieser Gesellschaft als noble Namen; „Da" bedeutet „groß"). Gemeinsam mit Hung Hsju-tschüen, dem Gründer der „Gesellschaft der Gottesverehrer" (Bai Schang-Di Hue), gehörte er zur Führungsgruppe des Tai-Ping-Aufstands. In der „Gesellschaft der Gottesverehrer" nannte er sich – um seine Bruderschaft mit deren Führer Hung Hsju-tschüen zu bezeugen – Hung Da-tschüen. Zugleich trug er den Titel Tjän-De Wang („König der Himmlischen Tugend“). Er wurde im Kampf mit den Mandschu-Truppen bei Yung-An 1852 gefangengenommen, nach Peking gebracht und grausam hingerichtet.

Wang An-schih (1021–1086) wurde, nachdem er 1060 dem Sung-Kaiser Ren-Dsung in einer „Eingabe von 10 000 Schriftzeichen“ Vorschläge hinsichtlich einer politisch-wirtschaftlichen Reform unterbreitet hatte, von Kaiser Schen-Dsung 1069 zum Kanzler ernannt. Seine Versuche, der Latifundienbildung des Feudaladels und dem Wucher der Kaufleute Schranken zu setzen, scheiterten ebenso wie seine Reformen des Militärwesens an dem erbitterten Widerstand der Feudalherren. – Er ist ein Meister der Prosa und auch ein Lyriker von Rang; seine philosophischen Essays enthalten Gedanken, die das Feudalregime des zentralistischen Beamtenstaates einer scharfen Kritik unterziehen.

Wang Fu-dschih (mit dem Gelehrtennamen Wang Tschuan-schan; 1619–1692) nahm als glühender Patriot und Anhänger der Ming-Dynastie aktiv an Kampfhandlungen gegen die Mandschu-Eroberer teil und mußte mehrmals vor seinen Verfolgern in unwegsame Berggebiete fliehen. Er führte die skeptische und materialistische Tradition Wang Tschungs (s. d.) weiter fort, wobei er sich auch auf materialistische Erkenntnisse der Neokonfuzianer (Dschang Dsai, 1020–1077) stützte. Für ihn war das „ordnende Prinzip“ (Li) im Stofflichen immanent. Er leugnete auch die Existenz eines „Dau“ – eines Urgrunds oder Höchsten Prinzips – außerhalb des Materiellen. In seinen historischen Schriften deckt er Entwicklungstendenzen innerhalb der feudalistischen Gesellschaft auf und analysiert die ihr innewohnenden Formen chronischer Mißwirtschaft. Im Gegensatz zu den traditionellen extrem puritanischen Ansichten in China betont er die Notwendigkeit der Befriedigung der materiellen Wünsche der Menschen als Voraussetzung für die Verwirklichung der „Großen Gemeinsamkeit“. Ebenso unorthodox war seine

Einschätzung der Rolle der Kaufleute innerhalb der Gesellschaft, die er im Unterschied zu der konfuzianischen Tradition wichtiger für den Staat als die „tuscheklecksenden Beamten" hielt. Er hinterließ zahlreiche Schriften über historische und philosophische Themen, u. a. seine berühmten „Betrachtungen über die Sung-Dynastie", seine „Betrachtungen bei der Lektüre des ‚Spiegels der Geschichte'" (von Si-ma Guang 1019–1086) sowie Kommentare zu den klassischen Schriften und Essays.

Wang Schih-dschen (1634–1711) brachte es bis zum Justizminister und entwickelte eine Theorie der „spirituellen Schönheit" als lyrisches Ideal. Seine in mehreren Bänden gesammelten Aufsätze und Notizen bieten in einem ausgezeichneten Stil eine Fülle geistreicher Ansichten und interessanten Materials zu historischen, literarischen und vor allem literaturkritischen Themen. – Er wurde als Lyriker berühmt.

Wang Schou-ren (oder Wang Yang-ming; 1472–1528) wurde 1507 wegen Beleidigung der herrschenden Eunuchen-Clique zur schmählichen Strafe der Bastonade verurteilt und nach Gue-Dschou (Lung-Tschang) verbannt. Bisher hatte er im Neokonfuzianismus, dann im Buddhismus und Dauismus die Wahrheit gesucht. In seinem Verbannungsort kam ihm die Erleuchtung, daß der Mensch nicht außerhalb seiner selbst Wissen suchen müsse, da er in sich ein angeborenes „gutes Wissen" besitze, das mit dem „Himmelsprinzip" (Tjän Li) identisch sei. Überwindung der Leidenschaften führe den Menschen zurück zu diesem sowohl ihm wie dem Universum gemeinsam eignenden Wahrheitsquell. Er gründete mit diesen Lehren eine einflußreiche Schule, die in mehr oder minder offenem Gegensatz zu dem offiziellen Neokonfuzianismus des Dschu Hsi (s. d.) stand. Nach 1510 errang er höchste Würden am Hof und schlug als Feldherr mehrere Aufstände nieder. – In seinen literarischen Werken versuchte er im Gegensatz zu seinen Zeitgenossen bewußt, nicht bestimmte Modelle nachzuahmen. Trotz der Ungezwungenheit im Stil und in der Gedankenführung wirkt seine Prosa ausgewogen und straff.

Wang Tschung (27–97) gehörte einer Sippe ohne Rang und Namen in der heutigen Provinz Dsche-Dschjang an, studierte in der Hauptstadt Lo-Yang, brachte es aber niemals zu einem höheren Beamtenposten. Im Alter zog er sich in seinen Heimatort zurück. Von seinen zahlreichen Werken sind nur die „Kritischen Erwägungen“ (Lun Heng) erhalten. Er ist einer der bedeutendsten Vertreter der skeptischen und materialistischen Tendenz in der Philosophiegeschichte Chinas. Mit zwingender Logik unterwarf er den gesamten Ideenbestand seiner Zeit einer kühnen und scharfen Kritik, die selbst vor dem ideologischen Grundgerüst des zentralistischen Beamtenstaats nicht haltmachte.

Wang Yü-tscheng (954–1001) stammte aus einer armen Bauernfamilie und wurde Beamter höheren Ranges. Seine Eingaben an den Thron waren jedoch so kritisch, daß er mehrmals degradiert und verbannt wurde. In Anbetracht der Hohlheit und Überladenheit des Stils zu Anfang der Sung-Zeit wählte er sich Bai Dschü-i (s. d.), Han Yü (s. d.) und andere Vertreter einer realistischeren Geisteshaltung als Vorbilder. In seinen Gedichten und Prosastücken enthüllt er oft schonungslos die Leiden des Volkes und die Verantwortungslosigkeit der Regierenden.

Wu Di (regierte von 140–87 v. u. Z.) war Kaiser der Han-Dynastie, verteidigte das Reich energisch gegen die Hunnen und erweiterte die Reichsgrenzen durch Eroberungskriege im Süden, Osten (Korea) und Nordwesten. Unter ihm wurde der Konfuzianismus zur Staatsdoktrin erhoben (vgl. Dung Dschung-schu). Bald nach seiner Thronbesteigung bemühte sich der Kaiser persönlich, tüchtige Männer für den Hof zu gewinnen. – Das hier wiedergegebene Dekret wurde jedoch kaum von Kaiser Wu selbst verfaßt.

Wu Dschün (469–520) ist berühmt als Landschaftslyriker; sein Stil wurde von seinen Zeitgenossen eifrig nachgeahmt und beeinflußte noch in späteren Zeiten den Stil der Landschaftsbeschreibung und Dichtung stark. Er schrieb auch Geschichtswerke und wurde wegen „eigenmächtigen Verfassens" einer Geschichte der Tschi-Dynastie zeitweilig seines Amtes enthoben.

Wu Wo-yau (1866–1910) schrieb bereits in jungen Jahren Artikel für Zeitungen in Schanghai, später Romane in Fortsetzungen für literarische Magazine und Zeitschriften, u. a. auch seinen bekanntesten Roman „Seltsame Erlebnisse der letzten 20 Jahre" (Er-Schih Njän Mu-Du Dschih Guai Hsjän-Hsjang). Eine Zeitlang war er Direktor einer Volksschule in Schanghai. Ungewöhnlich ist die Breite seiner Themenwahl: neben historischen Stoffen, wie in „Schmerzliche Geschichte", schrieb er einen Kriminalroman und einen Roman mit dem Titel „Kuriose Geschichten über die Elektrizität".

Yang Hsjüen-dschih bekleidete mehrere hohe militärische und zivile Ämter unter der (Späteren) We-Dynastie. Über seine Lebensdaten ist nur bekannt, daß er, wie er in der Einleitung zu seiner „Beschreibung der Klöster von Lo-Yang" sagt, im Jahr 547 diese Stadt besuchte. Er war noch unter der Nördlichen Tschi-Dynastie im Amt und starb wahrscheinlich in der Regierungsepoche Tjän-Bau (550–559).

Yän Dschih-tue (531–595?) diente zuerst der Ljang-Dynastie im Süden, geriet durch die Kriegswirren in den Norden, wo er nacheinander unter der Nördlichen Tschi-, der Nördlichen Dschou- und schließlich der Sue-Dynastie hohe Ämter bekleidete. Er besaß ein vielseitiges und gründliches Wissen und einen scharfen kritischen Verstand. Von seinen Werken haben die „Anleitungen für die Familie" sowohl in ihrem Gedankengehalt wie auch als literarisches Genre einen beträchtlichen Einfluß ausgeübt. Er lehnte die Manieriertheit der „Parallelsätze" seiner Zeit ab und schrieb einen klaren und sachlichen Stil, der in gewissem Sinne bahnbrechend für das Wiederaufleben der „alten Literatur" in der Tang-Zeit (vgl. Han Yü und Lju Dsung-yüen) war.

Yau Rung bestand sein Beamtenexamen 1219, diente als höherer Provinzbeamter, erwarb sich bei der Unterdrückung eines Bauernaufstandes „Verdienste“, beleidigte jedoch seinen Vorgesetzten und wurde verbannt. In seinem Stil lehnt er sich stark an Lju-Dsung-yüen (s. d.) an.

Yüen Hung-dau (1568–1610) stammte aus Gung-An (Provinz Hu-Nan), weshalb die von ihm und seinen beiden Brüdern begründete literarische Schule „Gung-An-Kreis“ genannt wird. Die „drei Yüen“ wandten sich gegen die anachronistische Parole der Literaten ihrer Zeit „Prosa muß wie Tschin- und Han-Prosa, Lyrik wie die Blüte der Tang-Lyrik sein“. Wie Li Dschih (s. d.) sah auch er in der volkstümlichen Novelle, im Roman und Drama die Alternative zu den herkömmlichen stereotypisierten literarischen Formen. In seiner Revolte gegen alles Konventionelle fand er im schnell skizzierten Essay, im Brief oder der kurzen Randbemerkung ein höchst individuelles Ausdrucksmittel.

Yüen Me (1716–1797) zog sich nach 11 Jahren Amtstätigkeit nach Nanking zurück, wo er für den Rest seines Lebens als vielbewunderter Autor und Nestor der Literatur inmitten einer großen Zahl von Schülern – darunter auch weibliche – wirkte. Er empfahl als Hauptgrundsatz künstlerischen Schaffens „Hsing-Ling“, was man mit „Wesen“ (natürliche Eigenart des Dichters) und „Inspiration“ übersetzen könnte. Im Gegensatz zu Wang Schih-dschens (s. d.) mystischer „spiritueller Schönheit“ trat er für eine diesseitsgerichtete emotionale Haltung des Dichters ein. Unter seinen zahlreichen Werken findet sich auch eine Sammlung von Erzählungen in 25 Kapiteln und von Notizen und Bemerkungen über literarische Fragen.

Anmerkungen

101 *Schang-Volk* – Die Schang- oder Yin-Dynastie fiel vor dem Ansturm des Dschou-Volks (Dschou-Dynastie, 1122?–249 v. u. Z.) unter Führung des Königs Wu.

Herzog Wang – Tai-Gung Wang; wörtlich: Vater (oder Großherzog) Hoffnung. Dieser Beiname wurde dem greisen und weisen Lü Schang verliehen – der Legende nach ein Fischer und Einsiedler, der später zum Herzog von Tschi erhoben wurde und unter den Dschou-Königen Wen und Wu eine wichtige Rolle als politischer und militärischer Berater spielte.

Herzog von Schau – Ein Sohn des Königs Wen von Dschou, der zusammen mit den Herzögen Dschou und Wang zur Machtspitze im neugegründeten Dschou-Reich zählte – den sogenannten „Drei Herzögen", einem Triumvirat höchster Würdenträger, das später zu einer ständigen Institution wurde.

Herzog von Dschou – Der jüngere Bruder des Königs Wu, der nach der Überlieferung die politischen Institutionen und das Ritual der Dschou-Dynastie eingeführt haben soll; der bedeutendste der „Drei Herzöge".

der Große König, König Dschi und König Wen – Der Urgroßvater, Großvater und Vater des Königs Wu und des Herzogs von Dschou.

vom Himmel verliehenes Mandat – Für die gesamte Feudalperiode Chinas galt die Auffassung, daß der Herrscher – der „Himmelssohn" –, vor allem aber der Gründer einer Dynastie seine Macht und Würde auf Grund seiner „Tugend" (virtus) durch ein Mandat (d. h. die in seinem Erfolg manifestierte Willensäußerung) des Himmels erhält.

102 *das Orakel mit drei Schildkröten* – Auf Schildkrötenpanzern wurden mit erhitzten Kupferstäben Sprünge erzeugt, aus welchen man den Willen der Ahnen oder

Geister zu erkunden vermeinte; eine für das Schang-Yin-Volk typische und vom Dschou-Volk übernommene Form der Wahrsagekunst.

104 *Lju Hsja-hue* – Ein Mann aus dem Staat Lu (in dem auch Kung Fu-Dse lebte), der in der chinesischen Literatur zum Symbol personifizierter Rechtschaffenheit wurde.

Tschang Dschü ... Dschje Ni – Über diese beiden Einsiedler ist nichts bekannt; ihre Namen sind auch offenbar nicht als richtige Familien- und Vornamen zu verstehen, sondern eher als „Personalangaben“: Tschang heißt der „Lange“, Dschje der „Kräftiggebaute“.

Dse Lu – Ein Schüler aus dem engeren Kreis des Kung Fu-Dse; er zeichnete sich durch an Tollkühnheit grenzenden Mut und pietätvolle Liebe zu seinen Eltern aus.

Lu – Staat in der Provinz Schan-Dung mit Tschü-Fu als Mittelpunkt, der auch Gebiete der heutigen Provinzen Dschjang-Su und An-Hue umfaßte; Ahnherr der Herzöge von Lu war der Herzog von Dschou.

106 *Dseng Hsi, Ran Yo, Gung-hsi Hua* – Schüler aus dem engeren Kreis des Kung Fu-Dse.

Staat mit tausend Streitwagen – Generelle Bezeichnung für einen „Großstaat“; Staat mit 500 Streitwagen = Staat mittlerer Größe; unter 500 Streitwagen = Kleinstaat.

107 *Li* – Chinesisches Längenmaß; 0,576 km.

Männerkappen – Mit der sogenannten Bekappungszeremonie erhielt der Jüngling im Alter von 20 Jahren den Status der Mannbarkeit; fortan zählte er zu den Erwachsenen.

Fluß I – Fluß im Kreis Tschü-Fu in der Provinz Schan-Dung; wegen des Zustroms warmer Quellen gestattet es die Temperatur dieses Flusses, verhältnismäßig früh im Jahr darin zu baden.

Regenaltar – Altar, an dem mit Tanz und Gesang Zeremonien abgehalten wurden, die für den Ackerbau günstige Regenfälle erwirken sollten.

108 *Gung Schu-pan* – oder Lu Ban – Ban aus dem Staat Lu genannt; er steht in der chinesischen Literatur als Symbol für den geschickten Tischler und Baumeister und galt auch als Schutzpatron der Zunft.

108 *Tschu* – Einer der sieben mächtigen Staaten der Periode der „Kämpfenden Staaten"; im Gebiet der heutigen Provinzen Hu-Nan und Hu-Be, später ostwärts und nordwärts bis nach Schan-Dung erweitert.
Sung – Staat im Gebiet der heutigen Provinz Ho-Nan. – Nach der Unterwerfung der Schang-Yin wurde ein Nachkomme des gestürzten Königshauses von König Wu von Dschou mit dem Gebiet von Sung belehnt.

115 *Dschin* – Staat, dessen Territorium sich von Schan-Hsi (südlicher Teil) ostwärts bis in den südlichen Teil der heutigen Provinz Ho-Nan erstreckte; 403 v. u. Z. spaltete sich Dschin offiziell in die drei Staaten Dschau, Han und We. – Der Herzog Hsjän von Dschin herrschte von 677 bis 652 v. u. Z.
Dschja – Kleines Fürstentum im Kreis Lin-Fen in der Provinz Schan-Hsi; nach einer anderen Meinung soll sich Dschja südwestlich des Kreises Pu-Tscheng in der heutigen Provinz Schen-Hsi befunden haben.
Rung – Ein nichtchinesisches Volk im Westen des damaligen chinesischen Kulturgebiets, das in mehrere Stämme oder Fürstentümer gegliedert war.
Tschung Er – wurde später als Herzog Wen (637–628 v. u. Z.) der mächtigste Fürst seiner Zeit.

116 *Schafgarbenorakel* – Ein Bündel von Halmen dieser Pflanze wurde verstreut und aus der Konfiguration der verstreuten Halme nach bestimmten Regeln die Antwort auf die Frage gedeutet.
Hsin-Tscheng – wörtlich: Neustadt; im Gebiet von Tschü-Wo, innerhalb des Territoriums von Dschin; östlich von Wen-Hsi in der Provinz Schan-Hsi.

117 *Im Sommer* – d.i. im 21. Jahr des Herzogs Hsi von Lu = 640 v. u. Z.
Zauberin – Hier ist eine Schamanin oder Magierin gemeint. Offenbar handelt es sich bei dieser geplanten Verbrennung einer schwächlichen, klapperdürren Person um eine Art Analogiezauber – als ob mit der „Dürren" die „Dürre" verbrannt werden sollte, um den Regen wieder hervorzulocken. Interessanterweise bricht hier der Autor mit älteren Vorstellungen und gibt ihnen eine Wendung ins

Rationale und Ethische: der Himmel belohnt die gute Tat – nämlich das Nicht-Verbrennen eines Menschen, den man nach herkömmlichen Vorstellungen verbrannt hätte – durch die teilweise Aufhebung einer vorgesehenen Bestrafung – keine schwere, sondern nur eine noch ertragbare Hungersnot.

118 *Dse Tschan* – Ein älterer Zeitgenosse des Kung Fu-Dse; als Kanzler von Dscheng verkündete er 543 v. u. Z. zum erstenmal in der Geschichte einen Gesetzeskodex, der als eine potentielle Bedrohung der aristokratischen Privilegien von Schu Hsjang (vgl. Anm. zu S. 129) scharf angegriffen wurde. Schu Hsjangs Hauptargument: Wenn das Volk Gesetze kennt, empfindet es keine Angst mehr vor den Edelleuten. – Über das Problem der „Strenge" in der Regierung vgl. auch die Stücke „Am Grab des Tigeropfers", S. 170, und „Der Schlangenfänger", S. 288.
Dscheng – Staat in der heutigen Provinz Ho-Nan, Kreis Hsin-Dscheng.

119 *Fluß Hung* – Fluß in der Provinz Ho-Nan.

121 *Herzog Ling von Dschin* – 620–607 v. u. Z.

125 *Tag I-Tschou* – d. i. der 17. des 9. Monats des Jahres 607 v. u. Z.

127 *„Dau-De-Dsching"* – Der Titel dieses Werks, das angeblich um 500 v. u. Z. von Lau Dse verfaßt worden sein soll, wurde bisher meist nach der englischen Transkription mit Tao-Te-King wiedergegeben. Unsere Umschrift ist der chinesischen Aussprache näher. – Lau Dse stellt das „Nichthandeln" (die „Tatenlosigkeit") als politisch-moralischen Ausweg dem „Tatendurst" der Feudalherren gegenüber, die in der Niedergangsperiode der Dschou-Dynastie in ihrem Drang nach Territorialgewinn das Volk nicht nur ökonomisch immer stärker ausbeuteten, sondern es auch in immer größeren Armeen auf den Schlachtfeldern hinopferten. Hingabe an das Dau, den aus sich selbst unerschöpflich wirkenden Urgrund der Natur, und Abkehr von allem „Überflüssigen" sollten nach Lau Dse die Welt wieder in ein urzeitlich anmutendes Stadium begehrloser „Unverdorbenheit" zurückführen. Philosophisch begründete Lau Dse seine Heilslehre mit der Betonung des

„Nichtseienden" gegenüber der Seinsmächtigkeit des Bösen seines Zeitalters. In anderen Worten: Abkehr vom Sein seiner Zeit sollte die Menschen „verlierend, verlernend" zu einem Einssein mit dem mystischen Dau bringen. Vgl. Wang An-schih, „Über Lau Dse", S. 351.

129 *Herzog Ping* – 558–533 v. u. Z.

Schu Hsjang – Gilt in der offiziellen Geschichtsschreibung als ein „tüchtiger und kluger" Minister des Staates Dschin. – Daß er Humor besaß, geht auch aus der nächsten Geschichte („Der Emporkömmling") hervor. In „Dsos Kommentar" (31. Jahr des Herzogs Hsjang von Lu) betont Schu Hsjang Wert und Bedeutung der Rhetorik.

133 *„Prinzipien der Strategie"* – Sun Wu war sicher nur einer der „Autoren" dieses Buches, in dem in der Periode der „Kämpfenden Staaten" die Erfahrungen mehrerer Strategen bzw. deren Aufzeichnungen zusammengefaßt und überarbeitet wurden. Tsau Tsau schrieb einen Kommentar zum „Buch Sun Dse". Nach der Auffassung einiger Gelehrter soll er im Prozeß der Kommentierung eine Reihe von Passagen oder sogar größere Teile des ursprünglichen Werks gestrichen haben. In den „Biographien der Strategen Sun Wu und Sun Bin" (vgl. S. 191) spricht Si-ma Tschjän von 13 Kapiteln des Werks von Sun Wu. Ob diese identisch mit dem erhalten gebliebenen „Buch Sun Dse" sind, läßt sich nicht feststellen. In dem gleichen biographischen Abschnitt spricht Si-ma Tschjän auch von einem Werk des Sun Bin über die Kriegskunst. Offenbar war man sich schon zur Zeit der Han-Dynastie nicht mehr einig, welchem der beiden Sun die noch vorhandenen Werke über die Kriegskunst zuzuschreiben seien.

136 *Wu* – Staat, der die heutige Provinz Dschjang-Su, den südlichen Teil von Schan-Dung und ein Stück von An-Hue umfaßte.

Yüe – Staat in der heutigen Provinz Dsche-Dschjang. – Die Staaten Wu und Yüe kämpften zu Beginn des 5. Jh. v. u. Z. mit wechselndem Glück um die Vormachtstellung im zerfallenden Dschou-Reich.

137 *Tschin* – Staat im Gebiet der heutigen Provinz Schen-Hsi.

138 *Hue Dse* – Ein Philosoph, von dem nicht viel mehr bekannt ist, als daß er Kanzler von Ljang (vgl. Anm. zu S. 143) gewesen sein soll und eine Lehre vertrat, die alle Gegensätze in einem nivellierenden Relativismus aufzulösen suchte.
Hau-Fluß – im Kreis Feng-Yang in der Provinz An-Hue.

140 *Bo-I* – Ältester Sohn des legendären Fürsten von Gu-Dschu, der sich weigerte, die Herrschaft zu übernehmen, später auch dem König Wu von Dschou als Usurpator nicht zu dienen bereit war und schließlich gemeinsam mit seinem Bruder als Einsiedler auf dem Schou-Yang-Berg verhungerte.
We-Lü – Nach einer alten Vorstellung Öffnung am Meeresgrund, durch welche das Meereswasser abfließen sollte.
vom Yin und vom Yang – Das Yin verkörpert das weibliche, passive, dunkle Prinzip, das Yang das männliche, aktive, helle Prinzip, aus deren Wechselwirkung nach alten Vorstellungen der Chinesen alles Sein und Geschehen zu erklären ist.

142 *die Fünf Kaiser* – Legendäre Herrscher der Urzeit; die letzten beiden – Yau und Schun – überließen den Thron ihrem fähigsten Untertanen. Die Theorie der freiwilligen Abdankung zugunsten des Fähigsten spielte in der Zeit der „Kämpfenden Staaten“ eine wichtige Rolle.
die drei Könige – Gemeint ist hier wahrscheinlich der erste Herrscher der Hsja-Dynastie (historisch nicht eindeutig belegbar), der Schang-Yin und der Dschou-Dynastie (König Wu).

143 *König Hue von Ljang* – 370–335 v. u. Z.; Ljang ist ein anderer Name für We, nachdem König Hue die Hauptstadt des Staates nach Da-Ljang (dem heutigen Kai-Feng) verlegt hatte.

145 *daß man Tiere dazu treibt, Menschen zu fressen* – Meng Dse will damit sagen, daß der König sich mehr um seine Tiere als um sein Volk kümmert, das er ohne Gewissensbisse verhungern läßt. Hiermit wird der König gleichsam zum Anführer der wilden Tiere, die die Leichen des von ihm zum Hungertod getriebenen Volkes auffressen.

148 *Tschi* – Staat im Gebiet der heutigen Provinzen Schan-Dung und Ho-Nan; eines der sieben mächtigen Reiche zur Zeit der „Kämpfenden Staaten".

150 *Su Tschin* – Ein Mann aus Lo-Yang; er versuchte König Hue von Tschin (337–311 v. u. Z.) für seine Pläne der Reichseinigung zu gewinnen, wurde von diesem abgewiesen, worauf er die übrigen Großstaaten der damaligen Zeit zu einem Bündnis gegen Tschin bewog; im Jahre 317 v. u. Z. auf Befehl eines hohen Würdenträgers von Tschi ermordet.

Tai-Gung – Vgl. Anm. *Herzog Wang* zu S. 101. Das hier erwähnte Werk „Yin-Fu" (Geheime Entsprechungen) ist in der uns überlieferten Form keineswegs ein Leitfaden der Strategie, sondern vielmehr ein abstruses dauistisches Traktätchen. Ein anderes Tai-Gung Wang zugeschriebenes Buch militärischer Art – „Sechs Pläne" (Lju Tau) – erwies sich als eine Fälschung späterer Zeiten.

151 *Dschau* – Staat im Gebiet der heutigen Provinzen Schan-Hsi (östlicher Teil), Ho-Be (südlicher Teil) und Ho-Nan (nördlich des Gelben Flusses); eines der sieben mächtigen Reiche zur Zeit der „Kämpfenden Staaten".

Nord-Süd-Bündnis ... Ost-West-Bündnis – Tschin, das im Westen lag, suchte den Widerstand der übrigen sechs Staaten durch Separatabkommen mit diesen bzw. Allianzen mit einer Gruppe von Staaten gegen andere zu überwinden. Dagegen gab es Anstrengungen, durch ein Bündnis aller übrigen sechs Staaten, deren Territorien, geographisch gesehen, annähernd ein breites Band in nord-südlicher Richtung bildeten, der wachsenden Macht des Tschin-Staates zu begegnen.

153 *König We* – König We von Tschi (378–343 v. u. Z.).

155 *Schang Yang* – Ein Abkömmling des Fürstenhauses von We, der den Herzog Hsjau von Tschin zu Reformen nach den Prinzipien der sogenannten legalistischen Schule (Anhänger der Staatsführung aufgrund strenger Gesetze) zu gewinnen suchte. Wurde im Jahre 338 v. u. Z. hingerichtet. Das ihm zugeschriebene und nach ihm benannte Traktat wurde wahrscheinlich nach seinem Tode von seinen Schülern zusammengestellt.

155 *Guan Dschung* – Kanzler des Herzogs Huan von Dschin (685–643 v. u. Z.), der diesem zur Vormachtstellung des Hegemoniarchen unter den Fürsten seiner Zeit verhalf. Das nach Guan Dschung benannte Werk „Guan Dse“, das politische, ökonomische und philosophische Fragen verschiedenster Art und nach durchaus nicht einheitlichen Gesichtspunkten behandelt, stammt sicherlich nicht von Guan Dschung, sondern es wurde erst viel später zusammengestellt.

Sun Bin – (etwa 380–320 v. u. Z.), berühmter Feldherr.

Wu Tschi – Berühmter Feldherr zur Zeit der „Kämpfenden Staaten“; er wurde Kanzler in Tschu, wo er unter der Regierung des Königs Dau Reformen durchführte, die auf den Widerstand der alten Adelsgeschlechter stießen. Nach dem Tode des Königs wurde Wu Tschi ermordet (381 v. u. Z.). Vgl. „Über die Güte des Feldherrn“, S. 161.

160 *Yau* – Einer der Fünf (legendären) Kaiser der Urzeit.

der Gelbe Kaiser – Huang-Di; der sagenhafte erste Kaiser Chinas, dem als einem der großen Kulturheroen des chinesischen Volks die Einführung der Schrift, des Kalenders und anderer kultureller Einrichtungen zugeschrieben wird.

Ying – Hauptstadt des Staates Tschu; in der Nähe von Dschjang-Ling in der Provinz Hu-Be.

Yän – Staat im Gebiet des heutigen Peking; der nördlichste der sieben „Kämpfenden Staaten“.

161 *We* – Staat im Gebiet der heutigen Provinzen Ho-Nan (nördlicher Teil) und Schan-Hsi (südwestlicher Teil); nach der Verlegung der Hauptstadt nach Da-Ljang wurde We auch Ljang genannt; einer der drei Staaten, die sich nach dem Zerfall des Staates Dschin (403 v. u. Z.) selbständig machten.

Dschung-Schan – Kleiner Staat im Gebiet der heutigen Provinz Ho-Be.

165 *Herzog Dsching* – 547–496 v. u. Z.

Yän Dse – Mit dem eigentlichen Namen Yän Ying, ein Zeitgenosse des Kung Fu-Dse; Minister und Ratgeber der drei Herzöge Ling, Dschuang und Dsching von Tschi.

168 *„Über die Große Gemeinsamkeit"* – Dieses Stück unterscheidet sich wesentlich von den die aristokratisch-hierarchischen Verhältnisse der frühen Dschou-Zeit bejahenden Lehren der Konfuzianer. Es enthält vielmehr eine strenge Kritik an diesen Verhältnissen und projiziert das politische Ideal in eine viel frühere urzeitliche Gesellschaftsformation. Damit nähert sich der hier entwickelte Standpunkt im wesentlichen der dauistischen Auffassung, wie wir sie im „Dau-De-Dsching" von Lau Dse (Kap. 18) finden: Verloren ging das Große Dau – / Güte und Rechtschaffenheit entstand. / Hervor trat die Klugheit – / die große Heuchelei entstand. / Zerrissen war die Sippe – / der Familiensinn entstand. / In Wirrnissen zerfiel der Staat – / der treue Minister entstand.

das Winteropfer Dscha – Dieses Opfer wurde im 12. Monat des Lunarkalenders für die „versammelten zehntausend Wesen" als eine Art Dankes- und Beschwichtigungsopfer dargebracht, in dem sie aufgefordert wurden, zu den ihnen entsprechenden Plätzen zurückzukehren und ihre Kräfte nicht in schädlicher Weise wirken zu lassen.

Yän Yän – Einer der Lieblingsschüler des Kung Fu-Dse; besser unter dem Namen Dse Yo bekannt.

das Große Dau – Ein unübersetzbarer und im Gebrauch der verschiedenen philosophischen Schulen Chinas auch sehr variabler Begriff, der von den Konfuzianern meist im Sinne von „rechter Weg" (des Regierens oder Handelns; also der Norm entsprechendes Verhalten) gebraucht wurde. In dieser Passage allerdings, die sich in ihrem Gedankengehalt wesentlich von anderen Texten des „Buchs der Riten" unterscheidet, hat das Wort „Dau" dauistische Begriffsinhalte angenommen: Urgrund, natürliches (von menschlichen Verzerrungen freies) Wirken der Kräfte der Natur und Gesellschaft.

die Drei Dynastien – die Hsja-, Schang-(Yin) und Dschou-Dynastie.

169 *Yü* – Legendärer Ahnherr der Hsja-Dynastie.

Tang – Gründer der Schang-Dynastie.

170 *„Am Grab des Tigeropfers"* – Lju Dsung-yüens „Schlangenfänger" (vgl. S. 288) greift den Grundgedanken dieses

Stücks aus dem „Buch der Riten“ auf und kleidet ihn in ein zeitgemäßes (Tang-Dynastie) Gewand. Vgl. dazu auch „Dsos Kommentar“, „Über Milde und Strenge der Regierung“, S. 118.

170 *Tai* – Berg in der Provinz Schan-Dung, auf dem in alten Zeiten von den Kaisern Himmelsopfer dargebracht wurden.

171 *„Frühling-und-Herbst-Annalen“* – Eine äußerst dürftige, stichwortartige Chronik der Ereignisse in den Feudalstaaten des Dschou-Reichs in dem Zeitraum von 722–481 v. u. Z., die von Kung Fu-Dse eigenhändig redigiert worden sein soll. In diese dürftigen Aufzeichnungen projizierten Dung Dschung-Schu und andere ihre Vorstellungen über das Wesen des zentralistischen Beamtenstaates mit seinen irdisch-kosmischen Relationen hinein. Durch die Verbindung der Chronik mit dem Namen des Kung Fu-Dse erhielt das von den Han-Ideologen entworfene Gedankengebäude die Autorität eines Diktums des Meisters. Zugleich gewann der Text der Chronik dadurch nahezu magisch-mystische Bedeutsamkeit.

die sechs Stimmpfeifen – Zur Zeit des legendären Urkaisers Huang-Di (Gelber Kaiser) soll ein gewisser Ling Lun Bambusrohre in verschiedener Länge zurechtgeschnitten haben, um die Normen für die Töne festzulegen. Diese bildeten die Grundlage für die zwölfstufige chromatische Tonskala.

die fünf Töne – die auf dem Grundton Gung (c) basierende pentatonische Gung-Tonleiter.

174 *Schun ... Yau* – Legendäre Herrscher der Urzeit.

175 *Ren Schau-tsching* – mit seinem eigentlichen Namen Ren An; er war ein Beamter im Gouverneursrang, der – unbegründet – wegen Mitschuld an einem angeblichen Komplott des Kronprinzen gegen dessen Vater, den Han-Kaiser Wu (140–87 v. u. Z.), angeklagt und zum Tode verurteilt wurde.

Bo Ya ... Dschung Dse-tschi – Bo Ya galt als ein Meister im Lautenspiel des chinesischen Altertums. Als sein Freund Dschung Dse-tschi, der jede Regung seines Herzens aus dem Klang seiner Melodien erfassen konnte, starb, riß

Bo Ya die Saiten von seiner Laute und entsagte für immer seiner Kunst.

175 *„Der Mann von Bildung..."* – In dem hier zitierten geflügelten Wort – das sich in leicht abgeänderter Form in der Biographie des tapferen Rächers Yü Rang (in den „Historischen Aufzeichnungen") findet – ist die Übersetzung „Mann von Bildung" eine Notlösung. Der Ausdruck „Schih" im Original umfaßt eine Vielfalt von Begriffen – wie Mann aus dem niederen Adel, Gelehrter, Beamter, fahrender Ritter usw. Im Munde Si-ma Tschjäns scheint dieses Wort jedoch eher auf einen Menschen seines Typs, der Bildung im Sinn von Gelehrsamkeit mit Herzensbildung vereinigt, bezogen zu sein. Ferner scheint mir die Übersetzung „die Frau schmückt sich für den Mann, dem sie gefällt" näher dem Sinn des Originals, als die übliche Deutung des chinesischen Schriftzeichens Rung mit „dulden" oder „sich hingeben" zuläßt. Ich fasse Rung im Sinne von „Hsju Rung" als „sich schmücken" oder „verschönern" auf.

176 *die Perle des Fürsten von Sue ... das berühmte Jadestück des Bjän Ho* – Stehende Zitate für seltene Kostbarkeiten. – Der Fürst von Sue sah einmal eine verletzte Schlange, die er heilte, worauf er des Nachts von ihr eine große Perle zum Dank erhielt. – Ho oder Bjän Ho aus Tschu fand einen Gesteinsbrocken, der einen kostbaren Jadekern barg. Der König Li von Tschu, dem er das steinumhüllte Jadestück darbot, betrachtete dies als eine Verhöhnung seiner Person und ließ Ho zur Strafe ein Bein abhacken. Ebenso erging es Ho unter dem nächsten Tschu-König Wu. Als er dann unter König Wen weinend am Dsching-Berg sein Leid klagte, ließ dieser schließlich den Stein aufbrechen und fand zu seiner Überraschung tatsächlich ein herrliches Stück Jade darin.

Hsü Yo – Ein Eremit, der dem legendären Kaiser Yau die Bitte abgeschlagen haben soll, an seiner Statt die Regierung des Reichs zu übernehmen.

Bo-I – Vgl. Anm. zu S. 140.

Yung – Stadt in der heutigen Provinz Schen-Hsi, westlich der Kreishauptstadt Feng-Hsjang.

183 *Li Guang-li* – Er war der ältere Bruder der früh verstorbenen Lieblingsfrau des Han-Kaisers Wu – Li Fu-Ren. Er unternahm erfolgreiche Feldzüge gegen Ferghana (Da-Yüen), wurde aber schließlich bei einem Angriff gegen die Hunnen geschlagen und zur Kapitulation gezwungen.

185 *Hsi Bo* – wörtlich: Fürst des Westens. Titel des postum „König Wen“ genannten Vaters des Königs Wu der Dschou-Dynastie.

187 *„Buch der Wandlungen“* – (I Dsching) Kanonisches Werk; eine Art Handbuch für Wahrsager, das aus 64 Hexagrammen (Gua; Kombinationen von sechs gebrochenen bzw. ungebrochenen Linien) und einer Reihe von Kommentaren besteht. Diese Hexagramme wiederum entstanden durch Mutationen der gleichfalls aus gebrochenen und ungebrochenen Linien zusammengesetzten Acht Dreilinienzeichen – Trigramme (Ba Gua); z. B. ☰ = Tschjän = Himmel, ☲ = Li = Feuer, ☴ = Sun = Wind.

Tschü Yüen – soll von 340–278 v. u. Z. gelebt haben; er stammte aus der Königssippe von Tschu und ist der erste namentlich bekannte Lyriker Chinas. Sein bedeutendstes Werk, die in ihren Grundzügen autobiographische und überaus phantasievolle Elegie „Li-Sau“ (Trennungsschmerz), stellt eine in ihrer Art einmalige Schöpfung in der chinesischen Literatur dar, die freilich in den nächsten 2000 Jahren viele Nachahmer fand.

Sun Dse – Vgl. Anm. zu S. 133.

„Buch der Lieder“ – Eine Sammlung von rund 300 wahrscheinlich aus dem ersten Drittel des 1. Jahrtausends v. u. Z. stammenden Gedichten, deren Redaktion später Kung Fu-Dse zugeschrieben wurde und die daher den Rang einer kanonischen Schrift erhielt.

191 *König Ho Lü von Wu* – regierte von 514 bis 496 v. u. Z.

193 *Wo und Dschüen* – Es sind die Kreise Yang-Gu und Dschüen-Tscheng im Osten der Provinz Schan-Dung.

Sun Bin – etwa 380–320 v. u. Z.

199 *Ma-Ling* – Stadt im Kreis Da-Ming der heutigen Provinz Ho-Nan.

201 *Herzog Dsching* – 547–490 v. u. Z.

203 *Tschi* – Es bedeutet ursprünglich „Atem", „Hauch", „Seele", wurde dann als Yin- und Yang-Tschi zum Symbol des weiblichen, passiven, kühlen, dunklen bzw. des männlichen, aktiven, warmen, hellen Prinzips alles Seienden in der Natur und im Menschen. In den philosophischen Schriften schwankt der Begriff Tschi zwischen „Ur- oder Grundbestandteil" des Stofflichen und magischen oder spirituellen Kräften. Ebenso kann Tschi auch Lebenskraft oder Pneuma bedeuten. Himmel vertritt das Yang-, das männliche Tschi, Erde das Yin-, das weibliche Tschi. Ebenso wie „Dau" ist auch „Tschi" einer jener chinesischen Begriffe, die in der historischen Entwicklung – im gesamtzeitlichen Kontext und im individuellen Vorstellungsbereich des Autors – solchen Schwankungen und Wandlungen unterworfen sind, daß eine Übersetzung nur in bestimmten eindeutigen Texten ratsam erscheint. Vgl. Wang Fu-dschih, „Über das Tschi", S. 612.

204 *Yüe* – Auch Nan-Yüe; es war ein selbständiger Staat im Gebiet der heutigen Provinzen Guang-Dung und Guang-Hsi, der 111 v. u. Z. vom Han-Kaiser Wu dem chinesischen Reich einverleibt wurde.

König von Huai-Nan – Hier ist Lju An, ein Enkel des Gründers der Han-Dynastie gemeint, der wie viele Prinzen der herrschenden Dynastie den Königstitel trug und ein bestimmtes Lehensgebiet (Huai-Nan – wörtlich: Südlich des Huai-Flusses) zugewiesen bekam. Lju An scharte tatsächlich um die Mitte des 2. Jh. v. u. Z. dauistische Gelehrte um sich, die gemeinsam mit ihm als Mäzen und wahrscheinlich auch als Mitautor eine Sammlung philosophischer Essays, das Buch „Huai-Nan Dse" (in 22 Kapiteln) herausgaben. Lju An hat sich aber nur mit diesem Werk Unsterblichkeit errungen – in eine Konspiration gegen den Kaiser verwickelt, beging er 122 v. u. Z. Selbstmord.

Dau – Ein unübersetzbarer vielschichtiger Begriff, Urgrund alles Seienden, Weg des Himmels, Regierungsmethode usw. (vgl. Anm. *das Große Dau* zu S. 168) – bedeutet hier soviel wie „geheimes Wissen", was natürlich Wissen um das „ordnende Prinzip" des Universums einschließt. Das enge Band, das das philosophische an das magische Denken knüpfte, findet zum Unterschied zu den theologischen Begriffen Europas in China seinen Ausdruck vor allem in den vielschichtigen und in ihrer Bedeutung äußerst wandelbaren Begriffen „Dau", „Tjän" (Himmel, Natur) und „Tschi" (Atem). Der „Wahre Mensch" (Dschen-Ren) ist nach Dschuang Dse ein Weiser, der die „coincidentia oppositorum" – das Zusammenfallen und die Auflösung aller Gegensätze – erkannt hat und mit dem „Dau eins geworden" ist.

207 *die philosophischen Abhandlungen des Königs von Huai-Nan* – Vgl. Anm. *König von Huai-Nan* zu S. 204.

209 *Yüen Schau* – (gest. 202), er metzelte die zu Ende der Han-Zeit allmächtigen Eunuchen am Hof nieder, wurde 190 Anführer einer Konföderation gegen den „Protektor" des Han-Kaisers General Dung Dscho und unterlag schließlich in den Kämpfen um die Vormachtstellung im Reiche dem besseren Strategen und Politiker Tsau Tsau.

Schen-Pe – Ein General Yüen Schaus, der aus einem schon zu Beginn der Han-Zeit geadelten Geschlecht stammte.

Mu – Chinesisches Flächenmaß; 1 Mu = 0,061 ha.

210 *„Über Literaten und Literatur"* – Dieser erste literaturkritische Essay Chinas ist der einzige uns erhaltene Abschnitt einer ursprünglich wahrscheinlich 20 Abschnitte umfassenden Abhandlung. Tsau Pi geht darin auch auf die Werke der „Sieben Meister der Dschjän-An-Periode" (196–220) ein, die er ihrem literarischen Wert nach zu bestimmen sucht. Diese und eine andere für die Entwicklung der Gedanken des Autors nicht unbedingt wichtige Passage (insgesamt etwa ein Drittel des Originals) wurden in der Übersetzung ausgelassen.

Ban Gu – (32–92), zusammen mit seinem Vater Verfasser der „Geschichte der Früheren Han-Dynastie", zugleich auch als Dichter bekannt.

Fu I – (gest. etwa 90), schrieb Gedichte und lyrische Essays; arbeitete zugleich mit Ban Gu an der Korrektur und Redaktion der Bücher in der Hofbibliothek.

Ban Tschau – Berühmter General der Han-Zeit, der erfolgreiche Vorstöße westlich der Reichsgrenze vornahm;

erhielt den Ehrentitel „Generalgouverneur der Westlichen Länder".

213 *„Zwiegespräch mit dem Totenschädel"* – Tsau Dschih gibt hier in freier Um- oder Neugestaltung eine Episode aus dem 18. Kapitel des „Buches Dschuang Dse" wieder, in der Dschuang Dse allerdings den Totenschädel als Kissen benutzt, worauf ihm der Geist des Abgeschiedenen im Traum erscheint und ihm erklärt, daß er nie wieder ins menschliche Leben zurückkehren möchte.

217 *Dschjang-Du* – das heutige Yang-Dschou in der Provinz Dschjang-Su; zur Zeit der Han-Dynastie Residenz eines Prinzen aus kaiserlichem Geblüt.

218 *Peng-Dsu* – Gilt als Methusalem der chinesischen Mythologie, der eine besondere Atemtechnik zur Verlängerung des Lebens und zu magischen Zwecken entwickelt haben soll. – Die Überlieferungen weichen in den verschiedenen Quellen beträchtlich voneinander ab.

Tschang-An – Hauptstadt der Han-, später der Tang-Dynastie; das heutige Hsi-An in der Provinz Schen-Hsi.

222 *Feuer der Dynastie* – hier in einem doppelten Sinn; die Han-Dynastie regierte nach der Vorstellung von der Aufeinanderfolge der Herrscherhäuser entsprechend der Abfolge der „Fünf Elemente" im Zeichen des Elements „Feuer". „Born des Unheils" deutet somit an, daß das „Element" Wasser das Elementarsymbol und demnach die Kraft der Dynastie zum Erlöschen bringen würde.

226 *I-Dschou* – die heutige Provinz Se-Tschuan.

236 *Schan Tau* – (205–283), unter Kaiser Wu (265–290) der Dschin-Dynastie Minister für Personalangelegenheiten; er zählte mit Hsi Kang, Ruen Dschi u. a. zu den „Sieben Weisen vom Bambushain".

Ying-Tschuan – in der heutigen Provinz Ho-Nan.

Ho-Dung – das Gebiet östlich (Dung) des (Huang-) Ho in der heutigen Provinz Schan-Hsi.

237 *Lju Hsja-hue* – Vgl. Anm. zu S. 104.

Dung Fang-schuo – (etwa 161–86 v. u. Z.), berühmter Literat der Han-Zeit, der es wagte, dem „lyrischen Essay" (Fu) der damaligen Zeit einen humoristischen Beigeschmack zu geben.

242 *Lje Dse* – Das „Buch Lje Dse“ wird dem Philosophen Lje Yü-kuo (etwa 450–375 v. u. Z.) zugeschrieben, ist aber wahrscheinlich viel späteren Datums. Es zählt zu den dauistischen Werken und ähnelt in mancher Hinsicht dem „Buch Dschuang Dse“. – In der Übersetzung wurden mehrere für die Darstellung des Gedankengangs nicht unbedingt wichtige und an klassischen Anspielungen überreiche Passagen ausgelassen.

243 *Wan* – in der heutigen Provinz Ho-Nan.

246 *Fu-Tschà* – (495–477 v. u. Z.), Sohn des Königs Ho Lü von Wu.

249 *„Das Schwerterpaar“* – In der Anfangspassage dieser Geschichte wurden ergänzend einige Sätze aus einer parallelen Darstellung in den „Annalen von Wu und Yüe“ des Dschau Ye der Han-Zeit eingefügt.

252 *Be-I-Tschun* – die Stadt befand sich ehemals im Südwesten des Kreises Ru-Nan in der Provinz Ho-Nan.

253 *Kaiser Yüen* – 48–33 v. u. Z.

Käsch – Kupfermünze, deren Wert gebietsweise und zeitlich schwankte.

256 *„Der Herr von den fünf Weiden“* – Tau Yüen-ming skizziert hier gleichsam ein psychologisches Selbstporträt.

257 *die Epoche Tai-Yüen des Kaiserhauses Dschin* – d. i. die Regierungsperiode von 376 bis 396 des Kaisers Hsjau-Wu.

Wu-Ling – Kreis Tschang-De der heutigen Provinz Hu-Nan.

260 *Nan-Yang* – in der heutigen Provinz Ho-Nan.

261 *Wang Dse-yo* – Sohn des berühmten Literaten und Kalligraphen Wang Hsi-dschih (303–379).

Schan-Ying – in der heutigen Provinz Dsche-Dschjang, Kreis Schau-Hsing.

Dso Si – Berühmter Lyriker; lebte im 4. Jh., seine genauen Lebensdaten sind nicht bekannt. Als sein „Lyrisches Essay von den drei Städten“ erschien, wurde „in Lo-Yang das Papier teuer“, da man sich darum riß, eine Abschrift dieses Meisterwerks zu erhalten.

Dai An-dau – (gest. 395), ein vielseitiger Künstler – Maler, Kalligraph, Musiker, Bildhauer –, der sich beharrlich weigerte, in den Dienst der Vornehmen und Mächtigen zu treten. Daher die gedankliche Verbindung von „Seligkeit des Eremiten“ mit diesem Künstler.

261 *„Die Pfirsiche vom Tjän-Tai-Gebirge“* – Die Geschichte von Lju und Yüen, die durch den Genuß von Zauber-Pfirsichen und ihre Verbindung mit Feen Unsterblichkeit erlangten, findet sich in einer Reihe von Fassungen, die nicht wesentlich voneinander abweichen. Die Familiennamen der beiden (Lju-Yüen) erlangten schließlich die Bedeutung eines klassischen Zitats, das Glück in der Liebe mit einem Beigeschmack des Geheimnisvoll-Feenhaften ausdrückt.

Tjän-Tai-Gebirge – im Osten der Provinz Dsche-Dschjang; ein sagenumwobenes und landschaftlich reizvolles Berggebiet, das auch einer buddhistischen Sekte – der Tjän-Tai-Dsung; japanisch: Tendai – seinen Namen gab.

265 *achtes Jahr der Regierungsepoche Tai-Yüen* – das Jahr 383.

266 *Kaiser Wu* – 140–87 v. u. Z.

Yän Dschu – (gest. 122 v. u. Z.), Dichter.

Si-ma Hsjang-ru – (179–117 v. u. Z.), bekanntester Dichter im Fu-Stil der Han-Zeit.

267 *Dschjang-Du* – das heutige Yang-Dschou in der Provinz Dschjang-Su.

Kaiser Wen – 179–157 v. u. Z.

Kaiser Dsching – 156–141 v. u. Z.

Kuai-Dschi – Gebiet im Norden der heutigen Provinz Dsche-Dschjang und Osten der Provinz Dschjang-Su.

268 *Fu-Yang ... Tung-Lu* – Städte am Fu-Tschun-Fluß (Oberlauf des Tschjän-Tang-Flusses) in der Provinz Dsche-Dschjang.

269 *„Die Yang-Dse-Schluchten“* – Li Dau-yüen füllte die trockenen Angaben des „Buchs der Gewässer“ (wahrscheinlich ein Werk des 3. Jh.), die sich allein auf Ursprung und Verlauf von 137 Flüssen beschränkten, mit einer Vielfalt von geographischem, historischem, folkloristischem und anderem Material über die von diesen – und 1252 Nebenflüssen, die er in den „Kommentar“ einbezog – durchströmten Gebiete. Die hier in Übersetzung wieder-

gegebene Landschaftsbeschreibung ist nur ein kleiner Ausschnitt aus dem zweiten der drei Kapitel, die dem Yang-Dse gewidmet sind.

269 *die Drei Stromschnellen* – Sie befinden sich am Oberlauf des Yang-Dse im Grenzgebiet der Provinzen Se-Tschuan und Hu-Be; die des Wu-Bergs ist die berühmteste.

Bai-Di – die heutige Kreisstadt Feng-Dschje in Se-Tschuan.

Dschjang-Ling – Stadt in Hu-Be.

271 *„Was der Literat zu beachten hat"* – In der Übersetzung wurden jene Passagen ausgelassen, die der Besprechung einzelner Dichterpersönlichkeiten gewidmet sind und ohne ausführliche Anmerkungen unverständlich wären.

die „Fünf Kanonischen Bücher" – Sie umfassen das „Buch der Wandlungen", das „Buch der Dokumente", das „Buch der Lieder", die „Frühling-und-Herbst-Annalen" und das „Buch der Riten". Die Zahl der kanonischen Schriften der Konfuzianer schwankte; mit der Zeit wurden es sieben und schließlich sogar dreizehn.

Hsün Dse – (298–238 v. u. Z.), gilt als einer der bedeutendsten Vertreter der konfuzianischen Schule; doch enthält das nach ihm benannte Buch viele Gedanken, die eher den Legalisten nahestehen.

Me Scheng (gest. um 140 v. u. Z.), berühmter Dichter der Han-Zeit.

Dschja I – (201–169 v. u. Z.), berühmt durch seine Eingaben an den Thron, seine historischen Aufsätze und Dichtungen im Fu-Stil.

274 *„Der Rohrpfeifenbläser"* – Passage aus der Beschreibung der Klöster von Lo-Yang. – Yang Hsjüen-dschih schrieb dieses Werk gleichsam als Erinnerung an die glanzvollen Zeiten der Stadt, nachdem er 547 auf einer Dienstreise Augenzeuge der Verwüstung Lo-Yangs geworden war. „Von den einstmals über tausend Tempeln innerhalb und außerhalb der Stadt hört man kaum noch Glockengeläut", vermerkt er in der Einleitung.

Tschen An – Feldherr; fiel als General der Dschin-Dynastie 317 im Kampf gegen den Hunnenfürsten Lju Yau. Tschen Ans Popularität ist außer seiner Tapferkeit offenbar auch seiner fürsorglichen und kameradschaftlichen Haltung gegenüber seinen Soldaten zuzuschreiben, wie aus einem uns überlieferten Volkslied hervorgeht.

274 *Hsjang Yü* – Er war der Hauptwidersacher des Begründers der Han-Dynastie Lju Bang im Kampf um den Thron. Er beging nach einer vernichtenden Niederlage 202 v. u. Z. Selbstmord. Sein berühmtes „Abschiedslied“ soll er vor seinem verzweifelten Durchbruchsversuch durch die ihn umzingelnden Truppen Lju Bangs aus dem Stegreif gedichtet haben.

Tsue Yän-bo – Er diente zuerst der Tschi, dann der Nördlichen (Toba-) We-Dynastie. Auch er war seiner fürsorglichen Haltung wegen bei seinen Soldaten und Offizieren beliebt.

die Regierungsepoche Dschen-Guang – 520–525.

Gau-Ping – heute Gu-Yüen in der Provinz Gan-Su. Im Jahr 524 (5. Jahr der Regierungsepoche Dschen-Duang) brach dort ein Aufstand aus, dessen Führung bald von Hu Tschen, einem Stammesführer des Teleg-Volks als „König von Gau-Ping“, übernommen wurde.

Mo-tschi Tschou-nu – wurde 525 mit anderen Generälen von Hu Tschen ausgeschickt, um sein Herrschaftsgebiet zu erweitern und Beute zu machen.

Dsching-Dschou – heute Dsching-Tschuan in Gan-Su.

Tschi-Dschou – südöstlich der heutigen Kreishauptstadt Feng-Hsjang in Schen-Hsi.

275 *Bo Ya* – Vgl. Anm. zu S. 175.

276 *Hsje Hue-ljän* – (385–433), der „große Hsje“ genannt, der erste bedeutende Vertreter der reinen Landschaftslyrik Chinas. Li Tai-bo scheint allerdings den „kleinen Hsje“ höher eingeschätzt zu haben als den „großen Hsje“.

Hsje Hue-yün – (397–433), der „kleine Hsje“ genannt; zum Unterschied von seinem nicht nur älteren, sondern als Dichter auch originelleren Bruder.

278 *Tschau-Dschou* – Stadt im Kreis Tschau-An in der Provinz Guang-Dung.

O-Tschi – der Han-Fluß im Nordosten der Kreishauptstadt Tschau-Dschou (Tschau-An), auch Krokodilfluß genannt.

278 *die Vier Meere* – Nach einer alten Vorstellung war das „Reich der Mitte“ von vier Meeren umgeben, die die „Grenzen der Welt“ darstellten.

Han-Fluß – entspringt in der Provinz Schan-Hsi, fließt durch Hu-Be und mündet in der Nähe von Hang-Kou in den Yang-Dse; nicht zu verwechseln mit dem oben erwähnten Han-Fluß (O-Tschi).

Wu-Ling – Wörtlich: Fünf Gebirgszüge; im Grenzgebiet der Provinzen Hu-Nan, Guang-Hsi, Guang-Dung und Dschjang-Hsi.

Yü – Legendärer Herrscher des Altertums, der durch gewaltige Flußregulierungen China vor einer Sintflut gerettet haben soll.

279 *Vogel Peng* – Ein legendärer Riesenvogel, der nach „Dschuang Dse“ (1. Kap.) „wer weiß wie viele tausend Li lang“ war und, wenn er aufflog, „mit seinen Schwingen wie Wolken den ganzen Himmel bedeckt“ haben soll.

283 *Tai-Hu* – ein großer See in der Provinz Dschjang-Su, in der Nähe von Su-Dschou und Wu-Hsi, westlich von Schanghai.

Nju Seng-ru – (779–847), auch als Literat bekannt, war neunzehn Jahre Kanzler.

Huang-fu Mi – Ein in bäuerlicher Armut lebender Gelehrter der Dschin-Dynastie, der von Kaiser Wu (265–290) mehrmals an den Hof berufen wurde, jedoch alle Ehren und Würden ausschlug und nur um Bücher bat, worauf ihn der Kaiser mit einem ganzen Wagen voll ausgesuchter Bücher beschenkte.

Hsi Kang liebte das Lautenspiel – (210–263), er verfaßte ein „Lyrisches Essay über die Laute“ und war zu seiner Zeit nicht nur als Dichter, sondern auch als Komponist und Lautenspieler berühmt.

288 *Yung-Dschou* – im Kreis Ling-Ling der heutigen Provinz Hu-Nan.

290 *„Eine harte Regierung ...“* – Das Zitat findet sich in der Geschichte „Am Grab des Tigeropfers“ (vgl. S. 170).

291 *drittes Jahr der Regierungsepoche Tjän-Schou* – das Jahr 692.

Tsching-Ho – in der heutigen Provinz Ho-Be.

291 *Heng-Dschou* – im heutigen Hu-Nan, Kreis Heng-Yang.
Tai-Yüen – in Schan-Hsi.

295 *die Regierungsepoche Da-Li* – 766–779.

296 *Li Ho* – (791–817), neben Li Tai-bo wahrscheinlich der bedeutendste romantische Lyriker der Tang-Zeit.
Du Mu – (803–852), auch der „kleine Du Fu" genannt, einer der großen Lyriker der Tang-Zeit.
Dsching-Dschau – Distrikt in der heutigen Provinz Schen-Hsi.

299 *„Der Statthalter des Gouvernements Süd-Ast"* – Die Orts- und Zeitangaben in dieser Geschichte wurden vom Autor offensichtlich nicht als historische Fakten betrachtet, sondern von ihm nur eingefügt, um seiner Darstellung den Anstrich einer wahren Begebenheit zu verleihen.
Dung-Ping – wahrscheinlich das heutige Huai-An in der Provinz Dschjang-Su.
Huai-Nan-Gebiet – wörtlich: Südlich des Huai-Flusses; Regierungsbezirk, der vom Huai-Fluß bis zum Yang-Dse reichte.
Guang-Ling – das heutige Yang-Dschou. – In der Sung-Zeit soll es dort ein „Grabmal des Gouverneurs vom Süd-Ast" gegeben haben – eine örtliche Sehenswürdigkeit, deren Ursprung zweifellos auf Li Gung-dsos Geschichte zurückzuführen ist.
siebentes Jahr der Regierungsepoche Dschen-Yüen – das Jahr 791.

312 *Ding und Tschou* – nach dem sexagesimalen Jahreszyklus das Jahr 797.

324 *Ljo-Ho* – in Dschjang-Su, nördlich von Nanking.

325 *achtzehntes Jahr der Regierungsepoche Dschen-Yüen* – das Jahr 802. Offensichtlich ein Fehler – beabsichtigt oder unbeabsichtigt? – in der Zeitangabe; denn Tschun-yü Fen starb ja im Jahre Ding-Tschou der gleichen Regierungsepoche Dschen-Yüen – also im Jahr 797 – d. h. sechs Jahre vor seinem angeblichen Zusammentreffen mit dem Autor.

327 *Tschu* – Im Gebiet des Staates Tschu aus der Zeit der „Kämpfenden Staaten" – den heutigen Provinzen Hu-Be

und Hu-Nan – erhielten sich, wie in der chinesischen Literatur oft betont wird, schamanistische Bräuche länger als in anderen Gebieten Chinas.

334 *Huang-Gang* – in der Provinz Hu-Be.

335 *erstes Jahr der Regierungsepoche Dschih-Dau* – das Jahr 995.

Tschu-Dschou – in der Provinz An-Hue.

Tschi-An – in der Provinz Hu-Be, unweit von Huang-Gang.

336 *viertes Jahr der Regierungsepoche Tsching-Li* – das Jahr 1044.

Ba-Ling – Kreis Yüe-Yang in der Provinz Hu-Nan.

Dung-Ting-See – ein großer See im Norden der Provinz Hu-Nan.

341 *Tschu* – Kreis Tschu in der Provinz An-Hue.

343 *Lu-Ling* – Kreis Dschi-An in der Provinz Dschjang-Hsi.

Knebelklotz – Ein Holzstäbchen, das die Soldaten bei Nachtmärschen im Munde halten mußten, um nicht durch ihre Stimmen dem Feind ihre Marschroute verraten zu können.

344 *So ist der Herbst die Jahreszeit des Richters* – Nach alten chinesischen Vorstellungen bestehen Interrelationen zwischen den Jahreszeiten, den Farben, den Tönen, rituellen und politischen Einrichtungen usw. So fanden Hinrichtungen – offensichtlich im Zusammenhang mit dem „allgemeinen Sterben" der Natur – im Herbst statt.

Schang ... I – Auch die normativen Töne der Stimmpfeifen wurden in das System der Interrelationen von Jahreszeiten, Himmelsrichtungen usw. gebracht.

347 *„Erläuterungen zur graphischen Darstellung des Ur-Endlichen"* – Dieser kurze Text faßt in rationalisierter Form uralte kosmogonische Vorstellungen zusammen und legt zugleich den Grundstein für das Gedankengebäude der Neokonfuzianer, deren bekanntester Vertreter der letzte in einer Reihe von sechs berühmten Philosophen der Sung-Zeit Dschu Hsi ist. Dschu Hsi systematisierte das Werk seiner fünf Vorgänger (zu diesen zählt auch Tscheng I, vgl. „Über die Entfaltung der Persönlichkeit", S. 359), wobei unter der Parole einer Wiederherstellung der „ursprüng-

lichen Lehre“ des Kung Fu-Dse dauistisches und zenbuddhistisches Gedankengut zur Stützung einer universalen Ordnung der Natur und Gesellschaft nach den ethischen Grundsätzen eines für alle Ewigkeit gültigen „richtigen“ Konfuzianismus verwertet wurde. Als „orthodoxe“ Grundlage ihres Systems gebrauchten diese Philosophen das dunkle und in verschiedenster Weise deutbare „Buch der Wandlungen“, das nach der Tradition Kung Fu-Dse selbst als „kanonische“ Schrift betrachtete.

347 *das Ur-Endliche* – Im Original Tai-Dschi; verschiedentlich übersetzt als „suprême ultimate“ (J. P. Bruce), „great extreme“ und „great terminus“ (J. Legge) „Supreme Pole“, (J. Needham) usw.; zugleich als „Ur-Stoff“ und „Ur-Geist“ gedacht, als der noch undifferenzierte Urgrund, in dem sowohl die formativen Kräfte wie auch die zu formende Materie enthalten sind. Da es sich hier offenbar um die äußerste Extension all dessen handelt, was potentiell in Erscheinung treten könnte, scheint mir die Wiedergabe dieses Terminus technicus mit „Ur-Endlichem“ zumindest weniger irreführend.

Yang – das männliche, helle, aktive usw. Prinzip, dessen höchste Manifestation der Himmel bzw. die Sonne ist.

Yin – das weibliche, dunkle, passive usw. Prinzip, dessen höchste Manifestation die Erde bzw. der Mond ist.

Wasser, Feuer, Holz, Metall und Erde – Hier keineswegs im wörtlichen Sinn aufzufassen; diese Fünf Elemente oder Wirkkräfte haben vielmehr funktionale Eigenschaften, d. h., sie zeigen Übergänge an, wie etwa vom Flüssigen ins Brennende, wobei das Wässerige verdampft. Andererseits sind in ihnen als Emanationen oder Transformationen des Ur-Endlichen – in dem ja der Ur-Geist zugleich mit dem Ur-Stoff enthalten ist – sowohl ethische (gesellschaftliche) wie auch materiell-natürliche (z. B. der Ablauf der Jahreszeiten) Werte und Funktionen einbegriffen. So wird in der traditionellen Auffassung z. B. Holz mit Frühling und Menschlichkeit als „funktionale“ Wesenheit gleichgesetzt. Zweifellos haben Überreste aus dem magischen Denken des Animismus diese Interrelationen geformt. Denn nur in einer „beseelten“ Welt vermag die psychische Anstrengung des Schamanen „funktional“ als „Wirkkraft“ empfunden zu werden.

349 *die Fünf Wesenskräfte* – Offenbar handelt es sich hier um die Interrelation der „Fünf Eingeweide“ (Leber, Herz, Milz, Lunge und Niere) mit den Fünf Wirkkräften (oder Elementen) bzw. ethischen Kategorien (Güte, Rechtschaffenheit usw.), die als „funktional“ identifizierbar oder austauschbar gedacht werden. – Der „in Stille“ wirkende Weise, der mit seinen Tugenden (virtus, mana) das Ideal- und Höchstmaß aller menschlichen Anstrengungen darstellt und festlegt, löst sich – als höchste Manifestation des Ur-Endlichen – folgerichtig in übermenschlichen Sphären (Himmel, Erde, Sonne, Mond, Geister) auf, die aber andererseits wieder im höchsten Maß vermenschlicht, vergesellschaftlicht und ethisiert werden. Dieses Gesamtbild der grundsätzlichen Identität des Ur-Endlichen mit dem Einzelnen, der Gattungen mit dem Undifferenzierten und der nahezu magischen Bedeutung des „rechten Maßes“, der Güte und der Rechtschaffenheit (repräsentiert in höchster Potenz im Weisen) als Voraussetzung für den „normalen“ Ablauf aller Interrelationen (vornehmlich der gesellschaftlichen Verhältnisse und der Jahreszeiten) bietet sowohl ein überschaubares kosmisches Panorama wie auch eine praktische Grundlage für eine flexiblere und dennoch „orthodoxe“ Orientierung in gesellschaftlichen und persönlichen Fragen auf einer bestimmten Entwicklungsstufe des zentralistischen Beamtenstaats. – Vgl. Dung Dschung-schu, „Über den Himmelssohn und die Große Norm“, S. 171. (Die in Anführungszeichen gesetzten Sätze sind Zitate aus dem „Buch der Wandlungen“.)

351 *„Belehrung ohne Worte“* – In der Auffassung des Begriffs vom Weisen sind bei Lau Dse noch deutlich Wesenszüge des Magiers oder Schamanen seiner Zeit zu erkennen, der in Zurückgezogenheit, in stiller Meditation übersinnliche Kräfte in sein Mana aufnimmt und wirksam macht. So heißt es im Kap. 45 des „Dau-De-Dsching“: „Bewegung überwindet Kälte. Stille überwindet Hitze. Reine Stille gibt der Welt das rechte Maß zurück.“ Und im Kap. 2: „Darum tut der Weise ohne Taten, bringt Belehrung ohne Worte.“

– Wang An-schih versucht nicht Lau Dse durch eine generelle Negierung des Dau zu widerlegen, da das Dau als Urgrund, als „Weg“ – im Sinn von Methode (der „wahrhaft königlichen Regierung“) usw. auch im Konfuzianismus ein nicht wegzudenkender Begriff war. Er versucht vielmehr durch eine Spaltung des Dau in zwei Sphären der Aktivität – der natürlichen und der menschlich-sozialen – eine relative „Tatenlosigkeit“ (also friedliche Zeiten, stabile soziale Verhältnisse) auf eine sinnvolle Anwendung der „vier Künste“ – Riten, Musik, Strafen (Rechtsnormen und militärische Staatsmacht) und Verwaltung (ziviler Staatsapparat) – zurückzuführen.

353 *Bau-Tschan-Berg* – in der Provinz Dschjang-Su, südöstlich von Nanking.

Hua – Die beiden hier erwähnten Zeichen für Blume und Blüte sind als graphisches Bild völlig verschieden, werden jedoch beide so völlig gleichlautend ausgesprochen, daß sie ihrem Lautwert nach nicht voneinander zu unterscheiden sind. In der älteren Literatur Chinas findet man häufig Verwechslung oder Ersetzung eines semantisch anderswertigen Wortes durch ein phonetisch gleichlautendes Zeichen.

355 *erstes Jahr der Regierungsepoche Dschih-Ho* – das Jahr 1054.

358 *Li Tscheng* – (909–967), einer der bedeutendsten Maler der Periode der Fünf Dynastien und frühen Sung-Zeit.

359 *„Lieder“* – Hier ist das „Buch der Lieder“ gemeint; ebenso ist unter „Riten“ das „Buch der Riten“ und unter „Musik“ das „Buch der Musik“ zu verstehen. Allerdings muß man dabei im Auge behalten, daß sich Tscheng I diese später zum Status kanonischer Schriften erhobenen Aufzeichnungen zugleich als einstmals im Leben des Volkes wirkende ethische Normen vorstellt, die nunmehr überlagert sind und nur noch unter großen Anstrengungen wieder wirksam gemacht werden können.

362 *„Notiz von einem Nachtspaziergang im Tscheng-Tjän-Tempel“* – In dieser tagebuchartigen Aufzeichnung aus seinem Verbannungsort Huang-Dschou verleiht Su Dung-po der erzwungenen Muße einen poetischen Reiz,

der an die Lyrik Tau Yüen-mings gemahnt. Vgl. „Der Herr von den fünf Weiden", S. 256.

362 *sechstes Jahr der Regierungsepoche Yüen-Feng* – das Jahr 1083.

im Dschja-Yo-Kloster in Hue-Dschou – in der Provinz Guang-Dung, Kreis Hue-Yang; Su Dung-po wurde 1094 dorthin verbannt.

363 *fünftes Jahr der Regierungsepoche Yüen-Feng* – das Jahr 1082.

Purpurkliff – Es gibt zwei verschiedene „Purpurkliffe" – im Kreis Dschja-Yü der Provinz Hu-Nan, wo die Truppen Tsau Tsaus von den vereinigten Armeen Sun Tschüens (Staat Wu) und Lju Bes (Schu-Han) 208 geschlagen wurden; und im Kreis Huang-Gang, wo sich Su Dung-po aufhielt, als er diesen „lyrischen Essay" schrieb. Su Dung-po lag wahrscheinlich nur daran, den mit historischen Assoziationen saturierten Namen „Purpurkliff" als Ausgangspunkt und Anlaß für die Entwicklung seiner Gedanken zu nehmen; ob es das „richtige" oder „falsche" Purpurkliff war, mochte ihm gleichgültig sein.

366 *Hsja-Kou* – westlich von Wu-Tschang in der Provinz Hu-Be.

Dschou Lang – eigentlich Dschou Yü – Feldherr des Sun Tschüen von Wu.

Dsching-Dschou – im Kreis Wu-Ling der Provinz Hu-Nan.

Dschjang-Ling – Kreis Dschjang-Ling in Hu-Be.

368 *Kaiser Hsi-Dsung* – 874–888.

369 *Lju Wu-schuang* – Die Geschichte von Lju Wu-schuangs Befreiung aus dem kaiserlichen Harem, wohin sie in wirren Zeiten geraten war, zählt zu den Romanzen der Tang-Zeit.

370 *Ho-Dschung* – Kreis Yung-Dschi in der Provinz Schan-Hsi.

375 *Huang Tschau* – (gest. 884), er eroberte als Führer aufständischer Bauern 880 die Hauptstadt Tschang-An und errichtete dort eine Regierung, die sich zwei Jahre gegen die kaiserlichen Armeen und Streitkräfte der Scha-To (eines Turk-Stamms) hielt.

377 *Tripitaka* – wörtlich: Drei Körbe; der indische Name für die Sammlung heiliger Schriften, Traktate und Kommentare der Buddhisten; auf chinesisch San-Dsang. Hier der Ehrenname des chinesischen Mönchs Hsüan-Dschuang der Tang-Zeit, dessen alle „Drei Körbe" umfassende Gelehrsamkeit damit ausgedrückt werden soll. Hsüen-Dschuang ist eine historische Persönlichkeit. Auch seine Reise nach Indien fand wirklich statt (von 627 bis 644). Die hier auszugsweise wiedergegebene Erzählung benutzt dieses historische Ereignis als Kristallisationspunkt, um den sich alte chinesische und indische Sagenmotive zu einer Novelle verwoben, die später als Grundlage für den bekannten Roman Hsi Yo Dschi („Pilgerfahrt nach dem Westen") des Wu Tscheng-en (etwa 1510–1580) diente.

Bakkalaureus – ein Gelehrtentitel – Hsju-Tsai; wörtlich: vollendetes Talent. Die Gestalt dieses Bakkalaureus bzw. „Affenpriesters" wurde später zum Sun Wu-kung des Romans „Pilgerfahrt nach dem Westen"; ursprünglich handelte es sich dabei wohl um eine chinesische Version des Affen Hanuman aus dem indischen Epos Rāmāyana.

379 *Siedewasserfluß* – Die chinesische Ortsbezeichnung Tang-Schue (in der Provinz Dschjang-Su, südwestlich von Nanking) ist hier zu einem abenteuerlichen Fluß oder Gewässer geworden, das durch den Klang eines bekannten Namens den Leser oder Zuhörer in jenen von dem englischen Dichter Samuel Taylor Coleridge beschriebenen Zustand des „bereitwilligen Aufhebens des Unglaubens" (willing suspension of disbelief) hinüberführen hilft, der die Aufnahmebereitschaft für das Phantastische und Irreale in der Poesie erleichtert.

380 *Lohan* – Die chinesische Bezeichnung für den indischen Begriff Arhat–Mönche, die auf dem Weg zur Erleuchtung die Leidenschaften überwunden haben und dem Nirwana zustreben.

390 *die Königliche Mutter des Westens* – Eine mythische Gestalt, die sich von einem tierähnlichen Ungeheuer allmählich in ein feenartiges Wesen verwandelt zu haben

scheint. Es ist nicht ausgeschlossen, daß es sich hier ursprünglich um eine Totemgestalt westlicher Stämme handelte. (Hinsichtlich der Pfirsiche vgl. „Die Pfirsiche vom Tjän-Tai-Gebirge“, S. 261.) Eine Verbindung zwischen Elixieren der Unsterblichkeit und der „Königlichen Mutter des Westens“ findet sich auch in anderen Legenden.

395 *Mahāyāna* – das „Große Gefährt“; eine Glaubensrichtung im Buddhismus, in der die Erlösung vom Leiden des menschlichen Daseins mit Hilfe göttlicher Mittlergestalten, der sogenannten Bodhissatvas, und nicht nur aus eigener Kraft wie im Hīnayāna – dem „Kleinen Gefährt“ – angestrebt wird.

399 *Tschjän Tang* – in der Provinz Dsche-Dschjang, Kreis Hang-Dschou.

Königshaus von Wu-Yüe – Herrscher eines Teilreichs während der Zeit der „Fünf Dynastien und Zehn Staaten“ (907–960). Die Könige von Wu-Yüe herrschten über das Gebiet der heutigen Provinzen Dsche-Dschjang und Fu-Dschjän sowie den südwestlichen Teil von Dschjang-Su.

Tschu – Der Enkel des Gründers des Könighauses von Wu-Yüe ergab sich 978 kampflos dem Sung-Kaiser Tai-Dsung.

400 *die Regierungsepoche Yüen-Feng* – 1080–1085.

das Erdelement – In der traditionellen chinesischen Medizin werden die Krankheiten mit „Elementen“ (oder Elementarkräften) in Verbindung gebracht, durch deren Überwindung im Sinne der sich gegenseitig aufhebenden Elementarkräfte die Heilung angestrebt wird.

401 *Kaiser Dsche-Dsung* – 1086–1100.

403 *Ben-Tsau* – Ein großes pharmakologisches Sammelwerk, das wahrscheinlich in der Han-Zeit entstand und danach fortlaufend ergänzt und erweitert wurde.

404 *die Sechs Kosmischen Ströme* – Nach dauistischen Vorstellungen die Emanationen der Morgenwolken, der Mittagssonne, der sinkenden Sonne, der Mitternachtsnebel, des Himmels und der Erde. Daneben gibt es noch andere Erklärungen, die diese sechs Ströme mit den Jahreszeiten usw. in Verbindung bringen.

404 *die Wandlung der Fünf Elemente* – Die Fünf Elemente oder Wirkkräfte – Erde, Metall, Wasser, Holz, Feuer – sind eigentlich als Elementarkräfte aufzufassen, die einander überwinden und regenerieren. So „gebiert" nach einer Auffassung Erde Metall, Metall wiederum Wasser usw. Andererseits „überwindet" z. B. Erde das Feuerelement, und dieses wiederum überwindet das Holzelement. Die „normalen" Ablösungen und Regenerationen dieser Elementarkräfte in der Natur und also auch im Menschen sichern Gedeihen und Gesundheit.

Dung-Ping – in der Provinz Schan-Dung; zur Han-Zeit ein Lehensgebiet der Prinzen aus dem Kaiserhaus, die den Königstitel trugen.

405 *Fa I* – 1084–1158.

Dsung Gau – 1089–1163?.

406 *„Wer sein Herz ..."* – Das Zitat stammt aus dem „Buch Meng Dse", Kap. 7, Abschnitt 1. Mit „Herz" meint Dschu Hsi den Geist oder Verstand, der, wie aus dem Text ersichtlich, mit dem „Wesen" (der Natur des Menschen und auch der Dinge) und zugleich dem „Ordnenden Prinzip" im Grunde genommen identifiziert wird. Das „Ergründen" der „Sachen" und „Dinge" zielt demnach nicht so sehr auf die Erkenntnis des Besonderen oder der Gattung, sondern bezweckt ein intuitives Verstehen des „Ordnenden Prinzips" darin, was das zu erkennende Objekt ja wieder in das erkennende Subjekt zurückversetzt. Der praktische Wert dieser Methode eines Erkenntnisvorgangs liegt also eigentlich nur in einer an buddhistische oder dauistische Ideen gemahnenden Beseitigung der „Selbstsucht", die den Blick verdunkelt. Dschu Hsi hat an anderen Stellen den „Sachen" und „Dingen" eine größere Selbständigkeit eingeräumt, wodurch es um so schwerer wird, ihn als idealistischen Monisten einzuordnen oder ihm doch eine dualistische Haltung zu konzedieren. Zweifellos läßt sich sein organisches Konzept der Natur und Gesellschaft nicht so einfach in irgendwelche vorgefertigten Begriffsbestimmungen pressen.

407 *„Philosophische Notizen"* – In den Schriften Lu Dschjuyüens vermischen sich die Begriffe „Dau" (Urgrund, Ur-

prinzip), „Li“ (ordnendes Prinzip des Himmels) und „Hsin“ (Herz, Geist) bis zur völligen Identität, was freilich eine „natürliche“ Konsequenz seiner solipsistischen Betrachtungsweise ist. Unter dem Einfluß des Buddhismus setzte er Wissen der „Täuschung“ (Māyā) oder dem „Übel“ gleich. Er unterschied also zwischen einem „wahren Wissen“ (Dau, Li) und einem „Schein“-Wissen, das, wie es schon im „Dau-De-Dsching“ (Kap. 48) heißt, „wer dem Dau ergeben, täglich verliert“. Daß Lu Dschju-yüen trotz seines strengen subjektiven Idealismus politisch-soziale und ethische Probleme durchaus „real“ einzuschätzen vermochte, beweist nicht nur seine militante Haltung gegenüber den Dschurdschen, sondern auch seine sich an Meng Dse anlehnende Ansicht – über die Funktion des Herrschers in der vierten der hier übersetzten Passagen.

407 *Yü-Dschou* – „Universum“; schließt als zusammengesetzter Begriff die „Dimension“ Zeit in die „Strukturelemente“ des Raums ein. Die Anschaulichkeit dieses raumzeitlichen Gebildes festigt gleichsam die Vorstellung von einem „Ordnenden Prinzip“ und der Einordnung alles Seienden, also auch des menschlichen Individuums in ein organisches Ganzes. Lu Dschju-yüen identifiziert das „Herz“ (den Geist) folglich nicht nur mit vorstellbaren räumlichen, sondern zugleich auch mit zeitlichen Dimensionen und verleiht damit – nicht zuletzt im Sinne des zentralistischen Beamtenstaats – dem „Dau“, dem „Li“ – mit einem Wort: der bestehenden Ordnung des Universums – Unverrückbarkeit und zugleich Ewigkeit.

409 *Hsü-Tschang* – in der heutigen Provinz Ho-Nan.

410 *Hsi Kang behagte der Metallguß* – In der Biographie Hsi Kangs in der „Geschichte der Dschin-Dynastie“ und in Lju I-tschins „Sammlung neuer Anekdoten“ wird die besondere Vorliebe dieses Dichters für den Eisenguß und das Schmiedehandwerk erwähnt.

Ruen Dschi – (210–263), neben Hsi Kang der bedeutendste Dichter seiner Zeit; in der Atmosphäre despotischer Unterdrückung und allgemeinen Mißtrauens, die das Ende der We-Dynastie und die Usurpation des Throns durch die

Sippe Si-ma (Dschin-Dynastie 265–420) begleitete, suchte Ruen Dschi Zuflucht im Wein und stellte seine „Trunkenheit“ der scheinheiligen Orthodoxie des Ritualsystems entgegen.

412 *„Der edle Mann handelt ...“* – In diesem Zitat aus dem Kapitel Dschung-Yung (Lehre vom Maß – wörtlich: Mitte – und der Beständigkeit) des „Buchs der Riten“, das in der Sung-Zeit zu einer der vier wichtigsten Schriften der Konfuzianer erklärt wurde, fehlt – zweifellos mit Absicht! – der Satz „... ist er unter Barbaren geraten, so handelt er, wie es der Lage unter den Barbaren angemessen ist“. Dschau Bing-wen war nämlich „unter Barbaren geraten“: er lebte, wirkte und bekleidete hohe Ämter unter der Dschin-(Dschurdschen-)Dynastie. Trotz aller Rechtschaffenheit seines Wesens, seiner Tüchtigkeit als Beamter und seines Ansehens war es für ihn sicher sowohl aus subjektiven wie auch objektiven Gründen angemessen, den Satz über die „Barbaren“ in dem Zitat zu „verdrängen“.

413 *Dschau aus Fu-Yang* – Dschau Bing-wen stammte aus Fu-Yang in der heutigen Provinz Ho-Be, Kreis Tze. Die Erwähnung des eigenen Namens zum Schluß einer Inschrift oder Gedenkschrift in einer scheinbar beiläufigen Form findet sich häufig. Vgl. „Der Pavillon des Trunkenen Alten“, S. 341.

414 *„Der Pavillon ‚dieses Edlen‘“* – In einer erweiterten Form findet sich die hier übersetzte Geschichte auch im Hsi-Hu Er Dschi (Zweite Sammlung von Erzählungen über den Westsee) von Dschou Tsching-yüen.

Wang Dse-yo – Vgl. Anm. zu S. 261.

417 *Feng-Tschi-Berg* – In Se-Tschuan ist kein Berg dieses Namens bekannt; zur Han-Zeit und bis ins 6. Jh. gab es eine gleichnamige Präfektur in Annam.

419 *Dsche-Fluß* – Ein anderer Name für den Tschjän-Tang-Fluß, der unweit der Stadt Hang-Dschou (Lin-An der Südlichen Sung-Dynastie) ins Meer mündet. Der Dsche-Dschjang (Dschjang = Fluß) gibt der Provinz den Namen.

Yang Wan-li – (1127–1206), gilt als einer der „vier Großen“ (unter ihnen auch Lu Yo) Dichter der Südlichen

Sung-Zeit; bekannt durch seine Landschafts- und Stimmungsgedichte.

423 *die Sieben Kanonischen Schriften* – Gemeint sind hier das „Buch der Wandlungen", das „Buch der Dokumente", das „Buch der Lieder", das „Buch der Riten", die „Frühling-und-Herbst-Annalen", die „Institutionen der Dschou" (Dschou-Li) und die „Zeremonien" (I-Li).

424 *die Regierungsepoche Tai-Ding* – 1324–1327.
Yesun Timur – auch Kaiser Tai-Ding genannt, regierte von 1324 bis 1327.

426 *Wang Yän-dschang* – ein General aus der Zeit der „Fünf Dynastien".

427 *Wang-Wu-Berg* – ein Gipfel des Tai-Hang-Gebirges in der Provinz Schan-Hsi.

429 *I Yin* – Ratgeber und Kanzler des Gründers der Schang-Dynastie Tang.
Gau Tau – der Schöpfer des Rechtssystems unter dem legendären Herrscher der Urzeit Schun.

438 *„Wissen und Handeln"* – Die hier wiedergegebenen Texte sind Passagen aus „Gesprächsaufzeichnungen" der Schüler Wang Schou-rens. Wang Schou-rens These von der „Einheit von Wissen und Handeln" gründet sich auf die Vorstellung, daß das eigentliche Wissen – in seinem Sinn – „gutes" oder „intuitives Wissen" (vielleicht eher „Gewissen") ist und als solches dem „Himmlischen Prinzip" (dem „Ordnenden Prinzip des Himmels" – Tjän Li) entspricht. Demnach ist jede Handlung, die nicht von „Begierden" verdunkelt wird, nur eine Auswirkung des „Himmlischen Prinzips" und als solche mit dem „guten Wissen" identisch. Der Sinn des „Lernens" besteht folglich – ganz wie bei den Buddhisten – in der „Rektifizierung des Herzens", also in der Befreiung des „guten Wissens" von den Schatten der „Begierden". Die Vorstellung, daß der Weise alles Wissen in seinem Herzen trägt, reicht sicher weit in die Zeiten magischen Denkens zurück. Sie findet sich bei Meng Dse, Lau Dse und vielen anderen Denkern.

439 *„Wenn der Meister ..."* – Das Zitat stammt aus den „Gesprächen des Kung Fu-Dse", Kap. 3.

439 *„Zum Gedächtnis dreier Unbekannter“* – Wang Schou-ren, am Hof in Ungnade gefallen, war Postmeister in seinem Verbannungsort Lung-Tschang, einer damals unwirtlichen Gegend im Norden der Provinz Gue-Dschou, als er diesen Nekrolog schrieb.

viertes Jahr der Regierungsepoche Dscheng-De – das Jahr 1509.

Mjau-Volk – Name einer nationalen Minderheit im Südwesten Chinas.

440 *Yü-Yau* – in der Provinz Dsche-Dschjang, östlich von Hang-Dschou.

444 *„Die Geschichte vom Priester ‚Fünf Gebote‘ und der ‚Roten Lotosblume‘“* – Diese Geschichte, die uns in der von Hung Bjän in der Dschja-Dsching-Periode der Ming-Dynastie (1522–1566) herausgegebenen Sammlung Tsching Ping Schan-Tang Hua-Ben (Geschichten von der Berghalle des Reinen Friedens) erhalten geblieben ist, wurde wahrscheinlich von Geschichtenerzählern der Südlichen Sung- oder frühen Yüen-Zeit verfaßt (13. Jh.). Sie findet sich auch in erweiterter Form in der Sammlung Gu-Dschin Hsjau-Schuo (Erzählungen aus alten und neuen Zeiten), die von Feng Meng-lung zu Ende der Ming-Zeit herausgegeben wurde.

die Epoche Dschih-Ping – 1064–1067.

445 *Tai-Yüen* – in der Provinz Schan-Hsi.

458 *Su Ming-yün* – (1009–1066), sein eigentlicher Name ist Su Hsün; Vater des Su Dung-po (Su Schih) und Su Tsche; in der chinesischen Literatur sind diese drei hervorragenden Literaten aus einer Familie unter dem Namen die „drei Su“ bekannt.

460 *drittes Jahr der Regierungsepoche Hsi-Ning* – das Jahr 1070. – Su Dung-po wurde 1036 geboren und war demnach 34 und nicht 16 Jahre alt, wie es im Text heißt. Die Zeitangaben in dieser Geschichte sind – wie auch aus der eingangs erwähnten Regierungsepoche Dschih-Ping ersichtlich – durchaus nicht ernst zu nehmen.

463 *Drachenquell* – Lung-Dsching; das nach dem Drachenquell benannte Hügelgebiet westlich von Hang-Dschou ist landschaftlich besonders reizvoll und im ganzen Fernen Osten

bekannt durch eine ausgezeichnete Teesorte, die hier gepflanzt wird – den Lung-Dsching-Tee. Der Mönch Bjän Tsai – wörtlich: der Redegewandte – baute einen Pavillon neben dem Drachenquell.

463 *Huang Ting-dschjän* – (1045–1105), ein gefeierter Dichter und Gründer einer Dichterschule der Nördlichen Sung-Dynastie.

Tschin Guan – (1049–1100), besonders bekannt durch seine gefühlvollen Gedichte im sogenannten Tzi-Stil – das sind Gedichte mit wechselnder Zeilenlänge und streng vorgeschriebenem tonalem Muster.

fünftes Jahr der Regierungsepoche Yüen-Feng – das Jahr 1082.

469 *„Einleitung zu den Abhandlungen über Herrscherhäuser ...“* – Li Dschih stellte seinem Werk zwei Einleitungen voran, von welchen hier nur die erste, (die vor das Inhaltsverzeichnis gesetzte) wiedergegeben ist. Das „Vorwort zu den Abhandlungen über Herrscher-Häuser“ ist dem entsprechenden Abschnitt des Werks vorangestellt.

die Drei Großen Dynastien des Altertums – Vgl. Anm. *die drei Dynastien* zu S. 168.

470 *Periode der „Frühling-und-Herbst-Annalen“* – die in der gleichnamigen Chronik umfaßte Periode von 722 bis 481 v. u. Z.

481 *„Der Ölträger und die schöne Kurtisane“* – Die langatmige und mit Zitaten überlastete erste Passage der Erzählung, die nur die Gedanken des einleitenden Gedichts weiter ausführt, wurde in der Übersetzung ausgelassen.

Gründer der Sung-Dynastie – Die Kaiser der Sung-Dynastie von Tai-Dsu bis Dsche-Dsung regierten insgesamt von 960 bis 1100.

Kaiser Hue-Dsung – 1100–1125.

Tsai Dsching – Er war viermal Kanzler und galt als „Kopf der sechs Diebe“, einer Gruppe hoher Beamter, die die Ausbeutung des Volkes und den Luxus am Hof auf die Spitze trieben.

die Dschurdschen-Barbaren – Ein tunguso-mandschurisches Volk, das die Dschin-(Goldene) Dynastie

(1115–1234) gründete und von 1126 an über die nördlichen Gebiete Chinas bis etwa zum Yang-Dse herrschte. Die Sung-Kaiser residierten seitdem im Süden – in Lin-An, dem heutigen Hang-Dschou; daher der Name „Südliche Sung-Dynastie".

482 *Tschin-Dsung* – bestieg nach der Abdankung seines Vaters, des Kaisers Hue-Dsung, 1125 den Thron, wurde aber schon 1127 zusammen mit seinem Vater von den Dschurdschen gefangengenommen.

Bjän-Ljang – das heutige Kai-Feng in der Provinz Ho-Nan; die Hauptstadt der Nördlichen Sung-Dynastie.

488 *Dschjän-Kang* – ein alter Name für Nanking.

Prinz Kang – der spätere Kaiser Gau-Dsung (1127–1162), der erste Kaiser der Südlichen Sung-Dynastie. Nach einer Legende soll ihn das „Lehmroß" (Tonstatue) eines Gottes in einem Tempel am Wege vor den verfolgenden Truppen der Dschurdschen in höchster Not über den Yang-Dse getragen haben.

491 *Flutwelle auf dem Tschjän-Tang-Fluß* – Vgl. Anm. *Dsche-Fluß* zu S. 419.

504 *Silbertael* – In China zahlte man damals im allgemeinen mit gewogenem Silber. Die dafür zugrunde liegende Gewichtseinheit war das Tael (chin. Ljang = 1 Unze).

520 *Tschjän* – Chinesische Gewichtseinheit; zehnter Teil einer Ljang (Unze); 16 Ljang ergeben ein Kätti (Dschin); 1 Kätti = 0,5 kg.

568 *Yän-Lo-Wang* – der indische Höllenkönig Yama (Wang = König).

571 *Huang-Di* – Vgl. Anm. *der Gelbe Kaiser* zu S. 160.

Ling Lun – Vgl. Anm. *die sechs Stimmpfeifen* zu S. 171.

Kun-Lun-Gebirge – sagenhaftes Gebirge im Westen Chinas; Sitz der „Königlichen Mutter des Westens".

Prinzessin Nung-Yü – Der Sage nach eine Tochter des Herzogs Mu von Tschin (659–621 v. u. Z.), die von ihrem Gemahl Hsjau Schih, einem Unsterblichen, die Kunst erlernt haben soll, mit Flötentönen den Wundervogel Phönix herbeizurufen.

Dschün-Berg – eine sagenumwobene Berginsel im Dung-Ting-See.

573 *Epoche Hung-Dschih* – 1488–1505; Ming-Dynastie.
Tschang-Dschou – in Dschjang-Su.

578 *Dschju-Dschjang* – wörtlich: Neun Flüsse; hier offenbar die Wasserwege, die den Dung-Ting-See mit dem Yang-Dse verbinden. Diese Gewässer sind reich an Legenden von Wassernixen.

581 *Bezirksgott* – Der zentralistische Beamtenstaat fand eine Widerspiegelung seiner hierarchischen Struktur in den Lokalgottheiten, die – wie die Staatsbeamten – ihren entsprechenden Amtsbereich hatten. Es gab Bezirks-, Stadt- und andere Lokalgötter, die sich meistens aus verstorbenen loyalen Beamten rekrutierten. So wurden die ursprünglichen Genii loci in den Beamtenstaat integriert. Ihr Oberherr auf Erden aber war der Himmelssohn – der Kaiser –, der sie auch ernennen und sogar absetzen konnte.

584 *viertes Jahr der Regierungsepoche Dschja-Hsi* – das Jahr 1240.

608 *Li Lung-mjän* – (1049–1106), eigentlich Li Gung-lin; nach seinem Wohnort Lung-Mjän-Schan – Drachenschlafberg – auch Li Lung-mjän genannt; gilt als einer der bedeutendsten Maler der Sung-Zeit.
Lohan – Vgl. Anm. zu S. 380. – In chinesischen Tempeln werden meistens 18 Lohans dargestellt.

612 *„Über das Tschi“* – Aus dem „Kommentar zu Dschang Dsais ‚Unterweisungen für die Jugend‘“. – Die kursiv gedruckten Sätze geben eine Passage aus Dschang Dsais Werk Dscheng Meng („Unterweisungen für die Jugend“) wieder (aus dem Kapitel „Tai-Ho“ – „Große Harmonie“). – Der Begriff Tschi wurde hier mit Absicht nicht übersetzt (vgl. Anm. zu S. 203). Trotz verschiedener anderer Beibedeutungen ist „Tschi“ in den Schriften Dschang Dsais und Wang Fu-dschihs offensichtlich als materielles Substrat des sichtbaren wie auch unsichtbaren – (die Große Leere) – Universums aufzufassen, dessen Verdichtung oder Ballung Gestalt verleiht, dessen Verdünnung oder Auflösung aber keineswegs zu einer endgültigen Zerstörung oder Vernichtung, sondern nur zu einem zeitweiligen Rückströmen ins „Große Leere“ (Unsichtbare) führt, womit die Potentialität einer neuen Verdichtung oder Ballung,

also eines Wiedergestalthaftwerdens, durchaus nicht aufgehoben wird.

613 *Geng-Yin* – das Jahr 1650.
Hsjau-Gang – im Kreis Dschen-Hai an der Küste der Provinz Dsche-Dschjang.
Dschjau-Tschuan – die Kreishauptstadt Dschen-Hai.

614 *Wu-Tschen* – das Jahr 1688.
Kaiser Kang-Hsi – 1662–1722.
Hsin-Tscheng – in der Provinz Ho-Be, südlich von Peking.
Dschi-Nan – Provinzhauptstadt von Schan-Dung.

615 *Lai-Yang* – in der Provinz Schan-Dung.
die Regierungsepoche Schun-Dschih – 1644–1661.

619 *Schun-Tjän* – ein alter Name für Be-Dsching = Peking.
Dschin-Ling – wörtlich: Goldene Hügel; eine alte Bezeichnung für Nanking in der Provinz Dschjang-Su.

620 *Huang-ying* – wörtlich: Gelbe Blume; ein poetischer Ausdruck für Chrysantheme. – Auch der Familienname Tau, den der berühmte Liebhaber dieser Blume, der Dichter Tau Yüan-ming trug, ist hier als eine Anspielung zu verstehen.

625 *Guang-Dung* – Kanton.

626 *Tschen Dschung-dse* – Bruder des Kanzlers von Tschi zur Zeit der „Kämpfenden Staaten“, der es für unmoralisch hielt, vom Geld eines Beamten zu leben, sich nach Tschu zurückzog, dort auch das Angebot, Kanzler zu werden, ausschlug und als Gärtner ein ärmliches Dasein fristete.

633 *Re-Ho* – Name einer Provinz Chinas, nördlich von Peking, in der sich Sommerpaläste und Jagdreviere der Mandschu-Kaiser (Tsching-Dynastie) befanden.

634 *Wu-La* – in der nordchinesischen Provinz Dschi-Lin.

636 *„Bericht über das Schlafland“* – Die Schlußpassage bezieht sich auf den „Schmetterlingstraum“ des Philosophen Dschuang Dse (vgl. S. 138). Die Haltung des Autors schwankt hier offensichtlich zwischen Resignation (gegenüber der Unterdrückung durch die Mandschu-Dynastie) in der relativistischen Philosophie des frühen Dauismus und der Erkenntnis der Verwerflichkeit und Unmöglichkeit

einer solchen Einstellung, die dem Utopisch-Lyrischen einen kritischen und sogar sarkastischen Unterton verleiht.

639 *„Aufzeichnungen aus dem Gefängnis“* – Fang Bau wurde durch einen Verwandten in den berüchtigten „literarischen Hochverratsprozeß“ gegen Dai Ming-schih verwickelt und entging mit knapper Not dem Schicksal vieler Mitangeklagter, die aus den unsinnigsten Gründen zum Tod verurteilt wurden.

Hung-Tung – in Schan-Hsi.

645 *„Zwist am Sue-Hof“* – Die erste Passage gibt in freier Nachgestaltung eine Einführung in die Situation, aus welcher sich die danachfolgende Geschichte entwickelt. In der Übersetzung werden Ausschnitte aus den Kapiteln 2, 19 und 20 des Originals wiedergegeben, die in sich eine selbständige Erzählung bilden.

General Yang Dschjän – wurde 580 als erblicher Herzog von Sue Kanzler des Reichs der Nördlichen Dschou-Dynastie; 581 usurpierte er den Thron und gründete die Sue-Dynastie; in der Geschichte ist er als Kaiser Wen (581–604) bekannt.

Dschou-Dynastie – hier ist die Nördliche Dschou-Dynastie (557–581) gemeint.

Tschen-Dynastie – 557–589; die letzte der Südlichen Dynastien.

Yang Su – (gest. 606); er half Kaiser Wen bei der Errichtung der Sue-Dynastie; auf Grund seiner Verdienste erlangte er großen Einfluß am Hof, bereicherte sich auf schamlose Weise und wurde schließlich dem Sue-Kaiser zu mächtig. Die Erzählung hält sich in den Grundzügen – auch in der Schilderung von Yang Sus Verhalten – an historisches Quellenmaterial.

646 *zwölftes Jahr der Regierungsepoche Kai-Huang* – das Jahr 592.

656 *Dan-Yang* – in der Provinz Dschjang-Su, östlich von Nanking.

665 *I-Dschou* – im Gebiet der heutigen Provinz Hsin-Dschjang.

677 *die Regierungsepoche Da-Ye* – 605–617.

691 *Herzog Yin von Lu* – (724–713 v. u. Z.) Nach „Dsos Kommentar“ (10. Jahr des Herzogs Yin) wurde dem Herzog Yin vom Hofhistoriographen vorgeworfen, daß sein Interesse für das Fischen nicht den Riten entspreche und daher unbillig sei.

692 *Schun* – einer der legendären Kaiser der Urzeit; das ihm zugeschriebene „Lied an den Südwind“ ist zweifellos eine Fälschung späterer Zeiten.

Lü Schang – Vgl. Anm. *Herzog Wang* zu S. 101. – König Wen von Dschou soll ihn am Ufer des We-Flusses kennengelernt haben, als Lü Schang dort als Einsiedler angelte.

701 *Su-Ning* – Stadt in der heutigen Provinz Ho-Be, südöstlich von Bau-Ding.

703 *Tjän-Tai-Gebirge* – ein sagenumwobenes Berggebiet in der heutigen Provinz Dsche-Dschjang, das durch die vom Mönch Dschih-Kai um 600 dort gegründete Tjän-Tai-Schule auch in der Geschichte des Buddhismus in China eine wichtige Rolle spielt. – Die Glocken hängen in chinesischen Tempeln nicht wie in unseren Kirchen in einem Turm und werden daher auch nicht geläutet, sondern sind so nahe dem Boden in den Tempelhallen angebracht, daß sie ein sitzender Mönch mit einem Holz-„Klöppel“ von außen „schlagen“ kann.

706 *Hsjän* – Kreisstadt in Ho-Be.

709 *Tripitaka* – Vgl. Anm. zu S. 377.

710 *Ling-Nan* – wörtlich: Südlich der (Wu-) Ling, der Fünf Gebirgszüge; alter Name für das Gebiet der heutigen Provinzen Guang-Dung und Guang-Hsi.

740 *Luan-Vogel* – ein sagenhafter Vogel, der oft mit dem Vogel Phönix zusammen genannt wird.

761 *Berg der Verknäulten Drachen bei Dschjang-Ning* – der Dschung-Berg nordöstlich von Nanking; Dschjang-Ning ist ein alter Name für Nanking.

764 *Opiumkrieg* – Nachdem die englischen Invasoren durch den Widerstand des Gouverneurs von Guang-Dung Lin Dse-hsü zum Abzug gezwungen worden waren, unternahmen sie im Juli 1840 einen Angriff auf Ding-Hai im Dschou-Schan-Archipel, das, der Küste von Dschje-

Dschjang vorgelagert, administrativ zu dieser Provinz gehört.

764 *Präfekt von Ding-Hai* – mit vollem Namen Yau Huaihsjang.

767 *zwanzigstes Jahr der Regierungsepoche Dau-Guang* – das Jahr 1840; der sechste Monat des Lunarkalenders entspricht dem Monat Juli.

Bai-Mai – die chinesische Umschrift für den englischen Namen Bremer; Sir James John Gordon Bremer. – Für diese und die folgende Information bin ich Prof. Dr. S. Behrsing zu Dank verpflichtet.

Bu-Er-Li – wahrscheinlich Colonel Burell.

769 *dunkelhäutiger Barbar* – indischer Soldat.

771 *„Kundmachung des Marschalls Wan Da-tschüen"* – Als Marschall Wan Da-hung (wie sich Dschjau Da oder Hung Da-tschüen gegenüber den Mitgliedern der „Himmel- und Erd-Gesellschaft" nannte) im Jahre 1852 (das 2. Jahr der Regierung des „Himmlischen Reichs des Friedens" – Tai-Ping Tjän-Guo; Regierungsepoche Tjän-De – Himmlische Tugend – daher auch Wan Da-hungs Titel „König der Himmlischen Tugend" – Tjän-De Wang) von Yung-An (in der Provinz Guang-Hsi) aus den Vormarsch nach Nan-Dsching (Nanking; von 1853 bis 1864 Hauptstadt des Tai-Ping-Reichs) antrat, wurden nach der Gepflogenheit der Tai-Ping-Armeen längs der Marschroute im voraus Kundmachungen angebracht, um die Bevölkerung für die eigene Sache zu gewinnen.

Ya-Men – chinesische Bezeichnung für Amt, Amtsgebäude, Behörde.

772 *Tschang-Scha* – heutige Hauptstadt der Provinz Hu-Nan.

774 *sechzehntes Jahr der Regierungsepoche Guang-Hsü* – das Jahr 1890.

776 *„Die Käfige des Herrn Präfekten"* – Gekürzte Übersetzung der Kapitel 4 und 5.

Dschi-Nan – Provinzhauptstadt von Schan-Dung.

Tsau-Dschou – das heutige Go-Dse südlich des Huang-Ho, etwa auf halbem Weg zwischen Dschi-Nan und Kai-Feng.

776 *Da-Ming* – im Süden der Provinz Ho-Be.

779 *Guan Yü* – Freund, treuer Gefolgsmann und Feldherr des ersten Herrschers von Schu – Lju Be (regierte von 221 bis 223). Guan Yü, der sich durch Tapferkeit und Charakterfestigkeit auszeichnete, wurde zu einer volkstümlichen Heldengestalt (auch eine der Hauptfiguren in dem berühmten Roman „Drei Reiche"). Er erhielt postum von mehreren Dynastien Lehens- und Ehrentitel, wie z. B. unter der Ming-Dynastie, die ihn zum „Groß-Kaiser der Loyalität und Rechtschaffenheit, der dem Himmel beim Schutz des Reiches beisteht" ernannte. Doch gehörte er schon lange vorher zum Kreis der Schutzgeister und Götter.

793 *Dschja I* – Vgl. Anm. zu S. 271.

794 *die fünf schweren Körperstrafen* – Brandmarken, Naseabschneiden, Fußabhacken, Kastration und Hinrichtung.
Kaiser Wen – Er soll im 16. Jahr seiner Regierung (167 v. u. Z.) die grausamen Körperstrafen abgeschafft haben – was natürlich nicht heißt, daß sie danach nicht wieder angewandt wurden.

797 *Li Yü* – (937–978), Kaiser der Südlichen Tang-Dynastie, eines Teilreichs zur Zeit der „Fünf Dynastien und Zehn Königreiche"; die Hauptstadt dieser kurzlebigen Dynastie war das heutige Nanking. – Li Yü hat sich in der chinesischen Literatur unsterblichen Ruhm als Lyriker im Tzi-Stil erworben.

802 *„Gesellschaft zur Förderung des Lernens"* – sie wurde 1895 gegründet.
Kaiser Tschjän-Lung – 1736–1795.
Handelsgesellschaft – Gemeint ist die East India Company.

803 *fünfzehntes Jahr der Regierungsepoche Guang-Hsü* – das Jahr 1889.

804 *Schen Bau-hsü* – ein oft zitierter Würdenträger des Staates Tschu, der nach der Einnahme der Hauptstadt seines Vaterlandes durch die Armee von Wu (505 v. u. Z.) den Fürsten von Tschin um militärische Hilfe bat. Da ihm diese verweigert wurde, verharrte er weinend sieben Tage und Nächte lang vor der Mauer des Tschin-Palasts, bis der Fürst

von Tschin ihm schließlich die gewünschte Hilfe gewährte. – In dieser Passage schwellen die Zitate zu einem Katarakt an, der im chinesischen Leser reiche und lebendige Assoziationen des Furchtbaren und Traurigen hervorruft, in der Übersetzung aber unter dem Wust von Erläuterungen versanden würde. Es wurde daher nur der Sinn wiedergegeben. – Dieses und das folgende Zitat mögen als Einblick in Wirkungsbereiche dieses Ausdrucksmittels in der chinesischen Literatur genügen.

807 *Kaiser Gau-Dsung* – (1127–1162), der erste Kaiser der Südlichen Sung-Dynastie. Vgl. Anm. *Prinz Kang* zu S. 488.

Tschin Kue – (1090–1155); er vertrat die dem Kaiser Gau-Dsung durchaus willkommene Politik eines friedlichen Ausgleichs mit den Dschurdschen unter nahezu jeder Bedingung, die dem Kaiser ein annehmbares Auskommen sicherte. Als Gegenspieler und schließlich Mörder des patriotischen Generals Yüe Fe gilt Tschin Kue bis heute als Symbol des Verräters schlechthin und ist wohl die meistgehaßte Persönlichkeit in der Geschichte Chinas.

Kaiser Du-Dsung – 1264–1274.

808 *Hsjang-Yang* – Stadt in Hu-Be.

zweites Jahr der Regierungsepoche Kai-Hsi – das Jahr 1206.

Kaiser Ning-Dsung – 1195–1224.

Achter-Banner – Hier offenbar als Anspielung auf die „Acht Banner“ – eine Form der militärischen Organisation der Mandschu-Eroberer (Tsching-Dynastie) – gedacht, in die ursprünglich nur Mandschu, später auch Mongolen und Chinesen aufgenommen wurden.

Dschingis-Khan – 1155–1227.

809 *Kubilai* – (1260–1294); er eroberte 1276 die Hauptstadt des Südlichen Sung-Reichs Lin-An (Hang-Dschou).

achtes Jahr der Regierungsepoche Dschih-Yüen – das Jahr 1272.

Lju Bing-dschung – 1216–1274.

Rue-Dschou – in der Provinz Dschjang-Hsi.

811 *Dschja Si-dau* – 1213–1275.

Kaiser Li-Dsung – 1225–1264.

812 *Go Hung* – (etwa 290–370), Alchimist, Feldherr, Gelehrter, Autor des berühmten Werks „Bau-Pu-Dse“, in dem sich Ansätze zu wissenschaftlichen Betrachtungen natürlicher Erscheinungen finden.

815 *Fan-Tscheng* – Stadt in Hu-Be, am Nordufer des Han-Flusses, an dessen Südufer ihr gegenüber die Stadt Hsjang-Yang liegt.

830 *nach den drei Pulsen* – (Lju Mai) – Nach Vorstellungen der traditionellen Medizin Chinas, die über zwei Jahrtausende zurückreichen, besitzt der Mensch drei Pulse auf jedem Unterarm – also insgesamt sechs –, nach deren Veränderungen der Zustand der inneren Organe und damit die Krankheitsursachen diagnostiziert werden können.

835 *die Drei Himmlischen Reinen* – der Jade-Reine, der Oberste-Reine und der Ur-Reine – dauistische Verkörperungen dreier übermenschlicher Sphären. In die erste Sphäre gehen die Heiligen, in die zweite die wahren Weisen, in die dritte die Genien ein.

838 *O-Dschou* – das Gebiet von Wu-Tschang in der heutigen Provinz Hu-Be.

Dschang Schih-dschje – (gest. 1279), einer der fähigsten Feldherren der Südlichen Sung-Dynastie.

Zeittafel der Dynastien Chinas

Schang-Yin	etwa 17. – 12. Jh. (1122?) v. u. Z.		
Dschou	12. Jh. (1122?) – 249 v. u. Z.		
		722 – 481 v. u. Z.	„Frühling-und-Herbst"-Periode
		481 (oder 403) – 221 v. u. Z.	Periode der „Kämpfenden Staaten"
	Erste Reichseinigung		
Tschin	221 – 206 v. u. Z.		
Han	206 v. u. Z. – 220 u. Z.		
		206 v. u. Z. – 9 u. Z.	Frühere oder Westliche Han
		9 – 23	Hsin (Wang Mang)
		25 – 220	Spätere oder Östliche Han
	Reichsspaltung		
Schu	221 – 264		
We	220 – 264		Periode der „Drei Reiche"
Wu	222 – 280		

Zweite Reichseinigung

Dschin	265 – 420		
		265 – 317	Westliche Dschin

Reichsspaltung

		317 – 420	Östliche Dschin

Periode der „Südlichen und Nördlichen Dynastien“

südlich		*nördlich*	
(Lju-)Sung	420 – 479	(Toba-)We	386 – 543
Tschi	479 – 502	Nördliche Tschi	550 – 577
Ljang	502 – 557	Nördliche Dschou	557 – 581
Tschen	557 – 587		

Dritte Reichseinigung

Sue	581 – 618
Tang	618 – 906

		Reichsspaltung		
Periode der „Fünf Dynastien und Zehn Staaten“	907 – 960			
			Ljau (Kitan)	907 – 1125
			Hsi Hsja (Tanguten)	990 – 1227
		Vierte Reichseinigung		
Sung	960 – 1279			
		960 – 1126	Nördliche Sung	
		Reichsspaltung		
		1127 – 1279	Südliche Sung	
			Dschin (Dschurdschen)	1115 – 1234
		Fünfte Reichseinigung		
Yüen (Mongolen)	1279 – 1368			
Ming	1368 – 1644			
Tsching (Mandschu)	1644 – 1911			

Quellenverzeichnis der Texte

In der Übersetzung wurden bei manchen Texten redundante Sätze ausgelassen oder für den Zweck unserer Auswahl weniger wichtige Stellen gekürzt wiedergegeben. Bei Ausschnitten aus Romanen wurde – wo es für ein besseres Verständnis des Zusammenhangs erforderlich schien – einleitend oder abrundend der Inhalt zusammengefaßt.

Aus dem „Buch der Dokumente"
Das Kästchen mit den Metallspangen In: Si-Schu Wu-Dsching, Schanghai 1936, Bd. I, Schu Dsching Dschi Dschuan, Dschin Teng, S. 80–82.

Aus den „Gesprächen des Kung Fu-Dse"
Der ehrliche Richter In: Lun Yü, Kap. 18, 2.
Kung Fu-Dse und die beiden Einsiedler Ebenda, Kap. 18, 6.
Kung Fu-Dse fragt vier seiner Schüler nach ihren Herzenswünschen Ebenda, Kap. 11, 25.

Aus dem „Buch Mo Dse"
Die Sturmleiter In: Dschu Dse Dschi-Tscheng, Bd. IV, Mo Dse Dschjän-Gu, Kap. 50, S. 292–296.
Liebe alle Ebenda, Kap. 14, S. 62–63.

Aus „Dsos Kommentar zu den ‚Frühling-und-Herbst-Annalen'"
Der rücksichtsvolle Kronprinz In: Si-Schu Wu-Dsching, Schanghai 1936, Bd. III, Dso Dschuan, S. 132 (28. Jahr des Herzogs Dschuang) und S. 157–158 (4. Jahr des Herzogs Hsi).
Die Zauberin Ebenda, S. 182 (21. Jahr des Herzogs Hsi).
Über Milde und Strenge der Regierung Ebenda, S. 461 (20. Jahr des Herzogs Dschau).
Über den Krieg Ebenda, S. 185 (22. Jahr des Herzogs Hsi).
Der grausame Herzog Ebenda, S. 255–256 (2. Jahr des Herzogs Hsjüen).

Lau Dse

Aus dem „Dau-De-Dsching“ In: Dschu Dse Dschi-Tscheng, Bd. III, Kap. 3, S. 2; Kap. 11, S. 6; Kap. 48, S. 29; Kap. 57, S. 34–35.

Aus den „Diskursen der Staaten“

Der Pfeilschuß auf die Wachtel In: Si-Bu Tsung-Kan 015, Guo Yü, Kap. 14, S. 107b.

Der Emporkömmling Ebenda, Kap. 15, S. 113b.

Aus dem „Buch Sun Dse“

Prinzipien der Strategie In: Dschu Dse Dschi-Tscheng, Bd. VI, Sun Dse, Kap. 3, S. 34–53.

Aus dem „Buch Dschuang Dse“

Das Mittel gegen rissige Haut In: Dschu Dse Dschi-Tscheng, Bd. III, Dschuang Dse Dschi-Dschje, Kap. I, S. 5.

Ehre, wem Ehre gebührt Ebenda, Kap. 32, S. 212.

König Stier-Stur Ebenda, Kap. 7, S. 51–52.

Der Schmetterlingstraum Ebenda, Kap. 2, S. 18.

Der Philosoph und die Fische Ebenda, Kap. 17, S. 108.

Die Herbstflut Ebenda, Kap. 17, S. 99–101.

Aus dem „Buch Meng Dse“

Meng Dse und der König Hue von Ljang In: Meng Dse, Kap. 1, 1. Teil, Abschnitt 3.

Über das wahre Gesicht des erfolgreichen Mannes Ebenda, Kap. 4, 2. Teil, Abschnitt 33.

Aus den „Strategemen der Kämpfenden Staaten“

Der erfolgreiche Studiosus In: Si-Bu Tsung-Kan 015, Dschan Guo Tse Dschjau Dschu, Kap. 3, Tschin Tse 1, S. 31a bis 32a.

Der schöne Dso Dschi Ebenda, Kap. 4, Tschi Tse 1, S. 73b bis 74a.

Aus dem „Buch Han Fe Dse“

Die fünf Bohrwürmer In: Dschu Dse Dschi-Tscheng, Bd. V, Han Fe Dse Dschi-Dschje, Kap. 49, S. 347–350.

Der Maßhaltende Ebenda, Kap. 32, S. 209.
Über die Schwierigkeiten in der Malerei Ebenda, Kap. 32, S. 202.
Über den Sieg der Beharrlichkeit Ebenda, Kap. 32, S. 202.
Über die Heilsamkeit des Zufalls Ebenda, Kap. 32, S. 208.
Über die Güte des Feldherrn Ebenda, Kap. 32, S. 206.
Über die Tücken der Prunksucht Ebenda, Kap. 32, S. 198 bis 199.

Aus dem „Frühling und Herbst des Lü Bu-we"
Die Familie Ding gibt Anlaß zu einem Mißverständnis In: Dschu Dse Dschi-Tscheng, Bd. VI, Lü Schih Tschun Tschju, Kap. 22, Abschnitt 6, S. 294.

Aus dem „Frühling und Herbst des Yän Dse"
Der treue Minister In: Tschün Schu Dschih Yau, Si Bu Tsung-Kan 026, Kap. 33, S. 430.
Der zechende Herzog Ebenda, Kap. 33, S. 426.

Aus dem „Buch der Riten"
Über die Große Gemeinsamkeit In: Si-Schu Wu-Dsching, Bd. II, Schanghai 1936, Li Dschi Dschi-Schuo, Kap. 9, Li Yün, S. 120.
Am Grab des Tigeropfers Ebenda, Kap. 4, Tan Gung II, S. 60.

Dung Dschung-schu
Über den Himmelssohn und die Große Norm In: Si-Bu Tsung-Kan 004, Tschun Tschju Fan Lu, Kap. 1, S. 6b–7a.

Si-ma Tschjän
Antwort an Ren Schau-tsching In: Wen Hsüen, Schanghai 1935, Kap. 41, S. 574–580.
Biographien der Strategen Sun Wu und Sun Bin In: Schih Dschi, Palastausgabe, Kap. 65, S. 1a–4b.

Wu Di
Dekret des Kaisers Wu der Han-Dynastie zur Ermittlung besonders talentierter und ungewöhnlicher Männer In: Gu-Wen Guan-Dschih, Schanghai 1936, Wu Di Tschju Mau Tsai I Deng Dschau, Kap. 6, S. 224.

Lju Hsjang

Zwei Arten der Verwaltung In: Si-Bu Tsung-Kan 019, Schuo Yüen, Kap. 7, S. 31.

Wang Tschung

Über die Macht der Dinge In: Dschu Dse Dschi-Tscheng, Bd. VII, Lun Heng, Kap. 14, S. 30–31.

Über die Leerheit des Dau Ebenda, Kap. 24, S. 67–73.

Han-dan Tschun

Das Blatt der Gottesanbeterin In: Gu Hsjau-Schuo Go Tschen, Lu Hsün (Hrsg.), Peking 1953, Hsjau Lin, S. 54.

Der kostbare Fasan Ebenda, S. 53.

Tsau Tsau

Dekret gegen Übergriffe In: San Guo Schih, Dschi-Gu-Go-Ben, Tsching-Nachdruck der Ausgabe von 1644, We Dschih, Kap. 1, Wu Di Dschi, S. 14a, zitiert in Pe Sung-dschihs Kommentar.

Tsau Pi

Über Literaten und Literatur In: Wen Hsüen, Schanghai 1935, Kap. 52, Djän Lun Lun Wen, S. 719–720.

Tsau Dschih

Zwiegespräch mit dem Totenschädel In: Si-Bu Tsung-Kan 033, Tsau Dse-dschjän Dschi, Kap. 10, S. 66.

Ling Hsüen

Die Geschichte von der Kaiserin Dschau, genannt die „Fliegende Schwalbe", und ihrer Schwester Ho-de In: Dschju Hsjau-Schuo, Schanghai 1914, Dschja Dschi 1, Dschau Fe Yän Wai-Dschuan, S. 8–12.

Hsi Kang

Absagebrief an meinen ehemaligen Freund, den Herrn Minister für Personalangelegenheiten Schan Tau In: Si-Bu Tsung-Kan 033, Hsi Dschung-San Dschi, Kap. 2, 11–13.

Aus den „Kuriosen Berichten“
Das verkaufte Gespenst In: Gu Hsjau-Schuo Go Tschen, Lu Hsün (Hrsg.), Peking 1953, Lje I Dschuan, S. 119–120.

Gan Bau
Die jüngste Tochter des Königs von Wu In: So Schen Dschi, Schanghai 1957, Kap. 11, S. 122–124.
Das Schwerterpaar Ebenda, Kap. 16, S. 77–78.

Aus den „Notizen aus der Westlichen Hauptstadt“
Die kaiserliche Konkubine Wang Tschjang In: Si-Bu Tsung-Kan 027, Hsi-Dsching Dsa-Dschi, Kap. 2, S. 5b.

Tau Yüen-ming
Der Herr von den fünf Weiden In: Si-Bu Tsung-Kan 034, Dschjän Dschu Tau Yüen-ming Dschi, S. 56.
Die wundersame Geschichte vom Pfirsichblütenquell Ebenda, S. 52.

Lju I-tsching
Der nächtliche Besuch In: Dschu Dse Dschi-Tscheng, Bd. VIII, Schih Schuo Hsin Yü, Kap. 23, S. 197.
Die Pfirsiche vom Tjän-Tai-Gebirge In: Gu Hsjau-Schuo Go Tschen, Lu Hsün (Hrsg.), Yo Ming Lu, S. 205–206.

Aus den „Geschichten über den Han-Kaiser Wu“
Der Kaiser und der Dichter In: Gu Hsjau-Schuo Go Tschen, Lu Hsün (Hrsg.), Peking 1953, S. 293.
Der alte Wächter Ebenda, S. 294.

Wu Dschün
Brief an Sung Yüen-si In: Yän Ko-dschün, Tschüen Schang-Gu San-Dai Tschin Han San-Guo Lju-Tschau Wen, Schanghai 1958, Bd. IV, Tschüen Ljang Wen, Kap. 60, S. 3305b bis 3306a.

Li Dau-yüen
Die Yang-Dse-Schluchten In: Schue Dsching Dschu, Schanghai 1936, Kap. 34, S. 18.

Yän Dschih-tue

Was der Literat zu beachten hat In: Dschu Dse Dschi-Tscheng, Bd. VIII, Yän Schih Dschja Hsün, S. 19–20.

Yang Hsjüen-dschih

Der Rohrpfeifenbläser In: Lo-Yang Tschje-Lan Dschi Dschjau-Dschu, Schanghai 1958, S. 203.

Li Tai-bo

Gedenkspruch zu einem Festgelage für meine Neffen in einer Frühlingsnacht im Pfirsich- und Pflaumengarten In: Li Tai-bo Dschi, Schanghai 1924 (Nachdruck der Kang-Hsi-Ausgabe von 1717), Kap. 27, S. 10b–11a; Gu-Wen Guan-Dschih, Kap. 7.

Han Yü

Die Beschwörung des Krokodils In: Si-Bu Tsung-Kan 039, Dschu Wen Gung Dschjau Tschang Li Hsjän-Scheng Dschi, Kap. 36, S. 229b–230b; Gu-Wen Guan-Dschih, Kap. 8.

Brief an einen Gönner, anläßlich der Beamtenprüfung geschrieben Ebenda, Kap. 18, S. 144a; Gu-Wen Guan-Dschih, Kap. 8.

Bai Dschü-i

Gedenkschrift für die Steine vom Tai-Hu im Ziergarten des Kanzlers Nju Seng-ru In: Si Bu Tsung-Kan 103, Tang Wen Tsue, Kap. 71, Tai-Hu Schih Dschi, S. 483a–b.

Lju Dsung-yüen

Der Schlangenfänger In: Si-Bu Tsung-Kan 039, Dschu Schih Yin Bjän Tang Lju Hsjän-Scheng Dschi, Kap. 16, S. 89a–b; Gu-Wen Guan-Dschih, Kap. 9.

Tschen Hsüen-yo

Aufzeichnung über eine losgetrennte Seele In: Tang Sung Tschuan-Tschi Dschi, Lu Hsün (Hrsg.), Peking 1953, Kap. 1, S. 28–29.

Li Schang-yin

Notizen zur Biographie Li Hos In: Si-Bu Tsung-Kan 042, Li I-schan Wen-Dschi, Kap. 4, S. 51b–52b; Si Bu Tsung-Kan 103, Tang Wen Tsue, Kap. 99, S. 646a–b.

Li Gung-dso

Der Statthalter des Gouvernements Süd-Ast In: Tang Sung Tschuan-Tschi Dschi, Lu Hsün (Hrsg.), Kap. 3, S. 77–84.

Lo Yin

Der Schamane aus Tschu In: Si-Bu Tsung-Kan 103, Tang Wen Tsue, Kap. 49, S. 358a–b.

Lu Gue-meng

Gedenktafel für eine Kultstätte des gemeinen Volks In: Si-Bu Tsung-Kan 042, Fu Li Hsjän-Scheng Wen-Dschi, Kap. 18, S. 147a–148a.

Wang Yü-tscheng

Inschrift für den Bambuspavillon In: Si-Bu Tsung-Kan 044, Hsjau Tschu Dschi, Kap. 18, S. 117; Gu-Wen Guan-Dschih, Kap. 9.

Fan Dschung-yän

Gedenkschrift für den Yüe-Yang-Pavillon In: Si-Bu Tsung-Kan 045, Fan Wen Dscheng Gung Dschi, Kap. 7, 57a–b; Gu-Wen Guan-Dschih, Kap. 9.

Ou-yang Hsju

Der Pavillon des Trunkenen Alten In: Si-Bu Tsung-Kan 049, Ou-yang Wen Dschung Dschi, Kap. 39, S. 299a–b; Gu-Wen Guan-Dschih, Kap. 10.

Elegie über die Herbstlaute Ebenda, Kap. 15, S. 139b–140a; Gu-Wen Guan-Dschih, Kap. 10.

Dschou Dun-i

Erläuterungen zur graphischen Darstellung des Ur-Endlichen In: Dschung-Guo Dsche-Hsüe-Schih Dse-Ljau Hsüen-Dschi, Peking 1962, Sung Yüen Ming dschih Bu, Bd. I, S. 60–61.

Rechtfertigung meiner Vorliebe für Lotosblumen In: Gu-Wen Ping Dschu Tschüen Dschi, Schanghai o. J., Kap. 10, S. 1 a.

Wang An-schih
Über Lau Dse In: Si-Bu Tsung-Kan 051, Lin Tschuan Hsjän-Scheng Wen Dschi, Kap. 68, S. 435b–436a.
Betrachtungen über eine Wanderung auf dem Bau-Tschan-Berg Ebenda, Kap. 83, 523b–524a; Gu-Wen Guan-Dschih, Kap. 11.

Schen Kua
Über den erhabenen Gesichtspunkt In: Bi-Dschi Wen Hsjüen Du, Schanghai 1957, Meng Tschi Bi-Tan, S. 36.

Tscheng I
Über die Entfaltung der Persönlichkeit In: Er Tscheng Yü Lu, Schanghai o. J., Kap. 11, S. 149.

Su Dung-po
Notiz von einem Nachtspaziergang im Tscheng-Tjän-Tempel In: Bi-Dschi Wen Hsjüen Du, Schanghai 1957, Dschih Lin, S. 39–40.
Notiz von einer Wanderung beim Föhrenwindpavillon Ebenda, S. 42–43.
Das Purpurkliff In: Si-Bu Tsung-Kan 052, Dsching Dschin Dung-Po Wen Dschi Schih Lüe, Kap. 1, S. 12a–13a; Gu-Wen Guan-Dschih, Kap. 11.

Dschang Schih
Das rote Blatt In: Tang Sung Tschuan-Tschi Dschi, Lu Hsün (Hrsg.), Peking 1953, Lju Hung Dschi, Kap. 8, S. 253–256.

Verfasser unbekannt
Erzählung in Prosa und Vers von dem Mönch Tripitaka, der nach Indien zog, um die heiligen Schriften Buddhas zu holen In: Da Tang San-Dsang Tschü Dsching Schih-Hua, Schanghai 1954, Kap. 2, 3, 5 (gekürzt), 6 (gekürzt), 11, 15.

Lju Tschi
Aus dem Leben des Arztes Tschjän I In: Sung Yüen Ming Wen Ping-Dschu Du-Ben, Wang Wen-ru (Hrsg.), Schanghai 1920, Bd. II, S. 5b–7a.

Lu Yo
Die goldene Haarnadel In: Bi-Dschi Wen Hsüen Du, Schanghai 1957, Lau Hsüe An Bi-Dschi, S. 62.

Dschu Hsi
Über die volle Entfaltung des Herzens In: Si-Bu Tsung-Kan 059, Dschu Wen Gung Wen-Dschi, Bd. II, Kap. 67, S. 1242a–b.

Lu Dschju-yüen
Philosophische Notizen In: Si-Bu Tsung-Kan 063, Hsjang Schan Hsjän-Scheng Tschüen-Dschi, Kap. 22, S. 180–181.

Dschau Bing-wen
Inschrift für die Studierstube des Behaglichen Friedens In: Si-Bu Tsung-Kan 072, Hsjän Hsjän Lau-Ren Fu Schue Wen-Dschi, Kap. 13, S. 151.

Verfasser unbekannt
Der Pavillon „dieses Edlen“ In: Lü Tschuan Hsin-Hua, Huang-Du Feng-Yüe Dschu-Ren (Hrsg.), Schanghai 1957, S. 19–20.

Yau Rung
Über die Dummheit der Affen In: Sung Yüen Ming Wen Ping-Dschu Du-Ben, Wang Wen-ru (Hrsg.), Schanghai 1920, Bd. I, San Schuo, S. 5b.

Dschou Mi
Die Flutwelle In: Dung-Dsching Meng Hua Lu (Wai Si Dschung), Wu-Lin Dschju Schih, S. 381–382.

Sung Ljän
Ein Gelehrter mit Kupfersehnen und Eisenknochen In: Sung Yüen Ming Wen Ping-Dschu Du-Ben, Wang Wen-ru (Hrsg.), Schanghai 1920, Bd. 2, S. 56b–58a.

Lju Dschi

Der Orangenhändler In: Si-Bu Tsung-Kan 080, Tscheng I Bo Wen-Dschi, Kap. 7, S. 183b–184a; Gu-Wen Guan-Dschih, Kap. 12.

Fang Hsjau-ru

Der Schamane aus Yüe In: Si-Bu Tsung-Kan 082, Sun Dschih Dschai Dschi, Kap. 6, S. 139b.

Nachtgespräch über Moskitos Ebenda, Kap. 6, S. 149b–150b.

Dschu Yün-ming

Ein Präfekt mit Scharfsinn In: Dschu Schih Yüen Ming Hsjau-Schuo Hsjüen, Tsau Gu-tschu (Hrsg.), Schanghai 1941, Pjän Yän Duan Yü, S. 83–84.

Wang Schou-ren

Wissen und Handeln In: Dschung-Guo Dsche-Hsüe-Schih Dse-Ljau Hsjüen-Dschi, Peking 1962, Sung Yüen Ming dschih Bu, Bd. II, Tschuan Hsi Lu Hsja, S. 495.

Das ordnende Prinzip des Himmels Ebenda.

Zum Gedächtnis dreier Unbekannter Si-Bu Tsung-Kan 084, Kap. 25, S. 149b–150b; Gu-Wen Guan-Dschih, Kap. 12.

Hung Bjän

Die Geschichte vom Priester „Fünf Gebote" und der „Roten Lotosblume" In: Tsching Ping Schan-Tang Hua-Ben, Hung Bjän (Hrsg.), Schanghai 1957, Wu-Dschje Tschan-Schih Si Hung-Ljän Dschi, Kap. 3, S. 136–154.

Li Dschih

Einleitung zu den Abhandlungen über Herrscherhäuser und den Biographien berühmter Männer meines „Buchs zum Hausgebrauch" In: Tsang Schu, Peking 1962, Bd. I, S. 7.

Vorwort zu den Abhandlungen über Herrscherhäuser Ebenda, Bd. I, Kap. 1, S. 2.

Yüen Hung-dau

Antwort an einen besorgten Freund In: Yüen Dschung-Lang Sue-Bi, Schanghai 1936, S. 53.

Brief an Wang Ying-tschjau In: Yüen Dschung-Lang Tschih-Du, Schanghai 1936, S. 31.
Einleitung zu meinen Notizen über Vasenblumen In: Yüen Dschung-Lang Sue-Bi, Schanghai 1936, S. 23.

Feng Meng-lung
Der Ölträger und die schöne Kurtisane In: Hua-Ben Hsjüen, Wu Hsjau-ling u. a. (Hrsg.), Peking 1959, Bd. II, S. 361–396.
Der Schmeichler In: Li-Dai Hsjau-Schuo Hsjüen, Mu Ye (Hrsg.), Peking 1958, S. 75–76.

Dschou Tsching-yüen
Der Ruf der Phönixflöte In: Hsi-Hu Er Dschi, Schih Dsche (Hrsg.), Schanghai 1936, Tschue Feng Hsjau Nü Yo Dung Tschjang, Kap. 12, S. 211–232.

Huang Tschun-yau
Bemerkungen zu einem Bild der Lohans von Li Lung-mjän In: Sung Yüen Ming Wen Ping-Dschu Du-Ben, Wang Wen-ru (Hrsg.), Schanghai 1920, Bd. II, S. 67a–b.

Wang Fu-dschih
Über das Tschi In: Dschung-Guo Dsche-Hsüe-Schih Dse-Ljau Hsüen-Dschi, Peking 1962, Tsching-Dai dschih Bu, Dschang Dse Dscheng Meng Dschu, Tai Ho Pjän, S. 154–155.

Dschou Rung
Der Fährmann von Hsjau-Gang In: Tsching-Wen Ping-Dschu Du-Ben, Wang Wen-ru (Hrsg.), Schanghai 1921, Bd. 4, S. 7a.

Wang Schih-dschen
Die kühne Nonne In: Tsching-Wen Ping-Dschu Du-Ben, Wang Wen-ru (Hrsg.), Schanghai 1921, Bd. IV, S. 13b–15b.

Pu Sung-ling
Die Chrysanthemengenien In: Ljau Dschai Dschih I, Schanghai 1957, Bd. I, Kap. 4, Huang Yin, S. 192–196.

Feng Dsching
Ein ungewöhnlicher Sklave In: Tsching-Wen Ping-Dschu Du-Ben, Wang Wen-ru (Hrsg.), Schanghai 1921, Bd. III, Tschi Nu Dschuan, S. 18a–b.

Dai Ming-schih
Bericht über das Schlafland In: Gu Dschin Wen Dsung, Dschang Hsjang (Hrsg.), Schanghai 1936, Bd. XXIX, S. 6a.

Fang Bau
Aufzeichnungen aus dem Gefängnis In: Gu-Wen Du-Ben Ping-Dschu, Schanghai 1914, Bd. II. Yü Dschung Dsa-Dschi, S. 92–95.

Dschu Ren-hu
Zwist am Sue-Hof In: Sue Tang Yän-I, Schanghai 1956, Kap. 2, S. 14–16; Kap. 19, S. 137–143; Kap. 20, S. 144 bis 150.

Hu Tjän-yo
Der Soldat Hou Dschen-dung In: Tsching-Wen Ping-Dschu Du-Ben, Wang Wen-ru (Hrsg.), Schanghai 1921, Bd. IV, Schu Ho Dschen-dung, S. 30b–31a.

Yüen Me
Über den Sinn der Ehrenbezeigung In: Sue-Yüen Tschüen Dschi, Schanghai o. J., Bd. II, Sue Yüen Schih-Hua, Kap. 14, S. 106.
Über Talent und Ehrgeiz Ebenda, Bd. I, Kap. 3, S. 36.
Die Zeiten ändern sich Ebenda, Bd. II, Kap. 4, S. 86.

Dschi Yün
Lohn der Enthaltsamkeit Dschju Hsjau-Schuo, Schanghai 1914, I Dschi 3, Hsjän Hsjän Schih Mo, S. 314.

Li Ru-dschen
Der schöne Kaufmann im Frauenreich In: Hue Tu Dsching-Hua-Yüen, Schanghai 1924, aus den Kapiteln 33, 34, 35, 36.

Gung Dse-dschen
Glossen zur „Heimstatt der kranken Pflaumenbäume“ In: Si-Bu Tsung-Kan 099, Ding-An Hsü Dschi, Kap. 3, S. 69b.

Aus „Si Dschu Lju Guan Dschi Schih“
Drei Dokumente aus dem Opiumkrieg In: Ya-Pjän Dschan-Dscheng, Schanghai 1954, Bd. III, Si Dschu Lju Guan Dschi Schih, Ding-Hai Hsjän Dschja Dan Bing Ti-Du, S. 239; Hsün Nan I Bing, S. 241–242; Ding-Hai Hsjän Djän-Schih Si Dschje Dschuang, S. 242–243.

Wan Da-hung
Kundmachung des Marschalls Wan Da-tschüen In: Dschung-Guo Dschin-Dai-Schih Dse-Ljau Hsjüen-Dschi, Peking 1954, S. 115–116.

Hsje Fu-tscheng
Notiz aus Paris In: Dschju Hsjau-Schuo, Schanghai 1914, I Dschi 2, Guan Ba-Li Yo-Hua Dschi, S. 222–223.

Lju O
Die Käfige des Herrn Präfekten In: Lau-Tsan Yo-Dschi, Schanghai 1930, Kap. 4, S. 4–9; Kap. 5, S. 1–4.

Kang Yo-we
Eingabe über die Notwendigkeit eines allgemeinen Verbots des Fußeinbindens In: Kang Yo-we Schih Wen Hsjüen, Peking 1958, Tsching Dschin Fu-Nü Kuo-Dsu Dsche, S. 95 bis 97.
Manifest der Gesellschaft zur Förderung des Lernens Ebenda, Tschjang Hsüe Hue Hsü, S. 20–21.

Wu Wo-yau
Der Kanzler und die kaiserliche Konkubine In: Tung Schih, Schanghai 1956, Kap. 1, 2, 3; S. 1–21.

Sun Yat-sen
Geleitwort für die erste Ausgabe der „Volkszeitung“ In: Dschung-Guo Dschin-Dai-Schih Dse-Ljau Hsjüen-Dschi, Peking 1954, S. 567–568.

Verzeichnis der Abbildungen

251 *Bäume*. Aus dem Zyklus „Fischerdorf im Schnee". Wang Hsin. Nördliche Sung-Dynastie.

255 *Die kaiserliche Konkubine Wang Tschjang (Ming Fe) auf ihrem Weg zum Hof des Hunnen-Khans*. Maler unbekannt. Sung-Dynastie.

258 *Der heilige Landmann*. Steinabreibung aus der Sammlung Dschin-Schih So. Han-Dynastie.

263 *Fischer bei ihrer Arbeit*. Aus dem Zyklus „Fischerdorf im Schnee". Wang Hsin. Nördliche Sung-Dynastie.

273 *Der Gelehrte Dscheng Kang-tscheng (der Han-Dynastie) und seine musischen Dienerinnen*. Maler unbekannt. Sung-Dynastie.

277 *Bildnis des Tang-Dichters Li Tai-bo*. Aus der Sammlung von Bildnissen berühmter chinesischer Persönlichkeiten „Wan-Hsjau-Tang Hua-Dschuan" des Schangguan Dschou. Tsching-Dynastie.

280 *Hoher Militärbeamter mit Gefolge*. Figurendarstellung auf dem Sockel einer Stele. Tang-Dynastie.

287 *Tanzende und singende Bauern*. Ma Yüen. Südliche Sung-Dynastie.

292 *Himmelsfee (Gandharva)*. Relief aus dem Grottentempel von Gung-Hsjän in Ho-Nan. Nördliche We-Dynastie.

300/301 *Herzog Wen von Dschin bei der Ausfahrt*. Aus dem Bildzyklus „Abenteuer des Herzogs Wen von Dschin als Kronprinz". Li Tang. Südliche Sung-Dynastie.

308/309 *Vornehme Damen bringen Buddha ein Opfer dar*. Wandmalerei aus einer Grotte von Dun-Huang. Tang-Dynastie.

328/329 *Der Geistertöter Dschung Kue mit seinem Gefolge*. Gung Kai. Südliche Sung-Dynastie.

337 *Bildnis Fan Dschung-yäns*. Holzschnitt aus dem Sammelwerk Yung-Lo Da-Djän. Ming-Dynastie.

340 *Der Yüe-Yang-Pavillon*. Hsja Yung. Yüen-Dynastie.

345 *Bildnis Ou-yang Hsjus*. Holzschnitt aus dem Sammelwerk Yung-Lo Da-Djän. Ming-Dynastie.

356/357 *Genie mit weißem Hasen*. Tsue Dse-dschung. Ming-Dynastie.

361 *Unartige Dorfschuljungen*. Maler unbekannt. Sung-Dynastie.

364/365 *Dichtertreffen im Westgarten.* Ma Yüen. Südliche Sung-Dynastie.
372/373 *Die kaiserliche Konkubine Wang Tschjang (Schau-dschün) tritt die Reise zu ihrer Hochzeit mit dem Hunnen-Khan an.* Maler unbekannt. Späte Tsching-Zeit.
381 *Knabenbild (Schan-tsai Tung-Dse).* Wandmalerei aus dem Fa-Hai-Tempel in Peking. Ming-Dynastie.
391 *Himmelskönige.* Wandmalerei aus dem Fa-Hai-Tempel in Peking. Ming-Dynastie.
411 *Mußestunden an einem Sommertag.* Wen Dscheng-ming. Ming-Dynastie.
421 *Strudel im Gelben Fluß.* Ma Yüen. Südliche Sung-Dynastie.
432 *Gelehrter mit Diener.* Aus dem Zyklus „Männer von erhabenem Geist". Sun We. Tang-Dynastie.
447 *Avalokitesvara (Guan-Schih Yin).* Maler unbekannt. Yüen-Dynastie.
456/457 *Lohan (Arhat).* Lu Leng-dschja. Tang-Dynastie.
472/473 *Fischer.* Hsü Dau-ning. Nördliche Sung-Dynastie.
477 *Gelehrter mit Diener.* Aus dem Zyklus „Männer von erhabenem Geist". Sun We. Tang-Dynastie.
484/485 *Landschaftsszene.* Dschü Ran. Nördliche Sung-Dynastie.
500/501 *Landschaft.* Ausschnitt aus dem Rollbild „Tausend Meilen Berge und Flüsse". Wang Hsi-meng. Nördliche Sung-Dynastie.
508 *Szene aus der Hauptstadt der Nördlichen Sung, Bjän-Ljang.* Dschang Dse-duan. Nördliche Sung-Dynastie.
516/517 *Die Dichterin Tsai Wen-dschi bei ihrer Ankunft in der Heimat.* Maler unbekannt. Ming-Dynastie.
527 *Szene aus der Hauptstadt der Nördlichen Sung, Bjän-Ljang.* Dschang Dse-duan. Nördliche Sung-Dynastie.
544 *Dschung Kue, der legendäre Schutzherr vor bösen Geistern, begibt sich in einer Winternacht auf Geisterjagd.* Dai Dschin. Ming-Dynastie.
547 *Pagode am See.* Aus der Sammlung Schih-Dschu Dschai des Hu Dscheng-yän. Ming-Dynastie.
566 *Kaiserliche Konkubine beim ersten Bad ihres Söhnchens.* Maler unbekannt. Sung-Dynastie.
576 *Flötenbläserin.* Tang Yin. Ming-Dynastie.

591 *Hafenszene.* Schang-guan Dschou. Tsching-Dynastie.
609 *Fünf Lohans.* Stickerei auf Seidenbrokat. Ming-Dynastie.
616 *Kampfszene.* Holzschnitt aus der Illustrationssammlung zum Roman Schue-Hu Dschuan – Schue-Hu Tschüen Dschuan Tscha-Tu. Tsching-Dynastie.
623 *Männer bei der Landarbeit und Frauen beim Weben.* Maler unbekannt. Südliche Sung-Dynastie.
631 *Gestalt eines Unsterblichen.* Wu We. Ming-Dynastie.
637 *Der Dichter Lin Fu (Ho-Dsching) in inspirierter Stimmung.* Wu We. Ming-Dynastie.
644 *Dauistische Genien.* Wandmalerei aus dem Yung-Lo-Tempel. Westwand der Wu-Dschi-Halle. Yüen-Dynastie.
648/649 *Landschaft am Meer.* Dschou Tschen. Ming-Dynastie.
663 *Himmelskaiser mit weiblichem Gefolge.* Wandmalerei aus dem Fa-Hai-Tempel in Peking. Ming-Dynastie.
672/673 *Die Dichterin Tsai Wen-dschi bei ihrer Rückkehr nach China.* Maler unbekannt. Ming-Dynastie.
676 *Szene aus der Hauptstadt der Nördlichen Sung, Bjän-Ljang.* Dschang Dse-duan. Nördliche Sung-Dynastie.
693 *Herbstmond über der Terrasse.* Yüen Yau. Tsching-Dynastie.
705 *Porträt eines Gelehrten.* Li Schih-dschou. Tsching-Dynastie.
711 *Szene aus der Hauptstadt der Nördlichen Sung, Bjän-Ljang.* Dschang Dse-duan. Nördliche Sung-Dynastie.
725 *Der Wespenkönig führt dem jungen Gelehrten Dou Hsü seine Tochter, Prinzessin Lotosblume, zu.* Holzschnitt aus der Novellensammlung Ljau-Dschai Dschih-I von Pu Sung-ling – Hsjang Dschu Ljau-Dschai Dschih-I Tu Yung. Tsching-Dynastie.
734 *Himmelskönigin.* Wandmalerei aus dem Fa-Hai-Tempel in Peking. Ming-Dynastie.
762 *Bootsfahrt im Herbst.* Scheng Mo. Yüen-Dynastie.
770 *Gefangennahme der Räuber an der Drachenfurt.* Holzschnitt aus der Novellensammlung Ljau Dschai Dschih-I von Pu Sung-ling – Hsjang Dschu Ljau-Dschai Dschih-I Tu Yung. Tsching-Dynastie.
777 *Dorf in den Bergen.* Tschang Hsin. Tsching-Dynastie.

787 *Die junge Frau Yü begeht vor den „Käfigen" ihrer Verwandten Selbstmord.* Holzschnitt aus dem Roman Lau-Tsan Yo-Dschi. Tsching-Dynastie.

798/799 *Dame in Frühlingslandschaft.* Yo Tschju. Ming-Dynastie.

813 *Flußlandschaft.* Tscheng Sue. Tsching-Dynastie.

820/821 *Prinzessin Tai-Dschen (Yang Gue-Fe) beim Besteigen des Pferds.* Dschou Wen-dschu. Periode der Fünf Dynastien.

832/833 *Prinz Dschau Gou auf dem Wege als Botschafter an den Dschin-Hof.* Hsjau Dschau. Südliche Sung-Dynastie.

853 *Spätes Pflügen.* Maler unbekannt. Ming-Dynastie.

Zur Umschrift und Aussprache der chinesischen Namen – Bei chinesischen Eigennamen steht der Familienname an erster Stelle. Er ist meist einsilbig, wie z. B. Li, Wang, Lju, Tau, kann aber auch zweisilbig sein, wie z. B. Ou-yang, Si-ma, Han-dan, Tschun-yü. Auf den Familiennamen folgt der persönliche Name, der zum Unterschied von europäischen Vornamen in keiner Weise begrenzt ist. Jedes Schriftzeichen – unglückverheißende Begriffsinhalte offensichtlich ausgenommen – kann also als Vorname dienen. Der Vorname besteht häufiger aus zwei als aus einem Schriftzeichen. Einsilbige Familien- und Vornamen werden in der Umschrift groß geschrieben. Bei zweisilbigen Familien- oder Vornamen wird nur das erste Schriftzeichen in der Umschrift groß geschrieben; das zweite – klein geschriebene – wird mit dem ersten durch einen Bindestrich verbunden, um die Zusammengehörigkeit anzuzeigen. Die Silben der Ortsnamen werden, auch wenn sie aus mehreren Silben – im Original also aus mehreren Schriftzeichen – bestehen, ausnahmslos groß geschrieben. Dies gilt auch für die Namen von Provinzen usw.
Die Großschreibung jeder einzelnen Silbe soll andeuten, daß jede Silbe einzeln ausgesprochen wird und als Schriftzeichen – mit wenigen Ausnahmen – einen selbständigen Begriff ausdrückt. Bei der Umschrift kam es uns vor allem darauf an, möglichst genau den Lautwert in der heutigen chinesischen Hochsprache – Pu-Tung-Hua – wiederzugeben. Dabei fallen sofort beträchtliche Lautabweichungen von den herkömmlichen, meist der englischen Umschrift entlehnten oder nachgeahmten Schreibweise auf – wie z. B. „Dau“ für „Tao“, „Dsche-Dschjang“ für „Che-kiang“ usw. Bei einigen häufig gebrauchten geographischen Bezeichnungen wurde die gebräuchliche Schreibweise hinzugezogen, wie z. B. Nanking für Nan-Dsching.

Natürlich maßen wir uns keineswegs an, durch unsere Umschrift den wirklichen Lautwert der chinesischen Schriftzeichen darstellen zu können. Bestenfalls kann eine Annäherung erzielt werden.

Inhalt

Anhang